LE COMPTE À REBOURS

DU MÊME AUTEUR

La lune est à vendre, Denoël, 1969.
En danger de progrès, Denoël, 1970 ; coll. « Médiations », 1975.
Le Bonheur en plus, Denoël, 1973 ; coll. « Médiations », 1975.
La France et ses mensonges, Denoël, 1969 ; coll. « Médiations », 1978.
Scénarios du futur
   1. Histoire de l'an 2000, Denoël, 1978.
   2. Le Monde de l'an 2000, Denoël, 1979.
Le Système E.P.M., Grasset, 1980.
Toujours plus ! Grasset, 1982 ; coll. « Le Livre de poche », 1984.
Tous ensemble : pour en finir avec la syndicratie, Seuil, 1985 ; coll.
   « Points-Actuel », 1987.
La Grande Manip, Seuil, 1990 ; coll. « Points-Actuel », 1992.
Tant et plus : comment se gaspille votre argent, Grasset/Seuil, 1992 ;
   coll. « Le Livre de poche », 1993.
Le Bonheur d'apprendre : et comment on l'assassine, Seuil, 1996 ; coll.
   « Points », 1997.

François de Closets

LE COMPTE
À REBOURS

Fayard

Prologue

LE PIRE EST ANNONCÉ

Au quartier général du Front républicain, à trois cents mètres du Palais-Bourbon, quelques très jeunes militants répétaient sur le mode incantatoire : « Ce n'est pas possible, ce n'est pas possible ! » Dans le camp adverse, au Bloc national, les responsables de la communication avaient commandé, le matin même, douze caisses de champagne supplémentaires. La mine soucieuse devant leurs téléviseurs, les Français ne prêtaient qu'une oreille distraite aux bavardages qui précèdent les soirées électorales, chacun s'efforçant de lire sur le visage du présentateur la nouvelle avant qu'il ne la dise. Attente fébrile d'une simple confirmation. Seul un miracle aurait pu démentir tant de sondages concordants. Il n'empêche : chacun retenait son souffle avant de libérer qui son enthousiasme, qui sa colère.

En ce dimanche 25 janvier 2002, à 20 heures, la France apprit donc avec stupeur, mais sans surprise, que le Front national et ses alliés obtenaient 44,3 % des suffrages et raflaient 308 sièges, ce qui leur assurait la majorité absolue dans la nouvelle Assemblée nationale. La France avait cessé d'être une démocratie occidentale comme les autres pour devenir… nul ne savait quoi exactement.

L'annonce des résultats provoqua une première flambée de violence. Échauffourées, bagarres à Paris, Lille, Strasbourg, et dans plusieurs cités de la région parisienne. L'occasion pour Bruno Mégret et Bruno Gollnisch de jouer les professeurs de démocratie : « Allons, messieurs, sachez vous incliner devant le verdict des urnes ! », « On voit bien dans quel camp se trouvent les vrais démocrates ! », « Il n'y a rien de plus démocratique que notre arrivée au pouvoir ! ». Le Front national, que l'on attendait arrogant et menaçant, avait le triomphe serein et modeste. Les battus, désarçonnés par cette tactique, reportèrent leur hargne sur ses alliés, ses ralliés, qui, en se rangeant à ses côtés, avaient assuré son succès et qui se firent vilipender tout au long de la soirée.

L'affrontement véhément des hommes politiques était entrecoupé par les commentaires de politologues sommés d'annoncer la suite des événements. Il apparut bientôt qu'ils se répartissaient en deux écoles. D'un côté, les docteurs Tant-pis croyaient au scénario Kerenski : celui de la dérive. Les premiers dirigeants, plutôt modérés, seront incapables de faire face à une situation aussi dramatique, expliquaient-ils. Ils seront donc balayés et remplacés par les éléments les plus durs qui entraîneront le pays sur la voie du fascisme. Pas du tout, répliquaient les docteurs Tant-mieux qui pariaient sur le scénario de la normalisation. L'extrémisme, pensaient-ils, ne résistera ni au choc des réalités, ni aux séductions du pouvoir. Les nouveaux arrivants vont donc se «notabiliser» et le Bloc national deviendra rapidement une formation de droite classique, à l'image de celle des ex-néo-fascistes italiens.

Restait l'inconnue présidentielle. L'hostilité de Jacques Chirac au Front national ne s'était jamais démentie. Qu'allait-il faire maintenant ? À qui ferait-il appel comme Premier ministre ? Serait-il candidat à la prochaine élection présidentielle ? Le candidat de l'opposition ? D'autant qu'il pouvait démissionner sans attendre et en appeler au peuple. Qu'adviendrait-il s'il était réélu ? La complète incertitude de l'avenir faisait le bonheur des conjoncturistes et le malheur des Français.

On spéculait sur le futur, mais il n'y avait rien à dire sur le passé, tant le résultat semblait être l'aboutissement logique des épisodes précédents. Ni guerre, ni coup d'État, ni révolution n'avaient été nécessaires pour en arriver là. La France avait tout simplement poursuivi la dégringolade entamée au début des années 1990. Au fil des ans, les crises sociales et financières s'étaient faites plus dramatiques, l'impuissance de l'État plus angoissante. Tout le monde disait, mais sans y croire, qu'on allait droit dans le mur. Voilà : cette fois-ci, c'était fait, il n'y avait pas à revenir sur les causes d'un désastre à ce point prévisible.

À l'arrière-plan du grand chambardement électoral, on entrevoyait les usines en friche, les cités sans lois, les jeunes sans avenir et, beaucoup plus loin, l'Union économique européenne que la France avait dû quitter l'année précédente, faute de pouvoir en respecter la discipline. Deux chiffres dominaient la scène comme une malédiction : 15 % de chômage (chiffre officiel), 6 000 milliards de dette…

*

Une répétition générale

Les pages qu'on vient de lire furent écrites il y a tout juste un an. Je n'y ai rien changé.

Ma réflexion est donc partie de cette conviction : la venue au pouvoir du Front national est hautement probable en l'absence d'une réaction forte et rapide. Une réaction qui, je le précise d'emblée, ne saurait être politicienne ni même politique. Le FN plonge ses racines dans les crises de notre société; il ne saurait régresser alors que celles-ci progressent.

À l'époque, on me fit remarquer que la date retenue pour l'aboutissement de ce scénario était beaucoup trop proche et rendait son déroulement peu crédible. Il semblait préférable de situer l'événement en 2008 ou 2010, d'autant plus que les prévisions lointaines sont, comme on sait, les moins risquées pour le prévisionniste… Je m'en tiens pourtant à 2002, car l'échéance me semble d'autant plus vraisemblable qu'elle paraît surprenante. Vraisemblable assurément, car il n'est besoin ni d'une longue évolution, ni de profondes transformations pour passer de la France actuelle à celle du basculement. De l'une à l'autre, je ne vois qu'une autoroute, une ligne droite et, pour aider à la franchir, quelques événements plutôt ordinaires et hautement probables. Ce n'est donc pas commettre un excès de vitesse que de prévoir quatre années en tout et pour tout. Mais cette date surprend, et cette incrédulité est tout sauf rassurante. La proximité envisagée de l'événement signifie en effet que l'histoire est en marche, que nous avons déjà entamé le chapitre qui s'achèvera sur la victoire frontiste. Or les Français ne peuvent admettre cette idée. Ils se rassurent en rejetant cette éventualité au-delà d'un horizon prévisionnel. Ainsi voyons-nous de jeunes militants qui, dès aujourd'hui, brûlent d'en découdre avec un fascisme supposé être aux portes du pouvoir, tandis que des politiciens poursuivent leurs jeux pervers, persuadés qu'il sera bien temps d'y mettre fin lorsque la menace se précisera. Les uns comme les autres me semblent avoir une fausse perception du processus dans lequel nous sommes engagés et du rythme auquel il progresse.

La victoire du FN n'est pas pour demain ; pas davantage pour l'an 2010. Elle est pour après-demain. C'est donc dès aujourd'hui qu'il convient d'organiser une ligne de défense qui soit autrement plus substantielle que cette magie incantatoire qui, depuis bientôt vingt ans, tient lieu de stratégie anti-Le Pen. Si je pensais que la représentation des catastrophes suffit à les conjurer, je n'hésiterais pas à poursuivre mon scénario en exposant à quoi ressemblerait la France du Front national. Mais je n'en crois rien. C'est pourquoi ce point de départ est aussi mon point d'arrivée, celui d'où je me retourne pour découvrir la route dangereuse qui peut y conduire. Celle dont nous devons absolument nous dégager.

Voici donc qu'au terme de cette réflexion, alors que j'apporte les dernières corrections à mon manuscrit, s'annoncent les élections régionales et cantonales de mars 1998. Un scrutin qui ne doit ménager aucune surprise, estiment les politologues. La gauche va gagner, c'est couru d'avance. Des prévisions confirmées par les résultats qui sortent des urnes le dimanche 15 mars et qui permettent d'annoncer, le soir même, les noms des futurs présidents de région. Car les états-majors ont verrouillé la suite des opérations : l'UDF et le RPR n'accepteront pas les voix du Front national. Il suffit donc de comparer les sièges obtenus par la droite et par la gauche dans chaque assemblée pour connaître le nouveau titulaire du fauteuil présidentiel. On craint bien un dérapage du côté de Jacques Blanc en Languedoc-Roussillon, juste ce qu'il faut pour permettre à François Hollande de faire planer la suspicion sur l'ensemble de la droite. Air connu. Personne, à ce moment, n'imagine que l'on va entrer dans la semaine terrible, celle qui va ébranler la Ve République.

Quatre jours plus tard, les Français, ahuris, assistent à la transgression du tabou qui structure la vie politique française depuis quinze ans, celui, précisément, qui est censé rendre impossible mon scénario-cauchemar : l'interdiction des alliances avec l'extrême droite. Dans cinq régions, les présidents ont été élus grâce aux voix du Front national. Et ce n'est qu'un début ! En cette fin de semaine, tous les repères vacillent. Si l'austère Charles Millon peut manger de ce pain-là, c'est que tous les candidats de droite s'apprêtent à se goinfrer ! Ainsi les autres régions, Île-de-France, Provence Côte-d'Azur, Midi-Pyrénées, etc., pourraient basculer à leur tour. Le 23 mars, Le Parisien peut titrer sur toute sa une : « La France déchirée. On ne sait plus qui a vraiment gagné. On ne sait plus que faire de Le Pen. On ne sait plus ce qu'est la droite. On ne sait pas ce que va faire la gauche. Où va-t-on ? » Tout semble possible, même le pire.

Les états-majors ne cèdent rien et menacent d'excommunication majeure les présidents mal élus. Mais comment ne pas sentir la formidable pression de la base qui défie l'autorité des chefs parisiens ? Au reste, pourquoi n'exclure que le président ? Pour être élu, celui-ci a dû bénéficier des voix… de l'UDF et du RPR : ces conseillers-là n'ignoraient pas qu'ils allaient mêler leurs bulletins à ceux d'élus du FN… Combien ont hésité ? Si peu, en vérité, que Paris n'ose pas sévir. Il perdrait trop de monde.

Dans la tourmente, la plupart des leaders de la droite, emmenés par Philippe Séguin, refusent pourtant de se compromettre et jettent toute leur autorité dans la bataille. C'est la mobilisation générale de l'État, président de la République en tête, et des médias. Nul ne manque à l'appel. Mais le Front national joue en finesse. Bruno Mégret, tout sourire, se veut rassurant. Il n'a fait, explique-t-il, que s'opposer à la mainmise des « socialo-communistes » sur les régions. Rien de plus. Quant aux cinq réprouvés, ils jurent leurs grands dieux qu'ils n'ont passé aucun accord. Que le bon peuple se rassure, le FN reste à l'écart du pouvoir. Par bonheur, Jean-Marie Le Pen ne peut se contenir. Voilà qu'en fin de semaine il présente la facture : son élection en compensation des services rendus. Le Pen président de la région Paca ? Cette fois, il ne s'agit plus d'ergoter sur les accords qui ne sont pas des accords, sur ces voix qui sont arrivées spontanément et sans nulle contrepartie, c'est bien le Front national qui s'installe au pouvoir. Du coup, la discipline civique reprend ses droits, l'incendie peut être circonscrit et les démissions succèdent aux élections.

En dépit de quelques victoires arrachées par surprise, l'offensive du Front national a donc été contenue. Quels enseignements tirer de cet épisode ? Que la France s'est vaccinée contre le FN et qu'elle saura mieux lui résister dans l'avenir ? Ou bien, au contraire, que la République a fait preuve d'une inquiétante fragilité et qu'elle risque de céder au prochain assaut ? Gageons que, dans six mois, la première interprétation prévaudra et que l'on en reviendra inéluctablement à la situation précédente, celle qui a permis ce premier choc et qui, tout aussi naturellement, nous conduira à une soirée électorale modèle « 25 janvier 2002 ». Car on ne peut ignorer le rôle décisif joué par Jean-Marie Le Pen dans le sursaut républicain. Celui-ci aurait-il été aussi fort si le leader du FN, au lieu d'intervenir avec sa brutalité coutumière, avait laissé Bruno Mégret poursuivre son entreprise de séduction ? Et saura-t-on jamais s'il s'est agi là d'une bourde lepéniste ou bien d'une opération délibérée de sabotage ? Bref, pour gagner le match, il a fallu que le capitaine de l'équipe adverse marque contre son camp, ne l'oublions pas. En outre, Paris, c'est-à-dire le sommet de l'État, les états-majors politiques, a dû peser de tout son poids, jeter toute son autorité dans la balance. C'est réconfortant, mais l'autorité s'use quand on s'en sert trop souvent. Si des corrections importantes ne viennent pas remédier aux causes politiques de cette crise, les mêmes situations se reproduiront dans l'avenir et, cette fois, Paris risque fort de n'être plus entendu.

Certes, le scrutin proportionnel engendre de façon presque automatique une cuisine post-électorale pimentée de magouilles politiciennes. Pourtant, on ne peut réduire ces tractations secrètes et ces médiocres arrangements à la répétition d'épisodes post-électoraux bien connus ; certes il s'agit d'une répétition, et même d'une répétition générale, mais c'est celle d'un spectacle inédit : la venue au pouvoir de l'extrême droite. C'est pourquoi le psychodrame des récentes élections régionales me semble conforter les analyses que j'avais faites auparavant. Les voici.

*

La séquence automatique

J'écris donc avec un « tic, tac » dans l'oreille, celui d'un compte à rebours. Les grands lancements spatiaux nous ont habitués à ce type de procédure. À l'approche de la mise à feu, les responsables enclenchent la séquence automatique. C'est-à-dire que les ultimes opérations s'enchaînent sans intervention humaine. Le directeur de tir lâche les commandes, il se contente de surveiller. Le temps s'écoule à l'envers à partir de ce point du futur qui ordonne et aspire le présent.

Cette métaphore s'impose à mon esprit lorsque, simple citoyen, je m'efforce de comprendre ce qui arrive à la France. Ses dirigeants ont beau agiter les commandes, elles ne répondent plus et les politiques suivies ne produisent jamais les effets annoncés. J'ai donc le sentiment que nous avons perdu la maîtrise de notre histoire, que les événements se succèdent en vertu de la nécessité du mouvement qui se transmet d'un rouage au suivant, et que cette mécanique implacable nous impose sa propre logique. Sans l'avoir voulu, n'aurions-nous pas enclenché une séquence automatique dont nous n'imaginons que trop bien le terme ?

Un compte à rebours, c'est un automatisme, ce n'est pas une fatalité. Mais, pour qu'il s'arrête, il faut que les responsables le décident ou bien que des incidents imprévus provoquent son interruption. Il en va de même pour le scénario qui nous conduit tout droit à la victoire électorale du Front national. Oui, nous pouvons intervenir pour mettre un terme à ce maudit compte à rebours. Mais il ne nous suffira pas d'appuyer sur un bouton ; pas même, comme le suggèrent certains, d'interdire purement et simplement ce parti. Il nous faudra faire preuve d'une véritable détermination à l'échelle de tout le pays. Nous pouvons aussi miser paresseusement sur l'incident imprévu, le grain de sable qui détraquerait la machine infernale. Qui sait si le mouvement lancé par Jean-Marie Le Pen ne s'effritera pas aux portes du pouvoir comme celui qui fut lancé il y a un siècle par le général Boulanger ? Qui sait si la croissance qui se dessine ne va pas se transformer en une longue période d'expansion qui résoudrait de façon presque mécanique l'essentiel de nos difficultés ? Mais qui sait si, à l'inverse, une crise financière majeure, des convulsions sociales sans précédent ne vont pas précipiter le cours des événements ? Face à de tels périls, pouvons-nous abandonner notre avenir au hasard de circonstances que nous ne maîtrisons pas ? Pouvons-nous nous contenter d'assister passivement au décompte fatidique, dans l'attente d'une panne providentielle ?

Certains se rassurent au nom du «bon sens populaire» qui devrait retenir les Français au bord du précipice. Il est vrai que les avertissements lancés par les médias ne sont pas restés sans effets. Le pourcentage des Français qui voient dans le FN et son chef un danger pour la démocratie n'a cessé d'augmenter, passant de 38 % en 1983 à 76 % en 1997. C'est fort bien… à condition de ne pas désespérer de la démocratie. Or, les Français n'y croient plus, et ils ont tout autant cessé de croire à la République ou à la France ; ils ont perdu la foi. Or, quand un tel désarroi s'empare des esprits, un peuple peut fort bien choisir l'aventure en dépit de toutes les mises en garde.

*

Avant de déboucher sur la confusion post-électorale, le scrutin de mars 1998 a d'abord révélé l'extrême fragilité de notre démocratie. Avec 42 % d'abstentions, c'est la grande débandade civique. Avec 20 % de votes extrémistes (en comptant désormais les communistes pour des pères tranquilles), c'est le triomphe des votes protestataires. Les seuls vrais vainqueurs ont été les trotskistes, les chasseurs… et le Front national qui, dans une mauvaise passe, se maintient, imperturbable, à 15 %. La France citoyenne, celle qui vote et qui garde ses repères dans les grands courants politiques, est devenue minoritaire. Ainsi la République manque-t-elle ses rendez-vous avec le suffrage universel : le peuple ne donne plus sa confiance qu'au compte-gouttes.

*

Il est donc grand temps de renoncer à la pédagogie pour cours élémentaire, fondée sur la dénonciation du Mal, et de rechercher en nous, dans notre société, les raisons de cette dérive. Ce fléau n'est pas arrivé en contrebande, comme la peste que les rats des navires répandaient dans une population saine. Le Pen est bien de chez nous, et c'est dans la France actuelle qu'il a trouvé un terreau fertile. Mais sommes-nous prêts à une investigation aussi dérangeante qu'une exploration de ses propres viscères à la veille d'une opération ?

Suis-je alarmiste ? Je l'espère. Si je rougis de confusion en relisant ces pages dans quelques années, si je me dis : « Dieu, que je m'étais trompé ! », ce sera tant mieux. Comme j'aimerais être ridicule dans une France apaisée ! Si, à l'inverse, je devais être complimenté pour ma perspicacité, c'est que ce livre n'aurait servi à rien.

Malheureusement, j'ai déjà pris ce risque. C'était en juillet 1990 : la France connaissait une croissance inespérée, le chômage semblait amorcer sa décrue, la « sortie de crise » nous attendait au coin de la rue, et la menace Le Pen devait s'éloigner en même temps que nos ennuis. Cette douce insouciance des années Rocard ne me disait rien qui vaille. En rupture avec l'optimisme ambiant, voici ce que j'écrivais dans *L'Événement du jeudi* avec la complicité de Jean-François Kahn :

« Il existe un scénario qui permettrait au Front national de s'imposer le plus légalement du monde à la tête de l'État, un scénario que chacun doit avoir présent à l'esprit. Voilà le "détail" qui va bouleverser toute notre vie publique. La démocratie française est déverrouillée.

« Trois conditions sont nécessaires pour qu'un peuple choisisse un pouvoir antidémocratique : une crise majeure, une classe politique déconsidérée, un homme ou une formation en position de "recours". Il s'agit moins de réalités objectives que de perceptions collectives. Je crains qu'une majorité de Français ne se laissent gangrener par ce triplet maléfique dans les années à venir. »

Et j'entrepris de montrer que ces trois conditions avaient toutes les chances de se réaliser si l'on n'y prenait garde. Les rares réactions à cet article ne dépassèrent pas le haussement d'épaules. J'avais sonné le tocsin dans le désert ou, ce qui revient au même, dans un monde de sourds. En 1990, les gens sérieux ne perdaient pas leur temps avec de telles fantasmagories. Ils jouaient avec Le Pen.

Pourtant, je n'imaginais pas à l'époque que le chômage, dont on voulait croire qu'il amorçait sa décrue, allait si rapidement étendre ses métastases dans toute la société. Je pensais davantage à l'immigration que les jeux pervers de la classe politique avaient transformée en thème d'affrontement. Hélas, les menaces ne sont plus à l'horizon, mais au-dessus de nos têtes. Leurs actions conjuguées ont détruit les fragiles équilibres de notre démocratie.

Entre la droite et la gauche, le public et le privé, s'est formée une France de la misère, une France de la désespérance, une France à l'abandon dont le grondement, étouffé pendant tant d'années, a fini par ébranler le pays en 1998. Et c'est la protestation de ce peuple réprouvé qui n'a plus aucun ancrage, aucune représentation, aucune existence, qui erre dans l'espace social, objet de toutes les manipulations, de toutes les récupérations, flatté un jour par l'extrême droite, un jour par l'extrême gauche, qui, en définitive, fera basculer la République.

C'est peu dire que nous dérivons vers cette échéance sinistre.

En fait, nous dévalons une pente : un chômage de plus en plus dur pour les exclus, une dette qui s'accroît de 300 milliards de francs tous les ans, et le Front national qui, d'une élection à l'autre, ne fait que se renforcer. Je n'ai pas assombri l'avenir, je me suis contenté de le peindre aux couleurs du présent. Cette extrapolation est légitime, puisqu'il s'agit d'une tendance lourde, d'une pesanteur. Tous les gouvernements (Bérégovoy, Balladur, Juppé,

Jospin) ont tenté d'arrêter le compte à rebours, aucun n'a réussi. Ce n'est donc pas le pessimisme qui conduit à cette prévision ; mais ce serait l'optimisme qui en inspirerait une autre. Je souhaite qu'un gouvernement, de droite ou de gauche, il n'importe, réussisse. Mais ce n'est pas le souhaitable qui commande la réflexion, c'est le probable. Et lui nous désigne le pire.

J'ai évoqué le scénario politique, car la procédure électorale simplifie, révèle et dramatise la vie du pays. C'est le baromètre national qui pose un diagnostic en un instant, en un chiffre. Mais le scrutin n'est que l'aboutissement de toute une histoire, la synthèse brutale de mille facteurs passés à la moulinette des urnes. Plusieurs mécanismes combinent leurs effets pour mettre en branle les phases successives du compte à rebours. C'est la crise sociale, la crise urbaine, la crise financière, la crise politique, autant de systèmes sous pression dont les ébranlements se répercutent des uns aux autres. Toujours dans le même sens. Les péripéties électorales ne sont donc que des conséquences, et non pas des causes ; elles disent à quel point la France est prête pour le grand basculement.

L'alliance inéluctable

Les législatives de 1997 n'ont pas été gagnées par la gauche, mais perdues par l'opposition. La majorité d'abord ne fut pas vaincue parce qu'elle était la droite, mais parce qu'elle exerçait le pouvoir : la gauche l'eût été de même si elle avait gouverné. En mai 1981, la nouvelle majorité avait plébiscité la gauche plus qu'elle n'avait sanctionné Giscard. La France eut le sentiment de vivre un moment historique et la frayeur de la Bourse répondit à l'enthousiasme des militants. Rien de tel en 1997. Le grand vent de l'espérance n'a pas soufflé, on ne sentit guère plus que le souffle d'une bise asthmatique, impuissante à faire lever un espoir, tout juste suffisante pour jeter bas une majorité en capilotade. Un scrutin typique de l'époque nouvelle.

Hier le pouvoir usait, aujourd'hui il tue. En deux ans, pas plus, une majorité épuise son maigre capital de popularité et survit en attendant la prochaine déchéance électorale. Les Français jouent mécaniquement un coup à droite, un coup à gauche, transforment la compétition électorale en jeu de l'essuie-glace. C'est tout notre système politique qui est devenu fou.

Le politologue Zaki Laïdi a mis le doigt sur ce dérèglement : « Les Français vivent dans un imaginaire social structuré par la peur de l'avenir. Ils demandent aux hommes politiques de les rassurer, c'est-à-dire d'apporter des résultats tout de suite. La France s'est installée dans l'urgence […] ; la logique de l'urgence s'est développée dans tout le corps social au point que les hommes politiques voient dans la revendication de l'urgence un moyen de retrouver une légitimité perdue. C'est à proprement parler incroyable et, à terme, désastreux. Si l'action [des hommes politiques] n'est pas mise en perspective, ils s'asphyxieront de plus en plus [1]. »

Pour s'être installés dans le mensonge et l'imposture depuis un quart de siècle, les Français se retrouvent aujourd'hui prisonniers de l'instant et de l'émotion. Demain n'existe plus, c'est aujourd'hui, c'est tout de suite que l'on veut tout, tout et son contraire ; l'objectivité devenue désespérante, la réflexion angoissante, c'est alors qu'on se laisse submerger par les sentiments qui, de la croyance à la colère, de la révolte à l'indignation, tiennent lieu de débat démocratique, et c'est ainsi que nous perdons toute emprise sur les événements.

Tout promettre, même et y compris de réussir en six mois, à un public qui n'a plus besoin de croire pour espérer, telle est la nouvelle règle du jeu… de massacre. La dernière élection gagnée sans démagogie remonte à vingt années : ce furent les législatives de 1978, pour lesquelles Raymond Barre conduisit la droite à la bataille sans promettre la lune, et, à bien y regarder, sans rien promettre du tout.

En 1981, les Français cédèrent aux sirènes du mitterrandisme (et non pas du socialisme, disons-le une fois pour toutes : le réalisme n'est pas l'apanage de la droite et la démagogie pas davantage celui de la gauche) ; en 1986, ils se fièrent aux solutions miracles du libéralisme ; en 1988, croyant les difficultés résolues, ils votèrent pour le moindre effort ; en 1993, ils rejetèrent le socialisme ; en 1995, ils choisirent la potion magique du volontarisme chiraquien ; et, en 1997, les remèdes indolores du programme socialiste. La logique électorale dans laquelle nous sommes engagés est sans appel : le discours qui conduit au pouvoir interdit de l'exercer. En une ou deux années tout au plus, la déception suc-

---

1. Zaki Laïdi, « Halte à la démocratie d'émotion ! », *L'Événement du jeudi*, 16 avril 1997.

cède aux illusions et l'opposition, quelle qu'elle soit, se voit offrir la chance d'échouer à son tour.

Les Français en viennent donc à sanctionner les gouvernants sans véritablement miser sur l'opposition, tandis que monte la vague irrésistible des nouveaux prolétaires. Au lendemain des dernières législatives, selon un sondage réalisé par la Sofres pour *Libération*, 31 % des personnes interrogées faisaient confiance à la gauche pour gouverner, 31 % à la droite, et 37 % ni à l'une ni à l'autre. Quand, une fois de plus et pour les mêmes raisons, ils auront été déçus par la gauche dite plurielle, ils jugeront que ce jeu de massacre n'a aucun sens, ne porte aucun espoir ; gauche ou droite, c'est du pareil au même, toujours des promesses, toujours des désillusions. À l'alternance qui enchaîne des solutions connues ils préféreront le saut dans l'inconnu : l'alternative. Que, d'ailleurs, on leur proposera. Car la droite, douchée par ses défaites de 1997 et de 1998, n'aura de choix qu'entre l'alliance et la défaite. Je gage qu'elle y laissera son unité.

Depuis vingt ans, le Front national ne cesse de déjouer les pronostics. Il s'est maintenu quand les experts annonçaient son effondrement, il a prospéré quand ils prédisaient sa stagnation. Et plus on le voue aux gémonies, plus il s'approche du pouvoir. Certes, il ne peut espérer la victoire à lui seul, mais qu'importe. Sa capacité de nuisance montre que, par son existence même, il est en passe de redistribuer les cartes sur l'échiquier politique.

En 1997, 33 % des Français « ne se sentent pas proches du FN, mais approuvent certaines de ses idées » (sondage Ipsos pour *Le Figaro* et *France 2*). Mais, parmi les 15 % de personnes « proches du FN », 12 % « n'approuvent pas certaines de ses idées ». Un tel sondage, qui en recoupe bien d'autres, apporte deux enseignements. D'une part, que les idées lepénistes sur l'immigration, la sécurité et la fermeture des frontières recueillent deux fois plus d'avis favorables que de votes dans les urnes. D'autre part, qu'il n'est pas nécessaire d'approuver toutes les idées du FN pour lui accorder sa voix. Ce parti dispose donc d'un électorat potentiel qui pense comme lui mais vote encore contre lui.

Entre le Front et sa réserve électorale, la classe politico-médiatique a tracé une frontière infranchissable, celle du tabou qui sépare les valeurs humanistes et démocratiques du racisme, de la xénophobie, du fascisme. Bref, la civilisation d'un côté, la barbarie de l'autre. C'est fort bien, pour autant que cette ligne de défense tienne. Ce fut le cas jusqu'à présent, puisqu'elle interdit au FN de faire le plein de ses voix. Mais cet indispensable cordon sanitaire ne saurait à lui seul nous garantir l'avenir.

L'efficacité de cette défense tient pour une large part à la répulsion que peut inspirer Jean-Marie Le Pen. Aucun Français n'a été à ce point dénoncé, « diabolisé », dit-il. Non sans raisons. Il s'y est d'ailleurs prêté avec une complaisance qui confine à la complicité, ne serait-ce qu'en répandant cet insoutenable parfum d'antisémitisme.

Pour les antilepénistes de choc, tout mouvement fasciste s'identifie à son chef. Cette analyse simpliste réduit le FN au parti lepéniste et fait de son leader le mauvais démon de la France. C'est donc sur lui qu'il faut concentrer les attaques, puisque le Front régressera dès lors que Le Pen sera atteint.

Je pense tout juste l'inverse. Jean-Marie Le Pen a été la locomotive du Front national, il en est devenu le boulet. Ses allusions antisémites séduisent ceux qui l'ont rejoint depuis longtemps, mais elles choquent ceux qui seraient tentés de le faire.

Car les Français estiment que la « question juive » n'est plus d'actualité, qu'elle appartient à l'histoire et, pour eux, l'image du monde juif mêle la Shoah et Tsahal, les martyrs d'Auschwitz et les vainqueurs du Sinaï : rien de commun avec le Juif catalogué lâche, fourbe, cupide et manœuvrier par Drumont et les siens. Même les xénophobes et les racistes s'en prennent désormais bien moins aux Juifs qu'aux Maghrébins et aux Noirs. Seuls ces derniers sont visés par la barrière de la « préférence nationale ». Par ailleurs, ce procès en antisémitisme empêche toute alliance au sein de la classe politique. Certains leaders de la droite en viennent insensiblement à personnaliser le tabou : rien avec Le Pen, mais avec le FN il faudra voir…

Le discours lepéniste est dépassé non pas dans sa hargne nationaliste et populiste, qui, hélas, séduit de plus en plus, mais dans ses sous-entendus antisémites. Certains dirigeants frontistes le savent. Cette divergence d'appréciation s'est transformée en dissensions politiques. Depuis 1997, Jean-Marie Le Pen et Bruno Mégret ne sont manifestement plus sur la même ligne, et tout indique que le second prépare l'*aggiornamento* du parti. Quels que soient leurs sentiments et inclinations, les prochains dirigeants se voudront irréprochables sur le plan de l'antisémitisme et s'efforceront de présenter un visage acceptable. Ils y parviendront, car on parvient toujours à convaincre ceux qui ne demandent qu'à l'être.

C'est pourquoi j'ai imaginé dans mon scénario que Jean-Marie Le Pen ne reste pas à la tête du FN et que c'est son départ, inéluctable à terme en raison de son âge, qui permet au Front national de franchir la barre des 20 %. Incapable d'atteindre seule la majorité, la droite parlementaire se retrouverait alors dans la situation des socialistes aux plus belles heures du gaullisme. À l'époque, la gauche, qui ne pouvait ni gagner les élections sans les communistes ni gouverner avec eux, était promise à l'opposition perpétuelle. Les gaullistes, quant à eux, se voyaient au pouvoir « pour trente ans ». Pour se libérer du piège, François Mitterrand signa le Programme commun de gouvernement qui lui assura la victoire en 1981 et lui permit, en prime, d'étouffer son allié.

Comment imaginer que, soumis aux mêmes tentations et portés à invoquer les mêmes excuses, les leaders de la droite – et surtout les élus condamnés à une défaite certaine – refuseront éternellement de pactiser avec les extrémistes ?

Certes, les dirigeants actuels de la droite sont, dans leur ensemble, sincèrement opposés à toute alliance de ce genre. Tant que le FN est contenu à 15 %, ils peuvent miser sur l'échec politique de la gauche pour l'emporter aux prochaines élections. Une stratégie déjà fort difficile à tenir dès lors que la gauche profite systématiquement du maintien du candidat FN au second tour, et l'on ne voit pas que ses convictions aillent jusqu'à lui faire renoncer à cet avantage. En revanche, la situation devient franchement intenable avec un Front national à 20 %. Car aucun parti de gouvernement ne peut à terme se cramponner à une ligne qui le condamne à rester éternellement dans l'opposition. Son objectif naturel c'est – et ce ne peut être – que de revenir au pouvoir. Si donc le refus de l'alliance avec le FN devait s'interpréter comme une acceptation de la défaite, de la défaite à répétition, il ne pourrait qu'être remis en question. Et si les dirigeants s'obstinaient dans cette attitude, ils seraient désavoués par leurs troupes. Les sempiternelles leçons de morale dispensées par une gauche qui profite sans vergogne de la situation feraient l'effet d'insupportables provocations.

Les socialistes n'ont-ils pas joué de l'alliance objective avec le Front national et de l'alliance effective avec les communistes ? Ont-ils jamais préféré perdre une élection à perdre leur âme ? En s'alliant à l'extrême droite, la droite ferait-elle autre chose que rendre à la gauche la monnaie de sa pièce ?

L'argument de symétrie entre l'alliance PC-PS et une éventuelle alliance droite-Front national se transformera en véritable chant des sirènes.

La seule différence, mais de taille, tient aux situations respectives des uns et des autres. En choisissant le Programme commun, François Mitterrand n'a pas pris de risques excessifs, car il s'est associé à une force déclinante. Cette lecture rétrospective ne saurait l'exonérer, car rien ne permettait, en 1971, lors du congrès d'Épinay, de prévoir la chute du communisme à la fin des années 1980. Cette stratégie fut choisie en toute ignorance de cause, dans le seul souci d'arriver enfin au pouvoir. En revanche, nul ne peut douter que le Front national soit en pleine ascension, que son capital de militantisme et sa force de conviction progressent. Dans le regroupement des droites, il constituerait donc le pôle dominant. Mais ce fait ne devrait pas empêcher un rapprochement. Car, bien sûr, dans un premier temps, il ne serait pas question d'alliance, encore moins de programme commun : guère plus que des accords de désistement réciproque, la « discipline nationale » devenant le juste pendant de la « discipline républicaine » hautement revendiquée par les socialistes.

Mais voilà : tout cela ne peut se faire aussi longtemps que Jean-Marie Le Pen reste aux commandes. Conscient de l'ostracisme qui le frappe, il prétend donc maintenir son parti dans l'isolement. « On ne s'allie pas à des forces qui sont en décomposition, on attend d'en ramasser des débris », affirme-t-il, plein de morgue. Plus politique, Bruno Mégret sait qu'une majorité de gouvernement ne se forme pas sur un tel rejet. C'est pourquoi il a multiplié les avances aux partis de droite dès le lendemain de la dissolution-sanction de 1997.

Entre le vieux leader qui compte sur les électeurs et son dauphin qui mise sur les états-majors, le FN connaît les dissensions classiques d'un parti aux portes du pouvoir. Certains barons lepénistes n'attendent que le retrait du chef pour prendre langue avec la droite classique. Mais Le Pen n'a rien d'une victime expiatoire. C'est délibérément qu'en décembre 1997, alors que Mégret s'efforçait de « respectabiliser » le FN, il réitéra son allusion au « point de détail » pour laquelle il avait déjà été lourdement condamné. Le message est parfaitement clair : pour le chef vieillissant, l'antisémitisme reste et restera une barrière protectrice. Il doit interdire toute réinsertion dans le jeu parlementaire qui se ferait à ses dépens. Ce genre de radicalisation est typique d'un chef historique sur le déclin et qui entend sonner pour lui l'heure de la retraite.

Il est, certes, plus facile à Robert Hue de gagner sa respectabilité en dénonçant sans ambages les « monstruosités » du communisme qu'à Bruno Mégret de désavouer Le Pen. Car le premier ne fait qu'enterrer Georges Marchais, alors que le second doit tuer le père fondateur. Mais, en politique, l'ascension vers le pouvoir a toujours été une école du parricide.

Ainsi la République en vient à miser sur les faiblesses de l'ennemi plutôt que sur ses propres forces, à guetter la panne miraculeuse qui arrêterait le compte à rebours. Pourvu que les dissensions s'aggravent au sein de l'état-major frontiste ! Pourvu que Le Pen se maintienne à la direction du FN ! Pourvu que ses dirigeants cèdent à l'attrait du pouvoir ! Pourvu qu'ils trempent dans des scandales ! Pourvu qu'ils aillent jusqu'à la scission, jusqu'à l'explosion… On peut toujours rêver, mais quel pitoyable rêve ! D'autant qu'à tout prendre, le Front national semble bien moins friable que la droite. Et d'une façon ou d'une autre, je pense que le Front offrira à ses futurs associés le masque-alibi qui leur permettra de se rallier en affirmant ne pas se renier.

Ce sera alors le grand éclatement. Une partie de la droite parlementaire choisira l'accord pour former un quelconque Bloc national, tandis qu'une autre rejoindra les socialistes au sein d'un énième Front républicain. La suite d'une telle recomposition s'imagine aisément. À supposer que les nationalistes soient battus, la coalition hétéroclite des républicains aura-t-elle la possibilité de gouverner efficacement ? Comment pourra-t-elle éviter qu'au tour suivant les Français, toujours aussi déçus et déroutés, fassent jouer l'alternative ?

2002 paraît déjà une échéance bien proche. Mais le cours des événements pourrait encore se précipiter. Quand l'art de gouverner consiste à reporter les problèmes, reculer les échéances et peupler l'avenir de bombes à retardement, il est raisonnable de prévoir des explosions. Celles, par exemple, qui pourraient nous contraindre à quitter l'Union monétaire européenne, faute de pouvoir en respecter la discipline. Mais que l'histoire freine ou accélère, il n'importe : je n'aurai certainement pas à devenir centenaire pour assister à sa conclusion. C'est du moyen terme qu'il s'agit.

Voilà donc ce qui attend ma patrie – car, face à un tel péril, la France n'est plus simplement mon pays, mais ma patrie – si rien ne vient changer cet aveugle cours des choses qui nous entraîne comme une fatalité.

Mais, précisément, je ne crois pas au destin. Un compte à rebours, ça s'arrête. Pour résister, nous devons d'abord faire notre propre révolution culturelle. C'est-à-dire jeter bas ce monument d'hypocrisie, ce triomphe de l'imposture que l'on ose appeler le «modèle français», lui qui a donné naissance à cette troisième France, celle du malheur. Je le dis et je l'écris, parce que je suis passionnément attaché aux valeurs de liberté, de solidarité, de justice, de dignité qu'il prétend incarner alors qu'il ne cesse de les trahir.

Comme il était simple, le combat contre le nazisme ou le communisme ! Il suffisait de désigner l'autre camp et de se définir comme son contraire. Rien de tel ici. Les discours sont parfaits, les intentions superbes, les références indiscutables, et les repères sont les miens. Je suis français jusqu'au bout des ongles. Lorsque nos dirigeants jurent de combattre l'exclusion, de faire triompher la justice, de défendre notre culture, nos services publics, de respecter les droits de l'homme, de promouvoir la fraternité entre les peuples, etc., je ne peux qu'adhérer. Oui, c'est bien cela, ma France, c'est bien mon modèle de société.

Hélas, il y a la réalité, celle de la politique que l'on applique, celle du pays que l'on découvre, une réalité impitoyable qui se plaît à démentir dans les faits les promesses contenues dans les paroles. Où plus on étale les bons sentiments, plus on masque de petits intérêts ; où plus on lance de grands projets, plus on se réfugie dans de petites combines. Les programmes ne sont plus que des annonces, les idéaux des slogans, les engagements des leurres. Ce merveilleux héritage de notre histoire n'est plus qu'un décor, qu'un camouflage destiné à conjurer nos peurs et à masquer nos égoïsmes.

La seule arme qui vaille pour dénoncer cette imposture, c'est précisément la vérité, celle qui dénonce le décalage permanent entre l'image pieuse que l'on montre et la réalité sordide qu'elle dissimule.

*

Voilà donc ce que j'écrivais il y a un an. Il ne me paraît pas nécessaire de l'actualiser après les événements de mars 1998. Le fait que ce que j'annonce ici au niveau national ait été évité d'extrême justesse dans un certain nombre de régions et de départements a beau être interprété comme une victoire de la République et une défaite du Front national ne modifie malheureusement en rien mon analyse pour l'avenir. Donc, je persiste et signe.

Chapitre I

LE MODÈLE FRANÇAIS

Les Français sont entretenus dans l'angoisse de l'avenir. Tout ce qui arrive, tout ce qui change est inévitablement mauvais et doit être rejeté. Plutôt que de tenter de nous adapter au monde du troisième millénaire, afin précisément de l'adapter et de nous préserver, nous le récusons sans voir que ce refus crispé nous condamne à le subir et à perdre notre identité. Je ne sais pas si la mondialisation sera « heureuse », selon l'expression optimiste d'Alain Minc[1], mais je suis certain qu'elle sera, et qu'elle sera ce que nous en ferons. De la façon dont nous l'affrontons aujourd'hui, elle ne pourra être que fort malheureuse et peut-être même destructrice. Mais n'allons pas raconter que nous n'avons d'autre choix que ce refus plein de morgue. C'est absolument faux. Face aux mutations du XXIᵉ siècle, nous avons plus d'atouts qu'aucun autre peuple. Encore faut-il redonner courage à une population qu'on ne cesse de terroriser.

Rien n'est plus démoralisant que notre modèle français, tout entier accroché à ses lignes Maginot, des défenses présumées imprenables mais qui ne protègent qu'une partie du territoire. Une telle stratégie au service d'une telle politique nous fait mettre aux abris les mieux armés tandis que les plus faibles se font tailler en pièces. Les occupants du donjon – salariés statutaires ou fortes corporations, possédants ou retraités – se plaignent ainsi d'une crise dont ils ne subissent pas les méfaits, défendent une situation dont ils sont seuls à profiter et refusent l'offensive qui les ferait sortir de leurs casemates. Ce conservatisme paranoïaque, cet égoïsme

1. Alain Minc, *La Mondialisation heureuse*, Paris, Plon, 1997.

pusillanime et, plus que tout, cette tartuferie sociale ne peuvent que répandre la peur et le sentiment d'impuissance.

Car les Français sont entretenus dans l'illusion qu'ils ne sont en rien responsables de leurs malheurs. Ni en général, ni en particulier. La responsabilité, c'est l'enfer, c'est donc les autres. Le cheptel des boucs émissaires a été quelque peu renouvelé au cours de ces dernières années. Les « gros », les « patrons », les « puissances d'argent », le « capitalisme », « les Boches », « les deux cents familles » ont cédé la place à la « mondialisation », à l'« ultralibéralisme », à la « loi des marchés », à l'« Europe de Maastricht », aux « élites », auxquels on adjoint volontiers la « classe politique », la « bureaucratie » et, parfois, le « corporatisme », mais à condition de n'en donner aucun exemple concret.

Forts de cette exonération générale, les Français se déplacent d'un extrême à l'autre en dédaignant les opinions nuancées sur leurs mérites comme sur leurs insuffisances. Nous affirmons ainsi volontiers sur le mode péremptoire qu'« en France on est nul », que nos produits et nos productions, nos dirigeants et nos champions ne valent rien. C'est la position confortable du censeur qui voit dans la dénonciation la preuve de sa propre innocence. Mais nous pouvons aussi bien, la seconde d'après, nous décerner sans vergogne de fausses médailles aux olympiades du bluff. Un jour que je participais à un débat télévisé sur les problèmes scolaires, j'entendis un éminent technocrate affirmer sur un ton qui ne souffrait pas de réplique : « Il faut d'abord dire que notre école est la meilleure du monde. » J'en restai interdit, au point de ne plus savoir rompre le dialogue et partir. Nous prétendons de même avoir « les meilleurs services publics du monde », « le meilleur système de santé », « la meilleure télévision », « le meilleur cinéma »… Bref, nous ne cessons d'être les pires que pour devenir les meilleurs. Trop mauvais ou trop bon, le Français n'a de toute façon pas d'efforts à faire, puisqu'il ne saurait en aucun cas s'améliorer.

Béni des dieux

Pourtant, s'il est un pays béni des dieux, c'est bien la France. La géographie et l'histoire, puissances tutélaires des nations, l'ont outrageusement favorisée. Nous n'avons pas de pétrole, c'est vrai, mais cela nous évite l'afflux des pétrodollars, ressource artificielle, temporaire et malsaine. Il suffit de regarder les pays pétroliers pour s'en consoler. Nos mines s'épuisent, c'est également vrai. Nous sommes donc libres de laisser à d'autres les terrils et la silicose pour nous approvisionner à bas prix sur le marché mondial. Ne traînant plus ces richesses encombrantes de la première révolution industrielle, nous disposons des vrais atouts : ceux du XXIᵉ siècle.

L'espace : alors que nos voisins européens, pour ne pas parler des Japonais, se serrent à l'étroit dans leurs frontières, nous nous payons le luxe de laisser à l'abandon d'immenses territoires dont tant de peuples feraient leur bonheur. Le sol, ensuite : une agriculture généreuse, source de bénéfices importants qui iront en augmentant à mesure que de nouveaux clients, notamment les pays asiatiques, se présenteront sur le marché mondial. Et les paysages, les climats ! Si doux, si beaux, si divers : tout homme peut trouver chez nous son paradis sur terre. Et cette position superbe : adossée à l'Europe, ouverte sur l'Afrique et sur l'Amérique, un nœud stratégique dans l'entrecroisement des échanges. Au jeu du Monopoly, si l'on remplaçait les rues par des pays, la France encore vaudrait plus cher que la rue de la Paix !

Et l'histoire ne fut pas moins généreuse que la géographie. Elle a partout enrichi la nature de vestiges, de chefs-d'œuvre, de trésors que le monde entier – et cette fois c'est vrai – nous envie. Un capital qui n'est pas seulement culturel. Avec 67 millions de visiteurs en 1997, la France est devenue le premier pays touristique au monde. Une activité qui laisse un excédent de 65 milliards de francs, notre première source de devises. Le voilà bien, le gisement qui, contrairement au pétrole, embellit notre cadre de vie, crée des emplois (30 000 de plus chaque année), ne s'épuise pas et fait de chaque Français un rentier de son histoire, même si ce rentier se contente trop souvent de croquer paresseusement son capital. À cet héritage des siècles passés s'ajoute celui des dernières décennies qui a fait de la France un grand pays moderne, avec son TGV et son Minitel, ses Airbus et ses centrales nucléaires, ses entreprises championnes du monde – il y en a –, ses formidables réseaux de transport et de télécommunications. Cela ne donne pas nécessairement « le meilleur pays au monde », mais assurément l'un des meilleurs.

Enfin, le plus important : les hommes. Une population unie de longue date par une langue et une histoire communes, mais sans cesse vivifiée par les apports étrangers. Un niveau d'instruction parmi les plus élevés au monde – nous offrons une vingtaine d'années d'études à nos enfants –, une communauté scientifique, un corps d'ingénieurs, une force d'encadrement, une armée de fonctionnaires de premier rang. N'est-ce pas suffisant pour maîtriser les savoirs et les compétences, pour relever tous les défis économiques ? Et puis, diamant sur la couronne, cet art de vivre incomparable qui transforme si facilement un étranger en un Français de cœur et d'adoption – sait-on que, dans les sondages internationaux, les étrangers plébiscitent la France comme le pays par excellence où il fait bon vivre ? –, ce brassage d'une riche histoire et d'une géographie exubérante qui mêle la démesure napoléonienne et la chaleur méridionale, les élans révolutionnaires et le conservatisme terrien, les utopies de 1848 et l'héroïsme de la Résistance, l'esprit de Voltaire et le souffle d'Hugo, le TGV des ingénieurs et le Montparnasse des peintres, les pays de vin et les pays de bière, la cuisine au beurre et la cuisine à l'huile.

Regardez, comparez : est-il un grand pays qui soit mieux pourvu ? Il en est certes de plus puissants, mais en est-il de plus agréables aux hommes ? Les Français ne sont pas supérieurs aux autres peuples – un peuple « supérieur », cela n'a pas de sens –, mais leur héritage est certainement l'un des plus beaux qui soient. Nous avons tout reçu, absolument tout, pour être heureux.

Car les Français ne sont pas seulement les héritiers d'une nation-musée, mais bien d'une puissance économique qui, dans l'univers des entreprises, correspondrait à un fleuron de la Bourse comme L'Oréal, LVMH ou Air liquide. Comparaison n'est pas raison : loin de moi l'idée de réduire mon pays à une entreprise. Il n'empêche que les États sont aussi des entités économiques et que tous n'ont pas la même valeur ni les mêmes attraits. Si l'on considère la France d'avant la crise, celle des années 1970, elle tenait indiscutablement le haut de la cote et ceux qui en avaient trouvé quelques actions dans leur berceau n'avaient pas lieu de s'en plaindre. Aujourd'hui encore, les entreprises françaises comptent parmi les meilleures du monde. Les succès de notre commerce extérieur, les résultats financiers de nos grandes sociétés, l'intérêt des investisseurs étrangers, tout prouve que notre puissance économique est intacte.

Les bonnes surprises

Si nous pouvions de temps à autre sortir de notre nombrilisme hexagonal et comparer notre France à tant d'autres pays disgraciés par une nature brutale, stérile, rebelle à l'homme, prisonniers d'un passé dont ils ont perdu les richesses sans gagner celles de l'avenir, si nous considérions davantage ces peuples à la dérive qui abordent le troisième millénaire sans aucune chance d'y trouver leur place, comme nos incessantes récriminations nous sembleraient excessives et, pour tout dire, indécentes ! Non, vraiment, rien ne me paraît aussi scandaleux que cette permanente imputation de nos erreurs à je ne sais quel mauvais sort, à quelque sourde conspiration ! Une fois pour toutes, posons cette vérité : les Français sont les enfants chéris de la fortune, et, s'ils ne savent pas tirer profit de cette chance, ils ne peuvent s'en prendre qu'à eux-mêmes.

C'est donc nous et nous seuls qui sommes en cause et, contrairement à ce qu'on veut faire accroire, nos malheurs ne viennent pas de notre obstination à rester nous-mêmes, mais, au contraire, de notre incapacité à le demeurer. Je ne reconnais pas le génie de mon pays dans la vénération de notre dérive actuelle. J'y vois son reniement. Même si ce refus de l'épreuve, cette dérobade devant l'obstacle, et, par-dessus tout, cette confusion des valeurs se retrouvent dans notre histoire à l'égal des combats absurdes et des luttes héroïques.

En 1938, lorsque la France choisit l'aveuglement munichois, les patriotes qui fustigeaient le «lâche soulagement» ne formaient qu'une petite minorité. Leur courage et leur lucidité ne furent célébrés que bien plus tard. Sur le moment, les Français se reconnurent dans les «sauveurs de la paix». En cette fin de siècle, l'épreuve qui nous est imposée n'est pas guerrière – et tant mieux. Les situations ne peuvent donc se comparer. La France traverse une crise d'adaptation. Rien que de très banal à l'échelle de l'histoire. Bien des peuples ont dû affronter de semblables épreuves. Les uns en ont triomphé, les autres y ont sombré. Car ces défaites non militaires peuvent se révéler fatales : à l'instar des plus grandes batailles, elles brisent les sociétés aussi efficacement qu'une armée étrangère. Or l'insupportable présomption de notre politique, les slogans cocardiers qui célèbrent notre modèle, l'exaltation absurde de notre exception, l'arrogance de notre conservatisme, tout cela rappelle fâcheusement les pires côtés de notre tempérament national, ceux qui ont toujours pris le dessus à la veille des plus grands désastres.

Car un pays, comme une entreprise, peut cacher son inexorable déclin derrière une façade prestigieuse enrichie par des siècles de vraie gloire. C'est ainsi que l'Espagne et la Grande-Bretagne ont sauvé pendant très longtemps les apparences d'une splendeur perdue. Qu'en est-il de la France ? Sa valeur est-elle toujours à la hauteur de son image ? Au cours des Trente Glorieuses, les Français ont fait croître et prospérer leur héritage. Ils l'ont ensuite préservé dans la tourmente des années 1980. Et puis, soudain, ils se sont dédoublés. D'un côté, les entreprises se sont lancées dans une course effrénée à la compétitivité ; de l'autre, la société et l'État se sont enfoncés dans une régression qui, peu à peu, tend à paralyser l'ensemble du pays. Bref, la France a perdu cette énergie sans laquelle les plus belles successions se détruisent en l'espace d'une génération. La victoire annoncée de l'extrémisme sanctionne une faillite générale, elle se nourrit des fautes commises en matière d'immigration et d'économie, de chômage et de finances, et, plus que tout, dans la perte de cette vertu première qui assure la survie de tout organisme : la capacité d'adaptation et d'évolution.

Le gouffre

En 1991, lorsque sont définis les critères qui permettront de participer à l'euro, les fameux «critères de Maastricht», ce sont les technocrates français qui proposent de plafonner à 3 % du produit intérieur brut – du PIB –, les déficits autorisés des administrations publiques. À l'époque, la France en est bien loin. Son déficit de 1,6 % du PIB paraît déjà élevé, mais nul n'imagine qu'il puisse s'accroître encore. De tels dérapages ne peuvent se produire que dans des économies «méditerranéennes», les économies «Club Med», comme disent dédaigneusement les experts franco-allemands.

Dès l'année suivante, la récession mondiale provoque un énorme dérapage des finances publiques. Dans l'ensemble de l'Europe, reconnaissons-le : tous les gouvernements empruntent et distribuent de l'argent qui ne correspond plus à aucune rentrée. La France se précipite dans cette politique du crédit, et les déficits de toute nature explosent. On ne compte plus en milliards, mais en dizaines, voire en centaines de milliards. Mais on veut croire qu'il s'agit là d'un déficit conjoncturel lié à la récession mondiale et qu'au-delà de cette mauvaise passe l'équilibre reviendra

Notons un détail qui n'est jamais souligné. L'habitude s'est prise de calculer le déficit en fonction du PIB, ce qui facilite les comparaisons internationales. On va donc répétant que le nôtre atteint 3 % du PIB ; puis on oublie « du PIB », et tout le monde parle de « 3 % de déficit ». Un chiffre somme toute rassurant. On ne va pas se mettre martel en tête pour si peu ! Du coup, les Français se demandent pourquoi la question budgétaire semble à ce point cruciale et les démagogues ont la partie belle lorsqu'ils dénoncent le fétichisme de l'équilibre budgétaire.

C'est parler de bon sens, à un détail près : cette interprétation est totalement fausse. Voyons les ordres de grandeur. Le budget de la France représente environ 1 700 milliards de francs, et le déficit est de 250 milliards. Dès la classe de sixième, les enfants peuvent calculer que cela représente *15 % de déficit*, et non pas 3 %. Un résultat qui, rappelons-le, a été salué comme un exploit. Dans les années précédentes, le même calcul nous aurait donné des pourcentages compris entre 20 et 25 % ! Or le vrai chiffre, celui qui compte, c'est évidemment celui-là. Quand vous dites : « Je suis dans le rouge de 10 % », vous calculez ce pourcentage par rapport à vos recettes, non par rapport au chiffre d'affaires de la banque ! Il faut donc souligner que, depuis 1992, le déficit de l'État avoisine *20 %* tous les ans. Vous avez dit rigueur budgétaire ?

Autrement dit, si l'on renonçait à ces comparaisons technocratiques avec le PIB et qu'on disait les choses comme elles sont, le discours sur la relance de la dépense publique ne pourrait tout simplement plus être tenu. Malheureusement, nous nous sommes habitués à cette présentation qui autorise les plus extravagantes démonstrations.

Au début de 1998, un professeur d'économie, Bernard Maris, et un ancien directeur de l'information au *Monde*, Philippe Labarde, entreprirent de ridiculiser les tenants de l'orthodoxie financière dans un pamphlet, *Ah, Dieu ! que la guerre économique est jolie !*[1]. Ils se payèrent joyeusement la tête de cet âne bâté de Raymond

---

1. Philippe Labarde et Bernard Maris, *Ah, Dieu ! que la guerre économique est jolie !*, Paris, Albin Michel, 1998.

Barre qui ignore que les peuples s'enrichissent lorsqu'ils dépensent sans compter. Fort bien! Et les critères de Maastricht? Page 130, nous y voilà, les auteurs rappellent que ces normes prévoient « un déficit budgétaire de 3 % ». Vous avez bien lu : « un déficit de 3 % du budget ». On peut donc se prévaloir de titres ronflants, écrire tout un ouvrage sur le sujet, et créer la confusion en parlant d'un déficit de 3 % du budget au lieu de 15 % ! À votre avis, combien de lecteurs auront relevé l'erreur?

Bien entendu, je recourrai dans ce livre-ci à la nomenclature internationale, mais qu'il soit bien entendu que les « 3 et 5 % du PIB » doivent se lire « 15 et 25 % du budget ». Les déficits dont nous allons parler maintenant ne sont pas marginaux, ils sont considérables. Et leur persistance tout au long de la décennie prouve qu'il s'agit d'une maladie chronique et évolutive.

L'État se retrouve donc à court d'argent et utilise tous les expédients pour se renflouer. Le crédit, bien sûr, mais également les privatisations. En ce domaine, pourtant, une règle devrait s'imposer à tous : leur produit doit servir à rembourser la dette publique.

C'est une question de probité. Un gestionnaire qui vend un actif doit le remplacer par un autre ou bien réduire d'autant le passif : faute de quoi il appauvrit le patrimoine. Mais il y a belle lurette que ce principe n'est même plus respecté. On parla tout d'abord d'utiliser cette manne pour « lutter contre le chômage », alibi moral d'une affectation de recette extraordinaire à des dépenses ordinaires. Depuis lors, les commissaires européens ont interdit de boucler les budgets grâce à de tels artifices, et l'on prétend donc « recapitaliser les entreprises privatisables »… formule technocratique qui revient à faire la même chose ! La privatisation sert toujours à se procurer l'argent indispensable pour faire face aux échéances.

Ainsi, on ne vend pas le domaine familial pour diversifier ses placements ou pour rembourser ses dettes, mais pour assurer ses fins de mois. Avant la privatisation de France Télécom, un journal présenta la photo de son PDG, Michel Bon, sous le titre : « L'homme qui va faire gagner 40 milliards à la France ». Le pays allait s'enrichir en mettant les sociétés nationales à l'encan ! Comme tout homme sensé, je suis favorable à la privatisation de nos télécommunications, mais à la condition que le produit de cette vente ne soit pas dilapidé. Or la France, qui ne tient aucun état de son patrimoine, pourra en soustraire les 42 milliards de France Télécom sans faire apparaître cette perte dans ses comptes.

L'appauvrissement clandestin, tel est notre lot depuis dix ans. Tant pis pour nos enfants !

Ils n'auront pas eu la chance d'avoir des parents norvégiens. Ceux-ci, conscients que le pactole pétrolier de la mer du Nord n'est pas inépuisable, ont constitué un fonds d'État qui en met de côté une bonne part pour les générations à venir. Imaginons que nous ayons trouvé au large de la Bretagne les gisements que nous y recherchions dans les années 1970. Eh bien, je pense qu'avec la mentalité actuelle nous les aurions hypothéqués afin de pouvoir en dilapider plus vite la richesse ! Car, chez nous, tout ce qui peut être pris est bon à prendre... et à dépenser.

Malheureusement, les expédients ne durent qu'un temps, et ce temps touche à sa fin. L'État, après avoir vendu ses chapons les plus dodus, n'a plus à proposer que des canards boiteux aussi coûteux à vendre qu'à garder. Devra-t-il, pour compenser cette perte de recettes, céder le château de Versailles à Disney, la forêt de Chambord au Club Méditerranée et les Invalides à la chaîne Hilton ?

Les collectivités locales, les grands services publics se sont mis à creuser, chacun pour son compte, des gouffres financiers du même ordre. Du Crédit lyonnais à la SNCF, des systèmes de retraite à la protection sociale, les bombes à retardement s'accumulent partout. Au total, l'ardoise avoisine certaines années 500 milliards de francs !

Conséquence inéluctable : la dette augmente vertigineusement. Les gouvernements gaullistes et post-gaullistes géraient, comme on dit, en bons pères de famille. En 1980, l'État n'avait que 400 milliards de dettes. Une misère ! Au cours de la décennie suivante, il découvre les commodités du crédit au moment même où les entreprises et les particuliers en découvrent l'horreur : l'endettement privé diminue alors que la dette publique explose. En 1992, elle atteint 2 750 milliards de francs. Les experts froncent les sourcils, mais, dans un monde d'États flambeurs, la France reste encore un modèle de sagesse. Cinq ans plus tard, le chiffre est de 4 650 milliards ! On est passé du dérapage contrôlé à l'explosion. Et l'on sait déjà qu'en 1998 4 850 milliards de francs seront atteints. Sans compter les déficits sociaux, et notamment la masse colossale des créances constituée par les pensions que l'État devra payer à ses serviteurs dans l'avenir. Certes, pendant que la puissance publique creuse les déficits, la France dans son ensemble accumule les excédents sur l'extérieur, les ménages augmentent leur épargne et les entreprises leur trésorerie. Mais ceci ne compense pas cela. *Les dettes publiques sont les nôtres, et c'est nous ou nos enfants qui devrons les payer, car l'endettement de l'État ne correspond pas à des investissements, mais à des frais de fonctionnement.*

Mon Dieu, qu'il est malhabile de parler argent, et surtout d'évoquer l'état des finances publiques dès un premier chapitre ! Voilà qui risque de tuer un livre ! Au reste, n'exagère-t-on pas la gravité de cette question financière ? Qu'est-ce qu'un déficit budgétaire, comparé à la souffrance d'un chômeur ? Les grands dépensiers vont répétant que si nous avions su tenir tête à la Banque centrale allemande, si nous avions refusé cet absurde carcan, nous ne perdrions pas le sommeil pour 1 % – c'est-à-dire, en fait, pour 5 % – de déficit en plus ou en moins.

Il se trouve même toujours un parti, un expert, un syndicat, un gourou pour sommer l'État d'aggraver le déficit afin de susciter la bienheureuse «reprise» dont les recettes viendront compenser ces dépenses supplémentaires. Et chacun feint d'ignorer que la France fait de la relance comme Monsieur Jourdain faisait de la prose : sans le savoir. C'est pourquoi les Français y voient toujours une nouveauté et un espoir, alors qu'ils en subissent les effets depuis des années. Ce «traitement» consiste tout simplement à remettre artificiellement de l'argent dans le système. Nos gouvernements ont ainsi injecté en six ans 2 000 milliards de francs qui se sont transformés en dettes pures et simples, c'est-à-dire en frais financiers, faute d'avoir redonné des couleurs à la croissance.

La relance est à l'économie ce que les batteries sont à l'automobile : le stimulant qui permet au système de redémarrer. Elle est donc indispensable. Mais, lorsque le moteur est en panne, il est vain d'actionner frénétiquement le démarreur, il faut le faire réparer. Cela prend du temps et demande des efforts. Seuls les charlatans proposent de guérir les vraies maladies avec une cure de fortifiants. Voilà pourtant ce que répètent nos mirobolants experts quand ils prétendent soigner la France sans rien demander aux Français. En outre la reprise est d'abord un état d'esprit : c'est la confiance qui pousse les uns à investir, les autres à consommer, et la confiance ne se décrète pas, elle se gagne. *Faute d'avoir procédé aux réformes indispensables, faute de mener une politique mobilisatrice, nous n'avons eu de la relance que l'effet négatif : l'alourdissement de la dette, et pas l'effet positif : le redémarrage de la croissance.*

Et quand d'aventure la conjoncture – jamais la politique – nous offre l'expansion tant attendue, que faisons-nous ? En 1989, le gouvernement de Michel Rocard eut cette divine surprise : 100 milliards de rentrées supplémentaires dans les caisses de l'État. Allait-il utiliser cette manne pour réduire les déficits accumulés dans les années de vaches maigres ? Pas du tout : il n'y vit qu'une bonne fortune qu'il se dépêcha de dilapider en « réhabilitant la dépense publique ». Ce qui ne signifiait même pas créer des richesses, mais alourdir le poids de l'État.

En février 1998, l'Insee publia des chiffres encourageants qui laissaient entrevoir le redémarrage de l'activité. Le jour même – pas le lendemain, le jour même – fut lancé le débat sur la répartition de cette rentrée providentielle. Il allait de soi que ces dizaines de milliards escomptés devaient être au plus vite consommés, par anticipation, de préférence, pour accroître les dépenses publiques. Il n'était même pas nécessaire d'attendre pour s'assurer que l'embellie ne serait pas assombrie par les contrecoups du krach asiatique. Face à ces appétits gloutons, le Premier ministre dut rappeler : « Il ne faut pas distribuer les fruits de la croissance avant de savoir si celle-ci sera durable », et son ministre de l'Économie et des Finances souligna que la croissance devrait en toute priorité servir à réduire les déficits et diminuer la dette. Il fallut du courage à nos gouvernants, rendons-leur hommage, pour réaffirmer ces principes de bon sens, et il en faudra bien davantage pour les appliquer le jour où nous aurons ces milliards en caisse. Car les Français ont fait des 3 % de Maastricht – c'est-à-dire des 15 % de déficit budgétaire – une sorte d'idéal qu'il convient de pérenniser, et non pas un défaut qu'il leur faudrait corriger au plus vite.

On veut faire croire que les fruits d'une croissance généreuse résorberont les déficits comme par enchantement. Ne rêvons pas. MM. Jacques Bonnet et Philippe Nasse, appelés par Lionel Jospin à faire l'audit financier du pays en 1997, ont tenu à dissiper ces illusions : « ... même un retour prolongé et stable du rythme de la croissance au niveau de celui que nous observons chez ceux de nos partenaires qui sont sortis avant nous du marasme ne suffira pas à rétablir les comptes publics. »

Entre la querelle des critères maastrichtiens et le mythe de la relance salvatrice, la France feint d'ignorer sa crise financière. J'y reviendrai pourtant et obstinément, car il n'est rien de plus dangereux que d'accumuler ces dettes malsaines qui ne correspondent à aucun actif, à aucun enrichissement. En d'autres temps, les gouvernements jouaient de l'inflation pour rembourser en monnaie de singe. Cet expédient est désormais interdit, les dettes ne s'évaporent plus, elles s'entassent. Cet empilement faramineux de créances sans actif correspondant – dont, ne l'oublions pas, un bon tiers est détenu par l'étranger – crée une bulle financière, c'est-à-dire une bombe à retardement ; celle-ci explosera tôt ou tard et risque, par ébranlements successifs, de détruire la société.

Répétons-le : ces 2 000 milliards de francs flambés en six ans ne correspondent à aucun investissement, à aucune création de richesse ; c'est le prix que nous avons dû payer pour permettre à la société de ne pas se moderniser. Car la dette ne prépare pas l'avenir : elle le compromet.

Ces déficits et cet endettement ne sont pas liés à une mauvaise conjoncture. Ils traduisent sur le plan financier la faillite sociale. Ce crédit dans lequel nous puisons sans retenue, c'est au fond la drogue, l'euphorisant qui nous permet de vivre ensemble sans affronter les épreuves qui feraient voler en éclats la cohésion sociale. La France a cessé d'être une société, c'est-à-dire une communauté capable de réagir, de s'adapter et de surmonter les difficultés. *Elle se drogue au crédit pour survivre.*

C'est pourquoi des sages, de plus en plus nombreux, recommandent de désamorcer cette bombe en remboursant l'essentiel au prix d'un impôt exceptionnel sur le patrimoine de tous les Français. Ce serait déplaisant dans l'immédiat, mais beaucoup moins dangereux à terme… à supposer que nous ne recommencions pas aussitôt à accumuler les déficits.

Méfions-nous de la finance, elle ne lâche pas prise. La politique se retourne comme le vent. Une majorité défait ce que la précédente a fait. Les dettes, elles, ne sont pas des girouettes, elles sont obstinées comme le roc. Nous aurons beau changer de politique et de majorité, il ne faudra pas moins rembourser. D'ores et déjà, les charges financières, c'est-à-dire le service annuel des dettes antérieures, atteignent 250 milliards de francs. Mais que représente un tel chiffre ? Dans le budget 1998, l'Éducation reçoit la plus grosse part du gâteau avec 334 milliards de francs, puis vient la Défense avec 238 milliards. Nos frais financiers se placent donc en deuxième position. Par comparaison, la Justice est gratifiée de 25 milliards et la Culture de 15 milliards ! Notons que la charge de la dette est du même ordre que le déficit budgétaire. C'est dire que nous ne payons nos frais financiers qu'en empruntant et, donc, en les accroissant pour l'année suivante. C'est la fuite en avant.

Avant de songer à réduire cette dette, il faudrait déjà parvenir à la stabiliser. Autrement dit, supporter nos frais financiers sans recourir au déficit. Effort colossal à ce stade d'endettement. Puis, dans un second temps, commencer à rembourser. Nous en sommes bien loin. Pourtant, même l'Italie, dont l'endettement est véritablement monstrueux, est parvenue à dégager un excédent budgétaire et a commencé à réduire sa dette. Il n'y faut que du courage ; il est vrai que c'est devenu une denrée rare dans notre pays.

Les comparaisons internationales peuvent sembler rassurantes. Notre endettement, qui représente 58,2 % du PNB, n'est-il pas inférieur à celui de la plupart des pays européens ? C'est exact. Même l'Allemagne, la vertueuse Allemagne, est à 61,8 %. Quant à l'Italie, elle atteint 122,4 % et la Belgique culmine avec 126,7 %. Pourquoi donc nous alarmer ? Parce que cette image figée ne signifie rien. Seule compte la dynamique. Or celle-ci est accablante. Imagine-t-on qu'entre 1994 et 1997 notre dette publique a bondi de 48 à 58 % du PIB ? Aucun autre pays n'a accru son endettement aussi rapidement que la France au cours de ces dernières années. Songeons qu'en 1990 nous étions un modèle de rigueur, alors que nos voisins se vautraient dans les déficits depuis des décennies. Première constatation : nous avons emprunté en une décennie autant que certains en vingt ou trente années.

Qui plus est, tous les autres pays ont entrepris de réduire leur endettement. La Commission de Bruxelles prévoit pour 1999 que ces chiffres seront partout à la baisse. Même l'Allemagne, qui pourtant porte toujours le poids de la réunification, passera de 61,2 % à 60,7 %. Le seul, l'unique pays dont la dette ne diminuera pas, c'est la France qui, au mieux, restera à 58,2 %. Voilà donc la réalité : nous avons dégringolé plus brusquement que les autres et, en dépit des efforts tentés par les gouvernements successifs, nous continuons à nous enfoncer quand les autres se redressent. L'accélérateur est bloqué au plancher et les freins ne répondent plus. Sur ce plan aussi, comme en politique, le compte à rebours a commencé. Avec la crise financière au bout.

Au rythme où nous allons, chaque Français, bébés y compris, entrera dans le prochain siècle avec une charge de 100 000 francs sur les épaules. Tous les ménages surendettés savent ce que cela signifie de renoncer aux commodités du crédit et s'imposer une discipline de remboursement. Du jour au lendemain, des cadres moyens se retrouvent smicards, doivent se reloger dans un deux-pièces, ne plus penser à la voiture, aux vacances, aux plaisirs de la vie. Il n'en va pas différemment pour les États. Lorsque la confiance dont nous jouissons au nom de notre passé fera place à la méfiance qu'inspirera le délabrement de nos finances, l'enchaînement des événements risquera d'être explosif. Il ne suffira plus de « limiter la progression du pouvoir d'achat », pas même d'en faire admettre la stagnation ; il sera question d'une diminution drastique. La cohésion nationale n'y résistera pas. La crise financière, à son paroxysme, conduit à l'émeute, aux convulsions. Elle fut le détonateur de 1789. Quelle explosion nous prépare-t-elle pour saluer l'entrée dans le nouveau siècle ? Car c'est un pays moins riche, plus mal en point, qui devra rembourser cet argent, puisque nous aurons croqué l'héritage. *Oui, nous sommes en train de voler nos enfants.* Le mot paraît excessif ? Ne sommes-nous pas propriétaires de la France ? Eh bien non, certainement pas !

Les richesses dont nous jouissons, nous les avons pour partie créées, pour partie reçues, et nous devons les transmettre. Elles appartiennent à nos enfants autant qu'à nous, et doivent être préservées. Qu'il s'agisse de la nature ou de la finance, nous avons l'obligation de gérer en pensant aux générations futures. Car enfin, allons-nous demander à nos enfants de payer tout à la fois nos retraites et nos dettes ? Quelle perspective exaltante ! Les familles ruinées ne font pas les enfances heureuses, j'en sais quelque chose. Les pays ruinés non plus.

Si encore cette fuite en avant, comme les dettes de guerre, avait permis de sauver la République ! Mais non, c'est tout le contraire. N'ayant vécu à crédit que pour éviter de nous soigner, nous avons laissé toutes les tares s'aggraver, toutes les plaies s'envenimer, et c'est ainsi que nous faisons le lit du Front national.

L'exception française

Crise politique, crise financière et tragédie du chômage : faut-il conclure que « tout est foutu », que la France est prise dans l'engrenage d'une irrésistible implosion ? Certainement pas. Ce genre de propos n'a aucun sens. Quand j'ai vu le jour en 1933, quel était l'état de mon pays, quel pouvait être son avenir ? Épuisé par une victoire plus ruineuse qu'une défaite, il s'était persuadé que la charge de son redressement serait supportée par le vaincu : « L'Allemagne paiera », avait-on dit. De fait, la France n'avait pas payé, l'Allemagne guère plus, et la nation victorieuse avait tristement décliné jusqu'au rendez-vous de la Grande Dépression. Avec le résultat que l'on sait. 1933 en Allemagne, c'est l'arrivée d'Hitler au pouvoir ; en France, c'est le début des grands déchirements. Tout au long des années 1930, péril extérieur et péril intérieur ne cessent de grandir, là dressant les nazis contre la France, ici la gauche contre la droite. À cette époque, un inexorable compte à rebours s'était mis en marche. Seules les échéances restaient incertaines. Le pays serait-il ravagé par une guerre civile avant d'être détruit par la guerre étrangère, ou l'inverse ? On ne savait. Bref, si mes parents avaient fait de la prospective, ils ne m'auraient certainement pas conçu.

Comme tous les Français de ma génération, j'ai connu la déroute de 1940, la nuit de l'Occupation, mais j'ai surtout traversé, dans ma vie d'adulte, les décennies les plus prospères, et, je suis tenté de le dire pour certaines, les plus heureuses de notre histoire. Et je me pose la question : quel devin, quelle pythonisse se penchant sur mon berceau m'aurait prédit un tel avenir ? Qui, en 1940, aurait osé annoncer l'avènement, pourtant si proche, des Trente Glorieuses ?

Nos prévisions ne valent guère plus que celles de la météo. Elles se vérifient assez bien à quelques années d'échéance, mais, pour la suite, c'est n'importe quoi. Je n'ai pas la moindre idée de ce que sera la France dans vingt ou trente ans. J'oserai même dire que je ne m'en soucie pas. Je ne parle que des périls qui nous font face, là, juste devant nous, et je veux les conjurer. Au-delà, qui vivra verra.

Car, à l'inverse, on ne peut se rassurer en allant répétant que « la France ne peut pas mourir » ou qu'« on s'en sortira toujours ». Il m'importe de passer ce mauvais cap au moindre coût, dans l'effort sans doute, mais sans déchirements ni convulsions. J'aimerais qu'en cette année 1998, comparable sur bien des points à 1933, nous préparions d'autres Trente Glorieuses, mais en faisant l'économie de la guerre, de la défaite et de l'Occupation.

Le regard et le recul de l'historien nous font mieux comprendre les causes de ces désastres qui étaient tout sauf inévitables. Si, au lendemain de la Grande Guerre, nous avions su affronter notre situation, si nous avions consenti les efforts indispensables, si nous n'avions pas cédé aux mirages des réparations, si nous avions écouté les appels au réalisme, si nous avions entendu et mesuré le désespoir du peuple allemand, si nous n'avions pas été ces gogos crédules toujours prêts à croire qu'on se guérit des plus graves maladies en se reposant, nous n'aurions pas été happés par cette marche à la guerre. Qu'importent les «si», me dira-t-on, on ne refait pas l'histoire ! C'est vrai, mais on peut s'épargner de commettre plusieurs fois les mêmes erreurs. Une si belle collection d'absurdités devrait nous valoir une certaine immunité.

Le catastrophique traité de Versailles fut imposé par la France, c'est elle qui voulut cet asservissement de l'Allemagne, qui, tout au long des années 1920, lui mit le talon sur la figure, lui fit perdre jusqu'à l'ombre d'un espoir, jusqu'au souvenir de sa dignité. Et tout cela pour solder les comptes d'une guerre dans laquelle nos responsabilités valaient bien les siennes ! Nos alliés anglo-saxons eurent beau nous mettre en garde, s'opposer à nos folles exigences sur les réparations, nous ne voulûmes rien entendre. Soûlée de gloire militaire, aveuglée de haine nationaliste, la France n'était plus qu'une rentière de la victoire attendant des butins et des tributs une éternelle pension d'ancien combattant.

Tel est le vertige français. Cette fuite soudaine dans une irréalité faite de grands principes et de médiocres calculs qui ne servent qu'à refuser l'évidence, à fuir les épreuves. Certes, tous les peuples peuvent être sujets à de tels égarements. Mais nous y apportons une touche singulière : la prétention à l'universalité, à l'exemplarité.

À jamais marquée par la Révolution et l'épopée napoléonienne, «la patrie des droits de l'homme» ne prétend pas seulement avoir raison «contre», mais «pour» le monde entier. Nos vérités – c'est-à-dire si souvent nos erreurs – ne sauraient être relatives et particulières, elles doivent être absolues autant qu'universelles. Les autres devront tôt ou tard s'y rallier. Professeur du monde, la France enseigne les nations et n'a pas à se faire instruire par elles. Capitaine intrépide, bien campée en proue de son vaisseau, elle coule à la verticale en brandissant bien haut son drapeau pour appeler les autres à venir échouer leurs navires sur les mêmes hauts fonds.

S'il est un homme qui a toujours été imprégné de ces principes, c'est bien le général de Gaulle. À ses yeux, la France ne pouvait qu'être exemplaire, messagère, inspiratrice. Il ne parlait pas de l'«exception française» ni du «modèle français», tant ces notions étaient évidentes à ses yeux, mais il situait cette singularité dans l'espérance politique et diplomatique plutôt que dans le champ économique et social. Son grand dessein était de l'affirmer à la face du monde. En cela, il rompait avec les gouvernements de la IVᵉ République ; il voulait, au sens le plus fort, mener une «autre politique». Mais il connaissait le prix d'une telle présomption. Accordant la prééminence à la France sur les Français, il imposa, sans le moindre état d'âme, à ses compatriotes tous les efforts nécessaires pour donner un socle inébranlable à la «grandeur de la France».

Quand il revient au pouvoir en 1958, le pays est gravement affaibli par la crise financière et par la guerre d'Algérie. Impossible de «faire entendre la voix de la France», de réaffirmer haut et fort son «indépendance» alors que nos grands argentiers vont tendre la main à Washington pour boucler les fins de mois, que nos diplomates se démènent comme de beaux diables pour éviter des expositions trop humiliantes au pilori onusien. L'idée qu'il se fait de la France est incompatible avec de telles faiblesses ; il choisit donc pour les Français l'épreuve du redressement. Certes, l'épisode algérien ne présente que peu d'analogies avec la situation actuelle. En revanche, la solution de la crise financière, moins connue, est encore riche d'enseignements.

Pour de Gaulle, c'est clair : la France doit «remettre de l'ordre dans ses finances». «Sans cet effort et ces sacrifices, explique-t-il, nous resterions un pays à la traîne, oscillant perpétuellement entre le drame et la médiocrité.» Une phrase qui, à quarante ans de distance, conserve toute son actualité.

Par faiblesse, les derniers gouvernements de la IVᵉ République ont laissé filer les dépenses, ce qui, dans le contexte de l'époque, entraîne un regain d'inflation et surtout des déficits extérieurs considérables. Une fois de plus, le pays vit «au-dessus de ses moyens» alors qu'il se trouve (déjà !) à la veille d'une échéance européenne. Le 1ᵉʳ janvier 1959 doit en effet entrer en vigueur le traité de Rome qui prévoit l'abaissement des tarifs douaniers et la libération des échanges dans le cadre du Marché commun. Or, au mois de mai 1958, l'éphémère président du Conseil Pierre Pflimlin doit, la mort dans l'âme, faire savoir à nos partenaires que la France ne sera pas en état d'honorer cet engagement et qu'elle demande un report.

En ouvrant ce dossier, de Gaulle a encore présente à la mémoire la crise de 1944-1945. À l'époque, il s'était trouvé confronté à une alternative. D'un côté, le ministre de l'Économie, Pierre Mendès France, prônait la rigueur : blocage des salaires et des prix, ponction sur le pouvoir d'achat, etc. ; de l'autre, le ministre des Finances, René Pleven, poussé par les communistes, était partisan d'une voie douce et indolore : forte augmentation des salaires, des allocations familiales, etc. L'un pensait que les Français attendaient qu'on les appelle à l'effort ; l'autre, qu'ils espéraient une pause après tant d'épreuves. De Gaulle tranche alors en faveur de Pleven contre Mendès. Pour le laxisme contre la rigueur. Étrange décision, peu dans le caractère du Général, dont Jean Lacouture, dans sa biographie, avoue ne pas avoir bien compris toutes les motivations. Une vingtaine d'années plus tard, la leçon n'aura pas été oubliée. Cette fois, de Gaulle décidera d'assainir les finances. Coûte que coûte.

Revenu aux affaires, il a choisi Antoine Pinay, le politique, comme ministre, mais c'est Jacques Rueff, le financier, qu'il charge de préparer le plan de redressement. La consigne, toute militaire, est de « ne reculer devant aucune mesure, quelle qu'en soit l'impopularité, pour équilibrer les finances publiques ». Le dispositif, présenté à la fin de l'année, effraie la classe politique. Coupes claires dans le budget, alourdissement de la fiscalité, atteinte aux retraites des anciens combattants, réduction drastique des subventions, brutale dévaluation et création du nouveau franc. La presse annonce le pire, les socialistes menacent de quitter le gouvernement, Antoine Pinay lui-même présente sa démission. Le Général, fort de sa toute nouvelle autorité de président de la République, doit imposer le plan à son gouvernement. Seul contre tous. Il tient bon, les Français grognent mais la France, elle, retrouve sa solidité financière sans avoir rien perdu de son dynamisme économique.

Je ne prétends pas qu'il faille appliquer à la situation de 1998 les mêmes remèdes qu'à celle de 1958 ; *je crois simplement que l'économie a ses règles, qu'on ne sort pas d'une grave crise financière sans un lot de mesures impopulaires* – notons-le bien, la réciproque n'est pas vraie non plus : une mauvaise politique peut fort bien imposer des sacrifices sans apporter le redressement – ; *je retiens surtout que l'indépendance, qu'elle soit diplomatique, financière ou sociale, a un prix, qu'une politique visant à fonder un modèle national implique des efforts particuliers.*

L'acrobatie budgétaire

Quarante années ont passé, et nous voici devant un nouveau rendez-vous européen. Nous partions de Rome et du Marché commun, nous arrivons à Maastricht et à l'euro. Les contraintes sont les mêmes. Elles cristallisent sur une date précise une obligation qui, en tout état de cause, s'impose à nous. Europe ou pas, lorsque les finances vont à vau-l'eau, il faut les remettre en ordre.

Les pays européens, les petits comme les grands, les nordiques comme les méditerranéens, se débattent dans de grandes difficultés à la veille de cette nouvelle échéance. En dépit de tous les sacrifices et de toutes les acrobaties, leurs déficits frôlent juste 3 % du PIB. Les ministres des Finances ne savent plus qu'inventer pour passer nettement sous la barre. Et la France ? Elle revient de loin… mais n'a pas fait beaucoup de chemin.

En 1993 et 1994, Édouard Balladur prétend lutter contre les déficits pour gagner à lui les contribuables, mais les laisse filer pour ne pas perdre les électeurs ! La catastrophe dépasse toutes les attentes avec un gouffre de 350 milliards de francs. Alain Juppé se voulait rigoureux et frappa rigoureusement les contribuables. Pour quel résultat ? Il s'est targué d'avoir ramené le déficit de 1996 à 295 milliards, soit juste au-dessous de la barre des 300 milliards. Un maigre résultat, favorisé par la baisse des taux d'intérêts. Pourtant, Alain Juppé n'a pas ménagé sa peine en multipliant les tours de passe-passe budgétaires : reports de charges, prise en compte de recettes exceptionnelles, débudgétisation à tout va, utilisation de structures-relais. Bref, la Cour des comptes n'a eu aucune peine à reconnaître dans ces décisions les acrobaties que l'on réprouve… à l'Ena et qui, dans le privé, feraient hurler n'importe quel commissaire aux comptes soucieux de ne pas finir en prison.

1997, c'est l'année de l'examen : il s'agit de passer sous la barre maastrichtienne des 3 %. Pour y parvenir, l'État a récupéré 37,5 milliards de francs destinés à payer les retraites des agents de France Télécom, une combine qui n'est pas sans rappeler celles de Robert Maxwell puisant dans les fonds de pension de ses salariés. En dépit de ces artifices, le compte n'y est pas et Juppé, le meilleur des bons élèves, adopte l'attitude peu glorieuse du cancre qui doit cacher ses mauvaises notes. En public il proclame que la France respectera les critères ; en privé il doit bien reconnaître qu'il y faudra un bon tour de vis en cours d'exercice. Situation d'autant plus consternante que le Portugal, l'Espagne et l'Italie, ces « Méditerranéens laxistes » contre lesquels le rigorisme français a dressé la fameuse barrière des 3 %, sont en passe de réussir à se qualifier. L'exercice s'annonce si difficile que Jacques Chirac décide alors de dissoudre l'Assemblée… sans rien annoncer, bien sûr, des échéances et de leur coût. Vaincu, Alain Juppé redoute le bonnet d'âne que lui préparent les socialistes. Pour leur couper l'herbe sous les pieds, il rédige lui-même son (mauvais) bulletin. Après avoir rappelé les notes lamentables de son prédécesseur (Balladur), il donne la sienne : 3,6 %, et remet le document en guise de cadeau de bienvenue au nouveau locataire de l'hôtel Matignon. Lionel Jospin met le papier dans sa poche, explique qu'il ignore tout de l'état des finances, et lance l'audit rituel : toujours quelques mois de gagnés. Quand les résultats sont connus, il ne reste plus au ministre des Finances qu'à prélever quelques dizaines de milliards d'impôts supplémentaires – en plein été, comme il se doit. Grâce à la bonne surprise d'une croissance qui ne s'annonce jamais, la France – mieux placée, il est vrai, sur d'autres critères – sera finalement reçue, mais bonne dernière, par le jury de Maastricht. Une performance saluée comme une médaille d'or olympique.

Pour 1998, Dominique Strauss-Kahn espère doubler le cap grâce aux bons vents de la croissance et aux 42 milliards de francs gagnés avec la semi-privatisation de France Télécom – si cruelle sur le plan idéologique, mais si bienfaisante sur le plan financier. Cela, bien sûr, si l'Europe n'encaisse pas le contrecoup du krach asiatique, si les dépenses sociales restent contenues, etc., etc.

Cette bataille des 3 % a été présentée aux Français comme un examen. L'ayant réussi, ils ont le sentiment d'avoir gagné la bataille du déficit et rêvent de lever le pied. Malheureusement, le plus dur reste à faire. En effet, en entrant dans l'Union économique européenne, nous nous sommes engagés, sous peine de lourdes pénalités, à ne plus jamais dépasser cette limite. Or tout indique que, dans l'avenir, l'épreuve ne sera pas plus facile, mais, au contraire, bien plus malaisée.

En effet, la France est gérée à l'inverse des entreprises. Ces dernières font figurer au passif de leurs bilans des provisions pour couvrir les dépenses à venir qu'elles savent inévitables. Elles préfèrent charger le présent plutôt que l'avenir. L'État, lui, fait tout juste le contraire. Il ne se contente pas d'ignorer les dépenses futures, de ne mettre aucun argent de côté pour les financer ; il les crée délibérément. Reporter les échéances sur les exercices à venir est même devenu le fin du fin en politique. Ainsi, chaque fois qu'éclate l'un de ces superbes scandales qui se soldent par la dilapidation de dizaines de milliards de francs, on met sur pied une solution qui diffère le règlement de la facture. On se contente de passer la note au successeur, lequel devra en outre combler le déficit gigantesque des régimes spéciaux de retraite, financer les 350 000 emplois jeunes, les 35 heures dans le privé (et dans le public), etc., le tout sans plus disposer des dividendes substantiels que versaient les belles entreprises publiques comme Elf ou France Télécom, et sans plus avoir aucun trésor à vendre pour se renflouer.

La classe dirigeante n'a même plus conscience du caractère dangereux autant qu'injuste d'une telle politique. Ainsi, lorsqu'en 1995 Alain Juppé décide de créer le remboursement de la dette sociale, le RDS, pour apurer les 230 milliards de dettes accumulés par la Sécurité sociale, chacun loue le courage de cette remise en ordre. Mais nul ne se scandalise de voir ainsi reporter sur les treize prochaines années le coût de nos consommations passées. Nous savons pourtant qu'à partir de l'an 2000 il faudra faire face à un accroissement considérable des charges de retraite pour lesquelles nous n'avons pas un sou vaillant. Mais qu'importe le Déluge pourvu qu'il s'abatte sur les successeurs !

Voilà comment sont gérées nos finances publiques depuis une dizaine d'années. Et, pendant ce temps-là, les entreprises françaises s'imposent sur le marché mondial au point que la France exporte par tête d'habitant deux fois plus que le Japon. Mais au prix de quels sacrifices ! De combien de licenciements, de quelles conditions de travail ! Le paquebot France possède un superbe moteur, mais qui s'épuise à vaincre sa propre inertie.

Rien ne serait tragique s'il n'y avait le chômage. Sur ce point, l'échec français est total, absolu, indiscutable. Car tous les gouvernements ont fait de la lutte contre ce fléau leur priorité absolue, ont prétendu être jugés sur ce chapitre, et ont failli.

L'école hollandaise

Là encore, il n'est de jugement que comparatif. Personne, ailleurs, n'a fait de miracles, c'est vrai. Seule l'Amérique a peu ou prou terrassé le monstre. C'est un cas intéressant, mais un antimodèle à bien des égards. D'abord la puissance impériale, maîtresse du dollar, abuse de cette prérogative en s'autorisant de vertigineux déficits commerciaux. Tout autre pays aurait dû s'imposer de vigoureux plans d'austérité et casser son expansion pour ne pas se faire massacrer par les marchés. Notons encore que ce succès économique est largement lié à la flambée spéculative de Wall Street – qui pourrait déboucher sur un krach le jour où les marchés céderont à la panique face à l'accumulation des dettes américaines – et qu'il se double d'un triste bilan social : aggravation des inégalités, précarisation du travail, persistance de la misère, etc. Enfin, ce que l'on sait moins, cette quasi-disparition du chômage est inséparable de la politique carcérale américaine. Eh oui ! on estime à plus de 2,7 millions le nombre d'Américains qui sont ou prisonniers, ou gardiens de prison (1,7 million d'un côté, 1 million de l'autre). Un chiffre incroyable pour une démocratie. Rapporté à l'échelle de la France, cela représenterait une population carcérale de 350 000 détenus et un encadrement pénitentiaire et sécuritaire de 250 000 personnes, quand les chiffres français sont respectivement de 52 000 et 25 000. Mieux vaut tout de même avoir des chômeurs que des détenus ! Le président Clinton est donc fort mal venu de proposer comme idéal une société qui s'accommode d'un véritable goulag de la déviance sociale, certes légal, mais tout de même abominable. Et Jacques Chirac lui a justement répondu, lors du sommet de Denver en juin 1997, que le monde en général et la France en particulier n'avaient pas à s'aligner sur un tel modèle. En revanche, l'Amérique est un bon cas d'école pour quiconque veut étudier l'effet des mécanismes du marché sur l'emploi.

En Europe, tous les pays sont atteints par le fléau. Il n'empêche que certains ont fait mieux, beaucoup mieux même, que nous. Ces réussites ont été obtenues à partir d'inspirations politiques fort différentes. La Grande-Bretagne a fait baisser son chômage en appliquant des recettes libérales ; le Danemark et les Pays-Bas dans une optique social-démocrate. Aujourd'hui, l'Espagne amorce un brillant redressement sous un gouvernement de droite, tandis qu'en Italie c'est une majorité de centre gauche qui a entrepris l'effort de réforme. Et l'Irlande, partie de si bas, n'est-elle pas en passe de recoller au peloton des nations prospères ? Bref, chacun se soigne à sa façon, selon son génie propre. D'ailleurs, il ne saurait être question de copier un modèle étranger, quel qu'il soit.

Mais il y a une marge entre la reproduction à l'identique et l'ignorance totale. D'autant que, dans leur diversité, ces expériences présentent un dénominateur commun : les succès ont toujours été obtenus par l'adaptation aux réalités, la réduction des dépenses collectives, l'allégement des appareils d'État pléthoriques, la restructuration du secteur public, l'introduction d'une plus grande souplesse dans le jeu économique. Il ne s'agit pas là d'un choix idéologique, mais d'une nécessité qui s'impose à tous et que chacun assume à sa façon.

La France a fait exception, ne cessant d'alourdir ses prélèvements obligatoires (impôts + cotisations sociales), recrutant 250 000 fonctionnaires de plus en cinq ans, protégeant toutes les rigidités de son secteur public, freinant les privatisations quand les autres les accéléraient, cherchant des remèdes dans un surcroît de protection, d'intervention et de réglementation, ne prenant jamais que des mesures démagogiques ou d'urgence. C'est ainsi qu'elle est devenue l'homme malade de l'Europe, le mauvais élève de la classe. *Et, principalement, sur le chapitre du chômage.*

Il est faux de prétendre que le monde ne nous propose comme solution à la crise qu'une fuite éperdue dans l'ultralibéralisme. Aujourd'hui, les experts ont les yeux fixés sur le « miracle hollandais », un pur produit de la social-démocratie, la vraie. Voici le bulletin du premier de la classe en Europe. Taux de chômage : 6,5 % (un taux artificiel, nous le verrons) ; dette : 72 % (mais en diminution constante ; prévision : 69,25 % en 1998) ; taux de croissance : 3,5 % ; déficit budgétaire : 2 %. Un résultat d'autant plus méritoire que la Hollande revient de loin. Il y a quinze ans, en dépit du très riche gisement de gaz naturel de Groningue, elle occupait la place du cancre. Le pays était écrasé par un État-providence hypertrophié : le déficit dépassait 8 % du PIB, l'endettement atteignait déjà 66 % du PIB, l'économie était en récession, l'inflation et le chômage galopaient à deux chiffres.

Pour s'en sortir, les Hollandais n'ont pas effectué une révolution libérale sur le modèle thatchérien, loin de là. Ils ont simplement – mais ce n'est pas simple du tout – conclu en 1982 le pacte de Wassenaar, associant la classe politique et les partenaires sociaux (patronat et syndicats). Le consensus qu'ils ont dégagé n'était pas fondé sur une recette miracle, mais sur une politique d'ensemble, la politique dite des « quatre réductions » : salaires, impôts, rigidités, temps de travail. Dans tous les domaines, les Hollandais ont frappé fort. Les salaires des fonctionnaires ont été diminués de 3 % et le coût salarial – le plus élevé d'Europe – a baissé de 30 % au cours des dix années qui ont suivi. Une plus grande flexibilité a été admise sur le marché du travail, les statuts trop protecteurs ont été rognés, les services publics privatisés, les budgets taillés à la hache. La durée du travail a été réduite et ne dépasse généralement pas 36 heures par semaine, mais ce résultat a été obtenu par la négociation d'entreprise, en jouant sur la modulation des horaires, le temps partiel, etc. Rien à voir avec notre réduction réglementaire et uniforme. Mais, surtout, *les Hollandais n'ont pas choisi le confort pour les travailleurs au détriment des chômeurs, ils ont au contraire sacrifié les salaires plutôt que l'emploi, et préféré avoir des assistés plutôt que des exclus.*

Ces sacrifices n'ont pas été imposés par les lois aveugles du marché, ils ont fait l'objet d'un accord général. En contrepartie, les patrons ont pris des engagements en matière de création d'emplois, de salaire minimum, etc. Quant à l'État, il a tendu un grand filet : revenu minimum, prestations sociales, pour soutenir les plus faibles. Cette rigueur-là n'a renié aucun de ses idéaux socialistes. À coup sûr, elle excluait l'exclusion.

Les Hollandais ont su attendre la saison des fruits pour faire la récolte. De 1980 à 1995, le pouvoir d'achat a stagné, tandis qu'il augmentait de 25 % chez le voisin allemand. Mais, durant cette période, les chiffres du chômage se sont inversés de part et d'autre de la frontière : la Hollande est passée de 12 % à 6,5 %, alors que l'Allemagne a fait le chemin exactement inverse.

La presse a trop vite parlé de « miracle ». Concernant le chômage, tout le monde sait que le chiffre officiel est sous-évalué. En fait, l'État soustrait au marché, sous des prétextes pseudo-médicaux, toute une partie de la population qu'il prend en charge. Un expédient qui évite l'exclusion, mais qui coûte cher. La Sécurité sociale néerlandaise est par ailleurs la plus gourmande du monde : elle dévore 25,5 % du PIB. Ce taux intolérable contraint à rogner sur les prestations sociales, à traquer les abus, etc.

Il n'empêche que les perspectives pour 1998 sont favorables. Les dépenses publiques, les déficits, la dette et le chômage reculeront. Ce qui permettra au gouvernement de baisser les impôts, notamment sur les plus riches. (Preuve que cela n'est pas incompatible avec une forte politique sociale.) Mais on ne se libère pas aussi facilement des erreurs passées. Les dettes accumulées pèseront encore longtemps. Bref, après quinze années d'efforts, les Hollandais aperçoivent le bout du tunnel, mais ne savent pas exactement à quelle distance ils se trouvent encore de la sortie.

Le traitement hollandais n'est pas plus adapté à la France que les remèdes américains, anglais ou autres. *Les politiques ne s'importent pas*, je n'ai garde de l'oublier. Mais cet exemple est riche d'enseignements.

Il prouve que *toute situation, si catastrophique soit-elle, peut être redressée* (souvenons-nous aussi des «miracles» allemands et japonais après la dernière guerre) ; *que ce redressement, si contraignant soit-il, peut emprunter des voies diverses ; que, passé un certain état de dégradation, rien ne s'obtient sans l'effort et la durée ; que la mondialisation n'impose pas un modèle unique de société réduite au marché et à son État gendarme.* Dernière leçon, la plus utile pour nous : *l'originalité se mérite ; un modèle national, ça ne se décrète pas, ça ne se proclame pas, ça se construit.*

La feuille de vigne d'Amsterdam

Que les Français tiennent si fort à leurs particularités, qu'ils prétendent les préserver, que la France entende imprimer sa marque dans le jeu mondial et, surtout, dans le jeu européen, tout cela est excellent et même indispensable. Je ne veux pas d'une France normalisée par le marché mondial, standardisée comme certains palaces internationaux, ce qui d'ailleurs nous menace. Quand bien même nous trouverions la prospérité dans un tel cadre, cela ne me conviendrait pas. Encore faut-il payer le prix de notre originalité. Pour de Gaulle, je l'ai rapporté, la France éternelle exigeait des Français rigueur et discipline. Sa politique d'indépendance nationale imposa au contribuable la charge d'une force nucléaire. Il n'en fallait pas moins pour sortir de l'Otan et tenir la dragée haute aux Américains.

Ses successeurs prétendent, et c'est fort bien, affirmer l'originalité française dans le domaine économique et social. Mais voici que cette exception française, le chemin de crête le plus dur et le moins fréquenté, devient soudain la voie de la facilité et du laisser-aller. C'est en consommant plus et en travaillant moins, en préservant tous les droits acquis que nous édifierions une société plus solidaire dans un monde plus inégalitaire. À ces conditions, le défi audacieux devient l'alibi commode de tous les renoncements.

Si les discours emphatiques et les affirmations péremptoires peuvent encore donner le change en France, il n'en va pas de même à l'étranger où la distance du regard dissipe les illusions. Nos partenaires européens ne sont pas dupes et savent dans quelles difficultés se débattent nos hommes politiques entre un modèle obstinément proclamé et des réalités non moins obstinément niées ou camouflées.

La gestion du dossier européen en 1997 illustre parfaitement ce double jeu.

Jacques Chirac s'était fait élire sur ce que nous appelons un « discours social », c'est-à-dire une série d'incantations destinées à conjurer des fléaux comme le chômage et l'exclusion, la « fracture sociale » selon la formule à succès de la campagne. Il avait adopté la version « gauche » du modèle français, celle qui prétend faire disparaître le mal en s'attaquant à ses effets sans remédier aux causes, en misant sur les facilités du crédit pour se donner l'illusion du redressement. A-t-il dit : « Pendant ma campagne présidentielle, je vous étonnerai par ma démagogie [1] », comme on le lui prête ? Le fait est qu'il n'a reculé devant aucune promesse. La tactique fut payante, mais payée ensuite fort cher par le pays et par l'élu.

Dans le monde entier, ce genre d'échec ramène les peuples au principe de réalité ; en France, il ne provoque qu'une surenchère dans la démagogie. Aux législatives de 1997, la gauche entretint donc son électorat dans l'espoir que les pouvoirs publics fourniraient le travail qui manque sans rien prendre à personne.

Nous aurions continué ainsi quelques années, sans états d'âme, s'il n'y avait eu l'Europe. Grâces lui soient rendues, elle nous confronte à des partenaires qui ont des approches toutes différentes des nôtres. Et, comme ce décalage ne tient pas à la division droite/gauche, la vague rose qui a porté les socialistes au pouvoir chez nos voisins ne l'a en rien diminué.

Sitôt l'élection législative passée et le gouvernement formé, Lionel Jospin se trouve confronté au fameux Pacte de stabilité qui doit être signé à la réunion d'Amsterdam dès la mi-juin. Il s'agit de prendre des engagements précis, chiffrés, en matière budgétaire. Des engagements extraordinairement stricts, puisque les États qui

1. Denis Jeambar, *Un secret d'État,* Paris, Odile Jacob, 1997.

ne respecteront pas les disciplines maastrichtiennes se verront infliger de fortes amendes. Ce pacte est donc un acte d'allégeance à l'orthodoxie financière. En Européens convaincus, en hommes politiques avisés, Jacques Chirac, Lionel Jospin et Dominique Strauss-Kahn savent bien sûr que la France ne peut reprendre sa signature et que ce minimum de rigueur doit être respecté. Europe ou pas. Mais ils savent aussi que le « monétarisme » allemand a été si fort dénoncé, et pas seulement à gauche, qu'une acceptation pure et simple serait incompréhensible et politiquement suicidaire. Comment en sortir ?

En définitive, Jacques Chirac et Lionel Jospin sauveront l'essentiel, c'est-à-dire la face. D'entrée de jeu, ils conviennent de ne pas toucher au Pacte de stabilité qui, pourtant, remet brutalement et pleinement en cause le modèle français. N'y préconise-t-on pas de « développer une force de travail adaptable » et de « rendre les marchés du travail réactifs aux changements économiques » ? Autant de périphrases technocratiques qui ont pour seul but d'éviter le mot qui fâche : « flexibilité », mais qui veulent dire exactement la même chose.

Pour qu'ils avalent la pilule, les Français auront droit à une résolution sur la croissance et l'emploi dont l'énoncé peut donner à croire qu'elle épouse notre philosophie, alors que l'esprit en est fort éloigné. S'agit-il d'une concession de forme ou de fond ? La question est à quelques milliards de francs. Dans son mémorandum, Dominique Strauss-Kahn veut dépasser les déclarations d'intention et envisage la création d'un fonds européen de croissance. En clair, il préconise une relance à l'échelle européenne. La réponse des Allemands est sans appel : pas un mark. Les autres partenaires, pas mécontents que l'on évoque de si louables intentions qui plaisent à leur propre opinion autant qu'à la française, se révèlent tout aussi pingres au moment de mettre la main à la poche. Pour sauver l'Union économique et monétaire, chacun veut bien payer la France de bonnes paroles, mais pas plus. Peu de réglementation commune et, surtout, pas d'argent.

Jacques Chirac et Lionel Jospin auront la sagesse d'avaliser un compromis dont ni l'un ni l'autre ne sont dupes. L'Europe – socialiste ou libérale, peu importe – a très clairement signifié qu'elle fonde la lutte contre le chômage sur la rigueur économique et qu'elle ne croit pas aux recettes-miracles, indolores, que nous proposons. Il ne reste plus qu'à faire passer le camouflet pour une victoire du modèle français sur le modèle européen. Pour un succès de la France éternelle. Pierre Briançon note dans *Libération* : « La cohabitation produit ses effets amusants quand Jacques Chirac veut à tout prix partager avec Lionel Jospin la feuille de vigne que les partenaires européens de la France ont eu la bonne grâce d'offrir à son gouvernement pendant le sommet d'Amsterdam. »

Opération renouvelée en novembre, au sommet européen de Luxembourg sur le chômage. Cette réunion faisait partie des « compensations » accordées à la France socialiste en échange de son adhésion au Pacte de stabilité. Initiatrice de la réunion, elle ne manqua pas d'y voir un succès. Pour qui, pour quoi ? En soi, il est fort bon que la France s'efforce de donner une dimension sociale à l'Europe. Elle doit en effet jouer un rôle moteur pour éviter que la construction européenne ne se limite à l'instauration d'un marché libéral. Encore faut-il être crédible. Or la façon dont nous avons traité chez nous le problème du chômage depuis une vingtaine d'années, les remèdes que nous proposons, les résultats que nous avons obtenus n'ont rien qui puisse inciter nos partenaires à prendre en considération nos initiatives. Le drame, c'est que notre modèle fait figure à l'extérieur d'antimodèle, que, de ce fait, nous n'avons pas l'autorité nécessaire pour peser sur nos partenaires ni pour infléchir la construction européenne.

Lors de cette réunion, la voix de la France ne rencontra donc aucun écho. Chaque pays apporta son lot de bonnes intentions, l'on convint de rendre les demandeurs d'emploi plus « employables », de leur offrir un « nouveau départ », et l'on promit de se revoir pour faire le point. Moyennant quoi, chacun redescendit de ces hauteurs et s'en vint expliquer à ses électeurs que l'Europe applaudissait sa politique. M. Tony Blair avait convaincu ses interlocuteurs, M. Lionel Jospin aussi. Merveilleux sommets d'où le point de vue ne dépend pas du paysage, mais de l'œil qui le considère et du témoin qui le décrit !

Nous continuerons donc à penser qu'il existe une solution française au drame du chômage, qui passe par la réduction réglementaire du temps de travail, la relance de la consommation, la bureaucratie providentielle et le respect de tous les droits acquis. Et les succès remportés par nos partenaires en appliquant la politique inverse n'ébranleront pas nos certitudes… *jusqu'au jour où la France devra choisir entre son prétendu modèle et ses engagements européens.*

N'est-ce pas le dernier espoir ? C'est faire injure à nos hommes politiques, généralement de grande qualité sur le plan intellectuel, que de leur prêter des pensées stupides. Comment imaginer que ces esprits formés à la rude école technocratique française croient aux balivernes qu'ils racontent ? *Au fond d'eux-mêmes, ils savent fort bien que la France ne peut faire l'économie d'un certain nombre de réformes et de transformations, qu'elle ne peut poursuivre sa fuite en avant dans l'endettement, qu'on ne fera pas reculer le chômage sans remettre en cause un certain nombre d'habitudes et de situations.* Ils le savent, mais ils savent aussi qu'il n'est plus possible de le dire, et encore moins de le faire. Ils ont donc choisi de censurer une vérité impie au profit de pieux mensonges.

Mais ils n'ignorent pas que c'est là reculer pour mieux sauter. Lequel verbe ne signifie pas ici «faire un petit bond», mais «exploser». Incapables de ramener leurs compatriotes à la réalité, ils vont les amener à l'Europe. C'est elle qui, en application des engagements pris, imposera ce que le pouvoir national ne peut plus décider. N'est-ce pas le vrai sens d'un pacte qui prévoit d'intolérables sanctions pour une France qui se rendrait demain coupable de faire ce qu'elle fait aujourd'hui en toute impunité : laisser se creuser un énorme déficit budgétaire ?

Inutile de morigéner nos dirigeants, ils savent mieux que moi ce dont il s'agit. *Ils savent que la France est devenue ingouvernable, que la vérité n'y a plus cours, et que, s'ils doivent se cacher derrière un discours illusoire, c'est en attendant de passer la main à l'Europe pour qu'elle reprenne les commandes.*

L'imposture nationale

Utilisé comme alibi de toutes les démagogies, comme caution des égoïsmes et des corporatismes, le modèle français n'est pas seulement une erreur, c'est d'abord une imposture : car il se veut supérieur aux autres sur un plan moral, alors que cette supériorité n'est que de façade, qu'elle masque une brutalité égale ou supérieure à celle de nos voisins. C'est ainsi qu'a surgi, en janvier 1998, le mouvement des chômeurs, phénomène ô combien révélateur...

Pendant des années, les Français avaient été complices de cette hypocrisie orchestrée par leur classe dirigeante (partis, syndicats, intellectuels, médias). Tout à coup, ils semblèrent découvrir ces millions de mendiants à vie qui doivent courir d'un service d'assistance à l'autre pour tenter de ne pas couler définitivement. Des SSF, sans situation fixe, qui peuvent à tout moment se retrouver SDF. *Or l'existence de ce sous-prolétariat misérable est aussi nécessaire à notre modèle qu'elle l'est au modèle américain ; elle n'en est pas une excroissance anormale, mais une contrepartie essentielle.* Telle est la révélation scandaleuse.

Les États-Unis mettent en avant leur réussite économique comme nous mettons en avant notre réussite sociale. Ici, la bourgeoisie compétitive et florissante ; là, les salariés protégés et les cadres performants. Mais, dans un cas comme dans l'autre, la vitrine flatteuse est inséparable de l'arrière-boutique. La grande différence, c'est que, chez nous, on ferme la porte pour la cacher, alors que, de l'autre côté de l'Atlantique, on la laisse ouverte. Car, dans le modèle américain, cette rupture sociale ne pose aucun problème éthique et s'affiche sans vergogne, puisqu'elle correspond à une sorte d'ordre naturel ; tandis que, dans le modèle français, elle fait figure de scandale, de défi à la morale, et doit donc être soigneusement niée ou dissimulée.

De fait, la France s'avance masquée derrière son fameux modèle. Celui-ci repose sur cette forme moderne et sophistiquée du mensonge : l'agrégat statistique. Son principe, fort utile pour certaines études, consiste à faire de l'eau tiède avec de la glace et du feu. Grâce à cette opération toute théorique, il devient possible de fabriquer un climat tempéré en mêlant les froids polaires du Grand Nord et les étés brûlants du Sud. On peut, de la même façon, escamoter le nouveau prolétariat en diluant son extrême misère et sa totale précarité dans l'opulence des uns et la sécurité des autres. C'est ainsi qu'on fabrique une France moyenne, rassurante, à partir d'une France écartelée que menace l'explosion.

Prenons le chômage. Nous le réduisons à un chiffre légèrement supérieur à 12 %. Il signifie que sur cent Français qui pourraient travailler, douze ne trouvent pas d'emploi. Cette moyenne correspond-elle à la réalité vécue ? Certainement pas. Chaque individu se trouve confronté à un taux différent. Le risque de ne rien trouver est pratiquement nul pour un homme de 30 ans bardé de diplômes prestigieux, ayant l'expérience et la qualification que recherchent les entreprises. Mais qu'en est-il pour la jeune fille issue de l'immigration qui n'a aucune relation, aucune expérience et aucune qualification ? L'un vit dans une société de plein-emploi, l'autre dans une société sans aucun emploi. Avec toutes les situations intermédiaires qui se peuvent imaginer entre les deux…

Il ne s'agit en rien d'une spécificité française, tous les pays calculent ainsi leur chômage. Mais ce taux moyen recouvre chez nous des inégalités particulièrement fortes qui finissent par exclure certaines catégories. Je n'en prendrai qu'un exemple : l'âge. Dans notre société, il faut vraiment jouer de malchance pour rester au chômage à 30 ans, mais il faut avoir une chance certaine pour trouver du travail à 20 ans, et une chance extraordinaire pour en retrouver à 50. Que viennent faire les 12 % réconciliateurs dans cette France déchirée par les fractures entre générations ?

En outre, l'essentiel pour un chômeur n'est pas le taux, mais le temps. Tout le monde peut supporter de se retrouver sur le marché du travail, et même plusieurs fois dans sa vie ; à une condition : ne faire que passer. Quelques mois de recherche, c'est désagréable, ce n'est pas dramatique. Mais à mesure que l'attente se prolonge, qu'elle atteint puis dépasse une année, l'anxiété se fait angoisse, l'espérance cède la place au désespoir et la misère succède à la pauvreté. Le quémandeur d'emploi bascule dans le cauchemar, avec, en bout de ligne, la mort sociale. Autrement dit, le taux de chômage n'est qu'un indicateur économique ; c'est la durée moyenne du chômage qui constitue l'indicateur humain.

En France, elle est tout bonnement catastrophique : elle atteignait un an au début de la décennie ; elle est aujourd'hui de quinze mois. L'une des plus élevées d'Europe ! Songeons qu'elle ne dépasse guère le trimestre en Grande-Bretagne. Et, là encore, il s'agit d'une moyenne qui masque de grosses disparités. Selon que l'on appartient à une catégorie recherchée (30 ans, homme, diplômé, expérimenté) ou bien à une catégorie dévalorisée (50 ans, femme, sans diplôme, étrangère, enfants à charge, etc.), la recherche d'un job prendra quelques mois ou bien… «une longue durée», comme le disent pudiquement les statisticiens. En fait, elle sera interminable, puisque ces laissés-pour-compte ne retrouveront rien. Des milliers d'hommes et de femmes se clochardisent ainsi dans le désespoir, la rage et la honte. Des millions d'autres peuvent à tout moment être emportés par cette agonie sociale.

En 1996, Alain Juppé avait chargé le Commissariat général au plan de lui présenter un rapport sur les spécificités du chômage français. Le constat fut si noir que les rapporteurs ne purent se mettre d'accord et que le texte resta au placard. Il finit pourtant par filtrer dans les médias en octobre 1997.

Le grand tort de ses auteurs est de contredire, disons de rectifier, les chiffres officiels. Ceux-ci comptent 3,5 millions de chômeurs quand les rapporteurs, qui ont réintégré dans la statistique tous les «faux travailleurs» (préretraite, CES, temps partiel imposé, etc.), parviennent au double : 7 millions, «sans compter les personnes qui composent leur environnement familial immédiat». Selon la vérité officielle, le chômage de longue durée frappe le tiers des inscrits à l'ANPE. Mais les rapporteurs ont voulu dépasser cette image instantanée pour connaître la situation sur trois années. Le résultat dépasse toutes les craintes : *ce n'est pas un tiers, mais deux tiers de nos chômeurs qui végètent sans espoir sur le marché du travail.* «En France plus qu'ailleurs, le chômage est un piège dont il est difficile de sortir, plutôt que le point de passage obligé de la mobilité dans une société qui s'adapte à la concurrence», concluent-ils.

Nous avons longtemps vécu sur l'idée rassurante que les sans-emploi sont convenablement indemnisés. Leur situation exacte n'était pas bien connue, car les médias s'intéressaient davantage au montant des retraites ou bien au Smic. Apaisante ignorance que la crise de 1998 a brutalement troublée. *Les Français ont donc appris que la moitié des chômeurs ne reçoivent plus aucune indemnisation, et que, parmi ceux qui sont indemnisés, la moitié touche moins de 4 000 francs par mois.*

Cette cruauté n'est le fruit ni du hasard ni de la fatalité. Elle tient à deux caractéristiques françaises. D'une part, l'existence d'une forte minorité de salariés garantis, soit par un statut de type administratif, soit par des positions bien assurées dans les entreprises qui subissent peu les contraintes de l'économie et laissent celles-ci peser avec deux fois plus de violence sur les travailleurs dépourvus de protection. D'autre part, *l'ajustement de notre économie par la réduction des effectifs et jamais par celle des rémunérations* (nous y reviendrons). Combinez les deux, et vous substituez le chômage d'exclusion au chômage de transition sans rien laisser paraître dans les présentations officielles.

Il en va de même pour notre superbe Smic. Nous écrasons de notre mépris les pays qui ignorent cette institution. Chez nous, un travailleur ne peut gagner moins de 5 239 francs par mois. Voilà pour le modèle français. Malheureusement, il y a la réalité. Elle a été mise à nu par deux chercheurs, Pierre Concialdi et Sophie Ponthieux, dans un rapport rédigé à la demande du ministère de l'Emploi[1]. Ils constatent que *15,1 % des salariés*, soit 2,8 millions, d'entre eux, sont des «travailleurs pauvres», l'équivalent des *working poors* américains, qui *gagnent moins de 5 000 francs par mois*. Pis : le pourcentage des «très pauvres», ceux qui gagnent moins de 3 650 francs, a doublé au cours des quinze dernières années. Comme par hasard, il s'agit en majorité de sous-qualifiés, de femmes et de jeunes, d'individus vulnérables, donc écrasés.

Pour les jeunes, justement, nous écartons comme une horreur toute forme de Smic réduit, ce qu'on a appelé le Smic-jeunes. C'est une idée antisociale que nous abandonnons aux peuples rétrogrades comme les Hollandais. Pas de ça chez nous, tout travailleur doit toucher au moins un Smic complet ! Les principes sont admirables, passons à la réalité. Le Cserc a scrupuleusement étudié la situation des jeunes dans les années 1990[2]. Il constate que, dans tous les domaines, ils sont les grands perdants. Outre qu'ils sont frappés par un taux de chômage désastreux (28 %), généralement non indemnisé, ils sont 22,6 % à n'avoir qu'un emploi précaire (4,6 % pour les plus de 30 ans), 10,6 % à se voir imposer un temps partiel (5,4 % pour les plus de 30 ans). On compte dans leurs rangs 18,5 % de pauvres. Au total, leur niveau de vie a chuté de 15 à 20 % entre 1989 et 1994, et l'écart qui les sépare des plus de 50 ans, qui oscillait entre 20 et 30 %, est passé à 30 ou 40 %. Il ne leur reste plus, pour survivre, que l'assistance familiale qui prend, quand elle peut, le relais d'une solidarité collective défaillante. Comme dans les pays sous-développés. *Tous les jeunes souffrent dans le monde industrialisé, mais où sont-ils aussi maltraités ?* Faut-il imputer à la mauvaise fortune un si triste bilan ? Notre ordre social n'y serait-il pas pour quelque chose ?

Nous dénonçons volontiers l'épouvantable «flexibilité» chère aux libéraux anglo-saxons et nous leur opposons notre salariat statutaire bardé de garanties. C'est une pièce maîtresse du modèle français. Les enquêteurs de l'Insee ont eu la vilaine idée de vérifier ce postulat dans les chiffres. Dur retour à la réalité : *le tiers des*

1. Pierre Concialdi et Sophie Ponthieux, *Les Bas Salaires : quels changements depuis quinze ans ?*, Paris, DARES, 1997.

2. Conseil supérieur de l'emploi, des revenus et des coûts, *Inégalités d'emploi et de revenus, les années quatre-vingt-dix*, Paris, La Documentation française, 1997.

salariés a vu sa rémunération baisser en 1996; pour 11 % d'entre eux, la diminution a excédé 5 %. Il ne s'agit pas là d'un accident, mais d'une tendance qui va en s'amplifiant depuis le début des années 1990. Or cet allégement de la paye a été observé au sein même des entreprises, et non pas à l'occasion de reclassements. Dans ce dernier cas, les chutes de revenus sont souvent beaucoup plus brutales.

Le plus souvent, la baisse de la rémunération ne touche pas le salaire de base, dont le maintien permet de sauver les apparences. L'employeur joue sur les primes, les conditions de travail, etc., pour parvenir au même résultat. Une fois de plus, ce sont les plus fragiles, en l'occurrence les nouveaux arrivés, les plus vieux ou les moins qualifiés, qui sont touchés.

À cette incertitude planant sur le niveau de la rémunération s'ajoute l'incertitude planant sur la durée de l'emploi. Notre norme nationale reste le salarié lié à son entreprise pour des décennies, en principe assuré de ses lendemains par un contrat à durée indéterminée. Or, nous voyons se développer à grande vitesse les fameuses situations «hors normes» : stages, intérim, CDD, etc. *Les emplois précaires sont passés de 500 000 à 1 500 000 en quinze ans.* Ils représentent aujourd'hui 10 % des contrats de travail en vigueur et *80 % des contrats d'embauche.* Le fameux contrat à durée indéterminée, le CDI, est devenu un premier aboutissement de carrière après des années d'errance.

Les relations humaines dans les entreprises en ont été bouleversées. Désormais, chacun vit dans la tension, une épée de Damoclès au-dessus de la tête. *Les jeunes doivent prendre ce qu'on leur donne, les anciens se contenter de ce qu'on leur laisse. Chacun sait qu'il peut à tout moment être remplacé pour moins cher. Une tension qu'ignorent les fonctionnaires et salariés statutaires qui vivent toujours sous l'«ancien régime» et que l'on met en avant pour vanter notre modèle social.* C'est ainsi que l'agent d'EDF est censé représenter le salarié français et que l'État employeur peut lancer à ses partenaires européens : «La flexibilité ne passera pas !»

La souplesse dans la gestion des hommes, qu'on l'appelle flexibilité, adaptabilité, précarité, comme on voudra, s'impose en France comme ailleurs. Faute de l'avoir organisée, nous la laissons s'abattre sur les plus faibles. Pour les autres, c'est vrai, les avantages, les rentes et les privilèges sont soigneusement conservés. Car là aussi, le mensonge est roi. On parle de la fortune des vaillants entrepreneurs en oubliant les milliards des gros possédants, et on se focalise sur les inégalités monétaires comme s'il n'en était pas d'autre. La bonne blague ! Notre société n'est-elle pas aussi injuste dans la répartition des droits que dans celle de la fortune ? N'y a-t-il pas autant de différence entre les précaires et les statutaires qu'entre les riches et les pauvres ? Nous avons peur de la vérité, de notre vérité : telle est la première cause de nos malheurs.

Oui, je crois au modèle français, au vrai, celui de la réalité, pas des apparences, celui qui instaure la solidarité entre les hommes et ne se contente pas d'en inscrire le principe au fronton des monuments publics. Et je sais qu'il ne se bâtira pas sans peine, mais que, précisément, il vaut cette peine-là.

Il n'est que d'écouter les étrangers pour s'en convaincre. Dieu sait que la France est aimée dans le monde ! La France, c'est-à-dire notre vraie richesse, notre pays, notre histoire, notre civilisation, notre art de vivre. Mais écoutez-les, ces Français de cœur, écoutez leur inquiétude, leur stupéfaction, leur tristesse, leur irritation, leur sévérité ! Le monde ne comprend plus ces enfants gâtés qui se vantent et se plaignent toujours hors de propos. Les Français n'ont cure de ces avertissements. Pourtant, dans le péril où nous sommes, rien n'est plus urgent que de revenir à la réalité. Si déplaisante soit-elle.

Le devoir d'autocensure

Un jour que je me plaignais à un ami de ce conformisme asphyxiant, je m'entendis répondre que certaines choses ne pouvaient se dire, non qu'elles fussent inexactes, mais parce qu'elles «ne passent pas». Cette incitation à la retenue était présentée comme une évidence face à laquelle mes protestations semblaient outrancières et bien peu réalistes. Il semblait aller de soi qu'on ne dit pas ce qui risque d'irriter certaines catégories sociales, ce qui viole certains tabous.

Je comprends que les responsables s'imposent une telle retenue : Bouche d'or ne saurait gouverner la France. Un homme politique, un dirigeant syndical doivent taire certaines vérités, nuancer leurs jugements, manier la litote, jouer des adjectifs, user de périphrases et présenter leur bouquet du côté des fleurs plutôt que de celui des épines.

Mais, en l'occurrence, je parlais à un ami, journaliste comme moi, je ne dirais pas un « irresponsable », mais un « non-responsable », qui n'avait pas à ménager ses militants, ses adhérents, ses électeurs, ses clients, ses salariés et autres commanditaires. Se pourrait-il que l'on censure « ce qui ne passe pas » alors qu'on est au service de la seule vérité, qu'on n'a d'autre légitimité que de parler sans retenue ?

Voilà ce que je ne puis comprendre. Philinte dans la vie, je suis Alceste dans mon métier. Autant je m'abstiens de certaines remarques désobligeantes qui me brûlent les lèvres lorsqu'il s'agit de mon voisin, autant, journaliste, je me moque des réactions que je peux susciter dans les partis, les professions, les syndicats, les chapelles et les paroisses. Je ne cherche ni à plaire ni à provoquer, je m'efforce simplement de dire ce qui me semble vrai. Sans réserve et sans retenue. C'est mon goût personnel – le plaisir d'écrire si l'on censure sa plume ? – mais ce me semble aussi relever de l'obligation professionnelle.

Seules ces choses qu'il ne faut pas dire valent d'être dites. Les autres ne servent qu'à entretenir les partisans dans leurs préjugés, les croyants dans leurs certitudes, les hargneux dans leurs colères, les craintifs dans leurs peurs, les égoïstes dans leur enfermement.

Si les vérités sont rarement « bonnes à dire », c'est qu'elles sont rarement « bonnes à entendre ». Elles suscitent au mieux la contestation et les dénégations, au pis l'irritation, l'indignation et l'animosité.

Pourtant, notre vérité n'a rien d'épouvantable, puisque nous ne souffrons pas d'une maladie organique, mais fonctionnelle. C'est en tout premier lieu notre système de perception et nos circuits d'information qui sont perturbés. Il n'en faut pas davantage pour dérégler le corps social dans son ensemble, et perdre l'art de vivre ensemble. Mais c'est un mal dont un corps social peut fort bien guérir pour peu qu'il en ait la volonté.

Certes, nous sommes secoués par la mondialisation, un fort courant planétaire qui tend à nous éloigner de nos valeurs, de nos traditions, de notre génie. Le tout est de ne pas la subir, mais de l'affronter. *Car cette nouvelle donne planétaire ne nous condamne pas à nous renier, encore moins à disparaître. Nous y trouverons notre place, une place enviable, si nous savons renoncer à notre conservatisme crispé, à nos impuissantes imprécations.*

Mais rien, absolument rien ne pourra être fait aussi longtemps que nous n'aurons pas restauré la réalité dans ses privilèges. Plaisante ou déplaisante, favorable ou défavorable, il faut la prendre comme elle est. C'est alors seulement que nous la mettrons à notre service. Tant que nous voudrons l'ignorer, elle nous emprisonnera dans ses pièges jusqu'à nous étouffer. Les Français ont aujourd'hui le sentiment d'être enserrés dans une nasse dont ils ne peuvent se déprendre et qui les entraîne par le fond. Pour en sortir, il faut d'abord dire les choses, toutes ces choses que nous ne voulons pas entendre. C'est ce que, modestement, je vais essayer de faire, sachant que je ne saurai y parvenir sans m'imposer à moi-même ces vérités, ces sévérités qui sont aussi difficiles à écrire qu'à entendre.

S'il fallait désigner le moment où, me semble-t-il, le compte à rebours s'est déclenché, je choisirais cette crise de novembre-décembre 1995 où la France a donné le spectacle d'un pays crispé dans le refus des réalités et le confort de ses illusions.

Chapitre II

LA FRANCE DU REFUS

Une majorité qui applaudit le chef du gouvernement, c'est assez naturel. Mais, ce 15 novembre 1995, dans l'hémicycle du Palais-Bourbon, les 463 députés UDF et RPR font plus : ils se lèvent pour gratifier Alain Juppé d'une *standing ovation* à l'américaine. C'est ainsi, dans l'enthousiasme d'une victoire promise, que s'ouvre la crise de décembre 1995.

La droite qui piétinait, comme empêtrée dans ses victoires successives aux législatives puis à la présidentielle, a le sentiment de tenir le grand projet politique du septennat et d'avoir surmonté la déchirure entre chiraquiens et balladuriens. Le 23 mai, en présentant son programme de gouvernement, Alain Juppé n'avait qu'à moitié convaincu. Il avait été jugé trop technocratique. En fait, il était tenu par les promesses inconsidérées du candidat Chirac. Puis il avait été déstabilisé par l'affaire de son appartement et le brutal renvoi des «juppettes». Bref, ce gouvernement qui bénéficiait du soutien indéfectible d'un «président ami» et d'une «chambre introuvable» était pourtant mal parti.

La réforme de la Sécurité sociale que le Premier ministre vient de présenter – la dix-neuvième en vingt ans – vise, comme les précédentes, à combler l'inévitable trou. On attendait de nouveaux prélèvements, une réduction des remboursements, un semblant d'économies sur les dépenses. Autrement dit, la traditionnelle navigation entre le Charybde du mécontentement populaire et le Scylla de la révolte médicale qui permet de tenir un an… jusqu'au prochain déficit et à la prochaine réforme. Pas du tout.

Alain Juppé a misé sur l'effet de surprise. Plutôt que de s'enliser dans d'interminables négociations avec les catégories concernées, il a choisi de passer en force. Son plan a été préparé dans le plus grand secret. À ses interlocuteurs, à certains de ses collaborateurs le Premier ministre n'a jamais présenté que quelques pièces du puzzle. Même le ministère des Finances a été court-circuité, et la presse, privée des indiscrétions d'usage, a dû se contenter de vertigineuses expéditions spéléologiques dans les profondeurs du gouffre. Tout compte fait, le déficit annuel est passé de 10 milliards de francs en 1990 à 55 depuis quatre ans, atteignant même 65 milliards en 1995. La dette sociale cumulée se chiffre à 230 milliards de francs. La Sécu, mère tutélaire des Français, dont on vient de fêter le cinquantenaire, dont le président de la République a rappelé qu'elle «fonde le pacte républicain», est tout bonnement au bord du dépôt de bilan.

On attendait une «réformette», et voici qu'Alain Juppé propose une révolution. Il revoit tout le système de la cave au grenier. C'est la première tentative sérieuse depuis trente ans pour sauver cette institution vermoulue.

La crise qui commence surprend tous les observateurs étrangers qui ont le plus grand mal à en déchiffrer le sens. En la revisitant avec le recul de quelques années, on y trouve, pris sur le vif, *toutes les crispations, tous les mensonges, toutes les peurs d'une société qui doute d'elle-même alors qu'elle aurait toutes les raisons de regarder l'avenir avec confiance.*

Sous les ovations

De quoi s'agit-il ?

Le budget social de la nation, devenu plus important que celui de l'État, doit passer sous le contrôle du Parlement. C'en sera fini de la cogestion avec des «partenaires sociaux» manifestement incapables de porter un tel fardeau. La représentation nationale fixera les objectifs, les orientations, les budgets, et encadrera l'action des caisses. Pour l'assurance-maladie, une série de réformes contraignantes, impliquant la médecine hospitalière comme la médecine de ville, permettra de stopper le dérapage des dépenses. En matière de retraites, les régimes spéciaux seront alignés sur le régime général (revu à la baisse deux ans plus tôt par le gouvernement Balladur). Et, pour rembourser les dettes de la Sécu, le gouvernement instaure pour treize ans un nouveau prélèvement de 0,5 %, le RDS, qui frappera l'ensemble des revenus. Tout le monde est mis à contribution, mais tout le monde aussi sera couvert par l'assurance-maladie enfin devenue universelle au prix d'une réforme constitutionnelle, de trois lois et de cinq ordonnances!

Bien des vaches sacrées sont passées à l'abattoir le temps d'un discours. Retirer la Sécu aux syndicats, évaluer les services hospitaliers, sanctionner les médecins dépensiers, toucher aux retraités et aux chômeurs, imposer les allocations familiales, étendre la CSG, s'attaquer aux régimes spéciaux de retraite, autant d'épouvantails qui avaient fait fuir les gouvernements précédents. La mise à contribution n'épargne personne, ni les assurés, ni les malades, et surtout pas les lobbies (médicaux ou syndicaux). Les mécontentements vont-ils s'additionner ou s'annihiler, sera-ce la sidération ou l'explosion? C'est la question et c'est le pari.

À l'ovation des parlementaires répond l'approbation de la presse, et pas seulement des soutiens habituels de la majorité. Ainsi *Le Monde* estime que « M. Juppé a réussi l'examen de la session de rattrapage du 15 novembre » et félicite le Premier ministre de tenter « la déconstruction des mirages chiraquiens pour les remplacer par un vrai projet politique ». « Enfin, conclut l'éditorial du 17 novembre, le pays possède un gouvernement, c'est-à-dire une équipe capable de prendre des décisions qui ont non seulement le mérite de la cohérence, mais qui paraissent dictées par une certaine idée de l'intérêt général. »

Libération aussi salue l'artiste : « Si le courage d'un homme politique se mesure au nombre d'ennemis qu'il est disposé à se créer, il faut reconnaître que Juppé n'en manque pas. » Pour *Info-Matin*, « Juppé a eu le courage de faire ce que tous les pouvoirs depuis vingt ans ont rêvé sans l'oser ». Le quotidien voit « les socialistes pris à contre-pied ».

Le Monde observe qu'« à quelques centaines de mètres du Palais-Bourbon, le bureau national du PS n'en finit pas de délibérer, surpris et embarrassé par un plan qui, au-delà de son volet prélèvements, reprend quelques idées qui lui sont chères, comme l'amorce d'un encadrement des médecins ». Eh oui! la plupart de ces mesures avaient été défendues par les socialistes… et combattue par la droite.

Les ex-ministres de la Santé Claude Evin et Bernard Kouchner apprécient en connaisseurs. Le premier se déclare « prêt à soutenir le gouvernement s'il va jusqu'au bout », quand le second avoue honnêtement : « Je m'attendais à un replâtrage, voici un plan ambitieux et hardi, puisqu'il reprend nombre de nos propositions. » Jean-Pierre Chevènement salue « des mesures courageuses », Michel Rocard tire son chapeau : « C'est vrai, les réformes de structure sont plus fortes que prévu. » Quant au porte-parole du Parti socialiste, François Hollande, il concentre ses critiques sur l'accroissement des prélèvements, faute de pouvoir en contester le bien-fondé. Approbations et éloges affluent de partout, du côté de Jacques Julliard et de Jean Daniel, de Pierre Ronsanvallon, de Rony Brauman, de Jean-Paul Fitoussi, de Bernard-Henri Lévy, du *Wall Street Journal,* de la Bourse.

Le soir même, un opposant irréductible se déclare : c'est Marc Blondel, secrétaire général de Force ouvrière, le vrai patron de l'assurance-maladie, qui se voit dépossédé de son pouvoir. Il annonce « la fin de la Sécurité sociale » et dénonce « la plus grande opération de rapt de l'histoire de la République ». « En étatisant la Sécurité sociale, déclare-t-il, [le gouvernement] s'oriente vers le système britannique avec les conséquences que cela a. Pour se faire opérer outre-Manche, il faut couramment attendre un an ou un an et demi […]. On a dramatisé la situation financière de la Sécu en occultant les véritables raisons du déficit du régime général. Il faut savoir qu'il l'est en partie parce qu'il supporte des charges qui ne sont pas de son fait. » Et Blondel d'entamer illico son bras de fer avec Nicole Notat qui, elle, apporte un soutien critique au plan Juppé : « Depuis mercredi soir, Mme Notat est, de fait, ministre de la Santé. C'est elle qui justifie les décisions avec la même argumentation que le gouvernement. Elle prétend ainsi que des sacrifices sont obligatoires pour sauver le système, c'est incroyable ! »

Quoi qu'il en soit, dans un pays où l'opposition ne saurait qu'être systématique et de principe, où la droite voue aux gémonies la CSG avant d'en découvrir les mérites, où la gauche dénonce les fonds de pension avant d'en reconnaître la nécessité, l'accueil politique fait au plan de réforme de la Sécurité sociale équivaut à l'expression d'un consensus franc et massif chez nos voisins. De fait, le plan Juppé, dans ses grandes lignes, sinon dans toutes ses modalités, fait la quasi-unanimité. Les socialistes se réjouissent en secret de voir la droite remettre un peu d'ordre dans la Sécu. C'est autant de sale boulot qu'ils n'auront pas à faire quand ils reviendront au pouvoir. Car, nul n'en doute, cette réforme est inévitable. Encore faut-il la faire admettre par l'opinion.

La faillite de mère Sécu

Au cœur de la réforme se trouve « le meilleur système de protection sociale au monde ». Les Français le disent et, de leur point de vue, ils n'ont pas tort. Dans aucun autre pays le malade ne dispose d'autant de droits et d'aussi peu de devoirs. Il choisit discrétionnairement son ou ses médecins, il se fait prescrire des traitements qu'il suit ou ne suit pas, des quantités considérables de médicaments qu'il prend ou ne prend pas, il multiplie les examens aux fins de diagnostic, de prévention ou d'apaisement, il vagabonde d'un praticien à l'autre, d'un premier hôpital au suivant, il se met en arrêt-maladie ou en cure thermale sans limites et sans contrôle véritable. Bref, il dispose d'un système médical aussi remarquable par la compétence des hommes que par la qualité des équipements dont il use et abuse en toute irresponsabilité puisque, pour l'essentiel, ce n'est pas lui, mais la Sécu qui paie.

Cette satisfaction est celle du consommateur plus que du malade. Si la médecine se juge sur le confort, la nôtre est sans rivale ; si on la juge sur la santé, elle n'a rien d'exceptionnel. Aucune comparaison internationale ne prouve que les Français se portent mieux que leurs voisins, ni même qu'ils sont mieux soignés sur le strict plan clinique. Mais il est moins désagréable d'être malade chez nous qu'ailleurs. C'est indiscutable.

À l'attachement des malades répond celui des professionnels de la santé. Depuis cinquante ans, ils prospèrent sur une demande en forte croissance dont la Sécurité sociale assure la solvabilité ; ils prescrivent ainsi sans retenue et sans justification quand leurs collègues allemands ou britanniques se voient imposer des normes impératives.

Ce confort du modèle français, c'est tout bonnement celui du laisser-aller, du laxisme. Les nombreuses parties prenantes – médecins ou malades, laboratoires ou industrie pharmaceutique, hôpitaux ou cliniques, État ou collectivités locales, professions de santé ou professions de confort, syndicats ou bureaucraties – agissent au mieux de leurs intérêts en évitant de se gêner mutuellement. Nul ne commande, nul ne contrôle, nul ne sanctionne, nul n'est responsable.

Cette médecine à la française, libérale dans son exercice et socialiste dans son financement, incarne le rêve national de marier les contraires en ne cumulant jamais que les avantages. Mais cette façon trop commode de résoudre les contradictions a un coût exorbitant. En matière de santé comme de plaisir, ce qui n'a pas de prix finit toujours par être impayable. À l'heure des comptes, le bilan de notre trop généreuse Sécu ne passe plus.

C'est jouer un rôle bien fâcheux que de ramener les problèmes de santé à des questions de gros sous. Il est plus noble et plus gratifiant de s'interroger sur les souffrances et les demandes des malades, sur la place de la thérapeutique par rapport à la prévention, sur le sens et le rôle de l'acte médical. D'autant que, les additions faites et les équations résolues, il faudra en tirer les conséquences, rendre les arbitrages, imposer les sacrifices. Ici on fermera l'hôpital qui fait vivre la sous-préfecture, là on cessera de rembourser des compléments de traitement qui aident à supporter une chimiothérapie, ailleurs on devra choisir entre plusieurs malades celui qui bénéficiera de tel traitement hors de prix. Des décisions faciles à prendre sur le plan réglementaire, terribles à assumer quand elles doivent être annoncées les yeux dans les yeux. Oui, la réalité est une chiennerie, nous le constaterons tout au long de ce livre. Elle a tous les défauts plus un : c'est de ne pas supporter qu'on l'oublie. *C'est ainsi que notre système d'assurance-maladie qui retarde les échéances depuis bientôt vingt ans se trouve au bord de la faillite.*

N'est-ce pas un grand mot pour un petit trou ? Certes, 50 milliards de francs, c'est une jolie somme. Mais ça ne fait jamais que 10 % du budget social ! Est-ce mortel ? Hélas, oui. Car la tendance compte plus que le bilan, et elle est franchement catastrophique. Dans les années 1970-1980, le fameux trou correspondait à quelques milliards de francs. En changeant de décennie, on a changé d'ordre de grandeur : il se chiffre désormais en dizaines de milliards de francs. Il est, en outre, devenu réfractaire aux traitements habituels : hausse des prélèvements ou baisse des remboursements. Il s'agit d'une maladie chronique, donc structurelle.

Les dépenses sociales, notamment celles de santé, sont emportées par une irrésistible ascension. Elles ne représentaient que 4,2 % du PIB en 1960, elles atteignaient 7,6 % en 1980, puis 8,9 % en 1990, elles frôlent aujourd'hui les 10 %. Entre 1980 et 1993, la consommation médicale a augmenté de 61 % alors que la richesse nationale ne s'accroissait que de 29 %. Deux fois plus vite. Le

Français a fini par consacrer plus de 1 000 francs par mois à sa santé.

L'accroissement des dépenses médicales est inévitable, c'est vrai. La population vieillit et chacun sait que les personnes âgées se soignent plus que les jeunes. La médecine était élitaire, elle devient populaire. Désormais, les plus pauvres demandent à être soignés comme les plus riches. C'est heureux autant que coûteux. Quant au progrès médical, il offre des espoirs en plus et des dépenses en supplément.

Ce progrès permet aussi parfois de faire des économies. Il coûte moins cher de vacciner contre la poliomyélite que de pensionner un infirme, de poser un cristallin artificiel que de prendre en charge un vieillard aveugle, de prescrire un traitement aux diabétiques et aux hypertendus que de soigner les graves séquelles de leurs affections. À l'opposé, les greffes d'organes, les interventions dans le cerveau, les prothèses toujours plus perfectionnées, les nouveaux médicaments (interféron, antiprotéases, etc.) font s'arracher les cheveux aux comptables de la santé.

En fait, le progrès médical ne réduirait le coût de la santé que s'il était utilisé à cette seule fin, si l'on n'en retenait que les applications « rentables ». Dans la pratique, et c'est fort heureux, l'intérêt du malade prime et l'on choisit le traitement le plus efficace, pas le meilleur marché.

En outre, la nouveauté incite à l'abus. Pour se rassurer, les malades demandent et redemandent examens, analyses, explorations, scanners ou traitements de confort. Si les médecins laissent faire ou, pis, s'ils abusent des prescriptions, le progrès devient inflationniste. La multiplication des échographies en cours de grossesse est un classique du genre, mais ce n'est qu'un exemple parmi bien d'autres.

La santé à tous prix

Cette augmentation devient insupportable dans la mesure où les dépenses de santé sont, pour l'essentiel, collectives; c'est-à-dire prélevées sur l'activité économique. Les accroître revient donc à alourdir les fameuses charges sociales. Ce qu'on ne peut faire indéfiniment. Or, dans le couple médecin-malade, la consommation se trouve dissociée du paiement, les régulations qui retiennent vendeur et acheteur ne jouent plus, et le marché tend naturellement à s'emballer.

Bref, une protection collective ne peut faire l'économie des contrôles qui imposent aux professionnels comme aux malades de consommer avec modération. Mais la France a obstinément préféré la solution bâtarde qui consiste à refuser toutes les contraintes, celles du libéralisme comme celles de l'étatisation. C'est ainsi que son système a cessé d'être « le meilleur » tout en devenant l'un des plus coûteux.

En consacrant 10 % du PIB à notre santé, nous ne sommes dépassés que par les Américains (14, 5 %), nous ne devançons que d'une courte tête les Suisses, les Allemands ou les Canadiens ; en revanche, nous sommes loin devant les Italiens, les Danois, les Suédois, les Norvégiens ou les Belges qui ne dépassent pas 8 %, pour ne pas parler des Britanniques, champions de l'économie avec moins de 7 %. Un pour cent de plus ou de moins, c'est peu de chose, dira-t-on... Sauf quand il s'agit du PIB : ainsi, pour la France, le point est à 80 milliards. C'est dire que si les Français se soignaient au prix des Danois, ils économiseraient 170 milliards par an ! C'est dire que si nous pouvions être aussi sages que nos voisins allemands, la Sécu ne serait pas en déficit.

Si encore cette hausse incessante des prélèvements nous assurait une médecine gratuite ! Mais non. L'augmentation des cotisations est allée de pair avec la réduction des remboursements. Ceux-ci n'atteignent plus que 71 %, contre 88,9 % en Belgique, 82 % au Danemark, 80,5 % en Espagne. Seul l'Allemand est aussi mal loti que nous, avec 71,5 %. Si l'on ne considère que la médecine de ville, la médecine ambulatoire, le taux de remboursement tombe à 57 %. Comment parvient-on à cumuler les plus lourds prélèvements et les moindres remboursements ? En gaspillant, bien sûr. Les Français avalent plus de pilules, de gélules, de comprimés qu'aucun autre peuple : plus de 50 boîtes de médicaments par personne et par an, contre 14 pour les Allemands et 9 pour les Britanniques. Les prescriptions de nos médecins battent à plate couture celles de leurs confrères étrangers : pour les analgésiques, c'est 3,5 fois plus que les Italiens ; pour les antibiotiques, 2,5 fois plus que les Allemands. La France compte 1 220 lits d'hôpitaux pour 100 000 habitants, contre 1 200 pour la Suède, moins de 1 000 pour la Belgique, moins de 800 pour l'Italie et 610 pour la Grande-Bretagne. Et l'on va répétant depuis vingt ans que nous gardons au minimum 60 000 lits de trop dans nos hôpitaux… L'ancien directeur de la Caisse nationale d'assurance-maladie, Gilles Johanet, évalue à 230 000 les sureffectifs dans le secteur de la santé. En 1992, Claude Béraud, ancien patron du service médical de la Sécurité sociale, estimait l'ensemble des gaspillages à une somme comprise entre 80 et 120 milliards de francs. N'insistons pas davantage. *Le laxisme, les incohérences et le gaspillage structurel de notre système de santé ont fait l'objet de tant de rapports, de tant d'enquêtes, que le constat est unanimement admis*. Ce qui n'empêche nullement les tempêtes de protestations d'éclater lorsqu'il est question de réforme.

Faire avaler la pilule

Le plan que propose Alain Juppé en ce 15 novembre 1995 n'est donc pas un choix politique, mais la réponse à une banale et contrariante nécessité qui s'impose à toutes les sociétés modernes. Au reste, son projet ne fait que mettre en musique les paroles bien connues que l'on peut lire dans tous les rapports et livres blancs accumulés depuis des décennies. D'une certaine façon, il manque d'originalité – puisque tout le monde savait ce qu'il fallait faire –, mais pas de courage. La presse ne s'y est pas trompée.

Alain Juppé a voulu surprendre son monde et mettre son dispositif en place avant que le mécontentement ne s'organise. Et sans doute aurait-il réussi s'il n'avait touché qu'au régime général de la Sécurité sociale. Remettre en cause des intérêts communs à tous les Français, ou à des catégories non organisées, n'est pas trop dangereux. Mais sa réforme vise également les régimes spéciaux de retraite qui ne concernent que des catégories limitées mais très organisées. Pour faire bonne mesure, il va même doubler la mise en présentant, quarante-huit heures plus tard, le contrat de Plan 1996-2000 qui doit remettre à flot la SNCF au prix d'une gestion plus rigoureuse.

Cette simultanéité, qui, avec le recul, nous paraît comme une grosse erreur, relevait d'une stratégie audacieuse que tout le monde eût admirée… si elle avait réussi. Le gouvernement n'ignore pas que la réforme des retraites poussera les cheminots sur le sentier de la guerre. C'est le *casus belli* par excellence. En 1967 déjà, quand Georges Pompidou avait voulu s'attaquer au problème, André Bergeron l'en avait dissuadé. Le leader syndical n'avait pas essayé de justifier les régimes spéciaux, il avait simplement annoncé que leur remise en cause provoquerait une explosion. La classe politique ne devait pas oublier la leçon.

Les cheminots détiennent une arme redoutable : le blocus ferroviaire. Mais ils ne peuvent l'utiliser pleinement, c'est-à-dire longtemps, qu'avec la neutralité bienveillante de l'opinion. Si le mouvement suscite la réprobation, alors il s'effrite. Pour gagner un tel bras de fer, le personnel de la SNCF doit avoir le public à ses côtés.

Les stratèges élyséo-matignonesques pensent que les Français, exposés au chômage, mis à contribution pour sauver la Sécurité sociale, accepteront mal d'être gênés dans leur vie quotidienne par des cheminots qui vivent à l'abri du chômage et refusent, en matière de retraite, les efforts qu'eux-mêmes ont consentis. Le raisonnement n'a qu'une faille : il suppose que les Français se comporteront de façon civique et rationnelle, qu'ils réagiront peu ou prou comme des énarques ou des Hollandais. En fait, ils sont plus gaulois que jamais, au bord de la dissidence, et c'est avec les cheminots qu'ils vont faire alliance.

Olivier Duhamel et Philippe Méchet ont étudié le comportement des Français au cours de cette crise à partir des sondages réalisés par la Sofres[1]. Premier paramètre : l'impopularité des dirigeants. De juin à novembre 1995, la cote de Chirac a plongé de 25 points et celle de Juppé de 28. Jamais on n'avait vu les lauriers de la victoire se flétrir avec une telle rapidité. Une si prompte disgrâce est toujours fille de la désillusion. De fait, le reniement des promesses électorales vient en tête des griefs. Les électeurs ont le sentiment de s'être fait rouler, ils sont furieux autant qu'inquiets. Furieux, ils soutiendront les opposants indépendamment des divergences d'intérêts. Inquiets, ils refuseront toute remise en cause des situations acquises. Alain Juppé aura donc proposé la plus audacieuse des réformes à une opinion crispée, méfiante, presque hargneuse, qui récuse les faits pour mieux en refuser les conséquences.

Les Français sont en outre plus attachés que jamais à leur Sécurité sociale. En 1987, ils étaient 66 % à la trouver « efficace pour la

---

1. *L'État de l'opinion*, présenté par Olivier Duhamel et Philippe Méchet, Paris, Sofres/Éd. du Seuil, 1997.

protection sociale »; ils sont maintenant 75 %. Ils sont de même conscients (59 %) que la Sécu est trop coûteuse, mais ils refusent l'augmentation des cotisations sous quelque forme que ce soit. « Autant l'opinion est prête à considérer qu'il faut remédier au déficit de la Sécurité sociale, autant elle ne se trouve pas prête à participer à un effort financier supplémentaire pour conjurer ce déficit », remarquent Duhamel et Méchet. Ajoutons que 68 % des Français, qui n'ont pas la mémoire si courte, estiment que la réforme est contraire aux engagements de Jacques Chirac pendant la campagne électorale (sondage BVA-*Le Monde,* 17 novembre).

Le climat, comme on dit, n'est pas bon. François Bayrou lui-même, dont les talents de pompier ne sont plus à démontrer, ne parvient pas à étouffer l'agitation universitaire qui se propage d'une ville à l'autre, et les Français, qui n'ont pas encore digéré les récentes augmentations d'impôts, voient rouge à l'annonce d'une nouvelle taxe : le RDS.

Oui, le gouvernement a raison, mais les Français ne sont plus d'humeur raisonnable.

⚓ La fin des retraites

L'horreur des retraites tient en un chiffre : le rapport entre actifs et inactifs. S'il y a 3 travailleurs par retraité, le financement des pensions est assuré ; entre 3 et 2, il devient difficile ; en dessous de 2 c'est l'impasse et, lorsqu'on approche de 1, l'implosion. En 1970, ce rapport était de 2,6, il n'est plus aujourd'hui que de 2, et il chutera à 1,6 en 2020. La conclusion est sans appel : le système est condamné à moyen terme. Ce déséquilibre creuse les déficits du régime général comme des régimes complémentaires (10 milliards de francs d'un côté, 10 de l'autre), premiers craquements avant l'effondrement général.

Cette évolution traduit d'abord celle de la population française. D'un côté, le nombre des naissances, après avoir été élevé dans les années 1945-1965, a fortement chuté. Ces bébés du *baby-boom* feront, à partir de l'an 2005, des vieillards nombreux, alors que les bébés des générations suivantes feront beaucoup moins d'actifs. Le rapport change.

D'un autre côté, l'espérance de vie s'accroît d'un an tous les quatre ans. Elle atteint aujourd'hui 74 années pour les hommes et

82 années pour les femmes. Cette tendance démographique a été amplifiée par les politiques suivies depuis trente ans qui, toutes, sont allées dans la même direction : augmentation du nombre et des revenus des retraités. Les départs en retraite sont de plus en plus précoces selon le principe bien de chez nous : « Mieux vaut un retraité qu'un chômeur », en sorte qu'aujourd'hui le tiers seulement des 55-65 ans sont encore au travail. Ces nombreux retraités ont cessé d'être pauvres, car leurs revenus ont discrètement mais fortement augmenté entre 1970 et 1995. Pour les actifs, la hausse n'a été que de 1,2 % par an ; pour les inactifs, elle a atteint 3,6 %. C'est ainsi que le pouvoir d'achat des retraités s'est mis à dépasser celui des travailleurs, alors qu'il n'en représentait que 58 % en 1970 !

Si l'on prolongeait les tendances actuelles, les inactifs accapareraient la moitié de la richesse nationale en 2020, et leur revenu par tête serait de 58 % supérieur à celui des actifs ! Imagine-t-on que les adultes, qui ont les enfants à charge, vont accepter sans rechigner de payer ce tribut écrasant ? Quel que soit le scénario retenu, l'étouffement de l'économie française et la guerre des générations sont inscrits en filigrane dans ces chiffres.

Tels sont les faits, rigoureusement « incontournables », comme l'on dit depuis que les Français ne cessent de contourner la réalité. Il ne s'agit pas de conjectures plus ou moins fiables, mais de prévisions certaines. Car la démographie, à la différence de l'économie, ne peut pas se tromper sur le moyen terme. Le Commissariat général au plan lance d'ailleurs l'alerte depuis une vingtaine d'années, mais ses rapports sont beaucoup trop dérangeants pour être pris au sérieux.

On peut imaginer différentes solutions ; la seule qui soit exclue est la conservation du système en l'état. Songeons que les prochaines générations auront devant elles autant d'années de retraite que d'années de travail : trente d'un côté, trente de l'autre. *Comment peut-on imaginer qu'un système conçu pour assurer quelques années de pension puisse fonctionner en couvrant la moitié de la vie ?* Lucide, Michel Rocard constate en 1988 : « Ne rien faire aujourd'hui conduirait à terme à la rupture des solidarités essentielles. » Devenu Premier ministre, il se décide à faire… un livre blanc suffisamment noir pour « faire sauter cinq ou six gouvernements », selon sa propre expression. Il se contentera donc de lancer un débat et de laisser à son successeur le soin de la réforme.

Pierre Bérégovoy, à son tour, nommera missions et commissions pour n'avoir pas à dégoupiller la grenade.

En définitive, la réforme – qui, comme celle de la Sécu, existe à l'état virtuel dans tous les rapports – sera réalisée par Simone Veil et Édouard Balladur avec d'infinies précautions. D'abord ils ne toucheront qu'au régime général (pour les régimes spéciaux, on verra plus tard) ; ensuite, ils se glisseront dans la moiteur de l'été 1993, quand les Français sont sur les plages ; enfin, le changement sera progressif afin que ses effets les plus durs, ceux qui pourraient tout faire exploser, soient différés de plusieurs années. Concrètement, les salariés passeront de 37,5 années de cotisation à 40 pour avoir droit à une retraite pleine, et celle-ci sera calculée à partir du salaire moyen sur 25 et non plus sur 10 ans. Si l'on ajoute à cela l'indexation des pensions sur les prix (et non plus sur les salaires), on comprendra qu'il s'agit bien d'un coup de freins donné à l'emballement du système.

Les parlementaires ont voté la réforme à la fin août, et le gouvernement redoute la rentrée. Va-t-il « sauter » conformément à la prévision rocardienne ? On attend les protestataires ; on ne les voit pas venir. Tout juste quelques dénonciations communistes et cégétistes en pure langue de bois, mais pas même une manif. Rien. Les retraites de 37 millions de Français ont été gravement écornées sans provoquer la moindre réaction. Un précédent qui joue en faveur de la politique du fait accompli que choisit Alain Juppé en 1995.

En fait, la réforme n'a pas été perçue. La preuve en est que les retraites anticipées sont toujours aussi populaires. Elles traduisent bien ce goût français pour les fausses solutions, celles qui reportent les problèmes à plus tard. Chez nous, donc, les trois quarts des sexagénaires ont cessé le travail. Un taux sans équivalent au monde. Et l'on apprend que la direction d'EDF se vante de favoriser les départs à 53 ans, que le ministère de la Défense propose aux ouvriers des arsenaux la retraite à 52 ans ; on entendra même, lors des négociations sur la fermeture de Villevorde en 1997, des syndicats vouloir faire des retraités avec des salariés de 46 ans ! Face à de tels exemples, il n'est pas surprenant que les Français en viennent à réclamer la retraite à 55 ans pour tous, alors que le monde entier cherche, au contraire, à retarder l'âge du départ. L'Allemagne vise 65 ans, l'Italie et les pays scandinaves 67, et le Canada a supprimé jusqu'à l'idée d'un âge limite. Bref, les Gaulois

font une fois de plus cavalier seul. Ils affichent une indifférence
totale à l'égard des projections qui, toutes, montrent qu'il faudrait
reporter à 69 ans l'âge du départ pour retrouver un rapport convenable actifs/retraités en 2015! Les Français ont, certes, peur pour
leurs retraites, mais ils sont loin, très loin d'avoir compris ce qui les
attend. Or cette première réforme en appelle naturellement une
autre : celle des régimes spéciaux.

◄ Le maquis des régimes spéciaux

Il était beaucoup trop simple de soumettre tout le monde au
même système et pas assez compliqué de ne prévoir que deux
régimes : l'un pour le privé, l'autre pour le public. Une fois de plus,
la France démontre son « exceptionnalité » en combinant le mono-
lithisme étatique et la balkanisation corporatiste. C'est ainsi
qu'elle a créé, au fil des ans et des situations particulières, *une
bonne centaine de régimes spéciaux dans le secteur public.*

Ces régimes, tous différents les uns des autres, couvrent des
« salariés statutaires », c'est-à-dire des travailleurs jouissant de la
garantie de l'emploi, et ont pour particularité de ne pas être organisés autour d'une caisse qui, comme les autres, aurait le souci
d'équilibrer recettes et dépenses. Ils sont gérés à la va-comme-je-
te-pousse dans une opacité budgétaire savamment entretenue afin
que le nom des payeurs n'apparaisse jamais clairement.

D'un régime à l'autre, les situations et les justifications sont différentes. Pour les mineurs de fond, la retraite à 50 ans compense
la pénibilité du métier, c'est indiscutable. Mais qu'en est-il pour les
fonctionnaires qui s'en vont à 55 ans ? Les avantages sont également très variables. Ainsi les cotisations supportées par les fonctionnaires financent 17 % des pensions (contre un tiers chez les
salariés du privé !), mais le chiffre tombe à 11 % chez les électriciens. Quant au montant des pensions, il représente 75 % du traitement dans l'administration, mais 90 % pour les employés de la
Banque de France (pourquoi ?), 85 % pour les électriciens, et 66 %
pour les ouvriers de l'État. Elles sont calculées sur le traitement
des six derniers mois – et non pas des vingt-cinq dernières années
comme dans le régime général –, ce qui est un avantage, mais sans
tenir compte des primes, ce qui est un inconvénient. En chiffres
bruts, les pensions sont nettement plus élevées dans le public que

dans le privé : 11 134 francs par mois d'un côté, 8 459 francs de l'autre.

L'un dans l'autre, *les régimes particuliers sont évidemment plus avantageux que le régime général.* C'est pourquoi ceux qui en bénéficient veulent les conserver.

Ces régimes sont lourdement déficitaires. En soi, cela ne veut pas dire grand-chose. On ne voit pas comment les mineurs pourraient équilibrer leurs comptes alors que les retraités sont dix fois plus nombreux que les actifs ! Il en va de même aux chemins de fer. En continuant à faire partir les roulants à 50 ans, malgré l'électrification du réseau et la sensible réduction de la pénibilité du travail, la SNCF a pu réduire ses effectifs sans licencier, mais on compte aujourd'hui davantage de cheminots à la retraite qu'en activité. En 1994, l'État a dû subventionner les pensions du rail à hauteur de 14 milliards, sans compter près de 5 milliards versés par le régime général. D'une façon globale, l'État se contente de faire apparaître chaque année, sous forme d'une ligne budgétaire, les sommes destinées à financer les pensions de ses fonctionnaires.

Ici encore, les choses ne vont pas s'arranger au prochain siècle. Toutes les projections font entrevoir des situations catastrophiques à l'horizon 2010-2020. Si l'on compte encore 2,5 fonctionnaires en exercice pour 1 ancien, on s'approchera de la parité – 1 pour 1 – en 2015 ! Avant même d'en arriver là, si les régimes spéciaux sont maintenus en l'état, ils seront déficitaires de 65 milliards par an dès l'an 2000.

Face au krach annoncé des retraites, il est donc impossible de limiter les sacrifices aux seuls salariés du privé ; ce serait tout à la fois injuste sur le plan social et intenable sur le plan économique. Toutes les études, tous les rapports, tous les livres blancs aboutissent à la même conclusion : il faut revoir ce fatras de situations particulières, faire parmi eux toute la clarté, et les rapprocher du régime général. Sur ce point encore, les mesures annoncées par Alain Juppé le 15 novembre (40 années de cotisation et création de caisses pour assurer une meilleure visibilité, mise en place d'une commission pour faire le point régime par régime) avaient été maintes et maintes fois préconisées.

La Tsarine dans la tempête

Le succès remporté auprès de la classe politique et des experts ne préjuge en rien de la suite. L'affrontement aura lieu sur le terrain social. En fait, il a déjà commencé depuis un mois. Dès le 10 octobre 1995, les fonctionnaires protestent contre le gel de leurs rémunérations. La grève est largement suivie et les cortèges sont imposants en province comme à Paris. Détail significatif : 57 % des Français déclarent soutenir la grève (sondage CSA-*Le Parisien*). Ce n'est encore qu'un tour de chauffe, mais pétaradant.

Quinze jours plus tard, c'est le tournant du septennat. Jacques Chirac annonce à la télévision que la lutte contre les déficits devient la priorité nationale : le président désavoue le candidat. Après avoir dénoncé l'austérité tant au niveau des impôts (trop d'impôts tue l'impôt) que du pouvoir d'achat (la feuille de salaire n'est pas l'ennemi de l'emploi) et refusé «la maîtrise comptable des dépenses de santé», Jacques Chirac, tel qu'en lui-même l'événement ne cesse de le changer, revient à la réalité et tient un discours que ne désavouerait pas Raymond Barre. Un Raymond Barre qui, lui, n'a jamais dit autre chose…

Ce 26 octobre, la douche est d'autant plus glacée que beaucoup de Français, notamment les jeunes et les électeurs populaires, ont cru au volontarisme chiraquien. En écoutant leur président, ils ont le sentiment d'avoir été floués par la classe politique tout entière. Ce n'est certes pas la première fois, mais c'est une fois de trop. Ils ne marchent plus. Ils rejettent une réalité que le pouvoir peut à volonté dissimuler ou brandir selon qu'il entend se faire élire ou se faire obéir. Persuadés qu'on leur a beaucoup demandé et qu'ils ont déjà beaucoup donné, les Français ne jouent plus le jeu. Ils sont au bord de la crise de nerfs.

Le 14 novembre, veille du grand jour d'Alain Juppé, les huit organisations syndicales publient une déclaration assez creuse sur la Sécu. Elles «s'opposeront, expliquent-elles, à toute tentative visant à remettre en cause le régime général, les régimes spéciaux et les systèmes de retraite des fonctionnaires». Le conservatisme pur et dur.

Mais ce front uni ne résistera pas au choc du plan Juppé. Nicole Notat entraîne la CFDT dans le soutien critique : « Quand nous obtenons des résultats sur les revendications que nous posons depuis longtemps [...] nous engrangeons positivement ces résultats. » Pourtant, on l'a vu, elle condamne la remise en cause des régimes spéciaux de retraite. À l'opposé, CGT et FO opposent un refus définitif à l'ensemble du plan, qualifié d'« agression contre le système de protection sociale ». Les uns et les autres doivent se retrouver pour la manif du 24, mais la guerre est bel et bien déclarée entre les réformistes et les protestataires (il n'est plus sérieux de les dire « révolutionnaires »). Marc Blondel lance alors à l'adresse de Nicole Notat une formule qui deviendra fameuse : « Si Nicole Notat est là pour gérer l'intérêt général, elle n'a qu'à être ministre. Moi, je défends des intérêts particuliers. »

C'est toute la problématique du conflit et, très au-delà, celle de notre vie sociale qui se trouve ainsi posée. Les confédérations représentent-elles des groupes particuliers ou le peuple dans son ensemble, leurs interventions se font-elles dans l'optique limitée d'un avocat ou dans celle, plus large, d'un politique ?

D'un côté, Marc Blondel incarne un corporatisme sans complexes qui ne veut connaître ni la nation ni le bien commun. Cet égoïsme de principe n'a rien que de très légitime et de parfaitement respectable. Si je charge un avocat de plaider ma cause face à l'administration, je n'attends pas de lui qu'il entre dans la logique de l'autre partie et joue le rôle d'arbitre entre mon point de vue et celui de la collectivité. Mais s'il adopte une telle position, le syndicat ne tente pas de se faire le porte-parole des cheminots et des voyageurs, des médecins et des malades, des travailleurs et des chômeurs. Une telle attitude limite le soutien de l'opinion, puisque c'est l'État-patron qui incarne alors l'intérêt général, prend la pose morale et prétend, seul, représenter la population tout entière. Les syndicats, quant à eux, deviennent des « adversaires sociaux » et non plus des « partenaires sociaux ».

De l'autre côté, Nicole Notat incarne un syndicalisme qui inscrit les revendications particulières dans un projet global de société. Elle ne se contente pas de réclamer « Toujours plus ! » pour ses mandants, elle prétend défendre des valeurs globales et refuse de se laisser enfermer dans des conflits particuliers.

Ces deux types de syndicalisme existent un peu partout dans le monde. Mais la France, comme toujours, a sa spécificité : son syndicalisme corporatiste de protestation prétend parler au nom de l'intérêt général. Un « modèle » qui connaîtra son apothéose tout au long de ces journées.

Le camp réformiste, avec Nicole Notat comme figure de proue, se trouve conforté par les réactions favorables de la classe dirigeante. Ainsi la CFDT, renforcée par la CFTC et la CGC, devrait pouvoir tenir tête à la coalition CGT/CGT-FO. Mais les choses vont prendre rapidement une autre tournure.

Dès le 20 novembre, Jean-Michel Helvig constate dans *Libération* : « En bousculant tout le monde, Alain Juppé a pris le risque de voir tout le monde se liguer contre lui […]. Ceux qui, à l'instar d'une Nicole Notat à la CFDT ou de certains dirigeants socialistes, ont voulu, par honnêteté intellectuelle, faire la part du feu, se sont brûlé les doigts. Le rituel syndical et politique est ainsi fait que l'on doit s'opposer par principe. Quitte à chuchoter en coulisse que la droite fait aujourd'hui, en matière de réformes de structures, ce que la gauche aurait dû faire naguère […]. » Et le journaliste de conclure qu'« encore une fois, l'expression sociale dans ce pays sera monopolisée par les "gros bataillons" syndicaux de la fonction publique ».

Comme prévu, c'est la réforme des régimes spéciaux qui provoque la mobilisation. Les syndicats, unanimes, appellent le secteur public à manifester le 24 novembre. Les cortèges réuniront 500 000 personnes. En province plus qu'à Paris. La grève est assez bien suivie dans l'administration, mieux dans les entreprises publiques. La SNCF, choquée par son contrat de plan, « fait le plein » avec 60 % de participation, un taux qui bondit à 85 % chez les conducteurs. Elle n'en restera pas là. Le soir même, les cheminots reconduisent leur mouvement. La décision a été prise par les assemblées. Les centrales ne font que récupérer le mot d'ordre. Elles se sont laissé surprendre par une procédure « basiste » ; du moins savent-elles que la détermination de leurs troupes ne leur fera pas défaut.

Mais ce que les médias retiendront de la journée, c'est le visage pâle et tendu de Nicole Notat qui regagne sa voiture protégée par ses gardes du corps. La dirigeante cédétiste ne s'est pas seulement heurtée à l'opposition des deux CGT : elle a été contestée au sein même de sa confédération et n'ignore pas que sa présence risque de provoquer des réactions hostiles. De fait, elle est accueillie par les slogans et les quolibets de sympathisants cégétistes qui observent le défilé depuis le trottoir. « Notat-Juppé, même combat ! » Mais ce n'est rien encore. La CFDT, comme Force ouvrière, est noyautée par des groupuscules gaucho-fachos qui n'ont jamais caché leur détestation de « la Tsarine ». Ils veulent en découdre. La confédération le sait, c'est pourquoi elle les a placés à l'arrière, le plus loin possible. Attirés par le chœur cégétiste, ils se précipitent aux cris de «Notat trahison! Notat démission!». C'est l'échauffourée, les injures fusent, les canettes volent. Nicole Notat doit regagner sa voiture, protégée par son équipe. Les agresseurs tentent de la bloquer, s'acharnent sur le véhicule. Finalement, le chauffeur peut démarrer.

Cette scène, passablement répugnante, incite Olivier Mongin et Joël Roman, les animateurs de la revue *Esprit,* à s'engager dans la bataille. Ils ont rédigé une motion qui salue «le courage et l'indépendance d'esprit» de Nicole Notat, qui approuve les grandes lignes de la réforme et dénonce «les atermoiements de la gauche politique». Ils obtiennent rapidement l'adhésion d'intellectuels qui, comme eux, ont été scandalisés par l'agression contre la secrétaire générale de la CFDT. L'appel paraît dans *Le Monde* des 3-4 décembre, soutenu par une liste impressionnante de personnalités. De fonctions et d'origines fort diverses, tous les signataires (universitaires, historiens, sociologues, économistes, technocrates, journalistes) partagent une sensibilité de gauche et souvent de «deuxième gauche»[1]. Pour Nicole Notat, ce soutien est plus un réconfort qu'une aide véritable dans la mesure où le mouvement a pris une ampleur qui dépasse largement la discussion sur les mérites du plan Juppé. La France s'installe dans la grande protestation et la grève devient, selon la formule de Duhamel et Méchet, «une grève d'opinion».

La grève de l'opinion

Le 24 novembre, les gens du secteur public descendent dans la rue pour défendre leurs avantages. Les Français sont spectateurs, pas encore engagés. *Libération* a bien traduit ce climat d'interrogation en recueillant des bribes de discussion entendues à la terrasse d'un café sur le parcours de la manifestation. D'un côté, des

1. Rony Brauman, Pascal Bruckner, Bernard Brunhes, Roland Cayrol, François Dubet, Alain Finkielkraut, Jean-Paul Fitoussi, Jean-Baptiste de Foucault, Alfred Grosser, Jacques Julliard, Jean de Kervasdoué, Denis Olivennes, Bernard Perret, Paul Ricœur, Pierre Rosanvallon, Alain Touraine, Henri Vacquin, Michel Wieviorka, Michel Winock.

agents de l'État qui se défendent comme de beaux diables : « Ce n'est pas un privilège de partir à 55 ans, affirme un électricien. J'ai travaillé en 3 × 8 pendant plus de trente ans. C'est dur, c'est une vie complètement déstructurée… » Leurs interlocuteurs, gens du privé, s'interrogent : « Moi, je trouve que tout le monde devrait cotiser pareil pour la retraite, dit l'un. – Il a raison, surenchérit l'autre […]. Ce qui n'est pas normal, c'est qu'un conducteur de train puisse partir à 50 ans. On n'est quand même plus au temps des trains à vapeur, non ? » Un syndicaliste monte au créneau : « Mais si, c'est un métier dur, sans vie de famille ! » Une consommatrice, pourtant gênée par l'arrêt des trains, vient l'épauler : « Je trouve ça normal que les fonctionnaires manifestent pour se défendre. C'est embêtant, mais c'est normal. » Le syndicaliste cégétiste bondit sur l'occasion : « Ce qu'il faut bien voir, c'est qu'on ne se bat pas seulement pour nous. La Sécu, c'est un droit de civilisation. La défendre, ça n'est pas égoïste, ça concerne tout le monde. » Mais le VRP ne marche pas : « Les gars qui sont dans la rue, là, ce qu'ils défendent, c'est leurs trente-sept ans de cotisation, pas les miens… » Le syndicaliste connaît la musique : « On part plus tôt, mais les primes ne sont pas prises en compte dans le calcul de la retraite […] ; et on a de petits salaires. Dans le privé, ils sont plus élevés. » C'est la phrase de trop qui fait bondir Nathalie, une salariée du privé bien sûr : « Ce n'est pas vrai. Je connais des ouvriers qui sont au Smic après trente ans de travail. » Le syndicaliste doit faire marche arrière : « C'est vrai que c'est dégueulasse. La France est un pays où les salaires sont très bas, il y a énormément de smicards. Il ne faut pas qu'on se divise entre gens du privé et gens du public, c'est ce que recherche le gouvernement. – Oui, mais il y parvient parce que vous faites des grèves comme celle d'aujourd'hui », conclut un salarié… qui n'appartient à l'évidence pas au secteur public.

Tout est dit dans cette saynète prise sur le vif. D'un côté, les grévistes veulent entraîner le public ; de l'autre, les Français s'interrogent, mais sans acrimonie, sur leurs avantages. C'est bien ainsi qu'ils s'expriment dans les sondages. Dès le mois de septembre, ils étaient 73 % à estimer qu'il faudrait aligner les retraites du public sur celles du privé – notons que 58 % des salariés du public partageaient cette opinion (Sondage Sofres-*Le Figaro Magazine*). Quand débute la grève, ils se laissent emporter par la dynamique revendicatrice : ils sont ainsi 47 % à estimer justifiées les protestations des fonctionnaires contre la réforme de leur régime de retraite, et 45 % à les juger injustifiées. Huit jours plus tard, à propos du départ à 50 ans des conducteurs, 48 % jugent la revendication légitime et 49 % illégitime. Dans un pays où les deux mots «revendications» et «légitimes» sont aussi naturellement associés que «pompes» et «funèbres», ou «économiste» et «distingué», cet équilibre reflète une profonde perplexité. Selon les questions, le Français laisse parler son cœur pour les grévistes, sa colère contre le gouvernement, sa raison contre leurs revendications, son intérêt contre les sacrifices…

En une semaine, le pouvoir a compris que les cheminots ne seront pas retenus par l'hostilité du public. Alors il bat précipitamment en retraite. Dès le 28 novembre, le ministre des Transports, Bernard Pons, déclare à la tribune de l'Assemblée qu'il n'est pas question de bouleverser le statut des cheminots et «le régime spécifique de retraite». Mais c'est trop tard. Ce même jour, Marc Blondel et Louis Viannet se sont serré la main devant les caméras de télévision, cependant que la RATP entre dans le mouvement… c'est-à-dire dans la paralysie ! Les uns après les autres, EDF, la Poste, France Télécom, puis les gros bataillons de l'Éducation nationale rejoignent la protestation. La France des services publics se croise les bras.

Le pouvoir multiplie les initiatives brouillonnes. Chaque jour, un ministre fait une annonce qui sera démentie le lendemain. Le front du refus ne cesse de se renforcer alors que le pouvoir n'a, lui, aucune stratégie pour passer en force. Ceux qui n'ont pas de machine qu'ils pourraient arrêter, aucun mégaphone qui pourrait les faire entendre, aucun statut qui les protégerait, aucun attrait pour les médias, tout ce peuple de gueux vient bien vite dans la rue se mêler à la bataille des seigneurs. Gens de peu, de peur et de peine, ils vont pousser les slogans libérateurs qui diront leur colère et leur désespoir. Entre ces victimes de la crise et nos superbes conducteurs de locomotives, il s'est fait, comme on dit, une «alliance objective», une de ces rencontres qui soudent deux contraires dans la haine d'un ennemi commun. Certes, toute la France ne se retrouve pas dans les cortèges : les cadres, les entreprenants, les compétitifs restent violemment hostiles et le disent dans les sondages. Mais ils sont au travail, pas dans la rue. Le peuple visible, celui qui occupe la une des médias, dit clairement non au gouvernement et, par extrapolation, oui aux cheminots.

Alain Juppé avait cru voir dans l'opinion le Grouchy qui lui ferait gagner la bataille ; il avait mal regardé : c'est Blücher qui arrive. Il n'en faut pas plus pour qu'un matin d'Austerlitz se transforme en soir de Waterloo.

En ce début de décembre, il ne fait plus aucun doute que la sympathie pour la grève est majoritaire. Tous les sondages convergent. Dès le 1er décembre, la cote des grévistes atteint 56 %. Huit jours plus tard, elle grimpe à 60 %. Elle restera étale jusqu'à la fin du conflit. Dieu sait pourtant que la prolongation des grèves fait souffrir les Français ! 83 % d'entre eux jugent « insupportable » la gêne occasionnée par la paralysie des transports, mais ils ne sont que 53 % à se prononcer pour l'instauration d'un service minimum.

Pourtant, ils doivent se lever aux aurores, attendre un improbable service de remplacement, guetter un automobiliste compatissant, perdre la journée dans les embouteillages, rentrer chez eux à des heures impossibles et imprévisibles. Toute la vie est désorganisée. On ne sait plus comment s'occuper des enfants, comment faire ses courses, comment honorer ses rendez-vous. La société est devenue un monstre dans lequel on s'englue, qui entrave la moindre initiative. En dépit de cette galère au quotidien, de ces trois semaines interminables, de cette exaspération contre la grève, « personne ne tiendra vraiment rigueur aux grévistes des désagréments pourtant massifs, du manque de sommeil, de la perte de temps et d'argent que la situation impose à tous, constate Alain Caillé. Au contraire, dès le début, et ce sentiment ne se démentira pas, notamment en province, on sent partout monter comme une sorte de joie, de connivence générale, presque d'allégresse liée à la renaissance de cet esprit de fronde qui est si cher aux Français [1]… ».

Sans doute a-t-on un peu idéalisé la convivialité de ces transports de substitution, la discussion dans les files d'attente, les rencontres en auto-stop, la joie de l'effort à bicyclette et le plaisir d'avoir à surveiller l'enfant de son voisin ! Mais c'est un fait que « les citoyens étaient contre la grève, mais pas contre les grévistes [2] », comme le dit Henri Vacquin, et qu'ils ne se désolidariseront jamais du mouvement. Seuls les Franciliens, pour lesquels

1. Jean-Pierre Le Goff et Alain Caillé, *Le Tournant de décembre*, Paris, La Découverte, 1996.
2. Henri Vacquin et Yvon Minvielle, *Le Sens d'une colère*, Paris, Stock, 1996.

l'épreuve quotidienne se sera révélée très dure, enverront au diable cette chienlit. L'antipathie l'emportera alors sur la sympathie : 55 % contre 45 %.

Mais cette réprobation latente ne va pas jusqu'à la remise en cause des principes. L'instauration d'un service minimum est souhaitée, mais le droit de grève dans les services publics reste indiscuté et, le 2 décembre, au Châtelet, ils ne seront que 2 000 usagers des transports en commun à protester contre la paralysie. Le mouvement, soutenu par le RPR, ne rencontre aucune sympathie populaire. Dans les reportages télévisés, les Parisiens laissent très rarement éclater leur grogne, ils s'efforcent de faire contre mauvaise fortune bon cœur et prennent leur mal en patience. Seuls les commerçants et les patrons de PME, étranglés par la grève, menacés par la faillite, laissent éclater leur colère lorsqu'on daigne leur donner la parole. D'un autre côté, on multiplie les reportages sur les bons côtés de la grève. L'interview des quatre passagers d'une automobile dont trois ont été pris en stop devient un classique des journaux télévisés : les intéressés ne manquent jamais d'expliquer que le conflit leur a donné l'occasion de faire connaissance et que, sans la grève, ils seraient allés chacun de leur côté sans se parler.

La solidarité avec les grévistes du secteur public sera toujours majoritaire, c'est un fait. Mais les salariés du secteur privé, eux, resteront sourds aux appels lancés par la CGT. Ils refuseront d'arrêter le travail. La crise de décembre 1995 sera ainsi, du début à la fin, un mouvement du public soutenu par l'opinion. Cette sympathie diffuse que reflètent les sondages se concrétise dans les manifestations qui se multiplient dans toutes les villes de France et qui constituent, en fait, l'aspect le plus original de la crise. En effet, la grève est loin d'être suivie dans tous les services publics aussi fortement qu'à la SNCF. Partout on se dit certes solidaire avec les cheminots, on déclare que l'on est gréviste. Mais le pourcentage des agents qui refusent effectivement de travailler n'est pas très élevé : il ira même en diminuant au fil des semaines. En fait, l'action n'est dure et totale que parmi les conducteurs de train et de métro. Ailleurs, la grève est plus ou moins larvée. Mais, en contrepoint à ce mouvement revendicatif assez « mou », se multiplient des manifestations qui vont *crescendo* : signe qu'on a bien affaire à un phénomène d'opinion qui échappe à la logique des conflits du travail traditionnels. Tous les observateurs remarquent que dans ces cortèges se trouvent beaucoup de manifestants qui ne sont pas des salariés du secteur public. Sur quoi font-ils cause commune ?

Certainement pas sur des revendications catégorielles qui ne les concernent pas. On peut comprendre que des médecins et des cégétistes se rejoignent contre le plan Juppé, mais des chômeurs ? Il est déjà assez étonnant qu'ils soutiennent les fonctionnaires et les cheminots ; ils ne vont pas en plus manifester avec et pour eux ! Viennent-ils défendre la Sécu ? Le retrait du plan Juppé sur l'assurance-maladie figure rituellement dans les slogans que scandent les manifestants et que proclament les banderoles. Mais la plupart des Français ne savent pas ce qu'il contient et ne seraient pas descendus dans la rue par centaines de milliers pour en exiger son retrait. Alors ? Que condamnent-ils, que refusent-ils ?

La grande protestation

Les Français sont mécontents, vraiment très fâchés. Et, faute de pouvoir protester par eux-mêmes, ils le font par délégation. «Les Français font une grève par procuration et se satisfont du mouvement des fonctionnaires qui traduit leur propre mécontentement. Ils préfèrent la gêne des grèves à la résignation[1] », constatent Duhamel et Méchet. Mais on ne peut se contenter de dire «les Français», il faut aller plus avant, regarder ce que les sondeurs appellent les «tris croisés». On constate alors que l'adhésion forte est le fait des catégories les plus populaires : les ouvriers en premier lieu, les employés aussi. L'encadrement, lui, réprouve. Le mouvement est encore populaire chez les étudiants et, quoique à une faible majorité, chez les chômeurs. Ce sont donc les catégories qui souffrent le plus de la crise, celles qui vivent dans la crainte, l'angoisse et le désespoir, qui sont au chômage ou craignent de s'y retrouver, qui s'en vont manifester aux côtés des cheminots ultra-protégés. Il ne s'agit plus seulement de sympathie, on est bien au-delà de la délégation ; en fait, la participation à ces manifestations, c'est la forme que prend la grève en ce mois de décembre. Incroyable ironie du destin ! Les classes moyennes ont assuré aux cheminots une neutralité bienveillante qui s'est exprimée dans les sondages, qui s'est vue dans les embouteillages. Mais l'appui déci-

---

1. *L'État de l'opinion, op. cit.*

sif, le renfort inespéré qui va faire basculer la bataille, viendra du nouveau prolétariat qui rejoint les cortèges cégétistes. *Le grand paradoxe, l'incroyable surprise, c'est l'irruption sur le devant de la scène d'une nouvelle France qui ne joue plus le jeu.*

La motion de soutien à Nicole Notat est tombée en porte à faux. Elle posait le débat en termes factuels, rationnels, discutables et contestables, alors que l'opinion en était au « ras-le-bol », à la grande protestation. Les revendications particulières servent de prétexte. Pas plus. Les mécontents ne formulent aucune demande précise, ils ne manifestent qu'un refus. C'est cet appel de désespérance, bien plus que la colère des cheminots, qui va mobiliser un groupe d'intellectuels ; ceux-ci font l'amalgame entre les deux.

« Pierre Bourdieu soudain se réveille et se prend pour Sartre, raconte Ghislaine Ottenheimer. Le 12 au soir, dans la salle de spectacle du comité d'entreprise de la SNCF, style années cinquante, le professeur au Collège de France affirme d'une voix à peine audible : "Je suis venu vous dire notre soutien à tous ceux qui luttent depuis trois semaines contre la destruction d'une civilisation associée au service public, celle de l'égalité républicaine des droits[1]." »

Pierre Bourdieu devient la figure emblématique de ce groupe d'intellectuels qui s'efforce de voir dans la grève en cours l'amorce d'un grand mouvement social. « Face à l'offensive déclenchée par le gouvernement, nous estimons qu'il est de notre responsabilité d'affirmer publiquement notre pleine solidarité avec celles et ceux qui, depuis plusieurs semaines, sont entrés en lutte ou s'apprêtent à le faire. Nous nous reconnaissons pleinement dans ce mouvement qui n'a rien d'une défense des intérêts particuliers et moins encore des privilèges, mais qui est, en fait, une défense des acquis les plus universels de la République. En se battant pour leurs droits sociaux, les grévistes se battent pour l'égalité des droits de tous et de toutes [...]. C'est le service public, garant d'une égalité et d'une solidarité aujourd'hui malmenées par la quête de la rentabilité à court terme, que les salariés défendent en posant le problème de la Sécurité sociale et des retraites », affirment-ils dans une proclamation publiée dans *Le Monde*. Les noms de Pierre Bourdieu, Jacques Derrida, Jean-Pierre Dollé, Albert Jacquard, Gilles Perrault, Pierre Vidal-Naquet, Didier Motchane, Pierre-

---

1. Ghislaine Ottenheimer, *Le Fiasco*, Paris, Albin Michel, 1996.

André Taguieff, Raymond et Lucie Aubrac se détachent parmi des centaines d'autres.

Ce texte est pour le moins curieux, à l'image du mouvement qui l'a suscité. S'agissant des gens sans défense qui défilent dans les cités et qui, bien souvent, sont des victimes, on peut parler de grande cause sociale, de révolte populaire ; s'agissant de la grève corporatiste pour la retraite à 50 ans, c'est plus discutable. L'appel affirme en outre que les grévistes « posent le problème de la Sécurité sociale et des retraites », alors qu'au contraire ils refusent qu'il soit posé ! Il déclare qu'ils ne défendent pas des intérêts particuliers, mais l'intérêt général, alors que Marc Blondel a expressément dit le contraire ! Quant à soutenir que c'est au nom de l'égalité que l'on s'oppose à l'alignement de tous les régimes de retraite... Manifestement, ce mouvement est une auberge espagnole dans laquelle chacun trouve ce qu'il y a apporté.

Dans la première quinzaine de décembre, l'issue du conflit ne fait plus de doute. Les socialistes, après avoir hésité, ont senti le vent tourner et se prononcent catégoriquement contre le plan Juppé dans lequel ils ne veulent plus reconnaître leurs propres projets, maintenant qu'il est en perdition. Martine Aubry le qualifie d'« inacceptable »... mais en acceptera l'essentiel lorsqu'elle deviendra ministre en charge du dossier. De sondage en sondage, l'opinion manifeste de plus en plus clairement sa défiance au gouvernement. Elle rejette la réforme de la Sécurité sociale comme celle des régimes spéciaux. 20 % seulement souhaitent qu'elle soit maintenue telle quelle (CSA-*Le Parisien*). Et chaque jour, la houle protestataire gagne en force, rassemblant des cortèges toujours plus imposants aux quatre coins de la France. Alain Juppé, trop sûr de lui, avait lancé le 16 novembre comme une boutade : « Si deux millions de personnes descendent dans la rue, mon gouvernement n'y survivra pas. » Depuis lors, les Guignols ont transformé les manifestations en « Juppéthon » et l'on s'approche irrésistiblement du chiffre fatidique. Le Premier ministre se trouve pris à la gorge, contraint de se soumettre ou de se démettre.

Passé la première semaine de décembre, il devient clair que toutes les tentatives du gouvernement ont fait long feu. Les syndicats ne veulent pas de la commission Le Ver qui devait préparer un rapport sur les régimes spéciaux. Le médiateur Jean Mattéoli n'a pas plus de chance à la SNCF lorsqu'il s'agit de discuter du contrat de plan. Dès lors, Alain Juppé n'a plus le choix : le

10 décembre, il annonce la suspension du contrat de plan à la SNCF et celle des travaux de la commission Le Ver. Il s'engage à maintenir les régimes spéciaux en l'état. Il prononce même le mot « négociation ». Ayant renoncé à toutes les réformes particulières, il ne maintient que la réforme générale : celle de la Sécurité sociale. Et, pour faire bonne mesure, il propose d'inscrire dans le préambule de la Constitution la notion de service public à la française ! N'importe quoi pour en sortir… Il ira même jusqu'à engager ses successeurs en certifiant que les régimes spéciaux ne seront pas remis en cause à l'avenir…

Cette fois, on est entré dans la dernière phase de la crise. Elle sera longue et difficile. Dans bien des centres, les grévistes entendent continuer le mouvement alors même qu'ils ont obtenu satisfaction pour toutes leurs revendications. Il est toujours difficile de finir une grève qui a été impulsée par la base et bénéficie du soutien populaire et médiatique. L'affaire se terminera par un sommet social à Matignon le 21 décembre, une grand-messe qualifiée de « sommet de l'espérance » par Alain Juppé mais où l'on ne se fatiguera même pas à sculpter la langue de bois : l'aggloméré prémoulé fera l'affaire pour un « relevé de conclusions » que nul ne signera et qui n'engagera donc personne. Une parodie d'armistice pour rappeler aux derniers combattants de Marseille que le cessez-le-feu a sonné et que les Français préparent les fêtes en famille. La France, elle, est restée en rade.

Chapitre III
LE MOUVEMENT IMMOBILE

À ceux qui l'ont vécue au jour le jour cette crise semble finalement normale. Supposons qu'elle se soit déroulée dans un pays lointain, dans un temps reculé, que nous la découvrions à travers un récit : pourrions-nous imaginer les péripéties et la conclusion en ne connaissant que la situation de départ ? Non, pas plus que ce pauvre M. Juppé. Quoi ? Un pays qui a supporté sans révolte que le quart de sa population bascule dans la misère, qui accepte sans broncher que deux millions de personnes soient interdites de travail et réduites à la mendicité, ce pays est capable de s'indigner parce que des cheminots, douillettement protégés de la crise, vont travailler jusqu'à 53 ans ? Pour notre Persan, c'est une histoire de fous. Et c'est bien ainsi que l'ont vécue les journalistes étrangers. Les journées de novembre-décembre 1995 marquent tout à la fois un comble de l'aberration mais aussi de l'authenticité. Voici le puits de vérité au fond duquel se cachent les secrets du mal français. Mais un événement aussi riche d'ambiguïtés ne se laisse pas facilement décrypter.

Le thème ne brille pas par son originalité. Toutes les nations doivent freiner leurs dépenses de santé et revoir leurs régimes de retraite. Quant aux réformes proposées, elles étaient d'une grande banalité, on l'a dit. Alain Juppé a tenté de les imposer à sa façon ; pas nécessairement la meilleure, j'en conviens. Quoi qu'il en soit, d'une manière ou d'une autre, il faudra en passer par là.

D'ailleurs, le gouvernement Jospin lui-même s'appuie sur cette réforme de la Sécurité sociale. Quant aux régimes spéciaux de retraite, ils devront être revus dans l'avenir, dussions-nous être privés de trains pendant un an.

Que s'est-il donc passé en France en cette fin d'année 1995 ?

Avec une belle gourmandise, les sociologues se sont rués sur l'événement… et divisés en deux écoles rivales qui ne cessent de se quereller. La première pense avoir découvert un grand mouvement social ; la seconde, rien qu'une défense corporatiste. Deux visions opposées : il n'y a pas mieux pour mettre en relief la vérité.

Les «mouvementistes», dont Pierre Bourdieu reste la figure de proue, pensent que les grévistes se sont battus pour «les acquis les plus universels de la République». Dans le même esprit, Max Gallo prit feu et flammes dans les colonnes du *Monde* pour «ce vaste et historique mouvement social» dans lequel il voyait «l'expression d'une résistance nationale pour l'affirmation et l'attachement à un modèle français qui plonge ses racines dans notre histoire collective… ». Bref, les grévistes se sont battus pour un projet de société et pas seulement pour quelques avantages statutaires.

Notons que ce mouvement est essentiellement défensif. Son modèle est *français*, en lutte contre le marché libéral qui ignore les spécificités historiques et nationales. C'est un mouvement très immobile.

Pour les tenants de la crispation et du refus, dont Alain Touraine est le chef de file, un conflit social ne suffit pas à faire un mouvement, un «projet de gestion sociétale» est tout aussi nécessaire et, sur ce point, le verdict est sévère : «Non, la grève de novembre-décembre, si importante qu'elle ait été, n'était pas un mouvement social. » Dans la même mouvance, Michel Wieviorka constate que les grévistes sont «restés arc-boutés sur la défense des acquis des salariés du secteur public». Bref, une défense bec et ongles d'avantages corporatistes, un refus crispé et rageur de tout changement, à mille lieues des grandes utopies sociales.

Les thèses sont opposées et les arguments différents. Les avocats du mouvement présentent des proclamations, des déclarations, des slogans, ils s'appuient d'abord sur le discours ; ceux de la crispation s'en tiennent aux actions et aux inactions, aux engagements et aux dégagements, ils veulent s'en tenir aux faits.

Deux vérités qui n'en feraient qu'une pour les acteurs de ce psychodrame. Car la bonne foi est la chose la mieux partagée du monde social. Chacun se persuade aisément qu'il ne revendique et n'obtient rien pour lui qui ne profite également aux autres, à tous les autres, y compris ceux qui en font les frais. Pour l'observateur extérieur, ce n'est pas très convaincant, mais, pour celui qui le vit de l'intérieur, c'est indiscutable.

Les Français n'ont pas leurs pareils quand il faut noyer un comble d'égocentrisme dans l'enrobage sucré de la Sociale. En montrant le décalage entre les propos des grévistes et leurs actions, je n'entends pas clouer ces derniers au pilori, mais simplement en faire des Français comme les autres. Je vais parler des cheminots, et plus particulièrement des conducteurs, puisqu'ils furent au cœur de ces événements, mais qu'il soit bien clair que, dans mon esprit, *nous sommes tous des cheminots*, nous aurions tous réagi comme eux dans la même situation. La compréhension dont ils ont bénéficié prouve assez que l'ensemble de la population s'est reconnue dans leur attitude.

Oui, pour comprendre cette crise, il faut s'installer dans un monde pirandellien, un monde qui permet aux vérités contradictoires de coexister. Mais en gardant un œil sur les faits, les grands oubliés du conflit, qui, stupides et obstinés, contemplent la scène comme une rangée de blockhaus barrant l'horizon.

L'honneur des cheminots

Le sociologue Jean-Pierre Le Goff nous fait découvrir dans *Le Tournant de décembre*[1] une SNCF plus coupée de la France entrepreneuriale qu'un couvent de carmélites des quartiers chauds de la ville basse : elle subit les réformes sans en percevoir la nécessité, comme autant de choix arbitraires qui tombent du ciel, comme des agressions. Les syndicats vont donc les refuser en bloc, en rejeter le principe même. Démographie ? connais pas. Comptabilité ? veux pas savoir…

Cette disqualification de la réalité tend à devenir une constante de la revendication française. Le malentendu est parfait. Pour les cheminots, il vient de loin.

La France industrielle s'est construite au rythme de son chemin de fer, et, jusqu'à la veille de la guerre, les Français n'utilisaient guère que le train pour se déplacer. Lors de sa création, la SNCF incarnait à elle seule le transport, de même que l'Éducation nationale symbolisait l'école. Elle assurait dans le pays une fonction vitale, sans rivale. Les cheminots ne pouvaient pas douter qu'ils

---

1. Jean-Pierre Le Goff et Alain Caillé, *op. cit.*

assumaient une part de l'intérêt général, à l'égal des militaires, des juges ou des instituteurs.

Un âge d'or qui n'a pas résisté au développement de l'automobile et de l'avion. Au fil des décennies, le chemin de fer est devenu un moyen de transport parmi d'autres. Il y a un demi-siècle, le train en France transportait 800 000 voyageurs par an contre 270 000 aujourd'hui, et le réseau qui s'étendait sur 45 000 kilomètres n'en dispose plus que de 30 000. Le nombre des cheminots a diminué au même rythme. Ils étaient 320 000 en 1972 ; ils ne sont plus que 175 000 aujourd'hui.

Cette régression fut mal vécue, en dépit de la retraite à 50 ans, qui a permis d'éviter les licenciements, et de la glorieuse épopée du TGV. Le personnel ne pouvait admettre que la modernisation fasse rétrécir comme peau de chagrin l'empire ferroviaire.

La forteresse assiégée est toujours tentée de se replier sur ses valeurs. D'autant plus que le statut n'apporte pas seulement la sécurité, il crée aussi une sociabilité très particulière au sein de l'entreprise. On rejoint la SNCF jeune, souvent comme son père, on la quitte pour prendre sa retraite, on y trouve un cadre de vie et pas seulement de travail. Le paternalisme ferroviaire prend en charge l'existence des cheminots, et la SNCF, faute d'être un patron généreux, est une bonne providence. Pour les intéressés, la façon de vivre et la façon de travailler, c'est tout un : c'est celle du service public. Autrement dit, en touchant à l'une, on touche à l'autre. Dans cette vision des choses, les impératifs de gestion ne sont pas ressentis comme des atouts pour gagner, mais comme des prétextes pour remettre en cause l'identité du cheminot. « Depuis des années, on est dans le désarroi, dit un cheminot cité par Le Goff. La direction explique que les cheminots doivent être jugés au mérite et que le train doit être rentable. Cela ne peut pas marcher. Ce n'est pas nos valeurs. On n'est pas là pour l'argent. » On a là le choc de deux cultures non miscibles.

En dépit de ces efforts réels, mais mal conduits et mal vécus, la SNCF est toujours déficitaire en 1995, elle est évidemment contrainte de poursuivre sa modernisation. Les cheminots, pour leur part, pensent qu'on en veut au service public. Dans tout le secteur concurrentiel, la même pression s'exerce, terriblement dramatisée par la menace de licenciements ; pourtant c'est ici, à l'ombre protectrice du statut, qu'elle est le plus difficilement admise.

Problème culturel : ce sont les mots plus encore que les décisions qui ne passent pas. Il suffit qu'un président de la SNCF déclare : « Il appartient aux cheminots de s'adapter à la société et non l'inverse », pour que le personnel parle de provocation. Dans les entreprises, les salariés entendent ce genre de choses tous les jours et finissent par ne plus y prêter attention. Mais ce qui semble banal à un salarié ordinaire paraît scandaleux à un cheminot. Pour lui, la SNCF n'est pas et ne sera jamais une entreprise inscrite dans un marché : c'est une institution vouée à la permanence.

Les sentiments négatifs de défense ne viennent qu'en contrepoint des sentiments positifs d'adhésion. « Il existe un fort attachement à l'idée de service public comme élément concrétisant la justice sociale et spécifiant une identité nationale », note scrupuleusement Jean-Pierre Le Goff. Pas de doute : les grévistes ont bien la conviction de défendre un modèle de société, et pas seulement leurs petits avantages.

Défense d'autant plus farouche qu'en cet automne 1995 ils voient de gros nuages s'amonceler au-dessus de leurs chères voies ferrées. Le 13 septembre 1995, la fédération CGT a ainsi révélé les scénarios « confidentiels » qui doivent servir de base à l'élaboration d'un nouveau contrat de plan. « L'avenir envisagé est effrayant : on préconise la suppression de 30 000 à 50 000 emplois à la SNCF, la fermeture de 6 000 à 16 000 km de lignes, le transfert à la route de 60 à 200 relations ferroviaires [1]. »

Retranchés dans leur citadelle, coupés d'un monde qu'ils ne veulent pas connaître et dont ils n'attendent rien de bon, les cheminots vont dire non à tout. Non à la diminution des effectifs, non à la fermeture de lignes, non à la modification des régimes de retraite. Non ! Un refus global qui noie les revendications corporatistes dans l'océan d'une condamnation générale.

Ainsi passe-t-on de la défense des retraites à celle de la SNCF, et de la défense de la SNCF à celle du fameux « modèle français ». Autant dire de la République. Tous les grévistes sauvaient une certaine idée de la France en sauvant leur retraite.

Remplacez « SNCF » par « France » et vous verrez que bon nombre de nos concitoyens pensent exactement de même. Cette correspondance secrète explique la surprenante complicité qui

---

1. Pascal Grassart et Christophe Recoura, *Cheminots en lutte*, Paris, L'Harmattan, 1996.

aura été le facteur déterminant de ces événements. Les Français sont tous des cheminots refusant la loi de l'extérieur. C'est ce que constate le sociologue François Dubet : « Le mouvement a acquis une large légitimité en identifiant le service public menacé à l'intérêt général et, plus encore, à la nation [1]. » Voilà comment les grévistes de 1995 et beaucoup de Français avec eux ont vécu un grand mouvement social… dans leur tête.

Et les autres ?

Quittons maintenant ce point de vue introspectif et tentons une approche factuelle. Et d'abord, cette question : où se situent les grévistes dans la stratification française ?

Il y a une dizaine d'années, l'habitude s'était prise de diviser en deux la société française : on parlait de « société à deux vitesses », de « société duale ». La frontière était celle du marché. D'un côté, la France du privé et de la concurrence ; de l'autre, la France du secteur public et des monopoles.

Ce modèle, qui comportait une bonne part de vérité, n'est plus de saison. C'est désormais de trois France qu'il convient de parler, et non plus de deux. Avec une prudence toute sociologique, Alain Touraine, lui, identifie trois « secteurs » : « Le premier est formé des catégories qui ont des chances bonnes ou acceptables de trouver leur place sur les marchés nationaux ou internationaux. Le deuxième est celui des marginalisés […]. Le troisième secteur est celui des activités protégées et subventionnées par l'État. » Le sociologue estime que la deuxième catégorie représente un tiers de la population. Cette description me semble la plus pertinente que l'on puisse proposer aujourd'hui. *Il faut effectivement distinguer la France compétitive, la France protégée et la France précaire, ainsi que ces trois personnages emblématiques : le cadre, le fonctionnaire et le chômeur.* C'est le schéma qui sera le mien tout au long des pages qui vont suivre.

Toutefois, ces deux « secteurs » de la France compétitive et de la France statutaire sont loin d'être monolithiques. Dans la pre-

---

1. Alain Touraine, François Dubet, Didier Lapeyronnie, Farhad Khosrokhavar, Michel Wieviorka, *Le Grand Refus. Réflexions sur la grève de décembre 1995*, Paris, Fayard, 1996.

mière nous devrons distinguer, parmi « les riches », d'un côté les possédants qui vivent de leur argent plus que de leur talent, de l'autre les entreprenants qui doivent gagner chaque jour leur situation dans un monde de concurrence ouverte, et, dans la masse des salariés, à un extrême nos PDG dorés sur tranche et à l'autre les « travailleurs pauvres », les sous-smicards du bas de l'échelle. De même ne peut-on amalgamer dans la seconde, la France statutaire, les ronds-de-cuir et les durs à cuire. La différence, on la connaît, les premiers sont à l'abri, les autres sont au front. Une différence qui ne tient pas à la fonction, mais à l'affectation. Tous les agents des services publics – pour autant que ces services existent encore – connaissent des conditions de vie et de travail pénibles, voire insupportables, dans la France malade, déchirée, convulsive de certaines banlieues. Il faut donc toujours distinguer la France statutaire paisible et la France statutaire souffrante. Les roulants de la SNCF, contrairement aux chauffeurs de bus ou aux contrôleurs sur certaines lignes de banlieue, sont rarement au contact direct de la violence urbaine. Ils se situent plutôt du côté de la France statutaire paisible.

Ainsi les grévistes, qui sont tout sauf des précaires, se trouvent figurer, au pis, dans le deuxième tiers de la population. Mais ne seraient-ils pas encore mieux lotis ?

La SNCF a une solide réputation de pingrerie, et les grévistes n'ont pas manqué de mettre en avant des feuilles de paie à moins de 8 000 francs par mois. Contre-enquête : selon le bilan social de 1996, les employés gagnent en moyenne 11 868 francs par mois, les techniciens et agents de maîtrise 14 918 francs, les cadres 21 499. Comparées à celles des autres entreprises, ces rémunérations sont dans la moyenne ; seuls les cadres sont sous-payés : les roulants touchent entre 14 000 et 18 500 francs mensuels. Sur le simple plan salarial, l'avant-garde du mouvement se situe donc nettement au-dessus de la moyenne nationale.

À cette rémunération s'ajoute la garantie de l'emploi. Ce seul avantage suffirait à compenser le retard des roulants sur les cadres du privé. Et la retraite à 50 ans ? Dix années de travail en moins. Imagine-t-on le montant des cotisations qu'il faudrait payer pour financer une telle mesure sur les seules rémunérations des bénéficiaires ? Cette fois, on saute à deux pieds dans la case « encadrement ».

Certes, le métier comprend des servitudes : les nuits passées loin de chez soi, le travail certains dimanches, l'attention jamais relâchée de la conduite, etc. Est-ce vraiment exceptionnel ? Et les gardes de nuit pour le personnel hospitalier, les rondes nocturnes pour les policiers, les aurores studieuses des boulangers quand ils préparent leur pain, des postiers qui trient le courrier, les horaires insensés des ouvriers postés dans les usines, les longues absences des marins de commerce, les épuisantes campagnes des marins-pêcheurs, les permanences et les bouclages dans la presse, les folles saisons dans le tourisme ? Les téléspectateurs, invités à la compassion à propos des horaires des conducteurs, se sont-ils jamais interrogés, lorsqu'ils dînent au restaurant, sur la vie de famille des cuisiniers, des serveurs qui, tous les soirs, restent à la disposition de la clientèle ? Tous les Français ne travaillent pas aux « heures de bureau », mais ceux qui subissent des horaires décalés ont rarement droit à des récupérations ou à des compensations aussi généreuses que celles des cheminots.

Bref, et de quelque façon qu'on le prenne, les grévistes de 1995 étaient tout sauf les réprouvés dont ils voulaient parfois donner l'image ; ils se situaient tout bonnement dans le tiers supérieur de la société – une société qui, rappelons-le, connaît un bon tiers de vrais malheureux.

L'objet du conflit était-il de nature à émouvoir les foules ? Que signifiait la réforme des régimes spéciaux dans une France où la moitié de la population vit dans la hantise du chômage, où le tiers se débat dans la précarité et la misère ? Convenait-il vraiment d'ameuter tout le pays parce qu'on allait maintenir au travail des cheminots de 50 ans, parce qu'on remettait en cause une aberration nationale afin que le statut de nos conducteurs nationaux soit un peu moins différent de celui de leurs collègues étrangers ? Pouvait-on, en quoi que ce soit, voir un « problème social » dans la remise en cause de ce privilège ?

Les cheminots n'eurent de cesse de prétendre qu'ils se battaient pour une certaine idée de la République, pour les valeurs de justice et de solidarité symbolisées par les services publics, bref, pour un projet ou un modèle de société. Mais qu'a-t-on réellement observé ?

Les « roulants » ont d'abord roulé pour eux, pour les régimes spéciaux et contre le contrat de plan, ce qui semble bien normal, et ce qu'ils ont d'ailleurs reconnu sans ambiguïté : « Tant que le gouvernement Juppé ne retire pas son projet de quarante annuités avant la retraite pour les "roulants", ce sera la grève à perte de vue», déclara l'un d'eux, le 1ᵉʳ décembre, dans *Libération*. «Ce que les cheminots réclament avec une rare détermination [...], c'est un engagement clair pour maintenir les régimes [spéciaux de protection sociale] en l'état», écrivirent les syndicats lorsqu'ils refusèrent de se rendre à la commission Le Ver. Il est clair qu'ils ne retinrent du plan Juppé que ce qui concernait leur retraite et leurs conditions de travail.

Tout au long de ces trois semaines, les grévistes, comme d'ailleurs leurs sympathisants, ont été incapables de proposer quoi que ce soit de neuf. Ils ont campé sur leur refus de toute réforme en levant bien haut les couleurs du modèle français, un point c'est tout. C'est le constat attristé que fait Alain Touraine : «La grève de décembre n'a pas été un *mouvement,* parce qu'elle a évolué vers une défense du service public aussi étrangère aux conditions économiques qu'aux intérêts des secteurs les plus menacés de la population.»

Impitoyable, Michel Wieviorka fait remarquer que les grévistes et leurs syndicats n'ont même pas relevé que la réforme Juppé allait donner une couverture médicale à 800 000 exclus qui en étaient réduits à dépendre de l'action humanitaire pour se soigner.

Les travailleurs du secteur protégé n'ont guère payé les autres que de bonnes paroles. Et les médias, de leur côté, ont oublié les vrais malheureux. Il n'y eut soudain plus un précaire, plus un chômeur, plus un RMIste; six millions de misérables, de réprouvés passèrent ainsi à la trappe. C'était sur les grévistes qu'il fallait s'apitoyer, sur eux et sur eux seuls. Le drame du conducteur qui prendrait sa retraite à 53 plutôt qu'à 50 ans devint ainsi le problème social numéro un, celui qui, à lui seul, a occupé toute la scène sociale. La situation devint à ce point choquante que, le 9 décembre, l'abbé Pierre adressa aux principaux syndicats une lettre intitulée «Et les autres ?», dans laquelle il leur demandait de d'accorder dans leur action «la première place aux plus faibles et démunis». Une sainte parole aussitôt transformée en vœu pieux.

Si les grévistes ont pu croire qu'ils lançaient un grand mouvement social et qu'ils se battaient pour les autres alors qu'ils conduisaient une action corporatiste à leur seul profit, si des intellectuels de gauche ont pu se laisser enflammer par une protestation aussi étroitement ciblée sur les intérêts étroits de la classe protégée, c'est en raison de cet immense mécontentement populaire qui a grondé tout au long de la crise. Tous ceux qui sont trop désorganisés pour constituer la moindre menace, pour faire passer le moindre message, se sont mis dans le sillage de ces super-organisés, de ces super-menaçants que sont les conducteurs de la SNCF. Sans jeu de mots, ils ont pris le train à l'arrêt, comme s'ils avaient eu le pouvoir de le faire stopper ; ils ont fait la grève des cheminots faute de pouvoir faire la leur. Face à cet invraisemblable attelage de la France protégée et de la France massacrée, on pouvait dire tout et son contraire selon que l'on observait l'assurance des grévistes ou la souffrance des réprouvés qui leur emboîtaient le pas. Mais cette alliance si fort proclamée ne fut bien sûr qu'un jeu de dupes. Et, à l'arrivée, les manifestants durent s'en retourner les mains vides, petites gens comme devant.

À lui seul, l'appui populaire a-t-il donné la victoire aux cheminots ? Je ne le crois pas. Il ne sert à rien d'être populaire si l'on n'est pas d'abord dangereux. Quand les gars de Longwy ou de Villevorde cessent le travail, la France continue ; quand les cheminots se croisent les bras, la France s'arrête. Les uns font la grève, les autres déclenchent un blocus. Pour les cheminots, le statut fait office de bouclier et le train d'épée. La neutralité bienveillante du public leur a permis d'en faire bon usage. Quand on maîtrise les moyens de l'offensive et ceux de la défense, la victoire est au bout de la lutte. Dans le cas contraire…

Oui, les services publics sont des outils qui, à tout moment, peuvent se transformer en armes. Alors les habitants, le pays, chacun souffre. On ne peut réduire le coût du conflit à d'homériques embouteillages. Il s'agit de beaucoup plus que cela sur les plans tant individuel que collectif. Les médias ne sont pas allés chercher les vraies victimes : les entreprises en faillite, les artisans ruinés, les salariés licenciés, les malades qui n'ont pu se faire soigner, les chômeurs qui ont raté des rendez-vous.

Une telle grève coûte cher, très cher. Il ne suffit pas de dire que le manque à gagner a été de 1,5 milliard de francs pour la SNCF, de 375 millions pour la RATP, etc. Toute l'économie s'est trouvée ralentie, et chacun sait bien qu'en pareil cas le manque à gagner n'est jamais compensé. À l'arrivée, c'est de la croissance en moins, des milliers d'emplois qui seront perdus ou ne seront pas créés.

Est-ce trop cher payé ? Tout dépend de l'enjeu. Dans ce cas précis, les succès remportés, c'est-à-dire le maintien des régimes spéciaux et le retrait du contrat de plan, ressemblent fort à des victoires à la Pyrrhus ; ils contribuent au blocage de la France, ou, plus exactement, accélèrent sa dégringolade. Pourtant, nul n'ignore qu'il faudra tôt ou tard procéder aux réformes. Imposées par quelle catastrophe ? Au prix de quels nouveaux conflits ? *Car le vrai coût de la grève, ce sont les réformes avortées et l'improductivité entretenue.*

Le cheminot médiatique

Cette crise est exemplaire, mais en rien exceptionnelle. Elle s'inscrit dans une vieille tradition de notre vie sociale et ne se singularise que par son ampleur. Elle illustre l'éternelle impuissance du pouvoir face aux corporations en général, à celles du secteur public en particulier : « Depuis plus de dix ans, estime Alain Touraine, c'est l'inquiétude et la résistance croissantes du secteur protégé qui rendent difficile la protection du secteur marginalisé et le renforcement du secteur concurrentiel… »

Les Français du premier et du deuxième secteur, selon le schéma de Touraine, avaient toutes les raisons de se révolter contre ces agents de l'État : eux-mêmes n'étaient-ils pas traités comme des citoyens de seconde zone, ceux qui doivent subir toutes les contraintes afin que les autres puissent s'y soustraire ? C'est vrai, ils n'auraient pas dû marcher, mais, le fait est là, ils ont marché, au propre comme au figuré. Les uns avec enthousiasme, les autres avec résignation. Aucun ne s'est révolté. Voilà ce qu'il faut expliquer.

Il ne suffit pas de dire qu'Alain Juppé fut maladroit et arrogant. Car la représentation de 1995 n'était originale ni dans son scénario, ni dans ses personnages. Corporations agressives et Français passifs ou complices, voilà qui n'est pas l'exception mais la règle. Pour cela, les grévistes ne devaient pas apparaître pour ce qu'ils étaient : des salariés protégés ; mais pour ce qu'ils voulaient être : des salariés exploités. Et, dans l'ensemble, ils ont réussi.

Dans une France qui compte au bas mot 3 millions de personnes au chômage et 17 millions qui craignent de s'y retrouver, il reste fort mal vu de rappeler que la sécurité de l'emploi est un privilège, et il est particulièrement malvenu de le rappeler à ceux qui en profitent. Mes confrères journalistes évitent donc le gros mot de « privilèges », et ne font que de discrètes allusions aux avantages et protections statutaires. Pourtant, parodiant cet humoriste qui lançait : « Si l'argent ne fait pas le bonheur, rendez-le », je serais tenté de dire : « Si la sécurité n'est pas un privilège, renoncez-y ». Les Français finissent par l'oublier et, lorsque les agents des services publics évoquent les suppressions d'emplois, les téléspectateurs s'apitoient, car ils associent ces réductions d'effectifs à des licenciements, quand il s'agit simplement de diminution des embauches.

Quant à la classe politique, elle n'a jamais repris le terme de « nantis » lancé par Raymond Barre il y a plus d'un quart de siècle. Après la publication de *Toujours plus !*, j'ai reçu de ministres et députés bien des lettres d'approbation… dont je n'ai jamais retrouvé le moindre écho dans leurs déclarations publiques. C'est ainsi que Philippe Séguin déclare aux grévistes qu'il reçoit à la mi-décembre : « Est-ce que les cheminots sont des nantis ? Je réponds par la négative. Et par la négative pour ce qui concerne d'autres régimes spéciaux de fonctionnaires. »

Dans quel autre pays le chef de l'État, constatant que, « s'agissant des fonctionnaires, la feuille de paie, c'est aussi la feuille d'impôt », serait accusé de commettre une « agression contre les fonctionnaires », ainsi « désignés à la vindicte de leurs homologues » du secteur privé ? Or ce n'est pas un syndicaliste cégétiste qui a commenté en ces termes les propos de Jacques Chirac, c'est le sociologue Henri Vacquin qui, en son temps, avait signé la motion de soutien à Nicole Notat. Et pourtant, le propos présidentiel n'était rien qu'une énorme banalité. Mais non : dire que les traitements des fonctionnaires sont payés avec l'argent des impôts, c'est encore trop. Les Français doivent oublier qu'il faudra prendre dans leur poche l'argent que demandent les serviteurs de l'État.

Voilà ce qu'est le « socialement correct » à la française. Les avantages sont aux corporations ce que l'intimité est aux individus : le seuil que les journalistes ne doivent pas franchir.

Il est vrai – je peux en témoigner – que rappeler aux corporations du secteur public les avantages et privilèges dont elles bénéficient, « ça ne passe pas ». (Rassurons-nous, « ça ne passe pas non plus » lorsqu'on interroge un agriculteur sur son forfait fiscal, qu'on aborde avec un chauffeur de taxi le *numerus clausus* limitant les patentes en vigueur, qu'on titille un journaliste sur l'abattement de 30 % pour frais professionnels, ou qu'on critique auprès d'un possédant les avantages fiscaux des investissements dans les

DOM-TOM.) Cette agressivité se révèle être une arme d'une grande efficacité puisque, contrairement à ce que racontent les porte-parole des corporations, nul ne dit plus rien.

A-t-on une seule fois évoqué la question du cumul emploi/retraite ? Les conducteurs se disaient les alliés des chômeurs, puisqu'en partant à 50 ans ils laissaient la place aux plus jeunes. Or tout le monde sait bien que, dans la pratique, un certain nombre d'entre eux arrondissent leur pension avec un travail plus ou moins partiel, plus ou moins déclaré. Par temps de grand chômage, ne pourrait-on pas exiger des « jeunes » retraités qu'ils libèrent un marché du travail déjà bien encombré. Qui l'a dit ?

La télévision a multiplié les reportages favorables aux grévistes, ce qui, d'ailleurs, a fortement irrité le gouvernement. Il ne s'agissait en rien d'une politique délibérée, mais de l'expression d'un pur conformisme. Les Français sont toujours favorables aux grévistes, et les médias épousent naturellement ce préjugé. Dans un conflit social, ce sont les salariés qu'ils rendent sympathiques, pas les patrons. Les conducteurs ont même pu raconter sans être démentis que leur retraite précoce était justifiée par une espérance de vie plus courte !

Ce phénomène-là non plus n'est pas nouveau. Tout au long de l'année 1996, les syndicats de policiers ont entretenu une véritable psychose du suicide. Chaque fois que l'un des leurs mettait fin à ses jours, ils se lançaient dans une grande opération médiatique laissant entendre que cette fin tragique était la conséquence de conditions de travail épouvantables. Les rédactions ont pieusement emboîté le pas, ne manquant jamais, à l'annonce d'un nouveau drame, de souligner cette loi des séries et d'inviter un syndicaliste à tirer les enseignements que l'on imagine. La direction de la police a chargé le démographe Nicolas Bourgoin d'étudier le dossier. Au terme de son travail, celui-ci a conclu qu'on peut « ... affirmer que les taux policiers semblent osciller autour d'une moyenne proche du taux national [...]. Il n'y a donc pas à proprement parler de sur-suicidité dans la police et ce qui peut apparaître comme une envolée récente n'a en réalité qu'un faible poids statistique ». Un résultat très significatif pour une population « exposée au suicide » du fait qu'elle possède à tout moment la possibilité de « passer à l'acte » avec son arme de service. Au reste, la campagne lancée à partir d'une fluctuation statistique est retombée d'elle-même. Le nombre de policiers ayant mis fin à leurs jours est passé de 40 au premier semestre de 1996 à 25 au premier semestre 1997. En revanche, la presse n'a guère souligné l'augmentation bien réelle des suicides... chez les détenus.

Je repose donc la question : pourquoi les Français n'ont-ils pas fait comme les grévistes et, mettant des œillères pour ne voir que leur intérêt, scandé sur l'air des lampions : « On veut nos trains, on veut le métro ! », « On ne veut pas payer pour les autres » ? Eux, si égalitaristes, pourquoi n'ont-ils pas contre-manifesté en criant « Une seule retraite, une seule Sécu, un seul régime pour tous ! » Qu'est-ce qui a bien pu les retenir ?

La division des Français

Suffisait-il que l'on passe sous silence les différences entre le secteur protégé et le secteur exposé, que l'on masque les conflits d'intérêts, pour que la population se laisse mener par le bout du nez ? C'est un peu court. Les Français avaient toutes les raisons de ne pas marcher dans la combine. Alors ?

L'explication jaillit, spontanée, dans le reportage publié par *Libération* le 24 novembre. Souvenez-vous. À chaque remarque, les syndicalistes cégétistes lancent la réponse convenue : les privilèges ne sont pas des privilèges, le métier est plus dur qu'on ne pense, la paie moins bonne qu'on ne croit, et la grève n'est pas faite seulement pour les grévistes, mais également pour les non-grévistes. Mais ils n'arrivent pas à convaincre. C'est alors qu'ils lancent l'argument qui tue : « *Il ne faut pas qu'on se divise.* »

La division ! Voilà bien le péché suprême. Il devient, dans notre société, le tabou fondateur, à l'égal de l'inceste dans les familles : c'est l'interdit qui structure les rapports entre les catégories et sous-catégories. Et il est unanimement respecté.

Tout au long de la grève, Jacques Chirac n'a donné qu'une consigne : « Ne pas monter une France contre l'autre. » C'est pourquoi les faits ont été si peu rappelés : car les faits sont grossiers, ils divisent les Français.

Il en va de la division comme du racisme : la condamnation s'est étendue à l'incitation. Il est donc interdit de divulguer quelque information que ce soit qui, de proche en proche, conduirait les Français à s'interroger, à « se dresser les uns contre les autres », pour reprendre la formule des grands prêtres syndicaux. Or ce qui « divise », c'est la connaissance des avantages particuliers.

Une véritable chape de plomb s'est abattue sur notre vie sociale, une censure dans le plus pur style brejnévien. À cette différence près que les Soviétiques concernés savaient que l'information était contrôlée et caviardée, quand les Français l'ignorent. Ils ne sont que les spectateurs bienveillants de luttes sociales dont ils refusent d'être les arbitres ou, à plus forte raison, les juges.

La France des conflits

Le refus de la division ne signifie pas la concorde universelle, bien au contraire. Les Français reconnaissent deux conflits : le premier avec les patrons, le second avec l'État. Les autres, ils les ignorent.

L'antagonisme capitaliste/salarié, théorisé en lutte des classes, a empoisonné la vie sociale française pendant un siècle. Il a fait obstacle à l'avancée régulière et normale du progrès social. Rien n'a pu se faire que par à-coups violents et désordonnés. Les grandes réformes ont été réalisées « à chaud », sans réflexion, dans la précipitation. Trop tôt ou trop tard. Et il ne suffit pas de dire qu'historiquement la bourgeoisie française porte de lourdes responsabilités. Le passé n'est-il pas fait pour être dépassé ? Or notre élite intellectuelle n'a jamais été capable d'ouvrir une autre perspective que celle du XIXe siècle, pourtant si catastrophique sur le plan social. Au contraire, elle l'a maintenue en survie artificielle pendant que d'autres sociétés empruntaient les voies apaisées de la social-démocratie. La lutte des classes, la « division » absolue des Français, fut idéologisée, idolâtrée au point de devenir la pensée unique de l'intelligentsia. On mesure aujourd'hui le retard que cette obsession nous a fait prendre sur le plan social, les préjudices qu'en a subis le peuple bien plus que la bourgeoisie.

Dieu sait que je ne crois pas à la grande réconciliation ! Il existe un conflit d'intérêts évident entre les propriétaires des entreprises et le personnel, entre les riches et les pauvres. Ceux qui prétendent le nier, et qui se trouvent toujours du même côté, ne cherchent qu'à préserver leurs intérêts. *Mais une opposition, cela peut aussi se gérer.*

Alors même que ces choses sont évidentes dans le monde entier, elles sont plus que jamais niées dans certains milieux universitaires ou syndicaux. Louis Viannet, patron de la CGT, n'en démord pas : « Une des questions les plus fortes qu'il convient de poser dans le débat est celle-ci : quel effort doit mener la CGT pour s'adapter aux réalités d'aujourd'hui et rester un syndicat de lutte des classes[1] ? » Or le leader de la CGT est aussi le premier de tous les imprécateurs à tonner contre « les tentatives pour dresser les Français les uns contre les autres ». D'où un effet d'occultation, car plus on met en avant l'opposition (qui, je le répète, est réelle) entre employeurs et salariés, plus on en fait l'« antagonisme fondamental », selon la formule cégétiste, plus on masque les autres. Cette ligne de front est même peinte et repeinte en rouge vif, si possible fluo, afin que toutes les autres se fondent dans le paysage.

Or rien n'est plus faux, rien n'est plus absurde. Si l'on compare la relation patron/salariés et la relation actifs/retraités, que constate-t-on en effet ? Dans les deux cas, les uns paient les autres, les employeurs en versant les salaires, les actifs en finançant les pensions ; dans les deux cas, les uns ont intérêt à payer le moins possible et les autres à recevoir le plus possible. On prélève d'un côté, on distribue de l'autre. Et, pour distribuer plus, il faut prélever davantage. Bref, la relation actifs/retraités est elle aussi fondée sur un véritable antagonisme qui, nous le savons, deviendra majeur au début du siècle prochain.

Ce fait a été complètement occulté en novembre-décembre 1995. *Qui paiera ?* La question n'a pas été posée. Il ne fallait surtout pas rappeler aux Français que, compte tenu de la démographie, le niveau des retraites allait devenir intolérable pour les actifs et que l'on devait regarder en face cette opposition d'intérêts. On continuera donc à faire comme s'il n'existait aucun conflit latent entre les générations, jusqu'au jour où les travailleurs refuseront d'être les vaches à lait des vieux, ou bien, dans le scénario inverse, jusqu'à ce que les anciens se révoltent contre l'égoïsme de leurs fils qui les réduit à la misère.

Une société rassemble une multitude d'intérêts divergents et souvent contradictoires. Pourquoi faut-il qu'en France l'énoncé d'une telle banalité fasse figure d'incongruité ? Que l'on commette le crime suprême en disant que c'est le continent qui paie pour la Corse, les salariés pour les chômeurs, les contribuables pour les fonctionnaires, les voyageurs pour les cheminots, les citadins pour

---

1. *Syndicalisme, les nouveaux défis*, entretiens de Jean-Claude Poitou et Louis Viannet, Paris, *VO*-Éd. de l'Atelier, 1995.

les agriculteurs ? Il ne s'agit pourtant, à ce stade, que de reconnaître une réalité : l'existence d'une relation financière entre le prélèvement en amont et la distribution en aval, et son corollaire : des payeurs qui voudraient moins payer et des bénéficiaires qui voudraient toucher davantage. Oui, chaque fois que l'on met en œuvre de tels circuits, on crée un conflit latent. Rien n'est plus normal.

Cette évidence n'implique aucun jugement sur le bien-fondé de ces versements, ni sur leurs modalités, ni sur leur montant. Or le simple énoncé du fait est jugé obscène ; celui-ci doit être caché sous prétexte que sa reconnaissance mettrait à mal la cohésion nationale. De qui se moque-t-on ? La révélation de ces antagonismes me paraît au contraire très saine.

J'en prendrai un exemple que je suis payé pour connaître : l'audiovisuel public. En toute logique, il devrait être financé sur le budget de l'État. Pour des raisons historiques, on a créé la redevance ; par routine, on l'a conservée. Je suis opposé à ce système pour des raisons financières (son mode de perception est trop compliqué et trop coûteux), mais je lui reconnais le mérite de bien mettre en évidence la relation du téléspectateur avec la télévision : une fois qu'il a rédigé son chèque de 735 francs, il sait ce qu'elle lui coûte et ne risque plus de l'oublier. En la regardant, il s'interroge : « Est-ce qu'on m'en donne pour mon argent ? » et c'est fort bien ainsi. Lorsque éclata l'affaire des animateurs-producteurs, la presse ne se gêna pas pour rappeler que France 2 était financée pour moitié sur fonds publics, et les particuliers ne manquèrent pas de souligner qu'ils avaient leur mot à dire. Des téléspectateurs de rencontre m'en ont parlé... en toute franchise, comme disent les diplomates à l'issue des rencontres orageuses entre chefs d'État. Ils se sentaient directement concernés et me « cuisinaient » sans trop de retenue. Ils avaient bien raison, et je n'ai d'ailleurs jamais ressenti ce questionnement comme une agression. À moi d'expliquer que je ne suis qu'un simple salarié, en rien concerné par ce problème. Un public qui rouspète et demande des comptes quand il a le sentiment qu'on gaspille son argent, c'est de la démocratie, pas de la « division ».

Les Français ont été, jusqu'à une époque récente, de très mauvais consommateurs. Ils ne savaient pas évaluer le fameux rapport qualité/prix, étaient incapables de s'informer, de faire jouer la concurrence : bref, ils se faisaient avoir. Les contradictions d'intérêts entre vendeurs et acheteurs étaient systématiquement occultées. Avec quelques bonnes paroles, un commerçant habile pouvait endormir la vigilance du client et arrondir ses marges. C'est alors que sont venus – d'Amérique, bien sûr – les mouvements de consommateurs. Ces derniers ont pris conscience de leurs intérêts face aux marchands. Désormais, ils négocient plus durement et se font moins souvent gruger. Cette pugnacité a-t-elle créé une fracture dramatique entre consommateurs et commerçants ? Je ne l'ai pas remarqué. Chacun sait clairement aujourd'hui de quel côté de la caisse il se trouve. Je vois ce que la vie sociale y a gagné en clarté, je ne vois pas ce qu'elle y a perdu en aménité.

La démocratie repose sur la reconnaissance des divergences et la socialisation des conflits. Ceux-ci sont multiples et divers. Il ne faut surtout pas les nier ou les étouffer ! C'est leur expression qui fait vivre une société. Et qu'importe si la discussion déborde sur l'affrontement. On se répond dans la presse, on s'interpelle au Parlement, on pétitionne, on manifeste, on se retrouve en justice s'il le faut. La loi permet de contenir ces antagonismes dans des limites acceptables.

Tout intérêt particulier s'oppose à d'autres intérêts particuliers. La belle affaire ! En quoi cela menace-t-il la paix civile ? À très petite échelle, dans un village, les conflits ne peuvent être masqués et l'on voit les habitants, les voisins qui discutent et disputent de points de vue opposés. Est-ce pour autant que les différends se règlent à la chevrotine ?

Les sociétés sans conflits, celles où les gens sont censés ne jamais se diviser, on les connaît : ce sont les sociétés totalitaires. Elles refusent aux individus comme aux groupes sociaux cette autonomie fondamentale qu'est la liberté de s'opposer. Et pas seulement sur le plan politique, mais dans tous les domaines de la vie sociale. *Se battre pour remettre à l'honneur les divisions entre les Français, pour qu'ils vivent leurs conflits, tous leurs conflits, voilà un combat progressiste et républicain.*

À la différence d'une conflictualité monomaniaque, cette conflictualité généralisée ne détruit en rien les relations humaines. Si je devais me brouiller avec tous ceux dont les intérêts s'opposent aux miens, je me retrouverais bien seul ! Heureusement, je vis fort bien avec des gens qui, à un moment ou à un autre, pourront être mes adversaires sur tel ou tel point. Ce sont des rapports adultes, à l'opposé des rapports infantiles qu'imposent les pourfendeurs de la division.

Tous contre l'État

L'élimination de tous les conflits qui ne sont pas réductibles à l'antagonisme patrons/salariés, autrement dit la grande réconciliation des payeurs et des payés, n'est possible qu'à une condition : retourner tout le monde contre un même adversaire. Désormais, les Français ont trouvé leur meilleur ennemi : c'est l'État.

C'est à lui qu'ils adressent toutes leurs demandes, sur lui qu'ils déversent leur insatisfaction, avec lui qu'ils entretiennent un conflit permanent. C'est vrai pour les fonctionnaires et assimilés vis-à-vis de l'État-patron, mais ça l'est également pour le reste de la population. La France sociale s'est mise à fonctionner comme une entreprise géante dont le personnel serait en révolte larvée contre sa direction. Dûment chapitrés par la pensée «socialement correcte», les Français ont réalisé une sorte d'union nationale contre l'État. Chacun se reconnaît dans le mécontentement de l'autre, s'identifie aux grévistes du moment puisque, demain, il se chamaillera avec le même despote. De ce fait, s'interroger sur les revendications des cheminots, c'était prendre le risque de voir les mêmes interrogations contrecarrer ses propres actions.

Ce refus de diviser les Français revient à entretenir une formidable imposture : le «tous contre l'État». Car cet ennemi commun n'est qu'un fantasme puéril inventé pour se masquer la réalité. Les corporations feignent d'adresser leurs demandes à la seule puissance publique, et celle-ci fait mine de puiser dans sa cassette personnelle pour les satisfaire. Jamais on ne posera directement la question : doit-on augmenter les cotisations des actifs pour augmenter les pensions des retraités ? doit-on élever les impôts pour satisfaire les fonctionnaires ? faut-il accroître le prix du kilowatt-heure pour mieux payer les électriciens ? Ce serait dresser les unes contre les autres des catégories qui doivent rester étrangères au conflit. Celui-ci ne doit opposer que le gouvernement et la corporation demanderesse. Tel est le dogme.

Ainsi l'État se voit-il assigner comme premier rôle celui d'occulter les vraies relations entre Français, de ne jamais faire apparaître que les avantages des uns sont les servitudes des autres, que l'argent distribué de ce côté a toujours été prélevé de l'autre. C'est ainsi qu'au gentil royaume de France tout le monde il est beau, tout le monde il est d'accord… sauf l'État qui est au bord de la faillite !

Lorsque le gouvernement est engagé dans un conflit avec une catégorie bien organisée qui le menace soit dans la rue, soit par des intrigues de couloirs, il ne peut compter sur aucun appui, bénéficier d'aucun soutien. Il doit subir seul l'assaut. À supposer qu'il résiste et ne cède pas, il ne sera pas loué pour son courage, mais blâmé pour son obstination. Sa cote de popularité ne manquera pas de chuter, et ceux-là mêmes qui auraient payé le prix de sa générosité lui reprocheront sa pingrerie.

Les bons esprits affichent désormais le plus grand mépris pour cette «approche comptable» qui ne comprendrait rien aux graves problèmes de la société. Je pense que cette position est profondément fausse. Disserter sur le malaise du pays, sur les peurs et les colères des Français en oubliant le dérapage financier, c'est parler pour ne rien dire. Je ne sais pas comment les responsables politiques doivent s'adresser à la nation pour lui rendre confiance, mais tout observateur indépendant et «non responsable» qui cherche à comprendre ce qui arrive aux Français doit partir de ce symptôme concret : l'oubli des contraintes financières, et en chercher la signification.

Or, celle-ci apparaît clairement : c'est la désocialisation. «Ne pas se diviser», c'est former une meute qui se lance à l'assaut de l'État, c'est ne plus voir que son intérêt particulier et oublier l'intérêt général : c'est la mort de la société. Celle-ci ne peut vivre sans citoyens, c'est-à-dire sans un peuple vigilant qui se pose en juge de toutes les décisions gouvernementales. Or les Français tendent de plus en plus à se désintéresser de ce qui ne les concerne pas directement : au gouvernement de se débrouiller ! C'est ainsi qu'ils réussissent à ne jamais se diviser. Leur neutralité est fondée sur une totale indifférence au sort du pays.

La crise de 1995 a parfaitement illustré ce comportement. Sur un sujet aussi brûlant que la protection sociale, il était naturel que les Français soient divisés, que le gouvernement doive arbitrer entre les intérêts contraires des uns et des autres. Or nous avons eu droit à une sorte de consensus, une coalition du refus. Quelle peut en être la signification ?

Les Français ne se sentent pas responsables de la France. Au jeu du «tous contre l'État», ils ont perdu le sens de l'intérêt général, le sens de l'avenir. Les clivages politiques traditionnels n'ont rien à voir dans cette attitude. Le gouvernement Jospin, confronté aux mêmes difficultés, se heurtera au même refus. Car le problème de la Sécu est loin d'être résolu avec le plan Juppé plus ou moins amendé par la gauche. Dressant un premier bilan de l'application de la réforme à l'automne 1997, la Cour des comptes estime que «les résultats constatés en 1996 vont dans le bon sens». Oui, mais avec quelle lenteur! «Il reste à résorber l'essentiel», nous préviennent les grands commissaires aux comptes. Or l'on sait qu'en matière d'économies il n'y a que les premiers pas qui ne coûtent pas; plus on avance, et plus ça fait mal. À en juger par les réactions aux premières mesures, on peut craindre celles que susciteront les suivantes, nécessairement plus douloureuses. Comment obtenir l'adhésion ou simplement l'acceptation populaire dans l'atmosphère de 1995?

Ne parlez plus aux Français de l'intérêt du pays, ils ne veulent pas savoir et, de fait, ils ne savent pas.

Chapitre IV

LE TRIOMPHE DU SERVICE PUBLIC

La France a pris la détestable habitude de noyer dans des considérations idéologico-politiques les questions fort ordinaires auxquelles sont confrontés tous les pays, à savoir : la maîtrise des dépenses sociales, le paiement des retraites, la modernisation des services publics, etc. Il faut donc se livrer à un patient travail de décryptage pour retrouver la réalité des problèmes sous cette phraséologie de banquets républicains, simple déguisement de fripier destiné à masquer les intérêts corporatistes et les situations acquises.

C'est ainsi que les grévistes de 1995 ont répliqué au *Blitzkrieg* d'Alain Juppé en se retranchant derrière le service public. Ils jouaient gagnants, car c'est une valeur à laquelle les Français sont très attachés. Non sans motifs. Ils jouissent traditionnellement d'un ensemble d'équipements collectifs, d'administrations, d'établissements publics et de sociétés nationales de très grande qualité. C'est une tradition que nous avons toutes les raisons de préserver. Encore faut-il moderniser, adapter, réformer ces structures si l'on veut qu'elles jouent à l'avenir le même rôle que par le passé. *Or, les défenseurs attitrés du service public dissimulent sous leur discours républicain un conservatisme de principe qui aggrave les pesanteurs bureaucratiques et couvre toutes les dérives corporatistes. Une fois de plus, sous couvert de « modèle français », nous laissons dépérir un atout maître de notre pays et ceux qui s'en réclament le plus fort sont aussi ceux qui en précipitent la déchéance.*

En matière de services publics, les Français sont des enfants gâtés, de grands consommateurs, voire des gaspilleurs invétérés. Ils manifestent cet attachement à travers des sondages périodiques aux résultats flatteurs et rassurants. Ils plébiscitent ainsi France Télécom, la Poste, la police ou la SNCF, ils apprécient l'école, les hôpitaux, ils hésitent sur la Sécu et condamnent l'ANPE. La Justice arrive bonne dernière, avec 29 % d'opinions favorables contre 63 %. Mais les champions toutes catégories, ceux qui se retrouvent toujours en tête lorsqu'on les inclut dans l'échantillon, ce sont les pompiers. Voilà le service public dont nous raffolons ! D'abord, il est disponible vingt-quatre heures sur vingt-quatre, et toujours assez proche de notre domicile ; ensuite, il est gratuit ; enfin, il est assuré par des « soldats » sans états d'âme : 27 000 professionnels et dix fois plus de volontaires. À la Poste, nous sommes tributaires des humeurs de la guichetière ; à l'école, nos enfants dépendent de bons et de mauvais profs. Rien de tel avec les archanges du feu, uniformes dans leur comportement comme dans leur tenue, qui arrivent en courant et, protecteurs, se plantent devant vous : « Calmez-vous, nous sommes là, qu'arrive-t-il ? » Ça, c'est du service public !

Les Français aiment tellement leurs pompiers qu'ils les appellent à tout bout de champ. « J'ai perdu mes clés » : 18. « Mon père s'est cassé la jambe » : 18. « La baignoire déborde » : 18. « Le chat est dans l'arbre » : 18. « Les frelons attaquent » : 18. Pour répondre à cette demande pressante, les maires doivent augmenter constamment les effectifs et les budgets. Ce qui, à l'échelle municipale, est toujours vu, donc mal vu. D'autant plus que les ambulanciers, les serruriers, les plombiers dénoncent cette concurrence déloyale. Pour en sortir, les municipalités doivent désormais faire payer les prestations « hors sinistres » de leurs pompiers. Le service public gratuit, impeccable et toujours à disposition dont on use et abuse à volonté, c'est l'idéal des Français. Malheureusement, qu'il s'agisse de la Sécurité sociale ou des pompiers, ça finit toujours par devenir impayable.

En matière de services publics, l'attachement des Français ressemble fort à du conservatisme. Ils redoutent toute réforme suspectée de remettre en cause leur confort d'usagers. Ils prêtent donc une oreille complaisante aux syndicats qui dénoncent une atteinte au service public dans le moindre changement. Sur ces craintes et ces aspirations s'est constitué le mythe du « service public à la française » qui combine des principes et une organisation.

Les Français sont fortement et justement attachés aux principes : intégrité de la gestion, indépendance vis-à-vis des partis et des clans, égal traitement des agents, des usagers et des régions, qualité et continuité des services, etc. Nulle ambiguïté à ce sujet : ces principes doivent être maintenus.

Le problème, c'est évidemment l'organisation. La plupart des grands services publics de transport, de communication, d'éducation, d'énergie ont une structure centralisée et monolithique proche du modèle administratif classique ; ils jouissent d'une position de monopole et, surtout, offrent à leur personnel un statut protecteur. Les syndicats sont très attachés à ce système qui, tout à la fois, défend les salariés et conforte leur pouvoir. Pour en assurer la pérennité, ils ont fondu ces trois éléments : mission, monopole, statut, en une indissoluble trinité, telle qu'on ne saurait toucher à l'une des parties sans attenter à l'ensemble.

Toute modification dans la situation des personnels sera *ipso facto* présentée comme une remise en cause du service public. Cette communauté mystique permet, à l'inverse, d'interpréter les revendications des agents comme une exigence du public, tout avantage obtenu par le personnel étant censé profiter aux usagers : cheminots et voyageurs, même combat !

Tel est donc ce « service public à la française » dont la première caractéristique est de n'avoir rien de spécifiquement français, puisque tous nos voisins en ont édifié un assez semblable. « Si la France se distingue d'autres pays, c'est principalement par le fait que beaucoup de nos concitoyens souhaitent conserver ces modalités d'organisation dont la plupart des pays se détachent aujourd'hui », remarque le vice-président du Conseil d'État, Renaud Denoix de Saint Marc, tout en précisant : « Beaucoup de pays européens voient dans cette attitude française une crispation. Ils se l'expliquent d'autant moins qu'ils ont l'impression d'être aussi attachés que les Français aux *valeurs* qui sous-tendent le service public[1]. »

L'eau de France

Eh oui, il n'est nul besoin de recourir à des monopoles publics pour faire respecter des objectifs et des normes d'intérêt général. On le sait et on le fait depuis toujours. Y compris en France. L'eau

---

1. Renaud Denoix de Saint-Marc, *Le Service public*, rapport au Premier ministre, Paris, La Documentation française, 1996.

n'est-elle pas aussi essentielle que l'électricité ou le téléphone ? S'il est une responsabilité qui, aux yeux de tous, est à la charge de la société, c'est bien la fourniture d'eau potable à la population. Toutes les raisons qui ont justifié le monopole des chemins de fer ou du téléphone se retrouvent ici. Le réseau ne peut qu'être unique, il doit être organisé et surveillé par la collectivité… bref, la même logique qui nous vaut la SNCF devrait nous valoir la SNEF (Société nationale des eaux de France). Seuls les rapports très particuliers de la gauche, comme d'ailleurs l'ensemble des partis politiques, avec la Générale des eaux et la Lyonnaise des eaux permettent de comprendre que ces géants qui assurent une activité de service public en position d'oligopole n'aient pas été nationalisés, tandis que des producteurs d'engrais ou de parfums passaient dans le giron de l'État.

Dieu sait que le système actuel est critiquable, que la toute-puissance de la CGE et de la Lyonnaise face aux collectivités locales a faussé le jeu des institutions et qu'il y aurait beaucoup à réformer en ce domaine. Il n'empêche qu'en France l'eau est tout à fait convenable et que celle des sociétés privées n'est pas moins potable que celle des régies municipales, bien que ce service public fonctionne sans monopole étatique et sans salariés statutaires.

Imaginons une seconde que la SNEF soit née d'une vague de nationalisations lors du Front populaire ou à la Libération – ce qui, je n'en doute pas, nous donnerait une eau d'excellente qualité –, imaginons que l'on songe aujourd'hui à privatiser cette société nationale… Écoutez : « La SNEF est la garante d'une solidarité et d'une égalité essentielles entre les Français : celle de l'eau. Demain, si cette activité est livrée à la logique capitaliste, les régions de France jugées "non rentables" cesseront d'être alimentées et se dépeupleront, la concurrence entre les entreprises fera choisir les personnels les moins qualifiés, les techniques les moins coûteuses ; à l'arrivée, ce n'est pas le prix de l'eau qui baissera, mais sa qualité. La sécurité de la population, garantie aujourd'hui par le service public, ne sera plus assurée. » Voilà ce que nous entendrions. Le personnel statutaire partirait en guerre contre la privatisation aux cris de « Sauvons l'eau de France ! », « Ne livrons pas notre eau aux marchands ! », « Touche pas à mon eau ! ». Sans la moindre allusion, bien sûr, à la défense des avantages statutaires.

J'ai pris l'exemple de l'eau ; je pourrais prendre celui de la pharmacie : comment abandonner le médicament aux intérêts privés ? De l'aviation : la sécurité aérienne ne peut être livrée à la loi du profit. Mais on éviterait aujourd'hui de citer en exemple la transfusion sanguine…

Parlons clair, le discours sur le « service public à la française » repose sur une mystification.

D'un côté, il y a le souci de ne pas abandonner à la pure logique commerciale un certain nombre de fonctions sociales essentielles, de les encadrer, de les contrôler et de leur imposer le respect de certaines valeurs non cotées en Bourse. Cette exigence est fondamentalement républicaine et, si elle était oubliée, la France se réduirait au marché, et la République à la gérance d'un centre commercial. Mais, comme le rappelle Renaud Dunoix de Saint Marc, cette préoccupation est commune à la plupart des pays industrialisés.

De l'autre se trouve la défense corporatiste des avantages acquis par les personnels, laquelle n'a rien à voir avec celle du service public, mais prétend maintenir tels quels les grands monopoles publics à seule fin de garantir les statuts des salariés. Cette prétention s'appuie sur un énorme mensonge : le lien indissoluble entre le statut des agents et les missions de service public. En 1995, Alain Juppé a donné du crédit à cette imposture en mêlant le contrat de plan et la réforme des régimes de retraite. Les cheminots eurent alors beau jeu de prétendre que les deux réformes étaient liées et qu'en touchant à leurs avantages on touchait également au service des voyageurs.

Faut-il privatiser systématiquement, dogmatiquement tous les monopoles d'État ? C'est le point de vue des libéraux, ce n'est pas le mien. Faut-il les garder à l'État et en l'état ? C'est le point de vue des syndicats, ce n'est pas le mien. Qu'on me pardonne : je suis un incorrigible pragmatique ; je pense qu'il faut juger au cas par cas. S'il ne tenait qu'à moi, il est une nationalisation à laquelle je procéderais volontiers : c'est celle des pompes funèbres. Je ne vois pas comment la concurrence peut jouer auprès de « clients » choqués par le décès d'un proche ; je ne vois pas comment les « consommateurs » peuvent tenir leur rôle dans de telles circonstances. Mais saurait-on gérer les « Pompes funèbres nationales » en conjurant le risque de voir à tout moment une grève des enterrements ?

Pour des raisons tout aussi spécifiques, et donc très différentes, il ne me semble pas souhaitable de faire basculer la télévision d'un

seul côté. Public ou privé, il n'importe, ce serait tout aussi désastreux. Encore faudrait-il que l'État se révèle enfin capable de
gérer la télévision. Regardons ce qui se passe depuis dix ans. Les
trois grandes chaînes privées (TF 1, M 6 et Canal +) ont conservé
à leur tête les mêmes dirigeants, tandis que France-Télévision
changeait de président tous les deux ans. Quelle entreprise peut
résister à pareil jeu de massacre ? Et comment peut-on fonder la
défense du service public sur une telle inconséquence ? Notre
classe politique, droite et gauche confondues, n'est pas digne de
se voir confier la télévision, car elle ne sait pas plus s'opposer
aux pressions du corporatisme que résister aux tentations de l'in-
terventionnisme.

Le cas est, certes, caricatural, mais il se retrouve presque à
l'identique dans les autres secteurs étatisés. C'est partout la même
instabilité des équipes, la même sclérose catégorielle, la même
incohérence des politiques. Et penser que la France prétend
convertir l'Europe à son «modèle» national à partir de tels
exemples !

Dans la même perspective, j'hésiterais beaucoup avant de
mettre en vente le réseau des centrales nucléaires d'EDF. On a pu
voir à l'œuvre les opérateurs privés lors de l'accident de Three
Mile Island en 1979. J'avoue que le précédent ne me rassure pas
et que notre organisation nationale m'inspire plus de confiance.
Ce n'est pas pour autant qu'EDF doit être conservé en l'état. Dans
les transports ou les télécommunications, en revanche, le caractère
public de l'opérateur induit des lourdeurs, des complications, des
surcoûts qu'aucun avantage ne vient compenser et qui tendent à
devenir insupportables. Le jeu n'est d'ailleurs pas limité à cette
alternative : nationaliser ou privatiser. Rien n'interdit à la puissance publique de conserver une participation, une minorité ; rien
n'oblige à supprimer du jour au lendemain toute forme de statut
pour aligner les agents sur le privé. Bien des solutions peuvent être
envisagées dès lors qu'elles assurent une meilleure efficacité au
service du pays : ici comme ailleurs, la seule raison qui ne saurait
être déterminante, c'est le confort du personnel tel qu'il est défini
par les syndicats corporatistes.

Prenons l'exemple de France Télécom. Les syndicats CGT et
SUD se sont toujours opposés à la réforme afin de protéger le statut des personnels. Fort heureusement, ils n'ont pu empêcher la
modernisation du service public. Qui peut penser que les agents

de France Télécom sont devenus des soutiers et des galériens depuis qu'ils travaillent dans une véritable entreprise et non plus dans une administration ? D'une façon ou d'une autre, la SNCF, EDF, la Poste, la RATP, Air France, etc., doivent gagner en efficacité, en adaptabilité, en dynamisme, faute de quoi elles se feront tailler en pièces dans un monde devenu plus concurrentiel. Installerons-nous des grilles protectrices à nos frontières jusqu'à faire de l'Hexagone le Jurassic Park de dinosaures étatiques ? Laisserons-nous British Airways et autre Lufthansa chasser de notre ciel Air France et ses pilotes de luxe ? Et notre économie, l'enverronsnous, affaiblie par les déficits, accablée par les prélèvements, affronter des rivales étrangères débarrassées de ces fardeaux ?

Qu'on cesse donc de nous rebattre les oreilles avec ce « modèle français », fossile caricatural hérité du XIXe siècle et certifié non viable au XXIe ! *Nos services publics, parce qu'ils représentent une richesse nationale, doivent se moderniser tout comme nos entreprises.*

Mais d'où vient qu'il soit si difficile de les réformer ?

Le service public de la grève

Un étranger qui ne connaîtrait la France qu'au travers des analyses consacrées à la crise de 1995 croirait que cette grève fut tout à fait exceptionnelle, la seule en dix ans. Comment pourrait-il imaginer que la SNCF avait connu depuis le début de cette année-là 695 préavis de grèves locaux et 21 préavis de grèves nationaux ? Ainsi ces dévots du service public, qui en font la colonne vertébrale de la République, qui prétendent incarner et défendre tout à la fois l'intérêt des usagers et l'intérêt du pays, qui se targuent de voir dans le voyageur un citoyen et pas seulement un client, sont aussi les champions toutes catégories de la grève. Et c'est précisément ce recours permanent, anarchique, irresponsable à l'arme revendicative, qui déconsidère le service public, bloque son évolution et met en cause sa survie. Pourtant, nos experts ne font jamais la moindre allusion à cette plaie du système. C'est le tabou suprême. Nous allons donc en parler.

Partons du concret. Le 15 décembre 1997, 500 000 banlieusards qui utilisent la ligne B du RER découvrent en arrivant sur les quais que les trains ne circulent pas. Grève des conducteurs. Sans doute faut-il un motif bien grave pour infliger une telle brimade aux voyageurs. Le conflit porte… sur la Coupe du monde de football qui va se dérouler au mois de juin de l'année suivante ! La direction de la RATP a prévu de mettre en service des rames supplémentaires lors des matchs pour acheminer les spectateurs au Stade de France, à Saint-Denis donc. Les conducteurs s'inquiètent. Six mois à l'avance, on n'est jamais trop prévoyant. Ne va-t-on pas leur demander un effort ? Des engagements supplémentaires ont bien été prévus, mais seront-ils suffisants pour garantir aux agents titulaires qu'ils ne feront jamais plus que leurs 31 heures de travail hebdomadaires ? Pour être certains de jouir de leurs jours de repos comme à l'accoutumée, ils exigent l'engagement de six conducteurs supplémentaires. La direction n'est pas d'accord. Sans attendre, ils déclenchent la grève, qui se poursuivra les jours suivants.

Dans quel pays civilisé les usagers des services publics sont-ils traités avec autant de mépris, avec une telle morgue par un personnel si bien protégé, jouissant de telles garanties, bénéficiant de tels avantages ? En Italie peut-être, mais on n'entend pas chanter les louanges du service public à l'italienne. Au plus fort du mouvement, une déclaration syndicale dénonça « l'attitude scandaleuse de la direction ». Qu'avaient fait ces dirigeants sans cœur ? Mis à pied des grévistes ? Exercé pressions et menaces sur le personnel ? Non, ils avaient « organisé des navettes de remplacement » ! Oui, c'était un crime de proposer des autocars aux populations laissées à l'abandon dans le froid. Il ne s'agissait pourtant que d'un canot de sauvetage lancé à des naufragés. Eh bien, les héros de la Sociale y virent une provocation. Ah ! s'ils avaient pu, pendant qu'ils y étaient, dresser contravention à ces automobilistes, ces « jaunes » qui osaient prendre en auto-stop les voyageurs qu'eux-mêmes avaient cloués sur place ! C'est alors que le mouvement aurait été efficace ! Car il fallait que le peuple banlieusard en bave le plus possible, sans la moindre assistance. Les maîtres du rail suburbain ne plaisantent pas avec les luttes !

J'ai pris ce conflit pour exemple, j'aurais pu en choisir cent autres aux prétextes tout aussi ubuesques et aux conséquences tout aussi dommageables pour les usagers. La gauche bien-pensante ne manquera pas de dénoncer dans ces critiques une grave remise en cause du droit de grève, plutôt que de voir dans ces abus une atteinte à l'esprit même de nos institutions.

Au sens originel, la grève est un conflit privé, né du capitalisme, qui oppose un patron et des salariés. Elle se traduit par une cessation concertée du travail. La société en est la simple spectatrice, puisque l'arrêt de la production n'empêche pas les clients de se rabattre sur les produits concurrents. Chacune des parties se trouve pénalisée : les grévistes par une amputation de leur paie, le capitaliste par une réduction de son profit. Si l'affaire est poussée trop loin, elle conduit à la faillite. Le travailleur perd alors son emploi et le patron son entreprise. Un tel système est autorégulé dans la mesure où les deux camps sont également sous tension. Il n'y a pas d'abus à craindre ni de réglementation trop stricte à prévoir. C'est le type même de cette socialisation des conflits, de cette ritualisation de la violence qui constitue l'art de vivre ensemble dans une démocratie.

Quel rapport entre ce que je viens de décrire et les conflits du secteur public ? Très peu, en vérité. Le « patron » n'est plus un capitaliste soumis à la pression concurrentielle. C'est l'État, autant dire tout le monde et personne. Les grévistes sont confrontés à des hommes qui ne risquent pas de voir disparaître la société nationale ou l'administration qu'ils dirigent, qui ne payent pas le prix des concessions qu'ils consentent, et qui ne risquent pas la ruine si elles se révèlent excessives. Les interlocuteurs ne sont pas les payeurs. Les vrais propriétaires sont les Français, et eux n'ont pas voix au chapitre. Ils ne discutent pas la facture, ils la règlent.

Les salariés ne craignent pas de perdre leur emploi et leurs moyens de pression sont démesurés puisque, en cessant le travail, ce n'est pas seulement l'entreprise qu'ils bloquent, mais une fonction vitale de la société. C'est dire que le système a perdu son autorégulation. On se retrouve dans un cas de figure tout différent. Évidence obstinément niée.

Les capitalistes ont disparu, mais les leaders syndicaux jouent plus que jamais à la « lutte des classes ». Sur ce point encore, quel observateur étranger aurait pu imaginer, en écoutant les « cheminots en lutte » de 1995, qu'ils ne s'opposaient pas aux maîtres de forges d'autrefois mais à un gouvernement démocratique ? Ce système sans régulation ne peut que dériver. Toujours dans le même sens. Et c'est effectivement ce que l'on constate.

Dans le secteur privé, la grève est par nature un ultime recours, puisqu'elle est aussi pénalisante, aussi dangereuse pour les deux camps. Dans le secteur public, et tout spécialement dans celui des transports, elle éclate à tout bout de champ, à propos de tout et de rien. Les syndicats ont même inventé la « grève préventive », une singularité nationale. Il s'agit de tout bloquer pour montrer « le mécontentement et la détermination des personnels ». C'est la fantasia sociale. On inflige une journée sans train ou sans RER comme on tire une rafale de mitraillette en l'air, histoire d'impressionner la direction et de ragaillardir les troupes.

Ce droit s'exerce en outre sans aucun frein, puisque l'ultime pénalisation, la retenue salariale, est de moins en moins dissuasive. Il est en effet désormais entendu qu'on ne reprend pas le travail sans avoir « réglé la question du paiement des journées de grève ». Car la perte de salaire fait figure d'intolérable brimade.

Cette grève sans risques est devenue un art qui, chaque jour, prend de nouvelles formes. Récemment, le personnel d'EDF a inventé les coupures microciblées. Le nouveau jeu consiste, pour les grévistes, à se rendre maîtres du poste d'alimentation en énergie de l'entreprise afin de priver d'électricité les sites stratégiques : direction de l'équipement ou services informatiques, salles d'ordinateurs climatisées, centre du courrier, etc. On peut ainsi embêter la direction en perturbant les communications vitales d'EDF. Bons princes, les occupants prennent soin de vérifier qu'ils ne bloquent personne dans les ascenseurs et ne mettent pas en danger la sécurité des installations nucléaires. « Ce type de mouvement demande du doigté et une maîtrise millimétrée de la conduite des actions », explique en fin stratège le secrétaire général CGT des services centraux d'EDF à un journaliste du *Monde*.

Une telle action implique une véritable connivence entre des syndicats « cogérants », qui préfèrent régler l'affaire en « interne », et une direction complice et impuissante qui fait tout pour en « minimiser l'ampleur », ainsi que le constate *Le Monde*. On reste entre soi. Voilà donc la « grève électrique » qui ne coûte rien aux grévistes et peut leur rapporter gros…

Dans un autre genre, la « grève lyrique » n'est pas moins imaginative. Depuis sa création, l'Opéra de Paris est une pétaudière sociale et la construction de l'Opéra-Bastille n'a fait qu'ajouter un monstre architectural au monstre syndical. Les 1 800 personnes qui travaillent dans cet établissement se répartissent entre une nuée de corporations hargneuses qui, toutes, multiplient les actions revendicatives, au point qu'il soit déposé un préavis de grève par semaine ! Comment se fait-il que les salariés n'en soient pas retenus par… les retenues de salaires ? Parce qu'ils ont inventé l'art de se faire payer à ne rien faire. Telle catégorie, sans laquelle le spectacle ne peut se dérouler normalement, dépose son préavis. La direction se trouve donc dans l'obligation d'annuler la représentation et de rembourser les places. La veille du jour fatidique, les grévistes retirent leur préavis et se déclarent prêts à travailler. La direction, qui ne peut rattraper les spectateurs décommandés et indemnisés, ne lève donc pas le rideau. Les braves salariés qui se retrouvent fidèles au poste ne sont plus en grève, mais en chômage technique ! L'Opéra doit donc tout à la fois rembourser les spectateurs et payer son personnel à ne rien faire ! Une nouvelle forme d'action revendicative qui mériterait une thèse, à l'égal des luttes ouvrières du XIXᵉ siècle...

Il a fallu attendre l'arrivée d'Hugues Gall pour que cesse cette palinodie grévistique. Désormais, les représentations sont maintenues et l'on négocie jusqu'aux premières notes de l'ouverture... quitte à ne pas jouer. C'est ainsi que les spectateurs de l'Association pour le rayonnement de l'Opéra national de Paris, qui venaient assister en avant-première à la nouvelle représentation de *Carmen*, découvrirent avec effarement qu'on leur offrait une version concert sans décors, sans costumes et sans mise en scène ! Ce genre d'incident est devenu si banal en ce lieu que la presse oublia de s'en faire l'écho.

Mais ces grèves caricaturales, vraiment grotesques, « payent » toujours dans le secteur public. Entre 1990 et 1996, sombres années pour les salariés du privé, les personnels de l'Opéra Garnier-Bastille ont ainsi bénéficié d'augmentations substantielles, au demeurant très variables selon les catégories et les moyens de pression dont elles disposent.

Certes, il est dans le secteur public des grèves justifiées et menées en ultime recours avec le sens des responsabilités. Mais il y a gros à parier que les actions inconsidérées deviendront de plus en plus fréquentes dès lors qu'elles ne suscitent aucune réprobation.

Un monde sans grèves

Tandis que se développe sans limite la conflictualité dans le secteur public, on observe tout juste l'inverse dans le privé. Ici l'électrosociogramme est plat. En décembre 1995, les appels des syndicats non pas à la « grève générale » (mythe éculé qui dénonce son « archéo » à une lieue), mais à la « généralisation de la grève » (concept infiniment plus moderne), ces appels, donc, n'eurent pas le moindre écho dans les entreprises.

La grève traditionnelle qui, de *Germinal* à GEC-Alsthom, met face à face capitalistes et ouvriers, cette grève n'existe plus ; elle n'a pas résisté à la crise économique. Dans le secteur concurrentiel, on comptait 5 millions de journées de grève par an au milieu des années 1970 ; vingt ans plus tard, on est passé à 500 000. Dix fois moins ! Encore s'agit-il le plus souvent de mouvements consécutifs à des licenciements. Les salariés du privé ont fait un bond en arrière de cent ans. Le Code du travail, censé les protéger, n'est plus d'aucun secours dans un monde où l'emploi stable tend à devenir l'exception. La précarisation triomphe partout. Sans statut, sans contrat protecteur, sans syndicats et sans grèves, les travailleurs doivent accepter toutes les contraintes, toutes les adaptations, baisses de rémunération comprises : c'est ça ou le chômage. Il n'y a pas de discussion, donc pas de conflit. Un désastre social.

Aux antipodes de ce monde implacable, le secteur protégé a développé sa culture revendicative à l'abri de murailles protectrices. Le secteur privé étant trois fois plus important que le secteur public, c'est donc la tendance à l'apaisement qui l'a nettement emporté dans l'ensemble, et le nombre des conflits n'a cessé de diminuer depuis vingt ans. Si l'on excepte le pic de 1995 avec 5,8 millions de journées de grève, la moyenne nationale se situe entre 700 000 et 900 000 pour les années 1990. Dans ce total, le secteur public compte pour les deux tiers et les cheminots, à eux seuls, bien qu'ils ne représentent que 1 % des salariés français, déclenchent 10 % des grèves ! Mais les services du ministère du Travail se gardent bien de publier les statistiques qui feraient apparaître l'évolution du nombre de jours de grève d'un côté chez les salariés disposant de la sécurité de l'emploi, et de l'autre chez ceux qui n'en disposent pas ; de distinguer précisément le taux de conflictualité dans les différents services publics nationaux. On ne publie jamais que des chiffres qui mêlent les uns et les autres. Pourquoi ?

Il y a donc d'un côté le modèle français qui se fait gloire de refuser toute limitation au droit de grève, et de l'autre la réalité française qui prive de ce droit les deux tiers des salariés ! Dans la pratique, la grève ne protège que les protégés ; elle est devenue l'apanage de la France statutaire, un privilège dont l'abus crée le plus grand tort au service public.

Il est évidemment faux de prétendre que ces inconvénients aillent fatalement de pair avec le secteur public, et que nous n'ayons le choix qu'entre le « tout-État » et le « tout-marché ». Si nous regardions chez nos voisins, nous apercevrions des trains et des métros qui roulent, des postes qui acheminent le courrier, des hôpitaux qui soignent, des écoles où l'on enseigne sans pour autant relever du secteur privé et sans asservir le public au rythme des conflits sociaux. Nous constaterions aussi que leurs salariés, qui ne débrayent pas à tout bout de champ, ne sont pas pour autant des serfs mal payés et maltraités. Que leur situation est même tout aussi enviable que celle de leurs collègues français.

Notre Constitution a bien prévu que le droit de grève s'exerce « dans le cadre des lois qui le réglementent », mais il suffit d'évoquer l'obligation d'une négociation préalable, l'instauration d'une procédure de décision et d'entrée en action, l'obligation à un service minimum pour que les syndicats voient rouge, chargent furieusement, et que le pouvoir recule.

L'État a le pouvoir d'agir, mais il ne peut imposer de telles mesures qu'en étant soutenu par l'opinion. Or la crise de 1995 a bien montré que ce n'est pas le cas aujourd'hui. Et rien ne changera aussi longtemps que les Français verront dans le droit de grève le premier de tous les droits de l'homme, et dans toute réglementation de ce droit une mesure antidémocratique.

Car, une fois de plus, nous avons drapé notre incapacité dans les grands principes. Le chaos conflictuel des services publics est ainsi censé traduire une supériorité sociale. C'est la preuve que nous ne transigeons pas sur la défense des travailleurs. Tiens donc ! Ne vaudrait-il pas mieux s'inquiéter de voir les salariés, hantés par la perte d'emploi, privés de fait de leur droit de grève au sein de la plupart des entreprises ?

Allons plus loin. Pourquoi ce droit devrait-il l'emporter sur tous les autres qui, eux, sont limités et réglementés ? En quoi le droit des fonctionnaires de cesser le travail est-il supérieur au droit des voyageurs de se déplacer, au droit des commerçants d'exercer leur métier ? Comment justifier cette intolérable hiérarchie ? L'État est censé veiller à un égal respect de tous les droits et de tous les Français, et son abstention dans cette affaire ne traduit que sa peur des conflits, certainement pas son attachement aux grands principes.

Cette faiblesse est une tradition française. Chez nous, la grève reste sacrée, en souvenir des luttes du siècle dernier, et toute réglementation passerait pour une régression sociale. Ici comme ailleurs, notre vie collective porte la marque d'un retard historique que nous ne parvenons pas à combler. Nous nous perdions dans les brumes de l'anarcho-syndicalisme et du patronat de droit divin quand d'autres expérimentaient déjà la négociation sociale moderne, et nous sommes demeurés à la traîne. Il est bon de le reconnaître ; il serait aberrant de s'en glorifier. Mais le fait est que le tabou fonctionne fort bien et que nulle réflexion n'est admise sur le sujet.

Tout adepte de la pensée «socialement correcte» sera scandalisé par les lignes que je viens d'écrire et me considérera comme un ennemi du peuple. N'est-ce pas extraordinaire ? Qui donc est frappé lorsque les trains sont paralysés ? Les bons bourgeois comme moi qui ont les moyens d'habiter Paris ou de se payer une voiture ? La bonne blague ! Ce sont les pauvres qui souffrent. Ces banlieusards tributaires des transports en commun ont souvent des situations moins enviables que celle des conducteurs qui cessent le travail. Logiquement, les gens de gauche devraient se porter à leur secours, remettre en question cette conflictualité préhistorique. Ils font tout juste le contraire et s'alignent, le doigt sur la couture du pantalon, derrière «les personnels en lutte». Les usagers ne trouveront leurs rares défenseurs que parmi les gens de droite qui, bien souvent, ignorent le prix de la Carte orange. Chaque famille comme chaque paroisse a ses protégés, un choix qui dépend plus de l'image des victimes que de l'étendue de leur malheur. La gauche défend donc «les travailleurs», et la droite «les usagers». Comprenne qui pourra.

Lors de ces mouvements sociaux, «les usagers» sont plongés dans une passivité quasi hypnotique. Les voyageurs qui battent la semelle dans les gares désertées s'interdisent toute manifestation de colère ou de révolte. Lorsque se présente l'inévitable reporter venu quêter leurs réactions, ils lui font des réponses stéréotypées : «Oui», ils sont gênés ; «non», ils ne savent pas comment ils vont rentrer ; «oui», ils voudraient bien que ça s'arrête. Seules les interviews de champions sportifs sont aussi prédictibles dans les questions, aussi convenues dans les réponses. Dieu sait pourtant que le Français peut être râleur, qu'il est toujours prêt à rechercher un coupable derrière chaque contrariété, que, pour un peu, il dénoncerait l'incurie du gouvernement dans les caprices de la météo, mais toute cette hargne disparaît dès qu'il s'agit de conflits sociaux. Réserve d'autant plus étonnante que la colère populaire peut parfaitement tenir les grévistes en échec. Les électriciens en ont fait jadis l'expérience : il y a une trentaine d'années, des coupures intempestives provoquèrent des réactions populaires violentes contre les grévistes. Depuis lors, c'est avec la plus grande précaution qu'ils manient leur « arme absolue ».

On ne saurait mettre en cause cette anarchie sans être accusé de visées anti-syndicales. Or mon propos est à l'opposé. Ces mouvements qui se déclenchent n'importe comment, à propos de tout et de rien, favorisent les phénomènes qui détruisent la vie syndicale : émiettement, surenchères, « basisme », et, pour finir, apparition des fameuses « coordinations ». Toute organisation de la conflictualité suppose des interlocuteurs ayant l'exclusivité de la représentation. On ne saurait donc sortir de la situation actuelle sans renforcer considérablement les prérogatives et les responsabilités des syndicats. L'exemple des social-démocraties prouve bien que le syndicalisme se porte mieux quand il peut et doit contrôler les conflits sociaux.

Dernier tabou : un tel discours n'est-il pas une insulte à des millions d'agents statutaires ? Certainement pas. Finissons-en avec le discours convenu glorifiant nos merveilleux cheminots, nos merveilleux enseignants, nos merveilleuses infirmières, nos merveilleux policiers, et j'en passe. Je comprends qu'un ministre ne puisse commencer son discours sans recourir à ces formules rituelles, mais, n'étant qu'un simple journaliste, je n'ai pas de telles obligations. Les travailleurs du secteur public ne sont ni meilleurs ni pires que ceux du secteur concurrentiel. On trouve parmi eux d'excellents professionnels, de moins bons et de très mauvais, comme dans les entreprises privées, comme dans l'agriculture, comme dans la presse, comme partout. À titre personnel, j'ai rencontré beaucoup de fonctionnaires compétents et dévoués. Certains d'entre eux avaient la passion de leur métier, je pense notamment à certains enseignants et à certaines infirmières ; j'en ai également croisé qui n'auraient pas obtenu la moyenne si j'avais été chargé de les noter. Ce sont des Français comme les autres. Et, dans l'ensemble, la France n'a pas à se plaindre de ses fonctionnaires – et d'ailleurs ne s'en plaint pas.

Je ne dénonce pas des personnes, mais un système. Le même cheminot qui, dans son comportement individuel, est un maniaque du travail bien fait, qui s'échine à résoudre les problèmes des voya-

geurs, deviendra un gréviste intraitable. Parce que cela aussi participe de sa «culture de service public», parce qu'il baigne dans un
discours valorisant qui justifie ces formes d'action. Il se persuade
ainsi qu'il agit dans l'intérêt des usagers alors même qu'il les mal-
traite. Cette pratique des grèves à répétition dans l'absolue bonne
conscience des grévistes, dans la totale soumission du public, est
vraiment une détestable spécificité française. Son effet le plus
détestable n'est pas de gêner le public, mais d'empêcher quelque
réforme que ce soit, et de faire dériver le service public du conservatisme à la sclérose bureaucratique. Et je n'ai garde, écrivant cela,
d'oublier les conditions de travail épouvantables que connaît la
France statutaire souffrante de nos banlieues difficiles. Mais
comment venir au secours des établissements scolaires à la dérive
sans revoir l'affectation des professeurs et comment le faire sans
provoquer une explosion à l'Éducation nationale?

L'État bon payeur

Depuis toujours, il existe deux conditions salariales dans notre
pays. Cette évidence, toujours niée mais jamais ignorée, tient une
place essentielle dans les choix individuels. D'un côté, les salaires
sont médiocres mais compensés par les garanties et les avantages
liés au statut; de l'autre, les salaires sont meilleurs, les espérances
plus brillantes, mais c'est à ses risques et périls. La sécurité dans le
public contre l'argent dans le privé: telle est l'alternative traditionnelle.

Quel est, en soi, le juste rapport entre les rémunérations de l'un
et de l'autre secteur? Posée en ces termes, la question n'a aucun
sens. Avec quelle balance soupeser les conditions de travail dans
une administration et dans une entreprise? À quelle aune mesurer
les possibilités de carrière d'un côté, l'avancement à l'ancienneté
de l'autre?

La seule réponse qui vaille, c'est le jugement des intéressés: les
demandeurs d'emploi. S'ils dédaignent les offres de l'État, c'est
qu'elles sont insuffisantes; s'ils les préfèrent à toute autre, c'est
qu'elles sont trop généreuses. La puissance publique doit payer à
chaque instant, sur chaque type d'emploi, ce qu'il faut pour s'attacher les serviteurs dont elle a besoin. Ni plus, ni moins. Ce «juste
prix» fluctue sans cesse. Des avantages négligés pendant des

années vont devenir très recherchés ; à l'inverse, des qualifications traditionnellement dédaignées se trouveront appréciées. Ainsi l'État, comme tout employeur, devrait s'ajuster en permanence. Or, il en est bien incapable. Bousculé par son personnel, craignant toujours un coup de chien, il ne réagit plus en fonction de la situation réelle de l'offre et de la demande, mais sous la seule pression de ses salariés. Ainsi se trouve-t-il constamment à contre-courant, à contre-cycle, au point de déséquilibrer complètement le marché du travail.

Entre 1985 et 1990, alors que la crise semble s'éloigner et le chômage reculer, les salaires augmentent plus rapidement dans le privé que dans le public. Les jeunes vont donc s'orienter vers les entreprises, et l'administration ne parvient plus à recruter. L'Éducation nationale se lamente de n'avoir plus de candidats valables dans les disciplines scientifiques, l'Assistance publique cherche en vain des infirmières, etc.

Il faudrait revaloriser les traitements dans ces professions. Rien de bien compliqué. Mais la machine administrative est si lourde qu'elle met des années à réagir et ne sait pas moduler son action pour s'adapter aux besoins. Les augmentations, toujours générales quand elles devraient être spécifiques, coûtent trop cher et sont reportées à des jours meilleurs. Or, précisément, les années de vaches grasses reviennent à partir de 1989. L'État, touchant les dividendes d'une croissance imprévue et sentant monter la grogne de son personnel, lance alors d'imposants programmes de revalorisation qui concernent toutes les catégories – notamment les enseignants – et s'étalent sur plusieurs années.

Le temps que ces programmes entrent en application au début des années 1990, la conjoncture se retourne et la croissance fait place à la récession de manière toujours aussi imprévisible. Le chômage explose et, dans les entreprises, il n'est plus question d'augmenter mais de diminuer les salaires. Par contrecoup, le secteur public retrouve tous ses attraits sans même améliorer ses propositions. Les jeunes diplômés qui misaient sur l'entreprise en 1988 jouent volontiers l'administration en 1993. Mais l'énorme machine bureaucratique qui s'est mise en branle dans les années de croissance poursuit aveuglément son œuvre dans les années de stagnation, et les salaires se mettent à croître dans le secteur protégé tandis que la tempête s'abat sur le secteur exposé. Si modérées soient-elles, ces augmentations à contretemps suffisent à creuser l'écart.

Le résultat se lit d'abord dans les statistiques, encore que celles-ci doivent être maniées avec la plus grande prudence, tant le mode de rémunération diffère d'un univers à l'autre, tant les règles administratives sont complexes, pour ne pas dire tordues, dans ce monde où le « gel » des salaires n'empêche pas l'augmentation des rémunérations ! Quoi qu'il en soit, selon les chiffres mêmes du ministère de la Fonction publique, le salaire net moyen dans le public s'est accru de 7,5 % de plus que dans le privé entre 1990 et 1996… À 7,5 %, on ne peut plus parler d'accident conjoncturel, mais de tendance lourde. Et désormais, en effet, les rémunérations dans le privé sont poussées à la baisse par le chômage alors que, dans le public, elles sont poussées à la hausse par la pression revendicative.

Pour ce qui concerne le passé, remarquons que si l'État-patron s'était comporté comme un employeur ordinaire attentif au marché, il aurait dépensé quelques milliards de francs en plus dans les années 1980 et quelques dizaines de milliards en moins dans les années 1990. Pour ce qui concerne le présent, nous constatons que certaines fonctions sont mieux rémunérées dans le public que dans le privé, bref, que le mauvais payeur est devenu un bon payeur. Avec quelles conséquences pour l'avenir ?

Notons tout d'abord que cette amélioration relative des situations matérielles ne s'est pas accompagnée d'une quelconque modernisation de l'administration. En 1989, Lionel Jospin, ministre de l'Éducation nationale, et son conseiller Claude Allègre avaient caressé l'espoir de lier la revalorisation à des réformes de structures. Les enseignants seraient mieux payés, mais, en retour, ils se verraient imposer de nouvelles obligations pour permettre aux services de mieux fonctionner. Le ministre, ayant naïvement accordé les augmentations avant d'avoir obtenu les contreparties, fut proprement éconduit quand il prétendit en avoir pour son argent. C'est la même école que le contribuable a dû payer plus cher. L'anecdote a valeur d'exemple. L'État, ayant tout donné sans rien obtenir – ce qu'il vient de faire à nouveau en 1998 –, n'a plus rien à proposer en échange de réformes. Bref, non seulement ces augmentations n'ont pas permis la modernisation, mais on sait maintenant qu'elles y feront obstacle.

Cependant, la conséquence la plus grave pour l'avenir, c'est d'avoir complètement déséquilibré le marché du travail. Ce que traduit une véritable ruée sur les emplois administratifs. Pour les 60 000 postes mis en concours chaque année, on comptait 300 000 candidats dans les années 1980 ; ils furent 500 000 en 1990. En 1995, on en était à 1 million, et, en 1996, à 1,5 million ! La crainte du chômage n'explique pas tout ; le décalage entre les propositions financières de l'administration et celles des entreprises joue considérablement.

Désormais, les candidats n'hésitent plus à cacher leur véritable niveau d'études. Avec des maîtrises ou même des doctorats, ils concourent à des emplois de catégorie B qui ne requièrent qu'un simple bac. N'importe quoi pour se retrouver dans le giron de l'État ! Une administration qui écrème ainsi la main-d'œuvre disponible améliorera-t-elle son fonctionnement ? Je n'en crois rien. De brillants sujets, qui ont caché un diplôme bac + 5 et qui se retrouvent confinés dans des tâches subalternes et sans grand intérêt pour eux, ne peuvent que prendre leur travail en grippe et s'en acquitter plus mal qu'un agent titulaire d'un modeste brevet. C'est donc une génération de fonctionnaires amers et frustrés qui s'annonce.

Mais, à l'inverse, les entreprises ne recruteront qu'un personnel peu motivé et de seconde main, puisque les autres auront choisi les meilleurs salaires, les conditions de travail les plus agréables, les horaires les plus avantageux, les retraites les plus conséquentes et, surtout, la sécurité, bref, l'administration. À tous les niveaux, dans tous les métiers, les plus brillants, les plus ambitieux iront se caser dans les bureaucraties d'État, tandis que le secteur concurrentiel et les entreprises devront se contenter des autres, des recalés. C'est exactement le même type de déséquilibre que l'on observe dans les pays sous-développés où les étudiants ne rêvent que des emplois de magistrats, de diplomates, de technocrates ou de bureaucrates.

Dans un sondage Sofres-*Le Figaro Magazine* de 1995, les Français donnaient l'avantage au public pour la stabilité de l'emploi, les avantages annexes, l'avancement, les conditions de travail, la considération sociale et la retraite, mais ils pensaient encore (à 50 % contre 38 %) que le privé payait mieux. Ils estimaient en conclusion que les salariés du secteur public étaient globalement plus avantagés que ceux du secteur privé (72 % contre 18 %). Imagine-t-on ce que donnerait le sondage si l'opinion avait conscience de la nouvelle donne salariale ? Se trouverait-il encore un seul parent pour ne pas conseiller à ses enfants de s'orienter vers la fonction publique ?

« Comment pouvez-vous dire cela ! Savez-vous ce que gagnent les fonctionnaires de catégorie B ou C ? Et vous trouvez qu'ils sont trop payés ! » Il y a des choses comme cela qu'il ne faudrait jamais dire – et que, de fait, on ne dit jamais –, car chaque mot devient alors une verge pour se faire battre. Je serai donc fustigé, on m'accusera d'être anti-fonctionnaires. Peu importe. Je sais que la situation d'un agent de l'État payé moins de 7 000 francs par mois est tout sauf satisfaisante. Mais je ne choisis pas mes apitoiements, je considère la misère et la pauvreté comme elles sont. Je constate qu'il est injuste sur le plan social et dangereux sur le plan économique de créer un tel déséquilibre au profit du secteur public. Tout le monde le sait, il faut donc le dire.

Cela ne signifie nullement que les salariés de l'État soient en quelque façon « responsables » ou « coupables » du chômage et de l'exclusion. Ils ont simplement profité de l'incapacité de l'État-patron comme tout autre groupe l'aurait fait (et le fait effectivement chaque fois qu'il le peut) à leur place. Mais il se trouve qu'*aujourd'hui la France a besoin d'une économie entreprenante qui crée de vrais emplois, pas d'une fonction publique hypertrophiée qui écrase l'appareil productif*. Or le secteur marchand a cessé de créer des emplois et c'est à peine si, dans les bonnes années, il peut compenser ceux qu'il détruit avec ses gains de productivité. Pour en sortir, il faut que le monde des services et de l'industrie redevienne la pépinière du travail. Mais comment le pourra-t-il si l'État, après avoir prélevé l'argent, prélève aussi les meilleurs professionnels ?

Les budgets, les effectifs

Que l'État pratique une politique de hauts salaires ne serait pas un mal si, en contrepartie, il gérait avec efficacité, s'il évitait la bureaucratisation dans l'administration, s'il conduisait la modernisation dans les services publics. Malheureusement, c'est tout juste l'inverse qui se produit. *La pression revendicative dans la fonction publique se révèle encore plus efficace pour s'opposer aux réformes que pour arracher des augmentations.* Et c'est cela qui, de loin, je l'ai déjà souligné, coûte le plus cher au pays.

On l'a bien vu lors de la crise de 1995, quand les cheminots combattaient tout autant le contrat de plan que la révision des retraites. Or l'usager-contribuable ne devra pas seulement payer le surcoût des pensions, mais également le déficit de la SNCF. Cette opposition aux réformes, cette volonté de maintenir le secteur public en l'état, avec ses lourdeurs, ses défauts et ses dérives, ne peuvent évidemment s'afficher comme telles. La revendication syndicale portera donc sur l'augmentation des budgets et des effectifs... pour l'amélioration du service, cela va de soi ! Mais, sur ce point encore, il ne faut pas se laisser prendre aux belles formules ; regardons l'envers de la médaille : nous apercevons sans peine la marque du conservatisme.

L'immobilisme, ou plus exactement l'inertie qui caractérise la machine administrative, se lit dans les chiffres. L'effectif cumulé des trois fonctions publiques – nationale, territoriale et hospitalière – est passé de 3 millions en 1969 à plus de 5 millions aujourd'hui. Un véritable record d'Europe. Comment expliquer que le nombre des fonctionnaires ait augmenté chez nous de 350 000 entre 1991 et 1995 alors que, dans le même temps, il diminuait de 250 000 en Allemagne ? Pourquoi faut-il autant de fonctionnaires aux 60 millions de Français qu'aux 80 millions d'Allemands ? Notre société se porte-t-elle mieux de compter dans sa population active 9,5 % d'agents de l'État contre 6,6 % en Allemagne, 6,3 % en Grande-Bretagne et 6,2 % en Italie ?

Cette irrésistible croissance de la fonction publique française est vécue comme une fatalité dont les gouvernements de gauche se réjouissent, faute de pouvoir la combattre, et dont les gouvernements de droite se lamentent sans pouvoir s'y opposer. Chacun s'y résigne donc, et c'est de l'intérieur même de l'administration qu'a fini par venir le rappel à l'ordre.

« La gestion des administrations et des entreprises publiques a fait faillite », voilà ce qu'on pouvait lire dans une note confidentielle publiée à l'automne 1997 par *Le Canard enchaîné*. Pour faire bonne mesure, l'auteur évaluait à 500 000 le personnel surnuméraire et chiffrait son coût annuel pour le contribuable à 150 milliards. Le piquant de l'affaire, c'est que ledit auteur pouvait difficilement être relégué au rang des incompétents, des idéologues ou des illuminés. Jean Choussat est inspecteur général des Finances, il fut successivement directeur général de la Santé et des Hôpitaux, directeur du Budget, directeur de l'Assistance publique, et proche collaborateur de Pierre Bérégovoy. Car, en prime, Jean Choussat a la réputation d'être de gauche, sinon socialiste.

C'est sur sa propre initiative que ce très haut technocrate, dégagé des soucis de carrière et des précautions diplomatiques, avait écrit à son ministre un certain nombre de vérités ramassées en formules choc. Rappelant que « ... tous les ajustements économiques et sociaux rendus nécessaires par l'aggravation de la crise [...] ont pesé exclusivement sur le secteur privé », il préconisait que l'on inversât la tendance en n'engageant que trois recrues pour compenser quatre départs en retraite, et il faisait remarquer qu'une telle restructuration serait considérée comme un « plan social idyllique » par des salariés du privé. La note se voulait provocante ; elle ne provoqua qu'une réaction apeurée des gouvernants. Le ministre de l'Économie se dépêcha de la mettre à la corbeille, et le ministre de la Fonction publique, Émile Zuccarelli, s'empressa de rappeler que, conformément aux engagements du Premier ministre, la diminution des effectifs dans la fonction publique avait pris fin. (On découvrit alors qu'elle était censée avoir commencé.) Bref, ce devait être clair : en France, le nombre des fonctionnaires ne pouvait qu'augmenter.

Les avocats de la fonction publique opposent aux statistiques des situations concrètes bien choisies. C'est l'enseignante au bord de la dépression avec ses trente-deux élèves qui ont l'ANPE pour seul horizon, c'est le magistrat qui laisse ses « clients » croupir en détention faute de temps pour étudier leur affaire, le policier qui ne veut plus jouer au gendarme et aux voleurs avec des délinquants plus jeunes que ses propres enfants, l'infirmière qui voudrait donner à ces vieillards en « long séjour » un peu de chaleur en plus de leurs pilules quotidiennes. Des exemples qui, tous, conduisent à la même indignation : « Et vous osez dire qu'il y a trop de fonctionnaires ! » Difficile de poursuivre sans faire figure de monstre froid. Oui, c'est vrai : des milliers de fonctionnaires sont débordés, submergés, ne savent plus où donner de la tête. Si encore ils n'avaient à se plaindre que d'une charge de travail excessive ! Mais non, ils ont vu leur vie paisible et routinière basculer dans un monde de tension et de souffrances, de violence et de misère, leur existence a soudain été envahie par les pathologies d'une société à la dérive. Qui pourrait le nier ? Les fonctionnaires, les usagers, les médias, tout le monde dénonce le manque d'effectifs. Alors ?

Et si l'on convenait d'abord que l'une et l'autre approche disent la vérité, leur part de vérité ? Les chiffres globaux ne mentent pas, les cas concrets non plus. L'idée que l'on puisse manquer de fonctionnaires dans une administration pléthorique paraît absurde. Absurde, oui, mais d'une absurdité qui est à l'image même de notre système.

La France est malade du cumul, de l'addition sans soustraction. Les décisions vont toujours dans le même sens : elles ajoutent, elles ne retranchent jamais. C'est vrai pour les textes et les taxes, les organes et les organisations, les règles et les règlements, les procédures et, bien évidemment, les hommes. La raison en est simple : on ne fâche personne en ajoutant, alors qu'on soulève des protestations à la moindre suppression. L'addition a toutes les apparences de la volonté politique : « J'ai décidé de créer… » Cette annonce consensuelle déclenche à tout coup les applaudissements. Pourtant, elle cache bien souvent une non-décision, une démission, voire une imposture. Tant il est vrai que le courage et la responsabilité impriment le plus souvent leur marque dans les décisions négatives : s'opposer, refuser, réduire, supprimer. L'inflation bureaucratique ne traduit donc aucune politique, aucune volonté, elle est le produit d'une fuite générale devant les responsabilités, d'une démission face aux revendications des personnels.

Au début des années 1980, quand se prépare la loi de décentralisation, tout le monde sait qu'il faut supprimer un niveau d'administration. Gaston Defferre ne l'ignore pas. La France est dotée d'un invraisemblable réseau de 36 000 communes (soit autant que dans le reste de l'Europe occidentale) sur lequel elle a assis un niveau intercommunal, puis un niveau départemental, puis un niveau national et, pour chapeauter le tout, le niveau européen. Impossible de rajouter sans enlever. Il faut à l'évidence rebâtir l'administration locale au niveau intercommunal, puis choisir, sur le plan territorial, entre département et région, et préparer la place du niveau européen. Avec ses quatre étages, la maison France serait bien proportionnée. Mais le ministre de l'Intérieur est un politicien avisé, il sait qu'une telle réforme soulèvera un tollé : la France des notables entrera inévitablement en révolte, la France des fonctionnaires en effervescence. Gros temps devant ! En bon marin, Gaston Defferre choisit de naviguer par temps calme : il garde tout et ajoute… la région ! Six niveaux administratifs, nouveau record ! Sans compter nos sous-préfectures. Cela fait des notables en plus, des fonctionnaires en plus, tout le monde est donc content. On avait bien promis que la création des administrations régionales serait compensée par une refonte des administrations centrales consécutive aux transferts de compétences correspondant. Que pensez-vous qu'il arriva ? Eh bien, le nombre des fonctionnaires augmenta de 500 000 dans les régions, départements et communes, tandis qu'il… s'accroissait de 300 000 dans les services nationaux !

La décentralisation n'a donc pas fait fondre l'administration centrale et il suffit de se promener dans certains couloirs pour le comprendre. Le ministère des Anciens Combattants, dont le général de Gaulle déjà souhaitait la disparition, survit à tous les changements de gouvernement. Avec ses 2 500 fonctionnaires, il coûte pourtant 1,5 milliard de francs en frais de fonctionnement et se double d'une administration parallèle et parasite considérable, l'Onac. Tout le monde sait qu'il faudrait le supprimer, mais les 50 000 associations veillent… De son côté, le ministère de l'Agriculture, qui comptait 15 000 fonctionnaires en 1950 quand la France avait encore 2,5 millions d'agriculteurs, en accueille aujourd'hui le double alors que le nombre des agriculteurs a été divisé par 2,5 (pour ne rien dire de la bureaucratie corporative, des paysans en souliers vernis, qui vit également sur l'argent public). Le ministère de l'Éducation nationale, lui, ne compte pas moins de 3 000 fonctionnaires dans son administration centrale et, sur l'ensemble de ses effectifs, plus de 400 000 administratifs. Claude Allègre a certes annoncé sa volonté de « dégraisser le mammouth » ; mais les syndicats lui en laisseront-ils la possibilité ? En attendant, la chute de la natalité fait baisser les effectifs dans les petites classes mais pas dans le corps professoral, tandis que les progrès de l'informatique, de la bureautique et des télécommunications libèrent partout des postes dans le privé, mais pas dans le public.

Notre administration fonctionne sur le principe de la permanence. Face au changement, on compensera les manques sans jamais éliminer les excédents, à l'image de cette décentralisation qui s'est bornée à plaquer une France moderne sur le schéma de la France révolutionnaire.

C'est pourquoi il faut imaginer, derrière les agents de l'État débordés, tous ceux qui sont mal occupés… et qu'on ne voit généralement pas. Parlant de la fonction publique hospitalière, on mettra toujours en avant les services surchargés et leur personnel surmené, mais Gilles Johanet nous parle aussi des 130 000 personnes en surnombre correspondant aux 60 000 lits excédentaires qu'on ne montre jamais.

Les syndicats prétendent voir dans ce constat une attaque contre les fonctionnaires qui se trouveraient ainsi accusés de paresse et de parasitisme. La ficelle est grosse comme de la corde à grimper, mais elle sert toujours. C'est évidemment l'organisation qui – faut-il le répéter ? – est en cause, et non pas les individus. Si celle-ci donne trop d'occupations aux uns et pas assez aux autres, c'est elle seule qui est responsable. Je n'ai jamais dit que le personnel en surnombre était désœuvré. Il travaille, il peut même travailler très dur, car l'administration applique des règles et des méthodes d'une remarquable inefficacité qui imposent à ses agents des tâches harassantes autant qu'inutiles. L'improductivité collective forme alors le plus réussi des ménages avec le surmenage individuel. Et voilà bien la pire de toutes les perversions. *Les services pléthoriques vont justifier leur existence en multipliant les formalités, les contrôles, les interventions, bref, en accroissant la bureaucratisation de la société. Le citoyen doit donc supporter tout à la fois des frais de fonctionnement excessifs et des procédures et règlements inutiles.*

Je reviens un instant sur la redevance de l'audiovisuel. J'ai pu vérifier que les 1 500 employés chargés de la collecter ont réalisé des gains de productivité impressionnants. Il se trouve simplement que leur service ne sert rigoureusement à rien dans la mesure où l'État pourrait percevoir la même recette sans affecter le moindre agent à sa collecte… en se contentant d'augmenter les taxes existantes. Tout le monde le sait et le dit depuis vingt ans. Mais la redevance, qui était une solution raisonnable à l'époque de la télé débutante, perdure aujourd'hui sans la moindre nécessité, pour la seule raison qu'elle existe et qu'on ne supprime jamais rien. Ce n'est pas faire injure aux 1 500 fonctionnaires de ce service que de constater l'inutilité de leur travail, mais ce serait rendre hommage à leur compétence que de les affecter à des tâches utiles. Pour les téléspectateurs, la perception de la redevance se traduit par un surcoût de 500 millions par an lié aux frais de fonctionnement du service de la redevance, soit 10 milliards dépensés en pure perte depuis vingt ans, sans compter les formalités inutiles : déclaration des ventes, rédaction des chèques, etc. On pourrait faire la même démonstration pour la vignette automobile. Pour les entreprises, ce sont des dizaines de procédures parasitaires qui alourdissent la gestion jusqu'à l'asphyxier. Tout le monde le sait, tout le monde le dit, tout le monde s'en plaint. Mais la simplification achoppe toujours sur le maintien des services obsolètes.

Or, il ne s'agit nullement d'exemples isolés. Il y a une dizaine d'années, Édouard Balladur, alors ministre de l'Économie, chargea deux inspecteurs des finances, MM. Belin et Gisserot, d'une mission d'étude sur l'allégement des structures administratives. Les deux éminents technocrates, après avoir examiné soixante-cinq organismes, proposèrent d'en supprimer trente-neuf en tout ou partie. Imagine-t-on ce que donnerait une telle recherche appliquée à l'ensemble de la sphère publique ?

Inutile de préciser que le rapport Belin-Gisserot n'a jamais été rendu public et que la liste des branches mortes fut classée secret d'État. Lors du conseil interministériel chargé d'en tirer les conséquences, chaque ministre prit vigoureusement la défense de ses machines à tisser les courants d'air. Au total, et bien que le gouvernement se réclamât d'une idéologie libérale, on décida de ne rien supprimer… sauf ce genre d'enquête qui ne fut jamais renouvelée.

Partout prolifèrent des « centres », des « comités », des « conseils », des « agences », des « observatoires », des « secrétariats généraux », des « instituts » qui, au mieux, font double emploi avec des services existants. Les structures mortes sont souvent conservées à seule fin d'offrir un fauteuil présidentiel, très bien rémunéré, à des obligés du pouvoir. Ces placards dorés sont généralement qualifiés de « caisses » : Caisse nationale de l'énergie, Caisse nationale de l'industrie, Caisse nationale des banques, etc., mais il existe bien d'autres organismes-sarcophages pour patrons momifiés, comme l'Association technique des importations charbonnières, la Régie inter-océan, la Société du tunnel du Mont-Blanc, entre tant d'autres. Cette volonté de « caser » son monde dans de douillettes privilégiatures assure la survie d'un Conseil économique et social qui n'a jamais trouvé sa place dans nos institutions. Et qui osera jamais évaluer le rapport coût/efficacité de notre auguste Sénat ?

Or, ces organismes plus ou moins inutiles, plus ou moins pléthoriques, sont doublement pénalisants pour le citoyen qui doit tout à la fois payer leur fonctionnement et supporter leur activité.

Concluons sur ce point. La machine étatique tend à fabriquer de la bureaucratie sans jamais, absolument jamais éliminer ni simplifier. C'est dire qu'elle s'encrasse et fonctionne de plus en plus mal. Face à la complication, aux difficultés qui naissent de cette accumulation de textes et de services, le monstre ne sait répondre qu'en créant de nouveaux postes, en dévorant des crédits supplémentaires.

Là gît le secret de nos deux vérités. Car s'il est indiscutable que de nombreux fonctionnaires ont du travail pour deux, cela ne prouve en rien qu'il faille leur adjoindre un deuxième fonctionnaire. Cela prouve le plus souvent qu'il conviendrait de réformer de fond en comble notre administration.

L'impossible réforme

Avant d'engager des professeurs, de construire de nouveaux établissements, ne faudrait-il pas se demander pourquoi nos classes sont plus nombreuses qu'à l'étranger, bien que le nombre relatif d'enseignants par rapport à la population scolaire ne soit pas moindre ? On découvrirait alors qu'il faut réformer nos programmes et notre calendrier scolaire plutôt qu'accroître les effectifs de notre corps professoral. Avant de construire des facs et des amphis, il serait bon d'utiliser tout au long de l'année les bâtiments existants et de s'assurer que les étudiants y reçoivent un enseignement adapté à leur avenir.

La Justice pleure sur ses 25 milliards de budget, une misère, et sur ses magistrats débordés. Avant de doubler les promotions à l'École de la magistrature, pourquoi ne pas revoir la carte judiciaire qui date du XIXe siècle et fait cohabiter des juridictions débordées dans les régions en expansion et des juridictions en léthargie dans les régions en régression ? On pourrait encore s'interroger sur les fameuses vacances judiciaires et, pendant qu'on y est, regarder de plus près ces piles de dossiers que les juges d'instruction ont sous le coude. Ne pourrait-on éviter bien des contentieux en sanctionnant les procédures abusives, en favorisant le recours à la médiation, en modifiant la législation ?

Et ces hôpitaux qui espèrent des budgets supplémentaires, emploient-ils efficacement cette armée soignante de 715 000 personnes ? Combien d'établissements à fermer, de services à reconvertir, d'organisations à revoir, d'installations coûteuses à mieux utiliser ?

Et le fisc ? Faut-il multiplier les inspecteurs avant d'avoir simplifié notre système fiscal et unifié nos réseaux de collecte ?

Et la police ? Se douterait-on, à entendre les récriminations sur le manque d'effectifs, que la France détient le record d'Europe du nombre de policiers par millier d'habitants ? Mais, lorsqu'on voit ces fonctionnaires battre la semelle jour et nuit devant la demeure de ces personnages qui se veulent protégés pour se croire importants, cette répartition des effectifs qui ne tient aucun compte des besoins, on comprend qu'une réforme en profondeur soit nécessaire.

Or les syndicats refusent en général ce genre d'interrogations. Ils n'ont jamais qu'un diagnostic : manque de personnel, manque de moyens, et n'avancent qu'un remède : l'augmentation des effectifs et des budgets. Quel que soit le dysfonctionnement évoqué : insécurité ou insalubrité, échec scolaire ou échec sportif, bavure médicale ou bavure policière, contrôles tatillons ou contrôles défaillants, les créations de postes et les augmentations de crédits seront proposées comme autant de panacées, ou comme l'équivalent des purges et saignées au temps de Molière. Une solution qui peut s'appliquer partout, qui ne nécessite aucune imagination, aucune réflexion, aucun courage : la solution française par excellence.

Son grand mérite aux yeux de ses partisans, c'est d'exclure tout changement, d'être purement symptomatique. Les classes sont trop nombreuses ? on augmente le nombre des professeurs. Certains juges sont débordés ? on engage de nouveaux magistrats. Les hôpitaux manquent de matériel moderne ? on accroît les budgets. Les prisons sont surchargées ? on construit de nouveaux établissements. L'insécurité augmente dans les cités ? on recrute des policiers, etc. Dans tous les cas, on ne résout rien, on se contente de parer au plus pressé, on préfère surcharger et ravauder plutôt que prendre le risque du changement.

C'est dire que depuis des décennies, les Français paient de plus en plus cher à seule fin que l'État accroisse ses lourdeurs, ses lenteurs et ses défauts. Ils paient en somme pour que l'État ne s'améliore pas et coûte de plus en plus cher. C'est dire que même si la France était assez riche pour satisfaire ces revendications, et augmenter de quelques pour cent budgets et personnel, il faudrait encore refuser de le faire. Car ces dépenses supplémentaires agissent comme une drogue qui cache le mal et entretient le refus de se soigner.

Et c'est pourquoi le nombre des fonctionnaires diminue un peu partout dans le monde, sauf dans notre pays. Dire, comme Lionel

Jospin, que la France a juste assez de fonctionnaires, ni trop, ni trop peu, et qu'elle ne doit surtout pas en réduire le nombre, est une absurdité. Quand un homme de qualité débite de telles calembredaines, c'est tout simplement qu'il paie sa dette aux syndicats de la fonction publique. Inutile de chercher plus loin.

Autant les agents de l'État et leurs syndicats sont dans leur rôle lorsqu'ils se battent pour leurs salaires et leurs diverses prérogatives, autant ils en sortent lorsqu'ils s'engagent dans cette voie. Comment admettre que l'État-patron, en accordant les garanties statutaires, n'ait pas même gagné son autonomie d'employeur ? Il semblerait naturel qu'il garantisse le contribuable contre les sureffectifs tout comme il garantit les agents contre les licenciements. Mais comment le pourrait-il s'il ne lui reste même pas la liberté de ne pas embaucher ? En fait, il n'a que des devoirs, dont celui de recruter toujours davantage, à seule fin de ne rien changer.

La vraie réforme, celle qui consiste à faire les choses autrement, et pas seulement à transposer la même routine dans un cadre plus ou moins modernisé, cette réforme-là fait peur, surtout lorsqu'on vit dans le confort, spartiate mais rassurant, de l'administration. C'est ce que montrent fort bien les analyses de Jean-Pierre Le Goff à propos des cheminots. Ainsi, paradoxalement, la sécurité ne génère pas la sérénité, mais l'inquiétude et la crispation.

Dans un univers concurrentiel, l'alternative à la modernisation s'appelle la disparition. Dans la sphère publique, en revanche, le changement n'est jamais ressenti comme une nécessité vitale, il semble n'être qu'une option à côté du maintien toujours possible du statu quo.

Pendant un an, j'ai présidé les travaux de la commission « Efficacité de l'État » du Xe Plan. J'ai gardé de cette expérience la conviction que les obstacles sont, pour l'essentiel, d'ordre psychologique, donc extrêmement difficiles à surmonter. À force de se vouloir au service de la loi et du règlement, l'administration s'interdit de repenser sa façon de faire et voit un inviolable principe dans le moindre détail de procédure. Avec de telles contraintes, on ne peut guère changer que le papier aux murs et la couleur des rideaux ; pas de quoi bouleverser les méthodes de travail et gagner en productivité !

Dans cette disposition d'esprit, la réforme non accompagnée de moyens supplémentaires est perçue comme une duperie visant à imposer des conditions de travail plus dures. Méfiance, donc !

D'autant plus si le souci d'efficacité, de simplification, de résultats semble mettre l'administration à l'heure de l'entreprise. Crime suprême ! Bien souvent, mes interlocuteurs feignaient d'entendre « rentabilité » alors que je disais « productivité »...

La conviction que l'on peut faire plus et mieux avec moins d'argent et des effectifs moindres n'est toujours pas entrée dans les esprits. Les fonctionnaires ne peuvent se convaincre qu'ils ont tout à gagner et rien à perdre de la modernisation et que, pourvu qu'elle soit bien conçue et bien menée, elle ne consiste pas à rendre leur travail plus pénible, mais plus gratifiant. Bref, le bien-fondé de la réforme reste encore et toujours à démontrer.

La France connaît ainsi un véritable dédoublement de la personnalité. Tandis que l'administration enfle comme un personnage de Botero, le secteur concurrentiel s'est bel et bien mis à l'heure de l'ultralibéralisme, de la compétition sans merci. Ici les organigrammes ont été « dégraissés » jusqu'à ressembler aux figures de Giacometti. Ici on ne conserve son emploi qu'en offrant à son employeur le meilleur rapport production/rémunération, en étant « superproductif », « hypercompétitif ». À ce prix, les entreprises françaises ont reconstitué d'excellentes trésoreries tout en perdant beaucoup de monde. Mais les emplois ne sont pas équivalents dans l'un et l'autre secteur ; et la maigreur de l'un ne compense pas l'obésité de l'autre. Elle en aggraverait plutôt les effets.

Toutes les bureaucraties administratives, sociales, culturelles ou entrepreneuriales tendent à la prolifération : la bureaucratie, ça enfle et ça s'étale. On pourrait dire de la même façon que l'entreprise est un monstre qui ne pense qu'à tout dévorer, à tout dominer, à se développer au mépris de toutes les valeurs qui ne figurent pas à son bilan. Chaque structure a ses vertus et ses défauts, mais aucune ne saurait s'identifier à la nation. On a brocardé le « ce qui est bon pour General Motors est bon pour l'Amérique », en oubliant que nous vivons sur un principe tout aussi absurde : « Ce qui est bon pour l'administration est bon pour la France. »

Faut-il en conclure que le train de vie de l'État ne peut faire machine arrière ; que nous ne saurions redresser nos finances par cette voie ? Regardons l'étranger. Nos amis canadiens nous avaient damé le pion en matière de laxisme budgétaire : 6 % du PIB de déficit en 1993 et une dette fédérale égale à 73 % du PIB. Pour 1998, ils annoncent... un budget en équilibre. Ils n'ont pas coupé aveuglément dans les dépenses sociales en sacrifiant à la doctrine

Reagan. Ils ont, autant que faire se peut, préservé leur État-provi-dence (en effet, contrairement à ce qui se passe de l'autre côté de la frontière, la protection sociale canadienne est excellente), mais ils ont soumis l'appareil d'État à une cure drastique de rationali-sation. Partout ils ont procédé à des audits, ils ont réorganisé, accru l'efficacité, réduit les effectifs. Toutes les activités de type indus-triel ou économique ont été remises à leur place : dans le secteur privé. Les traitements de la fonction publique ont été gelés. La réforme n'a pas été conduite sauvagement, mais dans la concerta-tion, prévoyant de multiples mesures d'accompagnement, notam-ment pour ce qui concerne le départ des fonctionnaires. En l'espace d'un lustre, le Canada a ainsi recouvré la santé financière, sans pour autant modifier son mode de vie et sans connaître d'ex-plosion.

La France serait-elle capable d'un tel exploit ? Objectivement, rien ne s'y oppose. Subjectivement, c'est une autre affaire. Nous avons si bien transformé nos vices en vertus, érigé notre conserva-tisme en manifestation de courage, maquillé notre laxisme en volonté, qu'il ne faudrait pas moins d'une révolution culturelle pour surmonter cet amas de mensonges et nous engager dans cette voie avec constance et détermination. Songeons que les réformes se heurtent toujours à l'opposition de forces qui prétendent défendre le service public ! Que le médecin est toujours présenté comme un assassin par ceux qui laissent mourir le malade !

Il est à craindre que cela ne puisse plus se faire « à froid et à l'amiable » par la négociation. Sans doute faudra-t-il une épreuve de force pour que soient modifiées les relations que le peuple entretient avec les serviteurs de l'État. Toutes les vieilles nations se sont ainsi laissé piéger, mais aucune n'est allée aussi loin dans l'hypocrisie. Un homme profondément attaché à la concertation comme Jacques Delors ne nourrit guère d'illusions à ce sujet : « Les expériences étrangères montrent qu'il n'y a pas une méthode intel-ligente de la réduction sensible des dépenses publiques, explique-t-il. Il faudra être "bête et méchant" pour forcer les administrations à être plus productives. » Qui peut douter que l'ex-périence française, plus mal engagée que d'autres, devra être encore plus dure ?

Le blocus pour tous

Cette impossibilité d'encadrer l'action revendicative n'est pas, en soi, spécifique au secteur public. C'est un phénomène général dans notre société. Il se trouve simplement que les agents de l'État sont mieux placés que d'autres pour en tirer parti. D'autant plus que la puissance publique, incapable d'imposer une règle du jeu à son personnel, ne peut que laisser le champ libre aux autres catégories. Une licence dont les salariés des entreprises concurrentielles ne peuvent guère profiter. En fait, nous avons laissé les rapports sociaux se déployer dans un espace de non-droit. Certes, il s'agit de rapports de force, mais la démocratie doit tout de même les canaliser, les organiser, les civiliser. Voilà ce que notre société ne fait plus. La loi n'existe plus dès lors que l'on se place dans le champ revendicatif. C'est à chacun d'aller aussi loin que sa situation le lui permet.

Je sais que notre histoire sociale a été ponctuée de révoltes de travailleurs, d'actions violentes, d'émeutes. Je sais que les ouvriers du siècle dernier, exploités, opprimés par un patronat de droit divin, ont dû sortir de la légalité pour faire respecter leurs droits et leur dignité. Ils l'ont fait, et ils ont bien fait. Je sais même qu'aujourd'hui bien des salariés peuvent être poussés à bout par la cupidité, la brutalité et l'arrogance de leurs patrons. Mais les débordements dont je parle ne se produisent jamais dans ces entreprises archéo-capitalistes. Ils sont le fait de salariés statutaires, garantis, protégés, qui ont, certes, des motifs de mécontentement – qui n'en a pas ? –, mais qui ne sont certainement pas traités avec l'indignité qui justifierait le recours à l'illégalité.

Le « socialement correct » considère que c'est toujours la partie patronale, capitaliste ou non, qui est coupable et donc responsable de ces désordres. Si elle avait satisfait les revendications, ça ne se serait pas passé comme ça ! Or les revendications sont légitimes par définition… Raisonnement imparable ! Mais il est toujours dangereux de s'installer dans l'illégalité, de ne plus respecter ni règles ni bornes, car cela revient à ouvrir la porte à toutes les surenchères, et nul ne sait jamais comment ce type de fuite en avant peut se terminer.

Nous avons eu un signe avant-coureur de ces dérapages incontrôlés en novembre 1991. Officiellement, il s'agissait d'une grève surprise de la navigation aérienne qui a bloqué 200 000 voyageurs dans les aéroports parisiens. Les otages n'ont pas manqué de maudire ces colériques aiguilleurs du ciel. Pure calomnie : les contrôleurs de la circulation aérienne n'y étaient pour rien, le mouvement avait été déclenché par les électroniciens de l'aviation civile. On sait que les avions sont cloués au sol lorsque les aiguilleurs se croisent les bras ; en revanche, on ignorait que les électroniciens avaient ce même pouvoir. En fait, ils ne l'avaient pas, et c'est pourquoi, à qualification égale, ils étaient moins bien traités, ce qu'ils supportaient mal. Ils avaient donc multiplié les mouvements de grève, sans résultat. Car leur travail consiste à entretenir les équipements électroniques, qui sont tous doublés ou triplés. Jusque-là, les avions circulaient donc en dépit de la mauvaise humeur des électroniciens, jusqu'à cette grève du 8 novembre où tout s'arrêta. Les contrôleurs découvrirent ce jour-là que les communications ne se faisaient pas, qu'ils ne recevaient pas les informations nécessaires, qu'aucun écho ne parvenait des radars ; bref, qu'ils ne pouvaient donner les autorisations de décollage. L'enquête révéla que les logiciels avaient été délibérément sabotés.

Par ce procédé ô combien illégal, des électroniciens avaient voulu se doter d'un pouvoir de nuisance comparable à celui des contrôleurs afin d'arracher les mêmes avantages. Or les salariés concernés n'étaient pas des smicards analphabètes, mais des salariés statutaires, de niveau technique supérieur, et qui gagnaient 23 000 francs par mois ! «L'emploi du sabotage – avéré pour la première fois – comme mode d'action prouve qu'il y a quelque chose de pathologique dans les relations sociales au sein des services de la navigation aérienne», conclut Alain Faugas dans *Le Monde*. Nul doute qu'avec l'apparition de syndicats plus radicaux comme SUD, avec la formation de «coordinations» plus ou moins noyautées par les trotskistes, ces actions vont se multiplier à l'avenir sans aucun profit pour la justice sociale, puisqu'elles ne seront jamais menées par les vrais «travailleurs exploités», ceux du secteur privé. Car c'est tout juste l'inverse dans les entreprises privées, où des salariés sont licenciés parce qu'ils ont revendiqué le plus légalement du monde, mais d'une façon jugée trop pugnace par leur patron.

Certaines corporations du privé, il est vrai, se sont délibérément organisées pour manier la violence revendicative. C'est par exemple le cas des ouvriers du Livre ou des agriculteurs.

Les transformations du monde agricole lui ont fait perdre ses moyens de pression ordinaires, tandis que l'exode rural ne cessait de réduire son poids électoral. On a beau traficoter les circonscriptions, on ne peut plus prétendre « faire » les élections avec moins de 800 000 exploitants disséminés sur l'ensemble du territoire. En outre la production, devenue excédentaire, a vidé la grève de son contenu. Le temps n'est plus où les campagnes pouvaient menacer d'affamer les villes. Pour ne pas se laisser oublier, les agriculteurs ont donc décidé de faire peur. Et ils ont parfaitement réussi. En l'espace d'un demi-siècle, ils ont modernisé leurs méthodes revendicatives d'une manière aussi remarquable que leurs méthodes de production. De véritables milices ont été mises sur pied, capables d'organiser à tout moment des opérations de commandos, des manifestations médiatiques, des blocages de routes et des sabotages de voies ferrées, voire de véritables émeutes. Du coup, la politique agricole a été dominée par un premier souci : éviter l'explosion des campagnes. Les gouvernements savent que, sur un simple signe des organisations, des préfectures peuvent être saccagées, des trains immobilisés, des convois interceptés. Ils paient donc pour éviter ces violences télécommandées. Tant mieux si les aides et les subventions profitent au pays, et si les malheureux en bénéficient plus que les riches (ce qui est rarement le cas) ; tant pis si c'est l'inverse, tant pis si l'on prépare de nouveaux excédents et de nouvelles crises : tout plutôt que l'invasion des villes par les commandos de la colère.

À force de voir les pouvoirs publics trembler devant certains salariés du service public, l'idée que la grève n'est rien sans le blocus a fait son chemin. Notamment dans les professions de la route, qui ne conçoivent plus de mener une action purement passive. C'est ainsi que les routiers, mais aussi à l'occasion, les taxis ou les ambulanciers, ne se contentent plus de cesser le travail ; au mieux, ils ralentissent la circulation, au pis, ils la bloquent complètement. Ils s'arrogent ainsi, en toute illégalité, par simple analogie, le même pouvoir de nuisance que certains grands services publics.

Comment le leur reprocher ? En février 1984, des centaines de camions étaient restés bloqués des jours entiers dans la neige et la froidure à la frontière italienne. Raison de cet énorme bouchon : la « grève du zèle » que menaient les douaniers. Ces fonctionnaires bien au chaud, payés comme il se doit, pouvaient brimer à volonté les camionneurs, acculer certains à la faillite, entraver la circulation… en toute légalité. Bloqués pour bloqués, les patrons routiers reprirent l'idée à leur compte. Ils avaient déjà mené des « opérations escargots » deux ans plus tôt ; cette fois, ils n'organisèrent pas moins de 117 barrages dans toute la France, au service de leurs propres revendications. Qui donc aurait pu reprocher aux « forçats de la route » ce que l'on admettait des douaniers ?

En juin 1992, c'est l'instauration du permis à points qui met le feu aux poudres. De façon assez sauvage, les routiers couvrent alors la France de barrages. La méthode est décidément efficace. En 1995, ils ont eu tout loisir de comparer leur situation à celle des conducteurs des chemins de fer. Leur métier n'est pas moins difficile et comporte des servitudes beaucoup plus grandes. Or leurs salaires ne dépassent guère 8 000 francs par mois, bien loin des 15 000 francs de leurs collègues de la SNCF ; leurs horaires sont de 56 heures en moyenne, contre à peine les deux tiers dans les chemins de fer, sans compter que la SNCF a la fibre paternaliste quand les entreprises de transport routier ne connaissent que la brutalité, que les uns se reposent à 50 ans et les autres à 60, que les forçats de la route cotisent quarante ans à 10 % de leur salaire, quand les cheminots ne cotisent qu'une trentaine d'années à 7,8 % pour bénéficier d'une pension bien supérieure à celle des premiers. La comparaison rail/route offre le contraste le plus saisissant qui soit entre les deux France.

Les cheminots ayant mis le pays à genoux pour ne pas travailler jusqu'à 53 ans, les camionneurs, eux, ont décidé en 1996 de déterrer la hache de guerre pour obtenir la retraite à 55 ans et des augmentations de salaire. Difficile de ne pas les comprendre. Mais cette fois, ils n'ont pas fait dans l'improvisation, ils ont discrètement et très méthodiquement préparé une action, dont l'efficacité a surpris le pays. « On adopte la logistique de guerre », explique alors froidement un syndicaliste FO, et son collègue de la CFDT de préciser que, pour réussir un barrage, « il faut un téléphone, un restaurant à proximité, des sanitaires. Sans cela, c'est la galère ». Grâce à cette organisation, les routiers parviennent à dresser 250 barrages parfaitement coordonnés. Un blocage qui coûtera un demi-milliard par jour à l'économie française. Au bout de trois semaines, ils arracheront, outre des augmentations de salaire, la retraite à 55 ans dont nul ne comprenait qu'elle puisse leur être contestée.

La corporation est désormais aussi bien organisée que les cheminots pour bloquer le pays. Dans un monde où la concertation et la négociation n'ont pas droit de cité, cette forme d'action devient la seule concevable. C'est ainsi qu'en 1997 les routiers, furieux que les patrons n'aient pas respecté certains des engagements pris l'année précédente, lancent une nouvelle action. Mais cette fois, ils ne jouent plus sur l'effet de surprise. Au contraire. En septembre, puis en octobre, les syndicats tiennent à faire savoir qu'ils préparent le blocus du pays. Pour la première fois, la France va être paralysée par un conflit qui n'oppose pas l'État à ses employés, mais des patrons privés à leurs salariés. Les plans de bataille sont tranquillement exposés dans les médias. Les journalistes parlent de « la préparation de la grève » comme s'il n'y avait aucune espèce de différence entre refuser de travailler et mettre des camions en travers de la chaussée. Nul n'ose faire remarquer qu'une telle opération relève de la plus parfaite illégalité. Pas une seconde le gouvernement n'envisagera de s'opposer aux blocus qui se préparent. Ses prédécesseurs ne s'y sont pas vraiment risqués, et nul en France ne comprendrait que l'on prétende interdire aux routiers ce qu'on tolère des cheminots. À force de refuser toute réglementation du droit de grève dans les services publics, on finit par légitimer le recours à l'illégalité dans le privé.

L'escalade, en tout cas, est engagée. De conflit en conflit, on utilisera des moyens de plus en plus durs, de plus en plus illégaux, que l'État, si laxiste avec ses propres salariés, n'osera pas condamner. Et les pouvoirs publics, lorsqu'ils tenteront de définir une politique des transports prenant en considération le rail aussi bien que la route, se trouveront pris en tenaille par deux corporations également capables de bloquer le pays. Ils ne pourront que céder aux uns et aux autres dans une totale incohérence qui, bien sûr, coûtera très cher au pays.

Désormais, les médias qualifient de « grève » toute forme d'action revendicative, quand bien même il s'agit du blocus d'un port, d'une voie ferrée, voire des pistes d'un aéroport. Il semble naturel que chacun sorte du cadre légal et cherche, pour se faire entendre, à imposer à la population la plus forte nuisance possible. N'a-t-on pas vu des journalistes menacer les élus d'un boycott médiatique s'ils votaient la suppression des avantages fiscaux dont bénéficie ma profession ? Oui, la dérive des esprits est telle qu'on peut tout à la fois posséder une carte de presse et envisager de biaiser l'information en fonction de ses intérêts particuliers ! Bien entendu, ce n'est pas la légitimité de la revendication qui est ici en cause. Les journalistes gagnent en moyenne 16 000 francs bruts par mois. Autant dire que beaucoup d'entre eux ne gagnent guère plus de 10 000 francs, bref, que la suppression de cet abattement – plafonné, il faut le rappeler – représente un mois de salaire en moins pour les plus faibles rémunérations. Quelle catégorie accepterait d'être ainsi maltraitée ? Mais tout de même, la fin ne saurait justifier tous les moyens, pas plus dans ma profession que dans aucune autre. Or, comment interdire les blocages et les prises d'otages dès lors que les travailleurs protégés y recourent le plus légalement du monde ? La diffusion de cette menace répand la paralysie dans toute la société. Seules les entreprises vivent au rythme du changement permanent.

Notre tradition cocardière érige cette anarchie sociale en supériorité morale : les sociétés qui fixent des règles du jeu et qui en imposent le respect sont, pensons-nous, à peine démocratiques et certainement attardées sur le plan social. Or cette jungle, comme toutes les jungles, ne connaît qu'une loi : celle du plus fort. Elle revient à laisser la France précaire sans défense et sans reconnaissance, tandis que la France organisée peut menacer tout à loisir. Mais essayez donc de rappeler que, lorsque la fin justifie les moyens, les forts finissent toujours pas écraser les faibles, que le respect des lois n'est pas une invention des puissants, mais de la démocratie !

Chapitre V

LE PILLAGE DU TRÉSOR

De la crise politique ou de la crise financière, laquelle éclatera en premier ? Je suis bien incapable de le dire. Je sais seulement que, dans un cas comme dans l'autre, le compte à rebours a commencé, inexorable, et que la machine à ruiner la France n'est pas moins efficace que la machine à faire gagner le Front national. L'accumulation des déficits n'a donc rien de conjoncturel, c'est désormais une maladie chronique, une pathologie dont nous ne saurions nous délivrer sans remettre en cause l'organisation même de notre République.

La France se goberge de dépenses publiques. Elle y consacre la moitié de sa richesse, un véritable record d'Europe. Pour ma part, je ne suis nullement effrayé – pas même en tant que contribuable – par des prélèvements obligatoires qui atteignent 45 %. À une condition : c'est d'en avoir pour mon argent, et c'est là que le bât blesse. Car la France n'assume cette abondance budgétaire qu'au prix d'énormes déficits, d'emprunts considérables, et ces moyens financiers gigantesques n'empêchent pas le développement de la plus noire misère, de la pire détresse. Or la dépense collective est en principe égalitaire, solidaire, elle doit permettre de construire une société plus juste, plus amène et moins brutale. S'offrir le malheur et l'injustice à crédit, qui dit pis ?

Consternante faillite ! Ce n'est même pas la défaite, qui a sa grandeur, c'est l'échec sans la bataille, le forfait, la dérobade. Mais faut-il s'en étonner ? Cette prodigalité n'a jamais été fille d'une grande politique, elle n'est que la bâtarde du laisser-aller.

La France gaulliste et pompidolienne est essentiellement vertueuse sur le plan financier, elle tient serrés les cordons de la bourse et, lorsqu'elle s'autorise une folie, la forte croissance rétablit bien vite les comptes. Le dérapage commence, de façon insidieuse, sous le septennat de Valéry Giscard d'Estaing. En 1974, le premier choc pétrolier alourdit notre facture énergétique et freine l'expansion. Rien de dramatique, pourtant : il suffit de procéder à un simple ajustement. Mais le nouveau pouvoir, élu de justesse et qui redoute un troisième tour social, n'ose pas l'imposer. Valéry Giscard d'Estaing et son Premier ministre, Jacques Chirac, ouvrent les vannes : augmentation des retraites, des traitements pour les fonctionnaires, des indemnisations pour les chômeurs ! Les prélèvements obligatoires se mettent à croître de 1 % tous les ans. Et, lorsque Raymond Barre prescrit son régime d'austérité, le second choc pétrolier, le vrai, vient tout remettre en question. Le président de la République va répétant que si les prélèvements dépassent 40 %, la France deviendra socialiste, ce qui ne va pas manquer de se produire pendant son septennat «libéral». C'est donc à reculons et de façon honteuse que Marianne s'engage dans la politique de l'argent facile.

Avec le basculement de 1981, on passe du laxisme coupable à la prodigalité triomphante et revendiquée. La gauche puise joyeusement dans les caisses pour «changer la vie» et redresser la France. La «relance» est célébrée comme l'universelle panacée ; la dépense publique est valorisée en soi, indépendamment de son objet. Il faut «faire du déficit» comme on «faisait de la croissance». Les vainqueurs de 1981 se gavent de l'argent public avec la bonne conscience d'une armée victorieuse vidant les coffres du vaincu.

La solidité financière de la France permettait d'encaisser ce mini-pillage, mais pas sa conséquence durable : le mépris de l'argent public. C'est lui qui va désormais dominer la vie politique, et les socialistes en seront les champions. Autrement dit, ceux-là mêmes qui devraient, envers et contre tout, défendre le trésor public, prennent l'habitude de jeter l'argent par les fenêtres, d'aligner les zéros sur les chèques. Que la droite libérale agisse de la sorte, c'est répréhensible mais compréhensible. Dénonçant la perversité de l'argent public, elle peut être conduite à le gaspiller par irrespect, un peu comme ces puritains machistes qui vont «voir les filles» pour jauger l'ampleur de leurs turpitudes. Pour la gauche socialiste, au contraire, l'argent public ne devrait être que sacré. Il ne saurait être que l'outil de la politique sociale, celui qui permet d'insuffler plus de justice, plus de culture, plus de solidarité dans la société. Bien malin qui trouverait la marque de ces nobles principes en fouillant les restes du carnaval dépensier de 1981.

Lorsque les socialistes devront abattre la voilure, en 1983, Lionel Jospin, patron du PS, répétera sur tous les tons qu'il s'agit là d'une « parenthèse » et non pas d'un changement de politique. La responsabilité financière, discipline contraignante mais à laquelle nul ne peut se soustraire, deviendra une bizarrerie dogmatique.

Le 14 septembre 1983, il y a quinze ans, recevant le président François Mitterrand à l'émission « L'Enjeu », je l'entendis (et tous les téléspectateurs avec moi) annoncer que les prélèvements obligatoires baisseraient à l'avenir de 1 % par an. Depuis lors, je n'ai pas souvenir qu'un seul homme politique, hormis peut-être les communistes, ait prôné leur alourdissement, et ceux-là mêmes qui préconisent l'augmentation des dépenses n'osent assumer sa contrepartie : la hausse de l'imposition. Seuls les idéologues et les démagogues, dispensés de l'épreuve des faits, croient encore que les excès de dépense sont automatiquement payés par le surcroît de croissance qu'ils génèrent.

Lorsque la récession frappe, dans les années 1990, Pierre Bérégovoy compense en creusant le déficit. Le gouvernement Balladur, de stricte obédience libérale, ira plus loin encore dans le dérapage en étouffant dans l'œuf (sous l'argent public) le moindre mécontentement. Tous les gouvernements européens feront plus ou moins de même. Mais, chez nous, l'ajustement conjoncturel se transforme aussitôt en situation acquise au point que, la croissance revenue, chacun pense à en partager les fruits plutôt qu'à retrouver l'équilibre financier, pour ne pas parler de rembourser les dettes accumulées.

Chaque pas dans la voie de l'endettement fut en fait une non-décision. Le pouvoir n'affectait pas d'argent à de véritables projets, il n'avait aucun souci de construire l'avenir, il achetait tout simplement les voix des électeurs, calmait celles des solliciteurs ou s'offrait de ruineuses chimères. On chercherait en vain la trace d'un choix cohérent dans la foire d'empoigne, le grand foutoir de nos finances. C'est pourquoi tous ces milliards n'ont produit que de la graisse, jamais du muscle.

Le beau temps de la querelle entre les jansénistes de l'État minimal et les bons apôtres de l'État-providence est passé. Libéraux ou socialistes, les économistes crient « casse cou ». La dépense collective est beaucoup trop élevée pour ce qu'elle rapporte, l'endettement beaucoup trop important à cause de ce qu'il coûte. Ce tribut gigantesque prélevé par la puissance publique étouffe les forces productives, il incite à se réfugier dans un attentisme sans risque ou bien à plonger dans l'économie au noir.

Tant que le secteur étatique vivifie le secteur productif qui le porte, tant qu'il donne en proportion de ce qu'il prend, tout va bien. Mais aujourd'hui, l'État prélève de plus en plus sur une économie anémiée, comme le cavalier frappe de la cravache pour faire avancer une monture fourbue. L'excès de dépenses collectives étouffe la croissance, donc l'assiette des prélèvements, obligeant à augmenter les taux, ce qui réduit encore l'assiette, et ainsi de suite, au gré d'un processus infernal. Or tout, absolument tout, pousse à faire croître le poids de l'impôt et des charges pesant sur notre richesse présente, et l'hypothèque de nos dettes sur notre richesse à venir. Cela ne résulte pas d'une mauvaise politique, mais d'une absence de politique.

Bien entendu, cette gestion à la petite semaine se dissimule sous les superbes proclamations. Quel autre pays a, comme nous, fait sonner les trompettes et battre le tambour pour affirmer le rôle de l'État, sa prééminence sur la société, sa capacité à régenter l'économie ? Qui pourrait imaginer, en écoutant ces proclamations triomphantes, qu'elles célèbrent un souverain qui compense son peu d'autorité par un excès de dépenses ?

Les frasques du fric

Aussi longtemps que le recours au crédit permet d'éviter la cessation de paiement, la lutte contre les déficits est renvoyée à plus tard. Chez nous, dans cet état d'urgence permanent, elle n'est jamais d'actualité. L'argent public reste le gibier le plus recherché, et ses derniers défenseurs, quelques républicains attardés, doivent affronter des armées de chasseurs dont les fusils pointent tous dans la même direction. Il ne fait pas bon protéger cette espèce convoitée sur ces terres de braconnage !

Tout compte fait, l'État pourrait encore boucler ses fins de mois s'il n'avait que ses fonctionnaires à payer, même généreusement. Le personnel de l'État prélève au total entre 33 et 40 % sur les « feuilles d'impôt des contribuables », pour rester dans la métaphore présidentielle. Le reste passe essentiellement en « interventions ». De quoi s'agit-il ? De l'argent que l'État ne dépense pas lui-même. Cela va des pensions d'anciens combattants ou de handicapés aux concours apportés à divers régimes de la Sécurité sociale, en passant par d'innombrables subventions aux collectivités locales, à la SNCF, à des organismes économiques, sociaux ou culturels, à des milliers d'associations gloutonnes, etc. Ajoutons les commandes civiles et militaires, et concluons que, pour un franc public dépensé dans l'administration, un autre est dépensé dans la société. *La pompe redistribue autant qu'elle consomme.*

Toutes les nations développées en sont là. Il y a un siècle, les dépenses publiques représentaient moins de 10 % du PIB et, dans les années 1950, la moyenne n'était que de 20 %. Depuis les années 1970, elle dépasse 40 % dans les pays de l'OCDE. Les citoyens n'admettent plus – et surtout pas les Français – que l'État se cantonne à son rôle de gendarme ou à ses « fonctions régaliennes », justice, administration, défense, etc. ; ils lui demandent de s'investir plus avant dans la société, mais préfèrent qu'il distribue l'argent pour « faire faire » les choses à l'extérieur plutôt que de le dépenser dans ses propres services en prétendant tout faire par lui-même. *Évidemment, un tel pactole éveille les appétits, suscite les convoitises, et seul un État fort serait capable d'en assurer le bon usage.* Comment le nôtre, ballotté entre ses serviteurs et ses solliciteurs, pourrait-il refréner les ardeurs budgétivores ?

La réponse, nous la connaissons déjà. C'est la démission, c'est-à-dire la dépense. Désormais gouverner, c'est dépenser, et plus on dépense, plus on a le sentiment de gouverner. C'est ainsi que la France est pillée. Tout ce qui peut avoir de la valeur, son patrimoine ou son crédit, son passé ou son avenir, tout est monnayé puis dilapidé le plus démocratiquement du monde, puisque la population, loin de s'en offusquer, approuve cette mise à l'encan.

L'argent collectif, c'est l'ultime lien social, notre dernière façon de nous supporter les uns les autres, de faire de la politique. Fermez les vannes, arrêtez les déficits et le crédit : tout explose. Nous avons connu les dérives de l'État-providence puis de l'État administrateur, voici le tour de l'État interventionniste qui parachève la ruine du pays.

Le règne de l'argent roi, de l'argent fou, a été largement dénoncé au cours de ces dernières années. Dans l'esprit des censeurs – suivis en cela par le public – il s'agissait avant tout du « fric », du « pognon », c'est-à-dire de l'argent privé, l'argent corrupteur, celui des « affaires », de la spéculation, des comptes en Suisse, celui qu'il faut « blanchir », celui qui détruit toutes les valeurs humaines et transforme les âmes en produits de super-marché.

Mais ce « fric » ne peut décevoir que les ignorants qui s'illu-sionnent sur sa nature et lui prêtent une valeur morale à laquelle il ne prétend pas. Son jumeau, sévère comme un moinillon, l'ar-gent public, avait une tout autre image. Il était « difficile », et c'est lui qui est devenu « facile » à partir de 1981. Ses frasques ont davantage perverti la sphère publique que le « fric » n'a perturbé la sphère privée. Les scandales, c'est bien connu, sont plus insolites et plus dévastateurs dans les monastères que dans les casinos.

L'argent public a deux vies. L'une, à l'état virtuel, dans l'antre du Trésor public. Il y a là des millions, des milliards de francs indif-férenciés et inutilisables, larves monétaires dans l'attente de leur métamorphose pour s'envoler. Celle-ci prendra la forme d'une affectation budgétaire. L'argent est alors revêtu d'une livrée qui indique sa destination, il devient un *crédit* et peut être mis en cir-culation. Ces fonds publics se trouvent tout à la fois voués à la dépense et mis au service d'une noble cause. En général, l'État n'affecte pas son argent à de condamnables perversions. Voici les crédits de l'Éducation nationale, les crédits de la Justice, les crédits de la Santé… À la différence de l'argent privé qui va tout nu et s'habille dans les rêves de son propriétaire, l'argent public est habillé, de naissance, et ne peut être dissocié de l'uniforme très convenable qui lui confère son identité.

Pour le meilleur ou pour le pire, il a donc une valeur morale. Il permet d'organiser et de clarifier la vie républicaine autour des grands choix budgétaires, de faire connaître à chaque citoyen qui paie combien, pour qui et pour quoi. Bref, l'argent public, c'est aussi de l'argent civique. La démocratie s'est d'ailleurs constituée autour de la question financière, sur la distinction entre argent privé (fût-il celui du monarque) et argent public, sur le consente-ment à l'impôt et le contrôle de la dépense.

En dépit des « affaires » et des « folies » de l'époque, ce civisme financier, qui combine l'audace et la générosité avec la rigueur et l'austérité, a dominé le premier âge de la Ve République. Mais il est bien passé de mode. *Désormais, l'affectation budgétaire qui donne sa légitimité à chaque denier de l'État est devenue un simple prétexte pour habiller de bonnes raisons les mauvaises dépenses.*

La politique de la dépense

Sur le plan financier, le secteur public fonctionne à l'inverse du secteur privé. Dans les comptes d'une entreprise, les recettes font face aux dépenses. L'objectif du patron est de réduire celles-ci et d'accroître son chiffre d'affaires. Dans une administration ou un service public, le budget (de fonctionnement ou d'intervention) tient le rôle du chiffre d'affaires : c'est lui qui situe l'importance de l'organisation et détermine l'assise de son pouvoir. La même volonté qui pousse l'entreprise à étendre ses parts de marché va donc pousser la bureaucratie à obtenir des crédits supplémentaires. La symétrie serait parfaite… si le budget était une recette ; or, il s'agit d'une dépense. Voilà bien la folie ! La dépense devient recette, en sorte que l'on ne fait pas vertu de la réduire, mais de l'augmenter. La machine tourne à l'envers.

Il suffit, pour s'en rendre compte, d'assister à une discussion budgétaire. La règle du jeu est immuable. L'Assemblée se fiche des intentions et des orientations, elle ne retient qu'une chose : le chiffre, ou plus exactement le pourcentage. Avec quelques «pour cent» en plus sur l'année précédente, le ministre est pratiquement inattaquable. Même par l'opposition. Chacun conviendra qu'il s'agit d'un «bon budget». Malheur, en revanche, à qui se présente en recul ! Il se fera huer jusque sur les travées de sa majorité. Le rôle d'un ministre, c'est d'abord et avant tout d'accroître son budget, donc la dépense. À tout jamais Jacques Chirac restera le meilleur ministre de l'Agriculture, comme Jack Lang le meilleur ministre de la Culture, et pour les mêmes raisons : ils ont obtenu les plus fortes augmentations de crédits pour leurs administrés.

Un ministre qui accroît ses dépenses ne peut être tout à fait mauvais, car la politique se résume à des sous, un point c'est tout. Les décideurs comme les citoyens n'ont pas d'autre critère ; tout s'évalue à l'aune du million de francs. Plutôt que de s'attaquer aux réformes de fond dont l'utilité est proportionnelle au mécontentement qu'elles provoquent, les ministres multiplient les mesures circonstancielles et symptomatiques beaucoup plus onéreuses, et moins efficaces… mais beaucoup mieux accueillies.

Bien entendu, il ne suffit pas d'affecter des crédits, il faut aussi le faire savoir. Une politique, c'est un nom plus un chiffre, les deux ensemble formant, en termes de communication, une «annonce».

Depuis vingt ans, chaque ministre de l'Emploi est tenu d'annoncer dans les six mois de son arrivée un plan baptisé et chiffré pour l'emploi des jeunes, plan dont la venue au jour va tuer dans l'œuf celui de son prédécesseur. Au fil des ans, les Français ont ainsi vu se succéder des «FNE-CLE», des «TUC», des «SIVP», des «PIL», des «SFMCLD», des «AFR», des «PLIF», des «CEFI», des «CES», des «CEV», des stages diplômants et autres surprises du chef. Nul ne peut certifier que cet argent a bien créé les emplois *supplémentaires* escomptés. Mais ce n'est pas le premier effet recherché. *Ce tir pétaradant de sigles et de milliards doit surtout prouver aux gens de l'arrière la dureté du combat et la détermination de nos chefs. Je dépense, donc j'agis!*

Lorsque s'annonce la présidentielle de 1995, le candidat Jacques Chirac se doit de présenter une nouvelle arme antichômage. Son état-major n'a pourtant rien de bien original à proposer. Il invente alors un sigle, le CIE (pour contrat initiative-emploi). Le dispositif n'est que la continuation du CRE (pour contrat de retour à l'emploi) qui existe déjà. Qu'à cela ne tienne : on prévoit de le mettre au service des jeunes et de doubler la prime d'embauche, portée à 2 000 francs par mois. Superbe illustration du volontarisme chiraquien : deux fois plus d'argent, donc deux fois plus d'efficacité, c'est mathématique! Au total, on comptera bien 300 000 CIE, qui auront coûté un nombre respectable de milliards à l'État (12 pour la seule année 1996), mais dont nul ne peut dire s'il s'agit d'emplois «en plus» ou d'emplois «de substitution» qui auraient été créés en tout état de cause.

En 1997, la dissolution chiraquienne ne laisse pas aux socialistes le temps de trouver un nouveau sigle. C'est autant d'évité. En guise de slogan antichômage, ils décident de lancer un chiffre : celui des emplois qu'ils vont créer. Le secteur public va engager des jeunes (ça, on peut toujours faire)… et le secteur privé aussi (ça, on peut toujours promettre). Un an après, qui donc se souvient encore des 350 000 emplois promis dans le secteur privé? Bref, on va une fois de plus recruter sur fonds publics, ce qui n'est pas bien sorcier. Il reste à fixer le chiffre qui assurera l'effet d'annonce. On part de 300 000. Trop maigre pour les électeurs. On passe à 500 000. Un peu faible comme slogan. Cela représente tout de même 25 milliards de francs en année pleine pour le budget! Dominique Strauss-Kahn fixe alors le meilleur rapport coût budgétaire/efficacité électorale : «700 000 et on n'en parle plus.» Ça coûtera 35 milliards mais, avec les charges récupérées, on se dit qu'on pourra tenir. Partout dans le monde on se bat pour créer des emplois dans le secteur concurrentiel, quitte, par exemple, à économiser l'argent public afin de réduire certaines charges sociales ; la France seule s'imagine retrouver le plein-emploi en doublant une fonction publique pléthorique par une armée de « crypto-fonctionnaires ». *Le chômage, c'est clair, n'a rien à redouter de tels ennemis !*

Ne faut-il pas consacrer de l'argent à la lutte contre le chômage ? Sans doute, mais pas de cette façon-là. Tous les gouvernements peuvent recruter sur fonds publics. C'est enfantin et même puéril, car un fonctionnaire en trop, c'est deux chômeurs de plus. Tous les gouvernements le savent – tous, sauf le nôtre, qui appuie sur le bouton à portée de main comme ces pochards qui vont chercher leur clé perdue sous le plus proche réverbère parce que c'est l'endroit le mieux éclairé. *Les sommes ainsi dépensées pour lutter contre le chômage ne sont ni trop faibles, ni trop élevées. C'est n'importe quoi.*

Avoir réduit la politique à l'argent, telle est l'une des causes de nos malheurs. La culture en France est ainsi réputée se bien porter avec une part de budget au-dessus de 1 % et mal au-dessous. Que l'étranger siffle ou applaudisse nos créateurs, que les Français goûtent les biens culturels ou préfèrent les distractions américano-franchouillardes, qu'importe ! « Augmentez les crédits et la France sera cultivée », scandent compositeurs pensionnés et artistes subventionnés. « Augmentez les crédits et la France sera défendue », répondent en écho généraux de cabinet et industriels de l'armement. Que nous ayons été incapables de repenser notre stratégie après la chute du Mur, que nous nous ruinions à construire des armes antisoviétiques dix ans après l'effondrement de l'URSS, que notre président gaspille les milliards pour procéder à d'ultimes explosions nucléaires et que nous en oublions de préparer les armes des conflits à venir n'y change rien. Nous avons l'obligation de croire que la France est mieux défendue que ses partenaires européens, puisque son budget militaire a moins diminué que les leurs !

Une relation qui vaut dans tous les domaines, sans exception. Que l'on parle de santé ou de sécurité, d'éducation ou de justice, de chômage ou de misère, la solution monétaire est la seule envisagée. Et le sérieux de la réponse est tout entier contenu dans le chiffre annoncé. En mars 1998, la loi contre l'exclusion est réduite à un chiffre : 51 milliards de francs. Peu importe que ce total additionne tout et n'importe quoi, des crédits anciens et des crédits nouveaux, des crédits d'État et des crédits européens ; peu importe, dès lors, que le chiffre soit bon... puisqu'il va être du plus bel effet à la veille d'une élection.

À quoi bon s'attaquer à des réformes de fond, des changements d'orientation, des transferts de compétences, à quoi bon faire des analyses, élaborer des stratégies, affronter des oppositions alors qu'il suffit de payer (avec l'argent des contribuables, cela ne coûte jamais très cher) pour que tout le monde soit content et que le peuple chante les louanges de ses maîtres ? L'argent, quand il devient facile, tue la politique. C'est une drogue dont les effets ne durent qu'un temps et dont les doses doivent être sans cesse augmentées.

Car l'efficience de cet argent sans politique est très faible. Est-ce en augmentant les crédits de l'enseignement supérieur qu'on donnera aux étudiants les emplois qu'ils espèrent mais que l'économie ne prépare pas ? Est-ce en augmentant les crédits de la police et de la gendarmerie qu'on rétablira la sécurité dans ces territoires de la délinquance que les représentants de la loi ne veulent plus connaître ? Est-ce en augmentant le RMI qu'on réduira l'exclusion alors que l'insertion existe dans le sigle et nulle part ailleurs ?

Rien ne vaut une croisière dans l'océan Indien pour appréhender physiquement la nocivité de cette démarche. Deux îles jumelles : Maurice et la Réunion. La première, ne pouvant compter sur les subsides d'une métropole, a dû prendre en main son développement et, par conséquent, trouver des solutions politiques. En dépit d'innombrables handicaps, elle a construit une société dynamique et sa réussite économique en fait le « dragon » de l'océan Indien. À 500 kilomètres de là, la Réunion incarne l'échec absolu : 41 % de la population active au chômage, 60 % chez les moins de 25 ans, une famille sur cinq au RMI. Une population assistée qui survit en jonglant avec les différents revenus sociaux, le travail au noir et les combines ; une population-clientèle aigrie, ayant pour seule perspective d'arracher toujours plus à une France jugée tout juste bonne à payer.

La réussite mauricienne, c'est celle de la politique sans l'argent, l'échec réunionnais, c'est celui de l'argent sans la politique.

Un exemple encore plus sinistre en est donné par la Corse. Il a fallu attendre l'assassinat du préfet Claude Érignac pour que la

France découvre enfin la réalité du problème : une absence de politique « compensée » par un torrent d'argent public. La conclusion est aveuglante : plus les Corses reçoivent d'aides, plus la Corse coûte à la France, et plus mal elle se porte. L'économie corse est asphyxiée par l'afflux des crédits publics. Plus d'autorité et moins d'argent : telle serait la voie du salut. Lorsque les habitants comprendront qu'au jeu de la subvention on a plus à perdre qu'à gagner, qu'on ne fait fortune que par le travail et l'entreprise, ils trouveront la voie du redressement. Quand l'art de gouverner se réduit à l'art de dépenser, la citoyenneté se réduit à l'assistance et la vie économique à la quête de subventions. La Corse en crève. Il ne faudrait pas qu'elle nous serve d'éclaireur dans la voie du désastre.

L'argent public jouit donc d'un label moral. C'est là sa perversité. Dès lors qu'il n'est pas directement détourné et empoché par un prévaricateur, il correspond, il est vrai, à un objectif respectable en soi. Il n'est pas un poste budgétaire, pas une ligne de crédit, pas une subvention qui n'ait sa justification. L'opposition à la dépense a ainsi vite fait de passer pour une opposition à son objet. Si vous refusez d'augmenter le budget de l'Éducation nationale, c'est que vous êtes contre l'Éducation nationale, donc contre l'éducation tout court. Or la liste des demandes parfaitement honorables est rigoureusement infinie. Porterait-on le budget de l'État à 5 000 milliards de francs que l'on devrait encore refuser des demandes de crédits aussi légitimes que justifiées.

D'autant plus que toute dépense publique est gratifiante. Elle l'est pour le décideur politique, qui s'en fait gloire comme s'il avait puisé l'argent dans sa cassette personnelle. Écoutez nos ministres lancer avec superbe : « J'ai décidé de consacrer 100 millions de francs à… », « A ma demande, un crédit de 50 millions a été débloqué pour… ». Ils se posent volontiers en grands philanthropes alors qu'ils se contentent de semer les deniers de l'État pour de futures moissons électorales. Mais la dépense est également gratifiante pour le bénéficiaire qui trouve dans la subvention une marque de reconnaissance. Une association caritative ou culturelle n'est prise au sérieux qu'après avoir reçu un peu de la manne publique, et le qualificatif de « subventionné » est devenu un label de qualité dans le petit monde du théâtre. Entre particuliers, lorsque l'argent change de mains, il y a un mécontent contraint de donner et un heureux satisfait de recevoir, mais lorsque l'échange se fait entre l'État et ses clients, les deux parties sont également comblées. *L'argent public est aussi agréable à donner qu'à recevoir.* Difficile, pour la République, de contenir et de bien répartir cet inépuisable pactole qui semble jaillir de terre et que tout le monde se dispute !

La cohue des clients

Ainsi, pour des millions de Français, l'État n'est plus l'instance suprême de régulation, le dépositaire de l'intérêt général, l'incarnation de la nation ; il est tout simplement considéré comme le meilleur distributeur d'argent… et d'avantages divers. C'est la machine à sous qu'il faut secouer jusqu'à ce qu'elle crache ses pièces. Un jeu qui devient le sport national pour les maîtres, les serviteurs, les clients et les assistés de la puissance publique.

Demander le secours du pouvoir n'a rien d'original. De tout temps, les palais ont été envahis par la cohue des solliciteurs et de tout temps les souverains ont appris à mesurer leur générosité par crainte de multiplier les appétits, de vider le trésor royal, d'irriter le peuple autant que les princes. Ces règles de sage gestion n'ont pas résisté au règne de l'argent facile. Les gouvernants ont distribué de plus en plus libéralement – ou «socialement», je ne sais comment dire – les deniers publics dans l'espoir de s'acheter une popularité, mais, comme le touriste sortant ses dollars au milieu d'une cohue de mendiants, ils se sont trouvés assaillis, houspillés, tiraillés. Les cadeaux ne faisant jamais qu'aiguiser les appétits et multiplier les quémandeurs, nos maîtres ne peuvent qu'emprunter jusqu'à la faillite pour apaiser la grogne de leurs sujets.

C'est toujours cette même incapacité de dire «non», de refuser, cette même impuissance à gouverner qui entraîne le monstre étatique à prendre des responsabilités qu'il ne pourra assumer, à formuler des engagements qu'il ne pourra financer, et à ne jamais insérer ses aides et ses concours dans une véritable politique. Il s'étend faute de pouvoir se contenir, et s'affaiblit de conquêtes qui sont autant de défaites. Car l'amitié – qui, pour l'État, s'appelle civisme – ne s'achète pas et la main qui se tend pour demander se referme et montre le poing sitôt qu'elle a reçu.

Telle est la relation clientéliste qui croit gagner la reconnaissance et n'éveille que l'aigreur. *Loin de se faire aimer et respecter, l'État se fait détester en proportion de ses largesses.* Plus il prétend s'engager, s'ingérer, faire le bien, et plus il se fait d'ennemis. Voilà bien le paradoxe d'un État qui donne plus qu'il n'a jamais donné dans toute l'histoire de France, et qui se trouve contesté, sinon détesté.

Depuis 1987, la France a fourni un effort financier colossal pour l'éducation. Les dépenses de formation initiale sont passées de 360 milliards à 521 milliards de francs, ce qui nous situe en bon rang dans les comparaisons internationales. Les 6,1 % du PIB que nous consacrons à l'éducation nous placent derrière le Canada (7,3 %) ou l'Amérique (6,8 %), mais devant l'Allemagne, la Corée, l'Italie, le Japon, la Grande-Bretagne. Pour le nombre d'enseignants, nous faisons moins bien que les Scandinaves ou les Américains, mais mieux que les Japonais, les Italiens ou les Britanniques. Bref, chez nous l'Éducation nationale reçoit globalement des moyens décents. Cet argent sans réformes a-t-il mis une sourdine au concert de récriminations repris en chœur pas les élèves, les étudiants, les parents et les syndicats ? Écoutez. « Augmentez les budgets ! », « Des sous, des sous ! ». Rien n'a changé. Doublerait-on les moyens que les appétits et les revendications resteraient les mêmes, et les résultats aussi.

Pourtant, la distribution de l'argent public devient la première source du pouvoir. Car le client, quelles que soient ses frustrations, finit toujours par baiser la main qui le nourrit et par voter pour le parti qui le paie. Mais, en retour, il réclame toujours plus sans vergogne. Quoi que vous obteniez, soyez mécontent, dénoncez cette bureaucratie stupide, pingre, à courte vue ! Attaquez, et n'oubliez pas le premier principe du client : *« On ne m'a pas donné ce que j'ai reçu, on m'a refusé ce que j'avais demandé. J'ai donc lieu de me plaindre et non pas de remercier. »* L'État n'a pas à être loué pour ce qu'il fait, mais seulement blâmé pour ce qu'il ne fait pas. Chaque artiste ou metteur en scène abonné aux subventions peut ainsi se transformer en « Boudu sauvé des eaux », et, tel le clochard houspillant son sauveteur, interpeller, de préférence en public, le ministre ou le directeur coupable de ne pas lui donner assez d'argent. Car toute manifestation de reconnaissance induirait une perte de légitimité ; seule l'instauration d'un droit dispense des remerciements, assure l'avenir et permet d'exiger davantage.

C'est ainsi que vit aux crochets de l'État un gigantesque secteur associatif, une véritable fonction publique bis, avec ses 700 000 associations, ses 1,3 million de salariés, ses 217 milliards de francs échappant aux règles de contrôle qui, en principe, président à l'utilisation de l'argent public. Une majorité d'entre elles sont fort utiles et rigoureusement gérées, mais, à côté de ces bons exemples, combien ne sont, selon la formule du conseiller à la Cour des comptes Kaltenbach, que des « associations lucratives sans but [1] » ? Mais qu'importe, on marche ici à l'abonnement. La subvention, une fois arrachée, est reconduite tacitement sans que soit demandée la moindre justification. Elle devient un droit : celui de dépenser l'argent public comme de l'argent privé, c'est-à-dire sans être soumis aux contrôles qui doivent présider à son utilisation. Dans ce seul secteur, des milliards peuvent être économisés sans réduire en rien le service à la population.

La répartition de l'argent public sanctionne d'abord un rapport de force entre les solliciteurs et les payeurs. Les gouvernants, également pressés des deux côtés, prendront le parti du moindre risque : rigoureux jusqu'à l'avarice si le parti des contribuables domine, généreux jusqu'à la prodigalité si les clientèles et les corporations menacent. Or, pour le malheur de nos finances, le camp de l'économie n'a cessé de s'affaiblir, tandis que celui de la dépense se renforçait. Il s'agit là d'une régulation absolument essentielle, mais qui a cessé de fonctionner dans notre pays. Autre spécificité du « modèle français ».

Des contribuables qui s'ignorent

Tout au long de l'histoire, on a vu des populations se révolter contre l'oppression fiscale. Nos démocraties ont institutionnalisé cette force d'opposition. En tant que contribuables, les citoyens ne peuvent s'opposer au fisc, mais en tant qu'électeurs, ils sanctionnent dans les urnes toute imposition qu'ils jugent excessive. En France, ce frein peut avoir un certain effet à petite échelle – encore que le dérapage des finances locales tende à démontrer son insuffisance –, mais il n'a plus aucune efficacité sur le plan national.

Les peuples ne sont réellement sensibles qu'aux impôts directs, ceux qu'ils versent spécifiquement. À l'échelle nationale, c'est l'impôt sur le revenu des personnes physiques, l'IRPP, qui symbolise ce

---

1. Pierre-Patrick Kaltenbach, *Associations lucratives sans but*, Paris, Denoël, 1995.

type de prélèvement. Dans tous les pays civilisés, il est payé par la quasi-totalité de la population et fournit à l'État une part importante de ses ressources. Mais, sur ce point encore, la France fait exception : la moitié des ménages français est en effet exonérée de l'IRPP. Une pure aberration, une école d'incivisme ! Comment une population qui ne contribue pas directement au financement de la collectivité pourrait-elle respecter cet argent dans lequel elle ne reconnaît pas le sien ? Dans la mythologie française, il s'agit là d'une mesure de « justice » visant à reporter sur les plus riches le fardeau de l'impôt. Voilà bien le genre de tartuferie qui nous fait perdre tout crédit. Sur les 1 725 milliards de francs que l'État prélève en 1997, il ne demande que 17 % à l'impôt sur le revenu et les deux tiers aux impôts indirects (TVA, taxes sur les produits pétroliers, etc.). C'est dire qu'être exonéré de l'IRPP ne signifie nullement être exonéré de l'impôt, mais seulement payer ses taxes en réglant ses achats, et non pas en adressant un chèque à son percepteur.

Imagine-t-on les hurlements que l'on susciterait si l'on décidait demain que tous les citoyens devraient payer l'IRPP ? « Faire payer des impôts à des smicards ! », « Imposer les RMIstes ! », « Et pourquoi pas à des agriculteurs, pendant que vous y êtes ? ». Oui, même à des agriculteurs, à tous les agriculteurs… Le scandale !

En réalité tous les fiscalistes reconnaissent que l'impôt indirect est beaucoup moins « social » que l'impôt direct. En effet, les impôts sur la consommation frappent plus durement les pauvres, qui consomment tous leurs revenus, que les riches, qui en épargnent une part. Il est en outre beaucoup plus facile d'appliquer des taux progressifs en taxant les individus qu'en taxant les marchandises. Bref, une telle réforme aurait toutes chances de réduire l'imposition des très bas revenus. Il n'empêche : elle serait à coup sûr présentée comme « antisociale » et très impopulaire.

Cette revalorisation et cette généralisation de l'IRPP n'auraient pas seulement le mérite de rendre plus équitable notre système fiscal, elle le rendrait plus transparent, donc plus civique. Car la contribution aux dépenses de la collectivité est, au même titre que le vote, l'acte fondateur de la citoyenneté. Et ce geste ne doit pas être escamoté, il doit s'accomplir en toute connaissance de cause. Voilà précisément ce que la classe politique ne veut pas. Grâce à l'exonération de l'IRPP et au recours à la TVA, elle se soustrait au contrôle populaire et peut en toute impunité accroître les prélèvements sans susciter de mécontentement. La révolte fiscale, qui est populaire dans la plupart des pays, n'est que bourgeoise en France – et c'est bien ainsi que le pouvoir l'a voulue. Ce faisant, il a desserré le principal frein à l'accroissement des dépenses publiques.

En outre, le parti de la dépense s'accroît proportionnellement à la sphère étatique. Celle-ci absorbe 25 % de la population active, triste record ! C'est autant de Français qui estiment tout naturellement avoir plus à gagner qu'à perdre à une augmentation des taxes, source d'une possible augmentation de leurs rémunérations. Il est bien rare qu'un fonctionnaire milite dans une association de contribuables. Son intérêt naturel, c'est d'avoir un État riche qui traite richement son personnel. Il convient d'ajouter à ces salariés tous les obligés, les membres de groupements, de corporations, d'associations, d'institutions qui vivent de subventions et qui, par conséquent, peuvent difficilement reprocher à l'État de prélever l'argent dont ils dépendent. Quant aux pauvres, qui ne subsistent qu'à travers le RMI et les autres allocations sociales, on les imagine mal se prenant de compassion pour les malheureux contribuables. *C'est donc une très large majorité de la population qui estime avoir plus à gagner qu'à perdre à une augmentation des prélèvements.*

Comment un Parlement représentant de tels électeurs pourrait-il tenir son rôle constitutionnel de censeur financier ? C'est pourtant à lui qu'il revient de consentir l'impôt et de contenir la dépense. De fait, le Congrès et le Sénat américains livrent une guerre sans merci à la Maison-Blanche pour imposer des restrictions budgétaires. On peut approuver ou regretter l'attitude si volontiers antifiscale des parlementaires américains qui n'hésitent pas, par exemple, à sabrer dans les programmes sociaux, à bloquer l'administration, mais il ne fait pas de doute que la dépense, grâce à eux, est sous étroite surveillance. La dépense et, par conséquent, les prélèvements. Aux États-Unis, le montant de l'impôt est au cœur du débat démocratique et le président soumis à réélection sait qu'il risque de perdre en alourdissant les taxes, et de gagner en les allégeant.

En France, n'en parlons même pas. Si l'Assemblée nationale défendait aussi mal nos libertés que notre argent, nous pourrions envier les pires dictatures. Jamais, absolument jamais les parlementaires n'ont refusé des crédits ou imposé des économies.

Depuis des décennies, ils votent les yeux fermés tous les budgets, tous les impôts nouveaux. Chaque fois que l'on met au jour un scandale, on découvre que soit le Parlement n'en a jamais délibéré, soit qu'il a tout avalé, couleuvres et boas, sans un hoquet. En matière financière et fiscale, notre Parlement se conduit ainsi comme une banale chambre d'enregistrement. Lors de la discussion budgétaire de 1996, la Chambre introuvable de la droite se mit en tête de proposer elle-même des économies. Eh bien, elle fut incapable de trouver 3 milliards à couper dans un budget de plus de 1 500 milliards !

En revanche, on ne compte pas les pressions parlementaires qui alourdissent la facture et, par contrecoup, les prélèvements. Le député est dépensier par nature parce qu'il est français, par calcul parce qu'il est élu. Lorsqu'il joue du frein, il travaille pour l'ensemble du pays, mais il en sera peu gratifié sur le plan local, en particulier s'il représente une circonscription populaire ou rurale dont l'électorat ne supporte pas l'IRPP ; en revanche, s'il peut jouer de l'accélérateur en faveur de sa région et de sa clientèle, il gagnera des voix lors des prochaines échéances. *Ainsi, contrairement à ce qu'on observe dans les démocraties équilibrées, le pouvoir parlementaire est, en France, plus dépensier que le pouvoir exécutif.*

La politique des petits cadeaux

C'est donc au pouvoir exécutif qu'il revient de jouer l'Oncle Picsou, un rôle à contre-emploi.

Or les gouvernements à leur tour se sont mis à dépenser ensuite sans compter, c'est-à-dire sans délibérer, sans réfléchir, sans chercher à mettre en œuvre les réformes qui auraient permis d'atteindre le même résultat par des voies non financières.

Je ne parle pas ici de la corruption, haïssable sur les plans civique et moral, mais qui représente peu de chose en comparaison du gaspillage – tout juste le pourboire par rapport à l'addition. *Je pense au mauvais usage de la dépense publique, qui, à lui seul, se traduit par d'accablantes factures.*

L'État, libéré de tout contre-pouvoir fiscal, va céder sans limites à toutes les pressions. Celles de ses salariés, nous l'avons vu ; celles également de ses clientèles électorales. L'électoralisme est le péché mignon de toutes les démocraties. Chacun gouverne en pensant d'abord à ceux qui lui apporteront leurs voix aux prochains scrutins. Mais, en France, ce travers démocratique devient une véritable plaie, car il est encore aggravé par le cumul des mandats, autre caractéristique de l'exception française.

Le ministre se détermine en tant que maire de telle grande ville, en tant que président de tel conseil régional ou général. Le député subit une formidable pression de ses administrés et ne ressent qu'à peine celle de la population dans son ensemble. On n'est pas loin du tribalisme qui prévaut dans certains États africains.

Qui osera jamais passer une carte de France au scanner en se demandant à chaque kilomètre : pourquoi a-t-on fait ceci, pourquoi a-t-on construit cela ? Une plongée dans la France des choix clientélistes permettrait de comprendre pourquoi le pays se ruine à construire des voies autoroutières pour un trafic de départementale, à lancer des grands projets d'aménagement touristique sur des sites sans attraits, à construire des centres de recherche coupés des centres universitaires ou industriels. Cherchez à qui profite le crime. L'heureux élu a toutes chances de figurer au premier plan sur la photo d'inauguration. Rien n'est plus réjouissant, à cet égard, que de visiter la Nièvre de feu François Mitterrand ou la Corrèze de Jacques Chirac…

Lorsque la circonscription prend les dimensions de l'Hexagone, l'arrosage devient véritablement ruineux. C'est ainsi que les rêves élyséens de Michel Rocard ou d'Édouard Balladur ont coûté des dizaines de milliards de francs qu'il aurait été possible d'économiser (ou de ne pas emprunter) si le futur candidat à la présidence avait osé braver une suicidaire impopularité.

Le « ciblage » est par définition plus précis. Valéry Giscard d'Estaing a été le papa gâteau des retraités qui étaient censés lui renvoyer l'ascenseur en 1981, mais, le moment venu, souffrirent d'une légère amnésie. Les socialistes cajolent – et, par conséquent, représentent – les fonctionnaires qui, traditionnellement, votent plutôt à gauche ; la droite soigne les paysans, les médecins et les professions libérales, qui votent plutôt à droite.

En sus des clientèles, l'État doit payer les corporations les plus violentes, celles qui se sont donné en toute illégalité des moyens de pression équivalant au blocage d'un grand service public. Les Français comprenant de mieux en mieux la règle du jeu selon laquelle toute menace mérite récompense, on peut prévoir sans risque de se tromper que les menaces iront en se multipliant et, avec elles, les récompenses. Le corporatisme, de plus en plus agressif, coûtera de plus en plus cher. Quant aux chômeurs à l'abandon, ils tentent désespérément de se faire enfin regarder comme une « classe dangereuse » pour n'être plus les éternels oubliés de la distribution.

Soyons justes : l'État peut aussi être un gestionnaire rigoureux, voire tatillon. Mais il ne retrouve cette sévérité, cette pingrerie que pour les petites sommes. Autant il est prodigue pour les milliards, autant il est ladre pour la menue monnaie. Que d'accords à obtenir, de demandes à remplir, de justificatifs à fournir, de signatures à arracher et de délais à supporter pour changer une photocopieuse dans un bureau ! Tout à coup, la puissance publique devient paranoïaque, elle voit un prévaricateur dans chaque fonctionnaire, un gaspillage dans le moindre achat, elle exige des contrôles multiples et concordants, des imputations budgétaires précises et préalables, elle ne concède plus rien. Au centime près ! Nul ne semble remarquer que l'accumulation de ces procédures paralysantes coûte très cher et, à supposer même qu'elle évite certains abus, ne rapporte pas grand-chose.

Les folies de la République

Ainsi, tandis que l'administration compte ses francs, les milliards s'envolent. À de telles altitudes, toutes les procédures s'emballent, tous les contrôles sautent. On navigue dans l'arbitraire et la futilité de la décision politique. Tantôt c'est de Gaulle lançant : « Hé, nom de Dieu, nous ferons Concorde ! » ; tantôt c'est François Mitterrand décidant un beau matin de construire la plus grande bibliothèque du monde ; tantôt c'est Jacques Chirac inaugurant son règne par une absurde série d'explosions nucléaires, ou bien commandant des Rafale à la veille d'une élection ; tantôt encore, ce sont d'obscurs conseillers qui glissent l'annonce flatteuse d'un beau projet dans un discours ou le communiqué final d'une rencontre diplomatique. Dans tous les cas, le président dit – ou, ce qui revient au même, est réputé avoir dit : « J'ai décidé. » Il n'en faut pas plus pour engager des milliards. Les consultations, les concertations viennent après, pour la forme, mais on sait qu'elles ne changeront rien à la décision du souverain. Là encore, nous sommes au cœur du modèle français, comme le remarque ce très grand connaisseur de notre pays qu'est le politologue américain Ezra Suleiman, professeur à l'université de Princeton mais également à Paris X-Nanterre : « La façon dont François Mitterrand a utilisé l'argent des contribuables, notamment pour les grands travaux, ça, c'est une exception française ! [...] Ce qui concerne la démocratie, c'est que le peuple n'est jamais consulté, alors que c'est son argent. Et il ne se plaint pas. C'est un paradoxe [...]. L'explication tient peut-être au fait que cela n'est payé que par la moitié des Français. Dans tous les autres pays, 90 % des gens paient les impôts, alors qu'en France ils ne sont que 50 %[1]. » Si nous savions écouter nos amis étrangers !

Quant à l'expérience, elle ne sert absolument à rien. Nos dirigeants refont obstinément les mêmes erreurs. Les déconvenues de l'Opéra-Bastille (3 milliards de francs), insatiable dévoreur de subventions, n'ont pas empêché la construction du gigantesque Stade de France (2,7 milliards) dont les gradins vides coûteront au contribuable une centaine de millions par an. Les milliards perdus dans le Plan Câble de France-Télécom et les satellites TDF 1 et 2 de TDF auraient dû nous inspirer une saine méfiance à l'égard des rivalités qui opposent nos grands organismes et des projets mégalomaniaques qu'elles suscitent. Eh bien non ! En 1989, le gouvernement Rocard se laisse piéger par deux autres maisons en guerre perpétuelle, la RATP et la SNCF. Toutes deux prétendent construire le supermétro parisien. Au lieu de choisir l'une ou l'autre, voire d'imposer une synthèse, il les accepte toutes les deux. La SNCF aura son Éole, la RATP son Météor ; il en coûtera une grosse vingtaine de milliards ; pourquoi ? Pour avoir deux lignes sur le même parcours est-ouest (Météor, c'est « MÉTroEst-Ouest-Rapide », et Éole « Est-OuestLiaisonExpress »), alors que Paris avait tant besoin d'une desserte nord-sud ! Et pourquoi faut-il admettre que les projets avortés finissent par coûter aussi cher que les projets achevés ? 325 millions pour ne pas creuser le fabuleux réseau souterrain Muse en région parisienne ; 380 millions pour ne pas construire le centre de conférences internationales du quai Branly à Paris ! Rien à dire, tout est régulier !

Pris à la légère, l'engagement a toutes chances d'être irrémédiable. Même lorsque l'absurdité éclate aux yeux de tous, il ne se trouve personne pour arrêter la machine. Les successeurs préfèrent

---

1. Ezra Suleiman, interview dans *Le Figaro* du 31 octobre 1997.

persévérer dans l'erreur plutôt que de la dénoncer et risquer de se la voir imputée. C'est ainsi que SuperPhénix, programme légitime au départ, a survécu pendant vingt ans à son inutilité. Seuls des accords électoraux ont permis d'arrêter les frais… si l'on peut dire, les frais de l'arrêt se chiffrant en dizaines de milliards de francs !

Encore SuperPhénix représente-t-il une exception dans notre collection d'éléphants blancs, car la centrale « surgénératrice » a toujours fait problème. C'est bien le moins, serait-on tenté de dire. Mais non, c'est le plus ! Car, en règle générale, ces gouffres avalent les milliards sans susciter la moindre interrogation. Cherchez donc les grands débats parlementaires sur les gâchis de ces dernières années : Concorde ou Rafale, Plan Câble ou Plan Calcul, télévision en D 2 Mac ou en haute définition, Opéra-Bastille ou Stade de France, sur les aides à l'emploi ou sur la politique agricole, etc. Eh bien, vous ne trouverez pratiquement rien. C'est aux États-Unis, pas en France, que le Sénat a annulé le programme d'avions supersoniques contre la volonté du président Nixon. C'est aux États-Unis, pas en France, qu'une instance d'évaluation parlementaire suit les programmes et en dresse périodiquement des bilans.

Quand le désastre dépasse tous les pronostics, qu'il faut fermer boutique pour cause de faillite, le pouvoir solde l'affaire aussi discrètement qu'un avis de décès dans le carnet mondain. Quatre lignes suffisent pour faire passer à la trappe les plus beaux projets. À l'opposé des grands hommes qui naissent dans l'anonymat et meurent dans la gloire, nos grands échecs sont baptisés en grandes pompes, puis enterrés de nuit dans le corbillard des nécessiteux. Mais jamais on ne chargera une commission d'enquête indépendante de savoir s'il s'agit bien du droit à l'erreur – qu'il faut évidemment reconnaître aux politiques – et non d'un aveuglement coupable.

Dans certains cas, on peut invoquer les surprises du progrès technique, mais l'excuse est irrecevable dans d'autres. Voyez le programme de la navette spatiale Hermès. Au début des années 1980, il est parfaitement établi par vingt années d'astronautique que l'homme n'a aucun avenir dans l'espace, qu'il appartient aux robots de peupler ce nouveau continent. Soviétiques et Américains, qui se sont laissé piéger par leurs bureaucraties, ne savent plus quoi faire de leurs programmes habités. C'est alors que les Français vont entraîner les autres Européens dans la plus stupide des aventures : construire un avion spatial qui permettra à des astronautes de faire le tour de la Terre au début du XXIᵉ siècle comme Soviétiques et Américains le firent au début des années 1960. Pourtant, Français et autres Européens vont engloutir des milliards tout au long des années 1980. La presse applaudit le projet et fait voler la France entière sur Hermès grâce à de superbes simulations en images de synthèse.

Pour avoir dit et écrit que ce programme était une absurdité et qu'il convenait de l'abandonner au plus vite, j'ai eu droit aux plus vives critiques de l'ancien ministre de l'Espace Paul Quilès – l'homme, il faut le dire, qui a réussi la modernisation des télécommunications, mais qui fut aussi le grand promoteur d'Hermès. L'année suivante, le programme était enterré. Dans la plus stricte intimité, comme il se doit. A-t-on prié Paul Quilès et les coresponsables du projet de s'expliquer sur les milliards engloutis ? Vous n'y pensez pas ! Hermès est redevenu une divinité de l'Antiquité, n'en parlons plus.

Nos incorrigibles ingénieurs lancèrent d'ailleurs un projet plus modeste, mais non moins absurde, de capsule spatiale habitée. Par chance, le ministère de l'Éducation nationale et de la Recherche fut confié en 1997 à un authentique chercheur, Claude Allègre. Convaincu, comme toute la communauté scientifique, que l'homme n'a aucun avenir dans l'espace, il mit un terme définitif aux ruineuses rêveries de notre lobby spatial. Mais il se pourrait qu'on nous ait caché le vrai coût de la folie Hermès.

En effet, derrière l'avion-fusée se profile son véhicule de lancement : l'énorme Ariane V. Officiellement, ce projet qui coûte une cinquantaine de milliards n'a été lancé qu'à des fins commerciales. Il est censé répondre aux exigences des clients qui veulent des satellites géostationnaires de plus en plus lourds ; un peu curieux à l'heure de l'ultraminiaturisation, mais enfin… Le projet sera rentable, nous dit-on. Et, voyez comme le hasard fait bien les choses : Ariane V place 22 tonnes en orbite basse, soit exactement le poids d'Hermès. N'en déduisez pas qu'on a fait Ariane V pour Hermès. Officiellement, c'est le contraire. L'avion spatial a miraculeusement trouvé sur son chemin le lanceur qui pouvait le prendre sur ses épaules. On a donc poursuivi la construction de la fusée après l'abandon de la navette. Nous saurons dans les années à venir si le marché satellitaire avait besoin d'un aussi gros lanceur, si ces études de marketing sur les satellites lourds étaient plus qu'un habillage astucieux pour embobiner les décideurs politiques, si les ingénieurs ne nous ont pas refilé, en douce et une fois de plus, un de leurs superbes trains électriques.

Je n'ai pas la réponse, mais je suis assuré que la question se pose… et qu'elle ne sera pas posée. Si Ariane V ne trouve pas les clients prévus, l'argent public comblera les déficits et l'idée ne viendra à personne que l'on serait en droit de poser quelques questions aux pères de cette grosse bête. Entre particuliers, on s'accuserait de publicité mensongère, on se retrouverait devant le juge ; mais, ici, il ne s'agit que d'argent public. On ne va pas se fâcher pour si peu.

Tous lampistes !

J'ai pris l'exemple de ces grands programmes en raison de leur vertu pédagogique, mais je pourrais en choisir des dizaines d'autres, les uns à l'échelon national, les autres au niveau local. Je pourrais évoquer les plans d'aide à telle ou telle industrie, le flot diluvien de subventions qui se déverse sans le moindre contrôle sur des milliers d'associations, les aberrations de la gestion hospitalière, les incohérences de la politique agricole, les « bizarreries » du mécénat culturel, le maintien en survie de tous ces organismes totalement inutiles, la conclusion serait toujours la même. Il ne s'agit nullement de condamner la dépense publique dans son principe, mais dans ses perversions. *Or le gaspillage n'est pas accidentel, mais structurel ; il se fonde sur la totale irresponsabilité des décideurs.*

La Cour des comptes nous offre chaque année son recueil choisi d'horreurs financières à 10 millions ou 10 milliards de francs. On lit, on s'étonne, on s'indigne, on se scandalise… et l'on attend. Mais il n'y a jamais de suite, les magistrats ne vont guère au-delà de la dénonciation publique, de cet appel à l'opinion. Pendant une ou deux semaines, la presse fait la ronde autour du pilori en criant : « Hou, hou, les gaspilleurs ! » et puis elle passe à d'autres sujets, les projecteurs se déplacent, et tout est oublié.

Sur le plan politique, le contrôle ne s'exerce qu'au niveau local. Un maire gaspilleur risque sa place, pas un ministre. Au demeurant, le mauvais usage de l'argent public est rarement sanctionné électoralement. Mais on sait désormais que l'irresponsabilité n'est pas moins grande dans le monde des technocrates et des gestionnaires que dans celui des politiques. C'est même la première leçon que les Français retiendront de l'affaire du Crédit lyonnais.

Lorsqu'elle éclate, l'élite est mal à l'aise du fait de la personnalité de Jean-Yves Haberer (pour ne rien dire de son prédécesseur d'égale pointure, Jean-Maxime Lévêque). Au sein de la technocratie, il est le plus gradé, le plus titré, le plus expérimenté. C'en est au point qu'on ne saurait l'impliquer sans mettre en cause toute la légitimité de notre classe dirigeante. Si l'on peut être sorti en tête de Sciences-po et de l'Ena, diriger le prestigieux corps des inspecteurs des Finances, avoir été directeur du Trésor, directeur de cabinet du ministre des Finances, et néanmoins commettre d'aussi impardonnables erreurs, alors le bon peuple risque de ne plus croire en rien et de ne plus faire confiance à personne. C'est pourquoi la première réaction du gouvernement Balladur en découvrant le passif sera d'offrir à Jean-Yves Haberer, pourtant nommé par les socialistes, de troquer la présidence du Lyonnais pour celle d'une autre banque publique : le Crédit national. Ni vu, ni connu : le public ne prêtera guère attention à ce simple jeu de chaises musicales. Mais la gestion irresponsable du scandale qui succède à celle de la banque va transformer le trou en gouffre. À 20 milliards, on étouffait, à plus de 100, tout explose. Il faut se résigner à chasser M. Haberer de son placard doré pour l'exiler... dans son corps d'origine, à la prestigieuse inspection de Finances. Pour cette faillite – car c'est bien de cela qu'il s'agit – hors normes, l'opinion veut à tout le moins des responsables. Cas d'école.

Le dossier himalayen du Crédit lyonnais contient son lot de malversations, d'enrichissements frauduleux tombant sous le coup de la loi pénale. *A priori*, cela ne concerne pas Jean-Yves Haberer dont l'honnêteté n'est mise en cause par personne. Mais la question est posée : suffit-il de n'avoir pas puisé dans la caisse pour n'avoir aucun compte à rendre ? Je ne parle ici que de responsabilité et nullement de culpabilité, ce dont je n'ai pas à juger. Mais en tant que citoyen, j'estime que la question doit être posée et que les conséquences devraient en être tirées.

Or, les amis comme les ennemis de M. Haberer firent valoir que sa responsabilité ne pouvait être engagée puisqu'il s'était contenté d'appliquer les directives de Pierre Bérégovoy. N'est-ce pas admirable ? Si le raisonnement vaut pour ce cas exceptionnel entre tous, il a valeur universelle. Cela veut dire que les gestionnaires de l'argent public sont soit des hommes politiques qui, en raison de la séparation des pouvoirs, ne sauraient être responsables que devant les électeurs, soit des non-politiques qui, en tant que tels, sont soumis aux ministres et par conséquent irresponsables.

Tel est donc le fin mot de l'affaire. Dès lors que des milliards d'argent public sont en jeu, la responsabilité se dissout comme le sel dans l'eau. Il n'y a plus que des voleurs ou des irresponsables : c'est la version dorée du lampiste. Un comble ! Car on n'occupe pas de tels postes sans l'avoir ardemment désiré, sans avoir supplanté une foule de candidats, sans avoir certifié sa compétence, sans avoir gagné plusieurs millions par an, sans avoir profité des multiples et somptueux avantages de la fonction, sans avoir savouré l'ivresse du pouvoir et les marques de la puissance. Et quel serait le prix de tant de bienfaits ? Rien, absolument rien. Aurait-on commis les pires erreurs, fait preuve de la plus totale incompétence et provoqué les plus ruineuses catastrophes qu'on ne risquerait jamais que de perdre sa place pour s'en retourner dans son corps d'origine.

De qui se moque-t-on ? Une présidence n'est pas la Légion étrangère, la démission n'est pas une punissable désertion. Si le dirigeant estime que les orientations de l'État-actionnaire sont mauvaises pour l'entreprise, il doit refuser de les appliquer et quitter son poste. Comment peut-on dire à ce niveau de responsabilité : « Je n'ai fait qu'appliquer les ordres » ? C'est pourtant ce qui se passe. Les gestionnaires n'auraient donc même pas à assumer leur gestion ! Il leur suffirait de se faire couvrir par le politique pour connaître le nirvana de l'irresponsabilité !

Comment admettre cette dérobade de notre élite alors que, tous les jours, des milliers de salariés se voient sanctionnés dans les entreprises pour des manquements qui ne représentent pas, en gravité, le dix-millième de ce dont nous parlons ? M. Haberer peut faire valoir qu'il s'est conformé aux instructions de son ministre ; mais le camionneur peut-il dénoncer son patron pour se justifier ? Et lui ne se retrouvera pas à l'inspection des Finances, mais à l'ANPE ! Ami lampiste qui trinquas pour une peccadille, tu restes le dindon de la farce : la responsabilité comme la culpabilité ne sont pas l'affaire des puissants.

Je ne rêve pas à un quelconque paradis fiscal, à un État minimum qui ne me coûterait presque rien, qui laisserait à ma charge le soin de ma santé, de ma sécurité, de mes enfants, et qui me dispenserait de toute solidarité. Une telle société me fait horreur. Je

ne rêve pas davantage d'une démocratie parfaite d'où disparaî-
traient la bureaucratie, la gabegie et le gaspillage. Les idées de
«pureté» m'épouvantent. *Je rêve d'une société humaine, pleine de
défauts, à l'image de notre nature, mais qui reconnaîtrait ses insuffisances et, jour après jour, s'efforcerait de les corriger au lieu d'afficher cette arrogance qui n'autorise aucun espoir d'amélioration ;
une société qui, pour commencer, respecterait les Français à travers
leur argent.*

Chapitre VI

LE MONDE TEL QU'IL EST

Lorsque le succès d'un livre dépasse le cercle habituel des lecteurs, lorsqu'il entre en résonance avec l'ensemble de la population, il devient un phénomène de société : un révélateur. C'est ce qui est arrivé en 1996 avec *L'Horreur économique*[1] de Viviane Forrester. L'auteur avait su mettre les mots sur les crispations, les peurs, les révoltes qui nourrissent l'idéologie 1995, celle du grand refus. Le succès a suivi. Des millions de Français pensent, comme elle, que nous sommes entrés dans un monde maléfique et que cette malédiction tient aux mutations de l'économie mondiale.

Qu'on en juge : les puissances d'argent ont pris le contrôle du monde et, vivant de la spéculation financière, écrasent l'économie réelle, c'est-à-dire la vie des gens. Cette caste nous entraîne dans l'horreur puisque, après avoir si longtemps exploité les travailleurs, elle les rejette purement et simplement. « Une quantité majeure d'être humains n'est déjà plus nécessaire au petit nombre qui, façonnant l'économie, détient le pouvoir. » Conclusion : « le travail disparaît » ; le travail, c'est-à-dire l'identité sociale. Un nombre croissant de personnes sont ainsi condamnées à n'avoir plus d'emploi, donc plus de raison d'être. Elles n'existent que pour s'entendre dire qu'elles ne sont bonnes à rien, qu'elles ne devraient pas exister. C'est l'horreur et, en l'occurrence, le mot n'a rien d'exagéré.

Comment ne pas ressentir ce même vertige en voyant d'un côté les grandes manœuvres du capitalisme se développer à une échelle jamais atteinte et, de l'autre, le chômage et la misère croître aussi vite, alors même qu'on pensait les avoir jugulés ? Oui, tout specta-

---

1. Viviane Forrester, *L'Horreur économique*, Paris, Fayard, 1996.

teur de ce grand chambardement où les plus grands succès industriels débouchent invariablement sur l'annonce de «plans
sociaux», ne peut que se reconnaître dans l'indignation de l'auteur. D'autant plus que Viviane Forrester joue sur le registre de
l'émotion à la manière d'Arlette Laguiller. Elle passe du constat à
la révolte sans guère prendre le temps de l'analyse. C'est ainsi
qu'elle lance une charge furieuse contre notre système économique mondialisé devenu, sous sa plume, une sorte de Grand
Satan. Conclusion : «Jamais l'ensemble des humains ne fut aussi
menacé dans sa survie.»

Tout le monde peut comprendre, puisqu'il n'y a rien à
comprendre : les faits sont présentés comme autant d'évidences
scandaleuses afin de susciter l'indignation. L'économie devient
alors une histoire de bons et de méchants.

Or, et c'est la deuxième clé du succès, les méchants sont
incroyablement peu nombreux. Appelons-les «spéculateurs»,
«financiers», PDG (mais uniquement de multinationales). Il
convient sans doute de leur adjoindre aussi les riches, mais alors
vraiment les très riches, ceux qui figurent au palmarès des plus
grosses fortunes. Le tout ne doit pas représenter 1 % de la population. Ce petit nombre arrange bien nos affaires : tous autant que
nous sommes, dès lors que nous ne faisons pas profession de jon-
gler avec les milliards de dollars, nous sommes innocents. Voilà la
seule bonne nouvelle que nous découvrons au fond de l'horreur
économique : nous n'y sommes pour rien. Nombreux sont les Français qui pensent de même et sont reconnaissants à Mme Forrester
de l'avoir dit.

Le droit au malheur

Thème récurrent dans l'idéologie française, le déni de responsabilité a été superbement analysé par Pascal Bruckner dans *La
Tentation de l'innocence*[1]. «Qu'est-ce que l'ordre moral aujour-
d'hui ? interroge Bruckner. Non pas tant le règne des bien-pen-
sants que celui des bien-souffrants, le culte du désespoir convenu,
la religion du larmoiement obligatoire, le conformisme de la
détresse dont tant d'auteurs font un miel un peu trop frelaté. Je

---

1. Pascal Bruckner, *La Tentation de l'innocence*, Paris, Grasset 1995.

souffre donc je vaux […]. Tel est le message de la modernité : vous êtes tous des déshérités en droit de pleurer sur vous-mêmes. » Souffrir de l'injustice est donc revendiqué comme un droit de l'homme, c'est-à-dire ouvert à tous et sans justification particulière. « Le rêve suprême, poursuit Bruckner, est de devenir un martyr sans avoir jamais souffert autre chose que du malheur de naître un jour. » Dernier point : l'affirmation de sa souffrance vaut preuve et démonstration, elle confère une position inattaquable, celle qui discrédite toute critique, toute contestation : « S'il suffit d'être victime pour avoir raison, tout le monde se battra pour occuper cette position gratifiante. »

Viviane Forrester illustre jusqu'à la caricature ce travers français : l'espérance de pouvoir tirer notre épingle du jeu planétaire sans mettre à contribution l'ensemble des Français. L'idée que l'on puisse demander quoi que ce soit à ces 99 % de la population victimisés la fait bouillir : seuls les 1 % de profiteurs doivent payer. Tout droit acquis l'est de « bon droit », et c'est vouloir diviser les Français que de distinguer entre les uns et les autres. Elle vole au secours de la classe moyenne protégée et dénonce ceux qui osent « vitupérer les "privilèges" de ces habitués des palaces que sont, par exemple, les cheminots, lotis d'une retraite plus acceptable que d'autres, avantage si dérisoire en regard des faveurs sans bornes, jamais remises en question, que s'adjugent comme allant de soi les vrais privilégiés ! » Avec *L'Horreur économique*, le lecteur peut tourner les pages sans crainte : à aucun moment il ne lui sera demandé une quelconque contribution, pas même en se reconnaissant satisfait de son sort. Viviane Forrester distribue à la France entière un brevet de malheur.

Fort bien, dira-t-on, la compassion n'a jamais fait de mal à personne. Eh bien si, justement. Le pire message que l'on puisse faire passer aux Français, c'est de dire ce qu'ils n'ont que trop tendance à croire : à savoir qu'ils sont étrangers à leur propre destin, qu'ils sont manipulés par des forces maléfiques et victimes d'un grand complot mondial, bref, de les enfermer dans une impuissante protestation. On les entraîne par là dans une de ces révoltes d'autant plus véhémentes dans la forme qu'au fond d'eux-mêmes ils sont secrètement résignés. Je pense, au contraire, que la France est un grand pays, que son peuple possède tous les atouts pour construire son bonheur, et qu'il ne tient qu'à lui de franchir cette mauvaise passe, mais qu'il n'y parviendra qu'en sortant de son actuel pessimisme, en prenant le monde comme il est, en s'efforçant de le comprendre afin d'y tenir la place enviable qui doit être la sienne.

Lorsqu'on doit ainsi se ressaisir, l'apitoiement devient un piège. Visitant un institut d'enfants aveugles, j'avais été surpris et choqué par la rudesse des moniteurs qui leur apprenaient à se déplacer. Lorsqu'ils partaient dans de mauvaises directions et allaient droit sur les obstacles au risque de se cogner, j'étais tenté de leur venir en aide. On m'expliqua que c'était le plus mauvais service à leur rendre. Ils devaient trouver en eux-mêmes, au prix de grands efforts, dans la souffrance, des ressources qu'ils ignoraient et qui leur donneraient une autonomie de déplacement.

Une seconde, j'imagine ma mère me tenant le discours de Mme Forrester, m'expliquant que pauvre j'étais et pauvre je resterais, car la société est ainsi faite que les enfants de pauvres sont pauvres et les enfants de riches sont riches. Qu'aurais-je fait dans la vie ? Mais voilà : ma mère m'a toujours dit que mon avenir dépendait de moi, et uniquement de moi. Elle ne pouvait rien me donner de plus, mais, avec ça, je m'en suis sorti. Il en va de même pour les pays. La première plaie de la France, c'est ce noir pessimisme qui la distingue dans tous les sondages internationaux. Qu'elle retrouve la confiance en elle-même, la vraie, celle qui incite à l'effort dans la certitude du succès, et elle surmontera l'épreuve actuelle. Et, pour commencer, qu'elle dépasse les réactions premières pour tenter de comprendre avant de céder à l'emprise de l'indignation.

Les ruses du marché

Que le spectacle de l'économie soit choquant et parfois même scandaleux, c'est une évidence. Ne voit-on pas des entreprises qui augmentent leurs profits en licenciant ? Les capitalistes gagnent de l'argent en mettant des gens au chômage, vrai ou faux ? Rendons les armes : c'est vrai. J'ajouterai même que, dans une période récente, on faisait plus rapidement fortune en licenciant qu'en embauchant. Soit dit en passant, il s'agit d'une superbe perversion du modèle français qui, sous prétexte de protéger l'emploi, fait la fortune des « dégraisseurs » ! Retenons, d'une façon générale, qu'un capitaliste ne cherche pas à donner du travail, mais à gagner de l'argent. Voilà bien la preuve de sa culpabilité, me direz-vous.

Il ne reste qu'à trouver la corde pour le pendre à la première branche !

Bâtis sur ce principe, les romans policiers n'existeraient pas. Prenez un bon Agatha Christie. À la fin du deuxième chapitre, l'affaire est dans le sac, tout accuse le cousin au regard torve. Cinquante pages plus loin, c'est l'agent d'assurances qui pourrait bien… Encore cinquante pages et le baron à son tour… Et la ronde continue jusqu'à l'avant-dernière page où la gouvernante… oui, c'était elle !

Il en va de même pour le libéralisme qui fonctionne à contre-évidences et semble toujours faire le contraire de ce qu'on attend de lui. Il prétend enrichir le peuple, mais il incite les capitalistes à s'enrichir ; vaincre le chômage, mais il détruit des emplois ; éviter les gaspillages, mais il pousse à la concurrence anarchique ; aider les pauvres, mais il refuse l'assistance, etc. Quant à ses résultats, ils n'apparaissent (quand ils apparaissent) qu'après des années d'efforts.

Dans les systèmes planifiés, au contraire, les relations sont claires, simples, évidentes, car le pouvoir politique agit directement sur les symptômes. Pour éviter le chômage, il engage tout le monde ; pour éviter les gaspillages, il crée des monopoles ; pour combattre la misère, il impose des prix bas, etc. Toutes mesures qui tombent sous le sens. Quant aux effets, ils peuvent être immédiats. Ainsi l'économie planifiée est-elle *a priori* plus séduisante que l'économie de marché. En outre, le capitalisme, dans son principe même, ne mise que sur l'égoïsme individuel – qui n'est pas une valeur très reluisante. C'est un fait avéré, proclamé, théorisé. Le communisme, au contraire, fait appel aux plus belles vertus de justice, de solidarité, de démocratie, d'égalité, etc.

Si ce dernier système tenait ses promesses, on ne pourrait qu'être communiste, et je serais communiste. Mais voilà, il ne les a jamais tenues. Il a pourtant été expérimenté dans les plus grands comme dans les plus petits pays ; dans les cultures les plus diverses (occidentales, asiatiques ou autres), dans des économies industrialisées comme celle de la Tchécoslovaquie ou des économies traditionnelles comme celle de la Chine, dans un grand élan d'enthousiasme populaire ou sous la contrainte extérieure. Peine perdue. Pas une fois il n'a engendré le développement économique ni la démocratie politique. Globalement, et sur le long terme, l'économie planifiée a échoué et l'économie de marché a relativement réussi... ce qui ne veut d'ailleurs pas dire qu'elle réussira partout et toujours !

Que retenir de ce jeu d'illusions ? Qu'on ne juge un système ni sur ses intentions, ni sur ses manifestations ponctuelles, mais sur ses résultats. Les principes du capitalisme sont à première vue scandaleux, puisqu'il donne toujours le primat à l'argent sur la personne humaine. Mais, à l'arrivée, les « non-droits » de l'ouvrier capitaliste sont plus consistants que les « droits » de l'ouvrier communiste. Tout cela sans parler de la liberté politique, à laquelle on peut tout de même accorder une certaine importance... Ainsi, les nobles intentions et les bons sentiments suscitent en moi la plus grande défiance. Je ne m'intéresse pas aux promesses de la veille, mais aux résultats du lendemain, et je constate qu'ils ont moins déchanté à l'Ouest qu'à l'Est. C'est tout.

L'économie de marché est la seule qui soit parvenue à produire efficacement des richesses, voilà l'affaire. C'est l'unique machine économique dont nous disposons ; toute « autre politique », dont le prototype n'existe nulle part, serait d'autant plus difficile à mettre en œuvre que nous serions, seuls contre le reste du monde, à nous y aventurer. Pourquoi faut-il que nous soyons le dernier pays à ne pas vouloir admettre cette évidence, que nous entretenions toujours, comme en 1981, le rêve de « rompre avec le capitalisme », bref, que nous soyons des communistes qui s'ignorent alors que, partout ailleurs, les communistes qui se connaissent ont cessé de l'être ? Pourquoi cette vision manichéenne et défaitiste du monde ? Pourquoi n'aurions-nous le choix qu'entre nous couper de toutes les nations ou cesser d'être nous-mêmes ? Et si nous pouvions tout à la fois prendre le monde tel qu'il est et rester tels que nous sommes ? Mais cela demande du courage, de la volonté, de la détermination et de l'obstination, pas en paroles, mais dans les actes. Combattre les boucs émissaires n'est pas plus efficace que charger les moulins à vent, mais c'est moins pénible que de construire une société.

Dieu sait que le système économique mondial est malsain et dangereux. Sur ce point, l'intuition de Mme Forrester est juste, mais ne nous permet guère d'avancer. Que faut-il faire pour nous en sortir ? En parfaite représentante de l'idéologie 1995, l'auteur s'en tient à la condamnation et au refus. Comme elle le reconnaît elle-même d'ailleurs : « J'ai été très loin dans la critique du système économique, sans avoir de solution à proposer, ce qui était courageux de ma part. » N'est-ce pas conclure qu'il en va de l'économie de marché comme de la démocratie, qu'il s'agit du plus mauvais de tous les systèmes… à l'exception de tous les autres, et, si tel est le cas, notre problème n'est-il pas de vivre avec et non pas de nous en séparer ?

La mise en cause de l'horreur économique devient donc dérisoire lorsqu'elle ne va pas au-delà de la dénonciation. Voilà pourtant l'éternelle tentation du gauchisme français. Incapable de nous proposer une solution qui ne soit pas l'économie planifiée, il donne à croire que la mise à bas du capitalisme peut se suffire à elle-même, que l'alternative radieuse se lèvera quand nous aurons du passé fait table rase. En somme, il suffirait de démolir le présent pour construire l'avenir.

Or cette attitude, loin de nous protéger de l'économie libérale et de ses perversions, nous prive de ses aspects positifs et nous abandonne à ses pires dérives. Plus nous fustigeons l'Amérique et plus nous lui ressemblons pour le pire : la violence et les inégalités, mais, hélas, pas pour le meilleur : le dynamisme et l'audace. Combien de temps pourrons-nous continuer ainsi ? Car le marché est en effet un système dangereux autant qu'efficace, il peut créer des richesses mais également broyer les individus et même les nations. Et le risque n'est jamais si grand que dans ces périodes de basculement, où les règles du jeu changent, où les rôles sont redistribués et où, surtout, l'avenir devient illisible.

Posons donc la vraie question : *pourquoi le système qui nous a donné les Trente Glorieuses nous a-t-il ensuite infligé les Vingt Désastreuses ?* Quelque chose s'est détraqué, mais quoi ? Quand une voiture tombe en panne après avoir bien roulé pendant 50 000 kilomètres, on ne la jette pas à la ferraille, on la conduit au garage.

L'économie sauvage

Au lieu de nous abandonner à ce désespoir suicidaire, regardons la réalité en face. Le capitalisme libéral se révèle chaque jour plus brutal, plus dominateur, c'est un fait et c'est inquiétant. Dans les années 1960-70, nous avions le sentiment d'avoir domestiqué cet animal sauvage, de l'avoir rendu socialement acceptable. Or, voici qu'il nous échappe et revient à sa vraie nature. C'est cela, semble-t-il, la nouveauté : le néo-capitalisme récemment entré dans l'arène charge comme un taureau furieux. Ce n'est pas le moment de fermer les yeux.

Premier point : *le capital est de retour, il a repris le pouvoir dans l'entreprise*. C'est dire qu'il l'avait perdu, mais nous n'y avions guère prêté attention, car l'étiquette n'avait pas changé. Or, on le sait, le capitalisme «intégriste» ne s'intéresse... qu'à lui-même. Il veut faire de l'argent, un point c'est tout, et peu importent les moyens : la solution la plus rentable est toujours la meilleure. La France des Trente Glorieuses s'est-elle construite sur un tel modèle ? Certainement pas. D'un côté, il y avait les entreprises familiales, gouvernées par le patron traditionnel qui possédait et qui gérait. Il ne voyait pas dans sa société une «machine à fric», mais un patrimoine, une réussite, une position sociale pour lui et les siens, pour le présent et pour l'avenir. Gérant en père de famille, il pouvait être âpre au gain, impitoyable à l'occasion, mais il ne réduisait pas son petit royaume à un bilan comptable. Et puis il y avait les grosses entreprises dont le capital était dispersé entre des milliers, voire des millions d'actionnaires. Seules quelques banques partenaires en détenaient une part significative. Or, un pouvoir dispersé se dissout, tout le monde sait cela. Ces sociétés étaient donc tombées sous la coupe de managers salariés qui n'avaient pas à rendre compte aux propriétaires dès lors qu'ils leur versaient des dividendes. Ce modèle d'entreprises «managérisées» a longuement été décrit par l'économiste américain J. K. Galbraith dans son fameux ouvrage *Le Nouvel État industriel*. Il permettait une gestion plus large intégrant d'autres paramètres que la rentabilité, et qui était très liée au pouvoir politique. Il visait en particulier à créer un «patriotisme d'entreprise» rassemblant tous les hommes dans un même projet.

C'est cela qui a radicalement changé depuis les années 1990. Pourquoi ? Parce que le capital s'est regroupé. Une enquête de Jacqueline Coignard, dans *Libération* [1], a remarquablement illustré ce phénomène. À la base, voici un professeur à la retraite installé dans le Massachusetts, Bob Brousseau. Comme ses collègues, il a cotisé toute sa vie à un fonds de pension qui lui paie maintenant sa retraite. Ce fonds, baptisé Prit, détient pour 21 milliards de dollars d'actifs. Mais il ne se contente pas de les gérer en «bon père

---

1. Jacqueline Coignard, «Ce retraité yankee fait peur aux patrons français», *Libération,* 1er février 1998.

de famille », il cherche à les faire fructifier, c'est-à-dire à trouver en permanence, à l'échelle de la planète tout entière, les placements les plus rentables. Bob Brousseau, membre du conseil d'administration de Prit, veille ainsi à sa bonne gestion, c'est-à-dire à ses bons résultats financiers. Il maintient la pression sur les gestionnaires : si la rentabilité n'est pas suffisante, il propose de les changer.

Il existe des centaines de fonds de pension comme Prit aux États-Unis, en Grande-Bretagne, au Japon. Leur gestion proprement dite, c'est-à-dire le choix des placements, la politique d'investissement, est confiée à des sociétés financières spécialisées comme Fidelity, Templeton, State Street, qui disposent ainsi d'une masse financière colossale : 1 240 milliards de dollars ! Autant dire qu'elles ne feraient qu'une bouchée de la capitalisation boursière de Paris. C'est ainsi qu'un centre de décision contrôle à lui tout seul plusieurs centaines de milliards de dollars. Il examine en permanence la situation de toutes les entreprises sur toutes les Bourses et s'investit ou se retire selon ses propres critères. Ceux-ci, on l'a compris, ne sauraient être que financiers. C'est la rentabilité à très court terme qui intéresse ces capitalistes, pas la stratégie à long terme propre aux entreprises. Car tous les Bob Brousseau d'Amérique et d'ailleurs leur mettent l'épée sur les reins.

Ces fonds vont donc s'investir un peu partout, notamment dans les grandes sociétés françaises. Là, ils ne se comportent évidemment pas comme ces « petits actionnaires » retraités qui, pour se distraire, venaient autrefois somnoler aux assemblées générales annuelles avec leur poignée d'actions à la main. Ils ont des exigences et savent se faire entendre.

Les retraités, les fonds de pension, les sociétés d'investissement… Le maillon suivant, c'est l'entreprise. Jacqueline Coignard prend l'exemple d'Elf, dont le capital est détenu à 40 ou 45 % par des mains étrangères, pour moitié américaines. Or, qu'observe-t-on dans cette entreprise ? « Philippe Jaffré, patron du groupe, bichonne ces "minoritaires" […] et sait désormais répondre à des questions parfois décoiffantes : "Pourquoi ne licenciez-vous pas 40 % de votre personnel, pléthorique comparé à celui de vos concurrents ?" Il effectue ses deux tournées annuelles des investisseurs (*road shows*), avec ses quatre haltes obligatoires : Londres, Édimbourg, New York, Boston. » En outre, relate Jacqueline

Coignard, le président et trente cadres dirigeants issus de l'administration ont dû démissionner de leurs corps d'origine pour inspirer confiance à leurs investisseurs anglo-saxons.

Le dernier maillon de la chaîne, c'est évidemment le salarié, le cadre qui se croyait autant en sécurité chez Elf que dans l'administration, et qui sera licencié pour satisfaire aux exigences de messieurs les investisseurs. Si l'on repense au management si particulier, si typiquement français qu'avait connu Elf depuis sa création, on prend la mesure de la révolution copernicienne qui a affecté le capitalisme en l'espace de quelques années.

Or, on observe la même évolution dans toutes les grandes entreprises, en France comme à l'étranger. Partout les PDG sont soumis à une pression constante, doivent rendre des comptes au moins tous les six mois sur le seul critère de la profitabilité. Si les résultats sont médiocres, les capitaux s'en vont, les cours chutent, et les dirigeants perdent leurs fauteuils. La priorité de toute stratégie, c'est d'assurer une généreuse et constante rémunération du capital. Une contrainte exténuante qui ne laisse place à aucun autre objectif et que les grosses entreprises répercutent sur les petites. Les unes comme les autres tendent à n'être plus que des machines à faire du profit et des plus-values. Tout le reste est littérature. Le monde de la production, du travail et de la gestion s'en trouve bouleversé. Il n'est plus qu'un outil entre les mains de la finance.

Michel Albert fait très justement remarquer que ce durcissement du capitalisme est finalement provoqué par les travailleurs eux-mêmes : « Dans le nouveau circuit du capitalisme, une logique globale voudrait ainsi que les travailleurs s'exploitent les uns les autres pour assurer leurs vieux jours[1]. » L'ennuyeux, c'est que les salariés français qui n'ont rien vu venir ont refusé les retraites par capitalisation et vont maintenant trimer et s'échiner pour payer celles… des salariés étrangers.

Deuxième changement : *l'irrésistible poussée des oligopoles.* Les entreprises sont aspirées dans la dimension planétaire. Irrésistiblement, les plus gros absorbent les moins gros (qui sont déjà énormes) pour accroître leur part du gâteau mondial. Partout on veut des super-géants. Quand un pays possède deux sociétés domi-

---

1. Michel Albert, « Le nouveau système-monde », *Le Débat,* n° 97, novembre-décembre 1997.

nantes, il les fusionne en une, deux fois plus grosse. Boeing et Mc-Donnel Douglas, c'est trop : l'Amérique veut *son* constructeur aéronautique qui écrasera le reste du monde. La France doit rapprocher au plus vite Aérospatiale et Dassault. Devra-t-elle demain regrouper ses constructeurs automobiles, puis ses banques, ses compagnies d'assurances, ses géants de la distribution, ses groupes de communication afin que ses champions se lancent à l'assaut des étrangers pour les dévorer, pour croître indéfiniment ? En soi, le phénomène n'est pas nouveau. Mais il n'avait jamais pris une telle ampleur. Hier, on s'inquiétait de voir un ou deux colosses dominer leur marché, aujourd'hui on s'étonne qu'il puisse y en avoir davantage. Sommes-nous condamnés à subir un métacapitalisme planétaire dans lequel l'oligopole sera la règle et le marché concurrentiel l'exception ? Cette concentration va-t-elle accélérer la course à la productivité jusqu'au point où les destructions d'emplois l'emporteront définitivement sur les créations ? Les stratégies financières laisseront-elles la moindre autonomie au politique pour organiser la vie des hommes, l'harmonie des pays ? Tout est possible dans ce monde sans règles, et rien n'est là pour nous rassurer.

Le phénomène le plus inquiétant est sans doute le développement sans limites de la sphère financière. Avec la déréglementation, la désintermédiation et le décloisonnement, toutes les barrières qui pouvaient encore entraver les mouvements des capitaux sont tombées. Pour la finance, le village planétaire est une réalité.

Des milliards de dollars, de marks ou de yens traversent les océans à la vitesse de la lumière, s'en vont, s'en viennent, s'investissent, se désinvestissent, indifférents aux remous qu'ils provoquent. Ils ne correspondent plus au paiement des marchandises ni à des investissements réels, mais à une pure spéculation, à la recherche des meilleures opportunités financières. C'est l'économie-casino qui se coupe de l'économie productive et réalise ses gains en jouant sur des symboles et en faisant des paris. Sur le seul marché des changes, on estime que les transactions quotidiennes correspondent au PIB de la France ! Les flux financiers sont dix fois plus élevés que la production physique du monde entier et les opérations purement financières sont trente-cinq fois plus importantes que le règlement global des échanges commerciaux ! « Cette "bulle financière", comme on la qualifie souvent, est une épée de Damoclès menaçant les entreprises [...] qui voient la valeur de leurs actions fluctuer indépendamment même de leurs résultats et sont à tout moment susceptibles d'être l'objet d'une OPA plus ou moins amicale [1] », constate Hugues de Jouvenel. On sait, depuis le krach asiatique, que ces capitaux errants peuvent en arriver à détruire de grands pays – et pas seulement des entreprises.

À quand la prochaine explosion dans cette économie spéculative, cette économie *d'emballement et de panique*, selon l'expression très juste de Jacques Attali, sujette à ces maelströms dévastateurs ? Toutes les économies sont menacées. N'est-on pas en pleine folie ? Un spéculateur aussi averti que Georges Soros le pense et lance de sombres avertissements. Mais lorsqu'un sage comme le prix Nobel James Tobin propose de prélever une taxe de 0,1 % sur les transactions financières en devises afin de calmer le jeu, il prêche dans le désert. Pourtant, tous les experts sont convenus, après la tempête asiatique, qu'il nous faut à tout prix trouver des solutions pour sortir de l'anarchie financière, et qu'à supposer que le FMI ait bien éteint cet incendie – ce qui reste à démontrer –, il risque bel et bien d'être débordé par les prochaines catastrophes.

Mais qui pourra réunir à l'échelle de la planète cette volonté générale qui imposerait à toutes les nations, à tous les acteurs, un minimum de discipline financière ? Comment maîtriser ces milliards de dollars errants dont le montant excède les réserves de l'ensemble des banques nationales ? Cette folie spéculative peut mener le monde à sa perte, c'est vrai, mais on ne la fera pas reculer avec l'eau bénite de l'exorciste.

Le navire France

Le vent du large soufflait à force 5, la tempête s'est levée, le voici à force 7. Il y a certes de quoi inquiéter les passagers des mauvais bateaux, mais le navire France peut fort bien naviguer par gros temps. Il n'a aucune raison de faire naufrage… s'il est bien piloté, évidemment. C'est pourquoi notre sinistrose passe aux yeux du monde pour une déprime d'enfant gâté. « Les combats d'arrière-garde que mène aujourd'hui la France contre la mondialisation ressemblent à s'y méprendre à ses efforts pour échapper jadis

1. Hugues de Jouvenel, « La société française à l'horizon 2010 », *Futuribles*, avril 1994.

aux conséquences de l'industrialisation. Dépouillé de son emballage de propagande, le "nouveau modèle économique" que le gouvernement de gauche de Lionel Jospin prétend expérimenter en vue du XXIᵉ siècle n'est pas différent de celui que le pays oppose aux changements économiques depuis deux cents ans», écrit Reginald Dale dans l'*International Herald Tribune*. Nous n'aimons pas recevoir des leçons de l'étranger, surtout lorsque ce sont des Américains qui nous les donnent. Dieu sait pourtant que nous en avons besoin !

Il est parfaitement vrai que la France s'est industrialisée contrainte et forcée durant la seconde partie du XIXᵉ siècle, lorsque Napoléon III lui a imposé la concurrence britannique par le traité de libre-échange. Sous la IIIᵉ République, échappant à un pouvoir politique fort, elle a renoncé à toute ambition pour se replier frileusement derrière ses frontières protectrices. Il a fallu l'ouverture du Marché commun pour la faire repartir de l'avant. Chaque fois, le patronat et les syndicats, effrayés par l'aventure, ont freiné des quatre fers ; chaque fois, le pays a révélé des capacités insoupçonnées, dignes des plus grandes nations industrielles. N'oublions tout de même pas que nous disposons d'un formidable outil économique. Notre secteur marchand, avec 14 millions de personnes, n'est-il pas capable de dégager un excédent commercial annuel de 200 milliards ? Le Français n'est-il pas le premier exportateur de la planète, celui qui exporte le plus par habitant ? Ne faut-il pas disposer d'entreprises, de capacités, de savoir-faire et aussi de managers, d'ingénieurs, de travailleurs de très grande qualité pour réaliser de telles performances ? Comment craindre l'avenir quand on possède en soi une telle force ? À quoi rime ce besoin de se faire peur ? N'est-ce pas une malédiction nationale de toujours refuser le mouvement et l'incertitude, alors même que nous avons tout à y gagner ?

Oui, nous gagnerons cette bataille de l'ouverture comme nous avons gagné les précédentes, à condition bien sûr de ne pas nous dérober, de ne pas céder à la mortelle tentation du renfermement. Une nation jeune comme l'Amérique, parce qu'elle dispose d'un continent, parce qu'elle est un peuple d'immigrants, parce qu'elle est fondée sur la compétition, a pu préserver son dynamisme dans l'isolationnisme. Mais notre «cher et vieux pays», pétri d'histoire et de traditions, en est incapable. Coupés du monde, à l'abri de nos frontières closes, nous nous fossiliserions. Si même nous pouvions

dresser des barrages contre ce monde dangereux, il nous faudrait
encore choisir l'ouverture, non pas pour «normaliser» la France,
mais, au contraire, pour maintenir sa singularité.

Les pièges de la mondialisation

Ce néo-capitalisme lancé par l'Amérique à l'assaut de la planète
est fils de la mondialisation. Autre évolution que la France ressent
comme une menace. Pourtant, est-ce bien cette globalisation de
l'économie et des échanges qui est à l'origine de nos difficultés ?

Le premier facteur de mondialisation, c'est le progrès technique
qui est le même pour tous. Est-il responsable du chômage ? L'interrogation n'est pas nouvelle. La machine qui prend le travail des
hommes : telle était déjà la hantise des canuts lyonnais qui, en 1831,
s'attaquaient aux métiers Jacquard. Pourtant, le couplage du progrès technique et de la croissance économique, loin de réduire le
nombre des personnes employées, l'a considérablement augmenté.
Mais le passé n'est pas le garant de l'avenir, et des inquiétudes qui
n'étaient pas fondées hier pourraient l'être devenues aujourd'hui.

Peut-on penser que, d'ores et déjà, l'application des nouvelles
technologies dans une optique néo-capitaliste crée un sous-
emploi structurel ? Pour répondre, il faut regarder le pays qui se
trouve en pointe dans ces deux domaines : l'Amérique. Nous
connaissons la réponse. Après avoir créé 12 millions d'emplois
depuis 1991, elle a vaincu le chômage. Ne voit-on pas les patrons
américains demander au président Clinton d'ouvrir plus largement les frontières à l'immigration pour éviter une pénurie de
main-d'œuvre et une hausse des salaires ? Je n'ai garde de transformer cette réussite économique en réussite politique et sociale,
mais enfin, sur un point précis, on ne voit pas que néo-capitalisme
et technologies de pointe conduisent fatalement au chômage.
N'allons donc pas rejeter sur la mondialisation technologique et
capitaliste la responsabilité d'un mal qui comporte à l'évidence
une forte spécificité française.

C'est l'Europe et particulièrement la France qui ont perdu leur
aptitude à faire naître ce supplément d'emplois indispensables
pour combattre le chômage. C'est donc chez nous, et pas seulement chez les autres, qu'il convient de chercher les raisons de ce
blocage dramatique. Faut-il incriminer la course à la productivité

qui fait se multiplier les plans sociaux dans les entreprises ? Mais alors, comment expliquer que l'économie américaine soit parvenue au plein-emploi en taillant à la tronçonneuse, voire à la dynamite dans les effectifs ? Manifestement, les Américains ont su distinguer dans ces coupes entre ce qu'il fallait sacrifier et ce qu'il fallait garder, tandis que nous confondions tout. N'aurions-nous pas conservé les emplois que nous devions supprimer, perdu ceux que nous aurions pu préserver et, entre les deux, n'avons-nous pas été incapables de créer ceux dont les jeunes ont besoin ? Nous y reviendrons, mais retenons que *les licenciements, pour traumatisants qu'ils soient, sont une contrainte d'une économie saine, et non pas une perversion d'une économie malade.*

N'est-ce pas au prix de sept plans sociaux en dix ans, en réduisant de 25 000 à 15 000 le nombre de ses salariés dans les usines de Clermont-Ferrand, que Michelin est redevenu le numéro un mondial du pneumatique ? Lancée depuis trente ans dans cette bataille impitoyable avec les Américains et les Japonais, l'entreprise aurait tout simplement cessé d'exister si elle avait conservé la totalité de ses effectifs en France, si elle n'avait pas joué la carte de l'exportation en ouvrant, dès 1931, sa première usine aux États-Unis. Au cours des dix dernières années, cette entreprise, championne de la mondialisation, a maintenu des effectifs de 120 000 personnes sur l'ensemble de la planète. Elle n'est pas devenue une holding financière sans ouvriers, elle n'est pas non plus restée la manufacture de pneumatiques auvergnate des années 1950.

Ainsi, rien ne permet de dire que la diffusion mondiale de nouvelles techniques nous condamne aujourd'hui au chômage, que le travail disparaît. Mais, à l'inverse, on ne peut exclure que la technique s'empare à l'avenir du travail des hommes. Encore faut-il savoir de quels travailleurs on parle, en quels pays, pour quels services, à quels salaires, avec quels horaires, quelles techniques, quelle protection, etc.

Le progrès technique n'est qu'un des facteurs qui influent sur l'emploi. Sa seule particularité, c'est d'être tout à la fois imprévisible et inévitable. C'est ainsi, et nous n'y pouvons rien changer.

La seule certitude, c'est que les révolutions techniques vont durement secouer notre cathédrale sociale. Certains métiers, certaines industries disparaîtront ; des activités aujourd'hui balbutiantes prendront une place dominante. Et si nous restons crispés sur les secteurs condamnés, sur les emplois existants, si nous sommes incapables de saisir les nouvelles opportunités, d'être les premiers dans la recherche, les meilleurs dans les entreprises, alors, oui, nous connaîtrons un chômage destructeur. C'est un grand danger, ce n'est pas une fatalité.

La mondialisation, c'est encore celle des échanges dans un monde où la technologie abolit les distances, où le libre-échange gomme les frontières. Les exportations françaises, qui ne représentaient que 18 % du PIB marchand en 1970, ont atteint le quart. Les échanges s'accroissent et de nouveaux partenaires, plus jeunes, plus agressifs, se mêlent à la partie. Les pays avec lesquels nous commercions pratiquaient soit une technique élevée et des salaires également élevés, soit des salaires bas mais une technique également basse. Nous étions donc à armes égales. Les nouveaux concurrents, eux, jouissent tout à la fois d'une main-d'œuvre à très bon marché et d'une bonne maîtrise de la technologie ; beaucoup d'entre eux risquent par ailleurs de profiter encore longtemps des avantages que confère la dévaluation de leur monnaie depuis le krach asiatique. La concurrence se durcit donc, et nous n'avons encore rien vu. Comment préserver l'emploi des salariés français les moins qualifiés face aux millions de travailleurs asiatiques payés cinq ou dix fois moins cher ? N'est-ce pas la cause principale de notre chômage ?

En 1998, et malgré la mondialisation croissante, la France réalise encore l'essentiel de son commerce avec des nations développées. Nos importations en provenance des pays à bas salaires ne représentent que 1 % du PIB, taux peut-être sous-évalué en raison de la sous-traitance, mais tout de même très faible. De même, les délocalisations, toujours spectaculaires, restent limitées : elles nous auraient fait perdre moins de 300 000 emplois, soit, en ordre de grandeur, 1 % de notre stock de travail. Le phénomène est donc trop marginal pour expliquer le chômage dans un pays dont la balance commerciale est fortement excédentaire.

Mais on peut légitimement s'interroger pour l'avenir. Si la production peut être indifféremment réalisée sur un continent ou sur un autre, il y a toutes les raisons de penser que les travailleurs sous-qualifiés de France et d'Europe ne conserveront leurs jobs qu'en sacrifiant leurs salaires ; s'ils ne le font pas, ils seront sans doute remplacés par des machines – à moins qu'ils ne voient s'envoler leurs emplois vers d'autres continents. La menace ne pèse pas seulement sur les usines, mais également sur les bureaux d'études, les services informatiques, les industries de pointe, etc. Ariane s'est imposée contre les lanceurs américains. Mais d'autres concurrents apparaissent à l'horizon. Que se passerait-il si elle perdait son avance sur les fusées commerciales que développent les Russes, les Chinois, les Japonais ou les Indiens ? Tout est possible, et nous ne savons pas grand-chose de ce que nous réserve l'avenir.

Le futur est à notre image : rassurant quand nous sommes rassurés, angoissant quand nous sommes angoissés. Il importe donc de le laisser à sa place. Cessons d'en faire la cause de nos difficultés et l'alibi de nos insuffisances. Jusqu'à preuve du contraire, le futur ne rétro-agit pas sur le présent. C'est bien lui, en revanche, qui rend certaines corrections indispensables et urgentes.

Quels pronostics peut-on faire ? Aucun. La réponse peut choquer, elle est pourtant de simple bon sens. Il est absurde de prétendre connaître avec certitude l'état du monde dans vingt ou cinquante ans. J'ajouterai que nous n'en avons jamais rien su et que c'est fort heureux, car l'incertitude de l'avenir est le dernier garant de notre liberté. C'est le signe d'une névrose caractéristique de notre époque que de réclamer en permanence des prévisions certifiées et balisées comme des prospectus de voyages organisés. Voilà bien la source de toutes ces peurs qui entretiennent la phobie du futur et nous claquemurent dans l'instant.

L'imprévisibilité, c'est la loi de l'économie. Si nous la redoutons aujourd'hui, c'est moins en raison des nuages qui s'accumulent à l'horizon que des faiblesses qui se révèlent en nous. Faire face à l'avenir, c'est moins affaire de prévision que de confiance en soi. Lorsqu'on cesse d'en être capable, c'est tout simplement qu'on a perdu la maîtrise de son destin.

Inégalité ou chômage

Si le chômage n'est pas d'importation, il n'en va pas de même pour certains changements sociaux. En effet, le progrès technique et le développement économique ne se contentent pas de créer des biens et de produire des richesses, ils sont le moteur de l'évolution socio-culturelle. Ce n'est pas ainsi, je le sais, qu'il convient de présenter les choses : il faut attribuer le mérite du progrès social aux luttes ouvrières et aux victoires de la gauche. Glorieuse histoire, mais purement légendaire ! On veut nous faire croire que les sociétés se dirigent comme des navires à moteurs, un capitaine fixant le cap et tenant la barre d'une main ferme. Elles relèvent au

contraire de la navigation à voile : autant dire qu'elles sont fortement tributaires des vents et des courants.

L'économie, pour se développer (on peut dire aussi les capitalistes, pour faire plus de profit), s'est appuyée sur des techniques de
plus en plus sophistiquées. Celles-ci exigeaient un niveau de formation de plus en plus élevé et créaient des emplois de plus en plus
qualifiés, de mieux en mieux rémunérés. Que le fils de l'ouvrier
devienne technicien, et le fils du technicien ingénieur, constituait
une nécessité pour la croissance. C'est ainsi que, dans les années
1960, le patronat a poussé au renforcement de l'Éducation nationale, parce qu'il ne trouvait pas sur le marché du travail le personnel qualifié dont il avait besoin. L'ascenseur social était, à cette
époque, tiré par l'évolution des techniques et les exigences de l'économie. Contrairement à ce qu'on raconte, la politique s'est conten-
tée de mettre en forme cette dynamique, elle ne l'a pas créée.

En France même, la condition ouvrière s'est considérablement
améliorée pendant les Trente Glorieuses, autrement dit sous des
majorités de droite. Au point que le dogme communiste de la pau-
périsation a dû capituler devant l'évidence des faits. N'est-ce pas
la preuve que ce mouvement était impulsé par les forces aveugles
du marché bien plus que décrété par le pouvoir politique ? Les
grandes crises nous ont appris qu'on ne peut échapper à la
conjoncture économique. Nous découvrons à présent que nous
sommes également tributaires d'une conjoncture sociale qui, hélas,
n'est pas celle que nous aurions souhaitée.

Dans toutes les sociétés industrialisées, les inégalités s'accroissent alors qu'elles se réduisaient, les riches s'enrichissent et les
pauvres s'appauvrissent, la misère réapparaît alors qu'elle semblait
en voie de disparition, les travailleurs sans qualification sont fra-
gilisés, marginalisés, exclus, le coût de la protection sociale devient
insupportable, partout le secteur public recule, la flexibilité s'accroît, l'État doit alléger ses coûts de fonctionnement et ses pesanteurs bureaucratiques. Nous voici donc emportés par une logique
économique qui pousse à la dissociation après avoir si longtemps
renforcé la cohésion. Crise conjoncturelle, retombées d'erreurs
politiques, changement du système ?

Pour certains experts, les effets conjugués du néo-capitalisme,
de la mondialisation et des nouvelles technologies vont briser nos
sociétés, balayer le rêve d'un corps social homogène. Ainsi le sociologue américain Jeremy Rifkin annonce-t-il sombrement : « Le

monde se scinde en deux : d'un côté une élite contrôlant et gérant une économie de plus en plus internationalisée, techniquement aussi de plus en plus sophistiquée ; de l'autre un nombre croissant de salariés menacés par l'introduction d'outils perfectionnés d'information, dont les emplois, en danger permanent de délocalisation, sont souvent dénués de sens dans un univers de plus en plus automatisé[1]. » Beaucoup de sociologues pensent de même que nous nous dirigeons tout droit vers des sociétés éclatées entre une élite (20 % de la population) et un énorme prolétariat (80 %).

Simples conjectures ou prévisions fiables ? Regardons les États-Unis, avant-garde des nations industrialisées qui, en outre, laissent aux forces du marché le soin de modeler la société. À l'automne 1997, après des années de croissance euphorique, le gouvernement fédéral a dressé un tableau de la société américaine qu'un expert officiel a résumé en ces termes : « Les pauvres sont plus pauvres, la classe moyenne n'a toujours pas retrouvé son niveau de 1989, et les riches sont de plus en plus riches. » Qu'on en juge : le revenu moyen des 20 % les plus aisés s'est accru de 2,2 % en 1996, tandis que celui des 20 % les moins riches diminuait de 1,8 % ! En 1970, cette classe riche se partageait 40,9 % du revenu national ; elle est passée à 44,3 % en 1990 et à 49 % aujourd'hui. Certes, cet enrichissement est lié à l'euphorie de Wall Street. Le « coup de torchon » qui ne manquera pas de faire chuter les cours dans l'avenir écornera bien des fortunes. Mais il n'améliorera certainement pas la situation au bas de l'échelle. Le pourcentage de la population vivant au-dessous du seuil de pauvreté, qui frôlait les 10 % dans les années 1970, s'est, certes, stabilisé depuis une décennie, mais autour de 14 %. Désormais, il ne suffit plus d'avoir un emploi pour échapper à la pauvreté. Et, parmi ces pauvres, les « très pauvres », dont les revenus n'atteignent pas la moitié du fameux seuil, sont en constante augmentation. Ajoutons enfin que le nombre des Américains ne jouissant d'aucune assurance-maladie est en augmentation et représente 17 % de la population.

Le gouvernement américain ne favorise pas cette évolution, mais il ne la contrarie pas non plus. Il laisse faire le jeu économique, persuadé, selon le credo libéral, que celui-ci finira par guérir la société. On peut toujours rêver, mais, pour l'heure, il ne fait

---

1. Jeremy Rifkin, *La Fin du travail : le déclin des emplois et l'arrivée d'une ère postmarché*, Paris, La Découverte, 1995.

que la détruire. Quelle peut être la justification humaniste d'un
système qui, dans son plus grand succès, pousse les plus faibles de
la pauvreté à la misère ?

Et comment ne pas faire le lien entre ces inégalités croissantes,
cette totale précarité, et l'absence de chômage ? Inégalités et chômage forment-ils dès lors le nouveau couple infernal de nos sociétés, l'alternative à laquelle nous ne pouvons prétendre échapper ?
Ce serait ou l'un ou l'autre, jamais ni l'un ni l'autre.

C'est précisément ce que nous annonce l'un des meilleurs spécialistes, Pierre-Noël Giraud : « Je soutiens donc que dans la plupart des pays riches, désormais, les créations d'emplois compétitifs
ne pourront compenser les destructions d'emplois exposés. En
conséquence, soit le chômage *et* les inégalités de revenus s'accroîtront, soit les inégalités de revenus s'accroîtront sans chômage,
mais, dans ce cas, encore plus vite et probablement avec une baisse
réelle des bas revenus. » D'où le « théorème » découlant de ces
prémisses : « Le chômage ne peut être évité [dans les pays riches]
que par l'accroissement des inégalités de revenus[1]. »

Nous voilà bien loin du fameux « modèle Fourastié » selon
lequel le progrès devait se répartir dans tout le corps social,
réduire les inégalités et assurer l'enrichissement général ! Et
comment imaginer que ce qui est vrai pour la société américaine
pourrait ne pas l'être pour nous alors que, nous l'avons vu, tout
cela résulte moins d'une politique déterminée que du pur fonctionnement des lois du marché ?

La mondialisation portée par le néo-capitalisme nous confronte
au changement et à l'imprévisibilité. *Dans une telle situation, une
vertu l'emporte sur toutes les autres : l'adaptabilité.* Qu'importent
les surprises du lendemain si nous sommes capables de souplesse,
de réactions, d'imagination, si nous avons conservé intactes nos
capacités d'évolution. En revanche, on peut affirmer sans crainte
de se tromper que les sociétés rigides seront réduites en miettes.
Gouverner dans ces périodes incertaines, c'est mettre à profit
l'inévitable pour éviter l'indésirable, c'est utiliser les courants pour
éviter les récifs. Cela s'appelle le réalisme, qui lui-même est le socle
du volontarisme. Le vrai, pas celui des campagnes électorales. Une
vertu qui s'incarne dans un mot : la responsabilité.

1. Pierre-Noël Giraud, *L'Inégalité du monde,* Paris, Gallimard, « Folio-
Actuel », 1996.

Irresponsables, donc coupables

Dans toute société, la responsabilité est la condition de survie. C'est d'elle qu'il faut repartir pour nous définir face à cet avenir inquiétant. Quelles sont ses exigences ?

C'est tout d'abord *le sens de la réalité*. «*Facts and figures*», comme disent les Anglo-Saxons : voilà la base de tout. Les faits sont grossiers jusqu'à l'indécence, les chiffres prosaïques jusqu'à la vulgarité, mais ils sont ce qui est. Ils auront toujours le dernier mot. Le reste : représentations, idées, paroles, sentiments, idéaux, peut et doit prendre le dessus, au sens propre comme au figuré. C'est-à-dire s'appuyer sur le réel afin de le dépasser, de lui donner un sens. Mais tout ce qui ne repose pas sur les faits et les chiffres conduira au désastre.

La deuxième exigence, c'est *le principe d'action*. Il repose sur la distinction entre ce qui dépend de nous, sur quoi on agit, et ce qui ne dépend pas de nous mais en fonction de quoi on se détermine. L'irresponsable s'imagine qu'il peut choisir ses problèmes et ses ennemis, alors que le choix ne porte jamais que sur les solutions et les stratégies. Mais les gouvernants sont toujours tentés d'imputer à l'évolution du monde l'insuffisance de leur politique, et les idéologues de renforcer leurs théories par la négation des réalités.

La troisième exigence, c'est *l'intérêt général*. Au-delà des querelles partisanes et des divergences d'intérêts, il doit exister un bien commun à tous. Faute de quoi, la communauté perd son sens et se dissout.

La quatrième exigence, c'est *le souci de l'avenir*. La société, comme l'individu, ne survit qu'en anticipant la suite des événements. Diriger un pays, c'est – et ce ne peut être – que construire son avenir. Gouverner, c'est prévoir.

La cinquième, c'est *la cohérence*. On ne peut vouloir une chose et son contraire, on ne peut prendre la cause et refuser la conséquence. À ne retenir de chaque système que la meilleure part et rejeter son inévitable contrepartie, on ne construit que d'invivables chimères qui s'épanouissent dans les rêves et rendent l'âme en voyant le jour.

La sixième, c'est *le courage*. Le pouvoir qui regarde en face la réalité et l'avenir, qui travaille dans l'intérêt général et dans la cohérence, a toutes les chances de proposer une politique impopulaire. Pour les dirigeants, c'est alors l'épreuve de vérité : les uns

maintiennent le cap au risque de perdre le pouvoir, les autres sacri-
fient l'avenir au présent et le pays à leur carrière. Bref, être responsable, c'est gouverner.

À l'inverse, faire passer la réalité pour une simple option politique, et la volonté politique pour une potion magique, telle est
l'école de la déresponsabilisation.

Cet art de noyer notre démission dans l'enflure des mots et les
débordements de l'idéologie a été parfaitement identifié par les
observateurs étrangers. Ainsi Adam Gopnik, correspondant à Paris
du *New Yorker,* remarque avec un brin de malice : « Ce qui frappe
un étranger, c'est la facilité avec laquelle les crises banales de la vie
dans une économie capitaliste développée peuvent être amplifiées
par la capacité française à la dramatisation sociale [...]. Il semble
qu'il y ait une tendance à transformer tout grief, rationnel ou non,
en spectacle public [...]. Les Français imaginent leur vie sociale
comme un drame national cohérent. » Voilà qui est fort bien vu.

Mais faut-il blâmer nos compatriotes de vouloir rester eux-
mêmes chez eux ? Pourquoi n'auraient-ils pas le droit de se tenir à
l'écart du monde et de ses tempêtes, pourquoi devraient-ils renoncer à leur art de vivre pour s'aligner sur l'universalisme cosmopolite ? Poser la question en ces termes, c'est à coup sûr s'entendre
répondre : « Restons français. » Une réponse qui est également la
mienne. Mais le droit de rester soi-même se mérite. Pour éviter que
le système économique mondial ne brise notre société et ne nous
impose un modèle dont nous ne voulons pas, il ne sert à rien de
nous réfugier dans les dénonciations et les incantations, il faut examiner en toute lucidité ce que nous pouvons faire et ce que nous
sommes dans l'incapacité de faire. Bref, adopter un comportement
responsable. Malheureusement, ceux qui mettent le plus en avant
l'exigence d'une « autre politique » au service d'un « modèle national » font de ce projet l'alibi de tous les renoncements, de toutes
les démagogies, et nous préparent ainsi la pire version qui soit de
l'américano-libéralisme.

L'impossible fermeture

Ne pourrions-nous modérer le jeu du marché mondial comme
nous avons modéré celui de notre marché national ? Hélas non. Il
n'existe pas de gouvernement universel capable d'imposer régle-

mentations et protections, d'initier un droit social mondial. Face aux débordements de la spéculation, les organismes internationaux ne sont que des gendarmes de pacotille, tout au plus un Samu financier en cas de catastrophe, comme on l'a encore vu au moment de la crise asiatique. Dans le commerce mondial, tous les coups sont tolérés, sinon autorisés ; les plus forts écrasent les plus faibles. Sans pitié. L'insécurité est totale. Nous devons militer en faveur d'un ordre économique et social à l'échelle de la planète entière, mais en sachant que nous avons bien peu de chances de parvenir à nos fins. Reconnaissons donc que ce n'est pas notre volonté qui s'impose au monde, mais l'inverse. Et dès lors que nous misons sur le libre-échange (mais quelle autre stratégie pourrions-nous adopter ?), nous aliénons une part de notre indépendance... contre beaucoup de prospérité, ne l'oublions pas. Une France seule ne peut peser sur l'ordre du monde, mais une Europe unie le pourrait. À nous de la construire d'abord, de convaincre nos partenaires ensuite.

Faute de pouvoir changer le monde, ne pourrions-nous le tenir à l'écart ? Le protectionnisme nous est tout simplement interdit avec nos premiers clients et nos premiers fournisseurs, les pays de l'Union économique européenne. On ne peut dans le même temps bâtir une maison commune et ériger des murailles en lieu et place des cloisons. Mais nos voisins nous font moins peur que les pays pauvres. Alors, faut-il nous barricader contre ces mondes lointains ? On peut comprendre que le Front national fasse de telles propositions. Il est plus surprenant de les entendre formulées par des syndicats et des personnalités de gauche. En effet, fermer nos marchés aux pays qui tentent de se développer, cela revient à les enfoncer dans la misère. Car il ne s'agit plus, de nos jours, de leur acheter des matières premières, mais des produits manufacturés. Bien des leaders du tiers-monde ont aujourd'hui pour slogan : « Plus d'aide, des marchés ! » *On ne peut dans le même temps s'apitoyer sur le sort des pays pauvres et refuser leurs produits, comme on ne peut s'apitoyer sur le sort des ouvriers français et commercer avec des pays à bas salaires.* Cela s'appelle une contradiction. Il en est d'ailleurs bien d'autres en économie qui, toutes, nous interdisent les solutions simplistes et confortables.

Regardons les choses en face : on ne se retire pas du commerce mondial lorsque les exportations représentent le quart de notre PIB et que, par surcroît, elles nous rapportent d'énormes bénéfices. Nous sommes donc bien obligés de nous accorder avec des partenaires européens qui nous ressemblent, mais également avec les nouveaux venus d'origines fort différentes. Bref, il nous est possible de défendre nos positions avec plus de pugnacité dans le commerce mondial, mais certainement pas de nous isoler.

Il est bon qu'en février 1998 des cinéastes aient tiré la sonnette d'alarme à propos de l'Accord multilatéral d'investissement (AMI). En effet, ce projet – dont on a trop oublié qu'il n'était précisément qu'un *projet* d'accord –, s'il avait été définitivement accepté dans cette version, aurait fait la part trop belle aux multinationales par rapport aux États. Une situation totalement inacceptable. Chaque pays doit conserver sa personnalité et l'imposer aux investisseurs. La «bonne conduite» ne consiste pas à faire de son territoire un espace libre, mais à faire connaître les règles que l'on fixe, à les faire respecter et à les respecter. Ainsi la France n'a aucune raison de renoncer à son exception agricole ni à son exception culturelle. Encore faut-il empêcher ces régimes particuliers de verser dans les défauts traditionnels du copinage et du corporatisme. Ce n'est pas en produisant d'invendables céréales ou bien en réalisant des films non diffusables que nous convaincrons nos partenaires européens de nous suivre. Là encore, l'exception doit constituer une exigence vis-à-vis de soi-même avant de devenir une différence que l'on fait respecter par les autres. Sinon, elle est irrecevable.

De même avons-nous un rôle essentiel à jouer dans l'Europe afin qu'elle ne soit pas un marché livré au libre jeu des multinationales et du néo-capitalisme mondial. Oui, nous devons retrouver à l'échelle de l'Union économique et monétaire nos spécificités sociales et refuser de nous aligner sur le modèle américain. Lionel Jospin ou Dominique Strauss-Kahn ont mille fois raison d'afficher cette volonté face à nos partenaires européens. Mais comment pourraient-ils les convaincre en s'en tenant au «modèle français»? Comment pouvons-nous prétendre jouer les professeurs alors qu'aux yeux de tous nous faisons l'effet de cancres, que le fonctionnement socio-économique de notre société tient lieu de repoussoir, que les solutions que nous proposons font fuir? Personne ne peut nous prendre au sérieux quand nous prétendons proposer des mesures aux autres alors que nous sommes bien incapables de mener la moindre réforme chez nous! Car nos voisins voient bien la somme d'injustices et de misères que cachent nos belles phrases et nos grands principes. Et c'est cela que nous prétendons européaniser ? Non merci ! Nos partenaires ne nous l'envoient pas dire : à chaque réunion, nos représentants se font renvoyer dans leur coin. Lorsque nous en finirons avec cette caricature de politique sociale, que nous saurons faire de la France une société juste, moderne et efficace, nous retrouverons notre crédibilité et notre rôle. Aujourd'hui, nous nous complaisons dans une parade dont les fins sont politiciennes. «Les charlots», disent cruellement certains Européens. Et si l'Europe dérive sans cesse vers un libéralisme sans frein qui, en effet, ne correspond pas à notre tradition, à qui la faute ?

Mais que pouvons-nous faire, me direz-vous, face à la circulation des capitaux qui est encore moins contrôlable que celle des marchandises ? Nul ne songe, bien entendu, à revenir sur l'ouverture du marché financier qui remonte à 1986. Est-ce à dire que nous devrions nous exposer sans défense aux dangers extérieurs ? Certainement pas.

La France doit en effet veiller à ne pas se fourrer dans l'œil de quelque cyclone monétaire. La recette est connue de tous les particuliers : «Si tu ne veux pas que ton banquier t'embête, ne fais pas de dettes.» Il en va de même pour les pays. Plus nous accumulons de déficits publics, plus nous empruntons sans contrepartie, et plus nous sommes vulnérables. Les pays qui ont subi de plein fouet les tempêtes monétaires sont ceux qui ont laissé aller leurs finances à vau-l'eau. Le krach asiatique l'a bien montré.

Périodiquement, un homme politique, un idéologue se met à vitupérer ces marchés financiers qui prétendent nous imposer notre politique. Fort bien. Je ne puis imaginer mon pays acculé par la spéculation internationale et conduit, comme la Corée du Sud, à se faire dicter par le FMI un plan de redressement. Mais cette excellente résolution devrait inciter nos nationaux ombrageux à suivre la voie tracée par le général de Gaulle en 1958 et à opter pour une stricte orthodoxie financière. Or, comme le constate Erik Izraelewicz : «Il y a aujourd'hui, et pour le moins, un certain paradoxe à voir les mêmes – le politique Charles Pasqua, le syndicaliste Marc Blondel, etc. – dénoncer avec les mots les plus durs "l'emprise malsaine des marchés financiers sur l'économie" et proposer dans le même temps le lancement de nouveaux grands emprunts, c'est-à-dire en fait de renforcer encore cette emprise[1].»

1. Erik Izraelewicz, *Ce monde qui nous attend*, Paris, Grasset, 1997.

Mon confrère ne cite là que deux noms; libre à vous de prolonger la liste, je gage que vous n'aurez pas grand-peine à couvrir une page. On en vient même à présenter la relance financée par les déficits et l'emprunt comme un moyen de résister à la «dictature des marchés»! Attitude classique des débiteurs aux abois qui s'imaginent échapper aux banquiers en trouvant ailleurs de nouveaux crédits. Une fuite en avant qui conduit tout droit à un Canossa financier. C'est la pente qu'a suivie la Grande-Bretagne des années 1970, qui s'abandonnait au laxisme impuissant des gouvernements travaillistes. Oui, on l'a oublié, l'Angleterre, incapable de se réformer, s'est bel et bien retrouvée naguère face au FMI! Allons-nous rejouer le même scénario «à la française», c'est-à-dire au nom de l'indépendance et de la souveraineté nationales? La seule protection qui vaille face à la sanction des marchés, c'est l'autodiscipline. Qui ne nous impose, répétons-le, aucune politique sociale. On peut être rigoureux dans une optique libérale et rigoureux dans une optique socialiste.

Mais nous avons désormais un autre recours, c'est l'euro, qui, s'il voit le jour et tient ses promesses, nous fera vivre dans une vaste zone de stabilité monétaire. Autant il peut être facile de jouer contre le franc jusqu'à le faire chuter, autant il sera difficile de jouer contre la monnaie européenne. Notons d'ailleurs que la convergence monétaire qui préfigure l'euro a sans doute contribué à nous protéger des contrecoups de la crise asiatique. Bref, nous pouvons gagner là une bonne protection. Encore faut-il prêcher l'exemple, ne pas croire que la solidarité européenne nous dispensera de la rigueur puisque c'est elle, au contraire, et elle seule, qui découragera les entreprises spéculatives. Comment imaginer que nous pourrions tout à la fois bénéficier de la protection qu'apporte une monnaie solide et jouir des commodités que dispense une politique laxiste?

Et nos entreprises? Est-il possible de les mettre à l'abri du capitalisme planétaire? Ces géants ne nous demandent pas la permission de se transformer en supergéants et, quand ils le font, comme les Américains pour fusionner Boeing et McDonnell-Douglas, ils l'obtiennent. Car nos partenaires européens, pour le meilleur et pour le pire, sont déjà emportés dans la course au grand large. La nostalgie qui nous fait regretter le bon temps du «service public», quand Air France et Air Inter ronronnaient dans les corporatismes, n'est plus ce qu'elle était. Elle était archaïque, elle devient suicidaire. D'ores et déjà, les investisseurs internationaux se sont invités dans le capital des meilleures entreprises françaises : ils y ont mis 760 milliards de francs, dont 60 milliards rien qu'en 1996, et ils en veulent pour leur argent ! Ils approchent ou dépassent la majorité du capital dans Elf, Total et Pechiney, plus de 30 % dans Accor, Valeo, la Société générale, L'Oréal, la Compagnie générale des eaux, Paribas, Schneider. Dans la plupart des sociétés prises en compte par le CAC 40, ils imposent les normes internationales en matière de rentabilité du capital, et c'est ainsi que les capitalistes français se sont mis à l'école anglo-saxonne. Les entreprises doivent faire des profits suffisants et, si elles ne peuvent pas les réaliser en France, elles iront voir ailleurs !

Que pouvons-nous faire ? Interdire les investissements étrangers, ordonner aux sociétés françaises de n'accepter que des capitaux français ? Soyons sérieux. Seule la mauvaise santé de nos entreprises pourrait détourner les capitaux étrangers. Le souhaitons-nous ? Dans ce nouveau jeu du capitalisme planétaire, il n'est de défense que dans l'offensive. Or, nous avons des champions pour la mener, et pour gagner. À condition de miser sur de vraies entreprises et de vrais capitalistes, et de ne pas passer notre temps à les handicaper. *Hélas, plus nous voulons défier le monde et moins nous nous en donnons les moyens : c'est avec des épées de bois que nous prétendons livrer et gagner les batailles.*

L'économie douce

Il existe en France un courant de pensée, d'ailleurs très hétéroclite, qui rejette le néo-capitalisme et entend préserver l'exception française face au courant dominant de l'économie mondiale. La conséquence logique d'une telle attitude, le seul moyen d'atteindre cet objectif – qui est aussi le mien pour ce qui concerne le maintien d'une personnalité socio-culturelle française – serait de mobiliser toutes nos forces pour mettre en œuvre ce modèle que l'on veut tout à la fois différent du système libéral international et compatible avec lui. Or les tenants de cette « autre politique » proposent tout juste la voie inverse, celle qui conduirait à l'écrasement de notre pays, puisque ce dernier perdrait les bénéfices de la mondialisation sans pour autant sauvegarder la richesse de ses traditions. En effet, « autre politique » signifie invariablement chez nous refus de toute mesure contraignante pour la population, de toute réforme dérangeante, et recours à des expédients aussi confortables dans l'immédiat que désastreux à terme.

C'est ainsi que, depuis vingt ans, la France s'est fait une spécialité des remèdes indolores. Elle préconise des recettes (s'étonnant chaque jour que nos partenaires les dédaignent) qui ont une double caractéristique : d'une part, elles ne demandent aucun effort à la population dans son ensemble, ni même dans sa majorité ; d'autre part, après avoir été expérimentées ici ou là, elles ont toutes été abandonnées et ne sont plus que des curiosités françaises :

La relance. C'est la plus célèbre de ces panacées. Consommer plus pour relancer la croissance et vaincre le chômage, ce leitmotiv du discours syndical refait surface comme un serpent de mer à chaque nouvelle campagne électorale. La médecine est simple, d'un emploi facile et fort bien acceptée par le malade. Comment se fait-il qu'elle ne soit pas universellement pratiquée ?

La réduction du temps de travail. Travailler moins – en gagnant autant, sinon un peu plus, cela va de soi –, telle est l'arme absolue antichômage. L'inefficacité des 39 heures payées 40, de la retraite à 60 ans, prouve tout simplement que la dose était trop faible ! Certains proposent ainsi de généraliser la retraite à 55 ans. Pour ce qui est de la réduction du travail hebdomadaire, la grande question est de savoir s'il faut se contenter de 35 heures ou descendre jusqu'à 32. En maintenant les salaires, ou, comble d'audace, en freinant leur augmentation. Que, de par le monde, le chômage soit au plus bas quand le temps de travail est au plus haut, que nous soyons déjà l'un des pays où l'on travaille le moins et que nos cousins germains, qui nous imitent en cela, aient un taux de chômage aussi élevé que le nôtre, tout cela ne saurait ébranler nos certitudes. S'il y a 12 % de chômeurs, c'est que les gens travaillent 12 % de trop ; s'ils travaillent 12 % de moins, il n'y aura plus de chômage. C'est mathématique.

L'interdiction des licenciements ou sa variante nationale, l'« autorisation administrative de licenciement », inventée en 1975 par le Premier ministre de l'époque, Jacques Chirac, s'impose avec la force éblouissante de l'évidence. Un licenciement de moins, c'est un chômeur de moins. C'est de l'arithmétique de classe maternelle. Incontestable. Preuve tout de même que certains miroirs aux alouettes finissent par perdre de leur fascination : les Français sont sur ce point plus réservés que leurs dirigeants. Si l'on en croit un sondage Sofres-TF 1 de juin 1997, ils ne sont que 27 % à croire que le rétablissement de l'autorisation préalable de licenciement aurait des conséquences positives sur l'emploi, alors que 39 % pensent le contraire. Plus intéressant, les salariés, premiers concernés, ont un avis encore plus tranché : 24 % sont pour l'autorisation préalable, et 44 % contre.

Le départ des étrangers. « Deux millions d'immigrés, deux millions de chômeurs ! », le slogan du Front national n'a pas varié depuis vingt ans. (Mais à l'époque, c'était un million.) Là encore, on joue sur l'évidence. S'il n'y a pas assez d'emplois, réservons-les aux Français au lieu d'ajouter des étrangers à une main-d'œuvre déjà excédentaire. La solution expéditive : le renvoi des immigrés et/ou la préférence nationale, est, depuis l'origine, l'une des plus populaires du programme lepéniste.

Faire payer les riches. Le Parti communiste est assuré de son succès chaque fois qu'il préconise de prendre aux « gros », c'est-à-dire à une infime partie de la population. Le sacrifice des plus fortunés est accepté d'un cœur encore plus léger que celui des immigrés dès lors qu'il met à couvert 99 % des Français. Faut-il que les « puissances d'argent » tiennent ce pays, comme d'ailleurs tous les autres, pour qu'aucun ne tente de surmonter la crise par la réappropriation collective des grandes fortunes ! Que la tendance, même, soit plutôt à l'inverse…

Les emplois publics. Nous sommes les champions de l'équation : un fonctionnaire de plus = un chômeur de moins. Nous seuls accroissons encore et toujours les effectifs de notre fonction publique. Si cette inflation administrative n'a pas fait baisser le chômage, c'est, l'auriez-vous deviné, parce que les doses étaient trop faibles. Ne doutons pas que le raisonnement restera exactement le même après les 350 000 emplois supplémentaires que Mme Aubry se propose de créer dans le secteur public. La solution ne fait de peine à personne. Aussi longtemps que l'on paie à crédit les nouveaux fonctionnaires, elle ne peut qu'être populaire. Et tant pis si les États qui ont fait reculer le chômage ont toujours commencé par réduire leur propre personnel.

Abaisser les taux d'intérêt, dévaluer la monnaie. Nos économistes prônent également les jeux monétaires : baisse des taux d'intérêt, dévaluation de la monnaie. Tout citoyen de bon sens estimera que ce n'est pas cher payé pour retrouver la croissance et l'emploi. Si l'alternative se posait en ces termes, je sacrifierais sans hésiter le franc fort pour un million de chômeurs en moins. Mais la politique monétaire est une chose fort complexe et son pilotage un art très difficile : les gros malins qui jouent artificiellement avec les «dévaluations compétitives» et la baisse arbitraire des taux sont bien vite rappelés à l'ordre par les marchés financiers. On peut dénoncer tant qu'on voudra les «gnomes» de Zurich ou de Londres, on ne les empêchera pas de juger et de sanctionner notre situation financière.

Avons-nous commis une erreur en maintenant la parité franc/mark en 1992 ? Il est certain que cette décision nous a pénalisés en termes de croissance. La Grande-Bretagne ou l'Italie, qui, à cette époque, dévaluèrent – contraintes et forcées par la spéculation, on l'oublie trop souvent –, s'en sont mieux trouvées. En fait, il eût fallu mener une politique monétaire plus souple et une politique budgétaire plus restrictive. Pourquoi avons-nous fait le contraire ? Fut-ce un manque de discernement économique ? Je ne le crois pas. Nos gouvernants n'ont pas recherché la meilleure solution, la plus efficace sur le plan économique ; ils sont allés au plus facile. Une dévaluation est toujours ressentie par l'opinion comme une défaite et l'austérité budgétaire est nécessairement impopulaire. Une telle politique ne peut être approuvée qu'*a posteriori*, lorsque le public en constate les bienfaits. Mais elle fait d'abord perdre dix à quinze points dans les sondages. Au contraire, le maintien d'une parité élevée permet de communiquer sur le thème du «franc fort», tandis que le laisser-aller budgétaire est bien vu aussi longtemps qu'on le paie par l'emprunt et non par l'impôt. Le gouvernement Bérégovoy qui, en outre, allait au-devant d'échéances électorales difficiles, fit un choix politique que ses successeurs prolongèrent pour les mêmes raisons.

Mais il ne faut s'illusionner ni sur les conséquences de ce choix, ni sur les effets d'un choix différent. Les manipulations monétaires ne créent pas une tendance, elles l'accompagnent, et, lorsqu'elles font figure de panacée, elles perdent toute efficacité. Tous les pays rêvent de disposer des taux de change et d'intérêt qui leur seraient le plus favorables. La spécificité française consiste à croire qu'il est possible de les imposer au monde et que ce jeu monétaire pourrait à lui seul dispenser d'autres réformes douloureuses. Il n'y a vraiment qu'en France que des économistes, de droite comme de gauche, affirment que tout repartirait avec une bonne dévaluation ou avec des taux zéro.

La peine de guérir

Toutes ces solutions à la française tombent sous le sens. De fait, elles sont archi-connues, c'est le degré zéro de la pensée économique. Elles ont toutes été expérimentées et sont soit complètement abandonnées, comme la création d'emplois publics, soit réduites au rang de mesures d'accompagnement, comme la relance. Dans les années 1930, les idées de Keynes allaient à l'encontre des dogmes dominants. Mais, aujourd'hui, le keynésianisme est mis à toutes les sauces alors qu'il ne peut fonctionner que dans des conditions très précises et dans des limites étroites. On fait donc de la « relance » en créant un surcroît de dépenses improductives, en ouvrant les vannes en période de reprise. N'importe quoi ! Or le succès de ce traitement, toujours coûteux, n'est absolument pas garanti. Les Japonais, qui en avaient les moyens financiers, ont multiplié les plans de relance tout au long des années 1990... pour se retrouver avec une croissance en berne et une dette publique qui est passée de 65 à 100 % du PIB. Le système allemand, si complexe et si pesant sur le plan social, n'arrive plus à répondre en dépit de coupes claires opérées dans le secteur public et des coups d'accélérateur qui ont suivi la réunification. Et l'on sait que la situation de l'Amérique est trop particulière pour que son cas ait valeur d'exemple. Bref, on est assuré de se ruiner sans avancer quand on oublie le tableau de bord pour réduire le pilotage économique à l'agitation frénétique de cette seule commande : la relance.

Il en va de même pour le prétendu « partage » du travail. Les réductions d'horaires uniformes, autoritaires, massives et sans contrepartie salariale n'ont jamais rien donné, et les pays qui ont le moins de chômage sont en général ceux qui travaillent le plus. Certes, la durée moyenne du travail est appelée à diminuer, mais certainement pas de cette façon, tout le monde le sait, y compris les Français – sauf leurs syndicats et leurs gouvernants. En octobre 1997, tandis que Lionel Jospin annonçait au monde sa loi sur les 35 heures pour l'an 2000, le hasard voulut que, la même semaine, le chancelier Helmut Kohl et le Premier ministre Tony Blair appellent Allemands et Anglais à travailler davantage, que la Confédération européenne des syndicats (dont FO, la CFDT et la CFTC font partie) renonce à cette revendication, que vingt-neuf ministres du Travail réunis par l'OCDE à Paris écartent les 35 heures «à la française» comme moyen de réduire le chômage, et que le Parlement européen, assemblée réputée pour son irréalisme, se prononce à la majorité contre cette mesure. Un satisfecit nous fut tout de même décerné par le leader socialiste allemand Gerhard Schröder, qui vit dans cette décision une excellente mesure pour la compétitivité... de l'économie allemande. Seul le Premier ministre italien, Romano Prodi, a dû promettre à ses concitoyens les 35 heures pour l'an 2001. La mort dans l'âme. Concession inévitable au groupuscule des archéo-communistes afin de sauver sa majorité et assurer l'entrée de son pays dans la zone euro. Cette annonce a bien sûr provoqué les critiques du patronat italien, mais également des syndicats qui n'ont pas hésité à parler à ce propos de «bêtise démagogique» !

En ce mois d'octobre 1997, la France s'est donc retrouvée seule, absolument seule, prisonnière de ses promesses démagogiques, désavouée par le monde entier, misant sur une recette éculée dont on sait que le premier effet sera d'accorder un nouveau gain de temps libre aux salariés du secteur public... Et encore : comme le disait en privé un ministre, «il faudra y aller par étapes, d'abord 31 heures, puis 32 et 33...» Car les syndicats se sont rués sur cette «avancée sociale». Et qu'importe si différents rapports internes ont confirmé qu'un peu partout dans l'administration où les horaires sont écourtés et les congés allongés, on est encore prêt à travailler moins ! Par solidarité avec les chômeurs. Quand les fonctionnaires pousseront le sacrifice jusqu'aux 20 heures payées 40, le chômage sera résorbé ! De qui se moque-t-on ?

Les Français sont-ils ébranlés par l'unanimité de leurs partenaires ? Pas le moins du monde. «Nous mettons en place un nouveau modèle de développement [...]. Nous inventons le modèle européen», proclame Martine Aubry, et l'enthousiaste Nicole Notat d'affirmer : «Nous allons donner un exemple au monde !» Car, bien sûr, les Allemands, qui ont réussi par la négociation d'entreprise l'accord Volkswagen (diminution du temps de travail, diminution des salaires et protection de l'emploi), ont tout à apprendre de nous en ce domaine. Et si, d'aventure, la reprise de l'économie européenne et la flexibilité sauvage que pratiquent nos entreprises favorisent une embellie sur le marché de l'emploi, il deviendra possible d'en attribuer le mérite aux 35 heures et de mettre en avant la revendication des 30 heures en vue des prochaines campagnes électorales.

Réglementer nationalement, et uniformément, une durée hebdomadaire du travail qui, dans les faits, varie entre 30 et 65 heures, accorder des aides publiques aux entreprises pour les inciter à la diminuer alors que beaucoup d'entre elles pourraient le faire sans perte de compétitivité et sans subvention si cette durée était calculée sur l'année et modulée selon l'activité, ou si l'on favorisait le temps partiel, ce serait assurément un grand progrès ! Comment peut-on gâcher à ce point une idée intéressante ?

Car il est bien vrai que l'on doit jouer sur ce registre comme sur d'autres pour faire reculer le chômage. Mais au coup par coup, selon la situation de l'entreprise et sur la base du donnant-donnant, sans accroître le coût du travail et dans le seul intérêt des emplois à sauver ou à créer, non en faisant des cadeaux aux salariés. Mise en œuvre dans un esprit de solidarité, c'est une démarche utile, indispensable même. Conçue comme un « avantage » de plus, elle ne fera qu'accroître le chômage. C'est tout juste le contraire de la politique hollandaise, audacieuse et prudente, négociée et appuyée sur une grande modération salariale, incluse dans un plan d'ensemble misant sur le temps partiel autant que sur les horaires hebdomadaires.

On pourrait faire la même démonstration pour la politique monétaire. Avant de jouer avec les taux de change et les taux d'intérêt, il faut se mettre en état d'en tirer plus d'avantages que d'inconvénients, c'est-à-dire, entre autres, réduire les dépenses publiques, contenir le déficit et pratiquer une politique des revenus. Le Japon a poussé cette politique à l'extrême. À partir de 1995, pour sortir de la crise, il a misé sur la dépréciation monétaire et l'argent bon marché. Le yen a perdu la moitié de sa valeur par rapport au dollar, et le taux de l'escompte a été ramené à… 0,5 %. Bref, l'argent était gratuit. Aujourd'hui, le Japon s'enfonce dans la récession. Quel grand bonheur pour nous de n'avoir pas écouté nos manipulateurs de taux de change et de taux d'intérêt ! Le pilotage monétaire peut apporter le stimulant qui vient après la réforme ; certainement pas, je l'ai dit, la recette miracle qui en dispense.

Voilà donc la pharmacopée que nos bateleurs politiques proposent au bon peuple lorsqu'ils font la parade sur les estrades électorales. N'y figure aucune mesure contraignante ou simplement inconfortable. Pour mettre un médicament sur le marché, les labo-

ratoires doivent respecter trois critères : l'innocuité d'abord, l'efficacité ensuite, le confort en dernier lieu. En politique française, les
critères sont différents : premièrement le confort, deuxièmement le
confort et troisièmement le confort. Pour l'innocuité et l'efficacité,
c'est laissé à l'appréciation du prescripteur.

Faut-il avoir passé une agrégation d'économie pour se dire que
c'est trop beau pour être vrai ? Que si nous avions inventé l'économie sans douleur, nous serions couverts de prix Nobel, qu'on
viendrait du monde entier examiner à la loupe le modèle français ?

Le temps des guérisseurs

Alors que les autres nations en sont à la chirurgie, la France
s'est donc mise à l'heure de l'« économie douce ». En 1981, la
gauche s'était fait une gloire de son programme de gouvernement
(consommer plus et travailler moins) et, lorsqu'elle a dû en revenir à l'économie réelle, elle s'y est résignée, penaude, comme si elle
accomplissait une mauvaise action en redressant le pays. On préfère avoir tort avec Sartre que raison avec Aron, suivre le magi-
cien Mitterrand qu'écouter le professeur Barre.

Depuis lors, l'habitude a été prise de mettre en avant l'économie sans peine pour se faire élire, puis, une fois au pouvoir, d'ad-
ministrer les remèdes traditionnels. C'est ainsi que les électeurs
trompés sanctionnent les uns après les autres tous les gouvernements. *La politique du mensonge débouche sur le jeu de massacre.*

Périodiquement, l'économie douce va se chercher une légiti-
mation dans les sondages. Ainsi, avant les législatives de 1997,
Libération présenta sur une pleine page un grand sondage BVA
consacré au programme socialiste. Celui-ci n'était fait que de
sucreries et l'on découvrait, surprise, que les Français sont gour-
mands. Ils approuvaient à 84 % la baisse de TVA sur les produits
de consommation courante, à 80 % les 700 000 emplois-jeunes, à
75 % l'allocation familiale dès le premier enfant, à 73 % la gratuité
des soins pour les plus démunis, à 70 % la baisse des impôts frap-
pant la classe moyenne et l'augmentation des impôts sur les
« gros », à 56 % l'augmentation du pouvoir d'achat des salariés, etc.
On avait juste oublié de poser une question : « Croyez-vous qu'en
pleine crise un programme économique puisse se réduire à une
liste de cadeaux ? » La plaisanterie fut reservée à l'automne 1997,

pour l'annonce des 35 heures. Ce projet fut également plébiscité (63 % pour, 34 % contre), si l'on en croit deux sondages, l'un Ifop-*Journal du dimanche*, l'autre CSA-*L'Humanité*. On avait même ouvert le choix entre une réduction des horaires « sans baisse équivalente des salaires » et une réduction « avec baisse équivalente des salaires ». Stupéfiante révélation : les Français préféraient garder leurs salaires ! Pourtant, ce sondage réservait une belle surprise : il se trouvait un tiers de la population pour se dire favorable à une baisse du salaire. Opinion corroborée par un sondage précédent (Sofres-*Le Monde*), selon lequel une moitié des Français acceptait le principe d'une compensation salariale ! Une fois de plus, la classe dirigeante s'était laissé emporter par la démagogie tandis que les citoyens affichaient des jugements bien plus raisonnables.

Car il y a toutes les raisons de tomber à pieds joints dans un tel piège. Il n'appartient pas au public d'apprécier la pertinence des questions posées. Lorsqu'il est interrogé sur la possibilité de créer des emplois grâce aux 35 heures payées 40, le citoyen pense évidemment que c'est possible ; dans le cas contraire, estime-t-il, on ne lui poserait pas la question. Et si l'on précise : avec ou sans maintien du salaire, c'est que l'on peut également procéder d'une façon ou de l'autre. Dès lors, la réponse va de soi. Et l'on ira répétant que les Français ne veulent pas des solutions orthodoxes et pénibles, qu'ils n'acceptent que des solutions différentes et confortables. Un pas de plus, et les économistes honnêtes deviennent antidémocrates. Encore un pas et, le peuple ayant toujours raison, les solutions qu'il préconise sont les bonnes. La manipulation est complète. Or, tous ces sondages le disent, les Français sont sceptiques sur l'efficacité de telles solutions pour faire reculer le chômage. Bref, ils apprécient ce genre de propositions en tant que sucreries, pas en tant que remèdes.

La difficulté avec les médecines douces, c'est évidemment qu'elles sont inefficaces contre les grandes pathologies. Il en va de même avec l'économie douce qui aggrave la situation au lieu de l'améliorer. Les hommes politiques en sont bien conscients, qui ne croient pas un seul instant à l'efficacité de ces faux-semblants démagogiques. Ils misent donc sur de vrais remèdes tout en prônant les faux médicaments. Dans cette situation, le guérisseur avisé conseille à son patient de continuer à consulter son médecin. Ainsi il pourra prétendre que tout le mal vient de la médecine dure et

tout le bien de la médecine douce. Notre classe dirigeante a fait
exactement la même chose : elle a refilé à d'autres le soin d'imposer les mesures désagréables autant qu'indispensables.

L'économiste Élie Cohen a très finement analysé ce système de
déresponsabilisation[1]. Il montre une France attachée au mythe de
l'État tout-puissant et omniprésent, un État « surresponsabilisé »
en quelque sorte. Dans ce modèle, les dirigeants doivent assumer
la totalité des contraintes, des ajustements, des charges qui s'imposent au pays, mais qu'en l'occurrence *ils* imposent au pays. C'est
bien ainsi que le général de Gaulle assumait ses fonctions, n'hési-
tant pas, le cas échéant, à faire passer pour un choix personnel certaines décisions qu'il prenait contraint et forcé. On n'imagine pas
le fondateur de la Ve République expliquant en 1958 que la
Bourse, le FMI, l'Amérique ou je ne sais quoi d'autre l'obligeaient
à redresser les finances de la France. C'était lui, et lui seul, qui le
décidait et s'en prévalait. Mais c'est un rôle bien lourd à assumer
que celui de démiurge en période de grands changements. Ses successeurs n'eurent de cesse de prendre le parti inverse et d'imputer au monde extérieur la responsabilité de leur politique. Le
subterfuge qui a été très tôt imaginé, c'est l'Europe. « La construction européenne, il n'est jamais inutile de le répéter, dit Élie
Cohen, est la contrainte que s'est inventée la France pour pratiquer des politiques de marché qu'elle réprouvait idéologique-
ment. » C'est clair : Bruxelles fera le sale boulot, imposera les
mesures impopulaires mais indispensables à la modernisation du
pays, et, si ce n'est pas l'Europe, ce seront les marchés financiers
qui passeront pour les méchants. Ainsi les gouvernements peuvent-ils dégager leur responsabilité et mettre en avant leurs
remèdes populaires et inefficaces, voire franchement nocifs. Toute
une partie de la politique échappe ainsi aux gouvernements qui
n'ont pas à en supporter l'impopularité devant l'opinion.

Lionel Jospin, nouvellement élu, joua le scénario à la perfection
lors du sommet d'Amsterdam, nous l'avons vu. D'un côté, il reven-
diqua la panoplie d'économie douce qu'il avait placée au cœur de
son programme électoral ; de l'autre, il fit mine de céder à l'irrésistible pression de l'Europe en adoptant le pacte de stabilité,
triomphe de la médecine dure. À la limite, nos gouvernements
jouent les protecteurs des Français face aux exigences de nos par-

1. Élie Cohen, *La Tentation hexagonale*, Paris, Fayard, 1996.

tenaires ou des marchés, alors qu'au fond d'eux-mêmes ils savent qu'ils auraient dû prendre ces mesures en tout état de cause. Ainsi la France s'est-elle dotée d'une apparence de direction à double commande : le gouvernement prône et applique l'économie douce, tandis qu'un système de pilotage automatique est censé imposer, au nom de l'Europe et des marchés, l'économie dure.

Qu'importe le subterfuge s'il permet de faire passer les réformes ? Malheureusement, on ne saurait se rassurer à si bon compte. Ce système malsain ne revient-il pas à vider le débat démocratique de son contenu ? La politique n'a plus à être discutée et comprise, puisqu'elle s'impose comme une fatalité venue de l'extérieur. C'est la déresponsabilisation généralisée, comme le montre Élie Cohen : « Plutôt que d'expliquer à l'opinion publique que le déficit budgétaire et social est une charge pour les générations à venir [...], certains gouvernements préfèrent agiter le spectre modernisé des "gnomes" de Zurich, de la finance anglo-saxonne ou des "conservateurs provinciaux et obtus" de la Bundesbank. » Or, les démagogues vont prendre la balle au bond et utiliser cet argument pour contester le bien-fondé de la rigueur. « Ainsi, explique Élie Cohen, parce que les hommes politiques, inventeurs, avec l'élite financière, des politiques automatiques, refusaient d'assumer leur choix devant le public, d'autres hommes politiques ont pu réactiver la rhétorique de l'exception française, du refus du libre-échange, de l'amour de l'État républicain. » Tel est pris qui croyait prendre. Les gouvernants, qui n'osent pas dire aux Français : « Nous vous imposons la rigueur parce qu'elle est indispensable », ont cru malin de dire : « Ce n'est pas nous, c'est l'Europe qui impose la rigueur. » Du coup, ils s'entendent dire : « L'Europe est un choix, donc la rigueur aussi est un choix. Rompez avec l'Europe, revenez au modèle français et nous nous libérerons de la rigueur. » Embobinés par les uns, trompés par les autres, comment les Français pourraient-ils s'y retrouver ? Quant à l'étranger, il ne se laisse pas prendre à ces jeux franco-français : « Depuis plus de dix ans, nos dirigeants s'essaient avec application à une politique macro-économique rigoureuse, mais ils se "sabotent" eux-mêmes en tenant devant l'opinion publique des discours déconnectés du réel », constate Élie Cohen. Un double jeu qui se paie en perte de crédibilité.

Oui, c'est un grand paradoxe – pour ne pas dire le comble de la démagogie – d'entendre les tenants de « l'autre politique » – c'est-à-dire de la rupture avec les politiques de nos partenaires européens – se faire aussi les champions de l'économie douce. Ils ne proposent rien d'autre que gagner plus, travailler moins, développer notre secteur public, interdire les licenciements, jouer avec les monnaies, se protéger de la concurrence, préserver tous les droits acquis et les avantages corporatistes. Imaginons un instant que le général de Gaulle soit encore au pouvoir; imaginons, ce qui n'est pas invraisemblable, qu'il s'oppose au traité de Maastricht, à l'Union économique, à l'euro, à l'Europe fédérale, etc. C'est pour le coup qu'il imposerait aux Français la plus stricte discipline financière, les plus grands efforts de productivité, l'abandon de tous les corporatismes, des rentes de situation, des situations acquises et protégées ! En 1958, il s'était inspiré du rapport Armand-Rueff qui dénonçait toutes ces pesanteurs françaises, mais ne l'avait guère appliqué. Quarante ans plus tard, il faudrait frapper dix fois plus fort pour permettre au pays de relever le défi du splendide isolement. Ce serait la retraite rétablie à 65 ans, 40 heures hebdomadaires, le gel des rémunérations dans le secteur public, les réformes au pas de charge, etc. Car une France non maastrichtienne se devrait d'être un champion économique, et l'on sait qu'il faut travailler dur, s'imposer un régime sévère, s'interdire tout relâchement pour décrocher une médaille olympique. Ainsi « l'autre politique » – pour autant qu'elle prétend rompre avec l'Europe en gestation – ne saurait être que celle d'une économie dure et même féroce, qui nous ferait envier le sort moins rude de nos voisins alors qu'elle nous est vendue comme le pur habillage d'une économie douce, d'une économie du laisser-aller.

Comment s'étonner ensuite que les Français cèdent à la tentation du repli sur soi, qu'ils rêvent de ce modèle national miraculeusement préservé des tempêtes extérieures ? On leur a fait croire que les efforts et les changements sont imposés de l'étranger, qu'en l'absence de ces pressions étrangères ils vivraient bien tranquilles avec leurs tisanes et leurs bonbons, leurs droits acquis et leurs augmentations garanties. Eh bien, ils en ont tiré les conséquences !

On ne fonde pas une république sur l'illusion et le mensonge. Les citoyens doivent savoir à quoi s'en tenir, entre quelles solutions choisir. La politique régressive entamée en 1981 a infantilisé le pays et nous recueillons aujourd'hui le prix de la démagogie, oubliant qu'à ce jeu-là le Front national – qui, lui aussi, est un farouche tenant d'une « autre politique » non européenne – sera toujours le plus fort. Lassé de constater que la gauche fait la politique de la droite et réciproquement, l'opinion entre en dissidence et s'en tient obstinément à l'économie douce qu'on lui a fait miroiter. Elle exige, comme promis, les résultats avant l'effort, et sanctionne les gouvernements soit aux échéances électorales, soit dans la rue, comme en décembre 1995. Si l'on voulait assassiner l'esprit civique et préparer la venue du Front national au pouvoir, on ne s'y prendrait pas autrement.

Comment n'être pas saisi de vertige devant le fossé qui s'est creusé entre ce jeu d'illusions et la réalité ? Celle-ci nous condamne-t-elle à des efforts insupportables ? Justement pas. Nous ne sommes pas dans la situation de ces pays pauvres qui, partant de très bas, doivent prélever sur un revenu misérable pour construire une économie moderne. Cette épreuve terrible fut celle de nos ancêtres au XIXᵉ siècle, ce ne doit pas être la nôtre. Si, aujourd'hui, les exclus plongent dans la misère du siècle passé, nous le devons à nos choix politiques et sociaux, à notre bienheureux modèle, non pas aux contraintes économiques, mais à notre refus d'y faire face. Celles-ci n'exigent nullement une baisse brutale de notre niveau de vie, l'abandon de notre protection sociale ; elles jouent à la marge sur quelques points. Nous qualifions ces révisions de « déchirantes » alors qu'elles pourraient se faire en douceur, c'est-à-dire sans infliger de ruptures brutales ou traumatisantes si elles étaient lucidement consenties et équitablement réparties. *Si nous avions simplement accepté depuis vingt ans d'affecter les fruits de la croissance à conjurer la vraie misère et à préparer l'avenir, la France serait aujourd'hui en meilleur état que ses voisins.*

Le redressement n'a rien, absolument rien de dramatique. Mais il ne réussira qu'à deux conditions : faire preuve de patience – à ce stade, on n'obtient rien en moins de cinq ans ; et refuser l'apitoiement – il faut réserver sa compassion à la France du malheur, à la France précaire.

Intermède

CE QUE LES MOTS VEULENT DIRE

Capitalisme, socialisme, libéralisme sont des mots caméléons, des mots valises, auxquels chacun donne une signification différente, mais que l'on échange dans la discussion comme si l'on était convenu d'une définition commune. Mieux vaut donc prendre le temps d'un intermède pour préciser l'acception que je leur donne, et les relations que j'établis entre eux.

Pour beaucoup, la notion de *libéralisme* est politique, avant d'être économique ; ainsi, aux États-Unis, les *libéraux* tiennent la place de nos sociaux-démocrates ; ailleurs, on parle de *capitalisme d'État*. Comment s'y retrouver ? Je préfère utiliser ces mots dans un sens beaucoup plus précis et plus limité : dans un sens économique. Je distingue alors le *capitalisme* qui donne à l'économie de marché son énergie et le *libéralisme* qui assure sa régulation.

Le *capitalisme*, c'est la propriété privée des biens de production, d'où découle la séparation entre des patrons-propriétaires et des travailleurs-salariés. Il tire son énergie de l'initiative individuelle et de l'appât du gain dont il proclame la complète légitimité. Dès lors que des particuliers possèdent des capitaux, des usines, des champs, des magasins, des entreprises, qu'ils mettent à profit le progrès technique et les circonstances économiques pour s'enrichir, on se trouve dans l'univers capitaliste.

Le *capitalisme* est un propriétarisme sommaire. Que le propriétaire soit un entrepreneur qui a créé son empire ou bien un héritier qui s'est donné «la peine de naître et rien de plus», qu'il se batte en situation de concurrence ou se barricade dans le monopole, il n'importe. Sa légitimité est la même. Dans sa logique, tout ce qui permet de s'enrichir est bien, tout ce qui limite la propriété est mal.

Le *libéralisme*, c'est la régulation de l'économie par les mécanismes du marché. À la seconde où des acteurs entreprennent, produisent et échangent librement (qu'ils soient capitalistes ou non capitalistes, sociétés nationales, mutuelles, etc., peu importe), où ils entrent en compétition les uns avec les autres, on se trouve en système libéral. (À l'inverse, si le pouvoir politique régule la sphère économique, fixe les quantités à produire, les prix à pratiquer, alors on bascule dans son contraire : un système planifié.) Pour le *libéralisme,* le travail est une marchandise comme une autre qui s'échange sur un marché. Le travailleur n'existe pas en tant qu'homme, seule compte sa « capacité productive ».

Le *libéralisme* se nourrit de l'insécurité générale et permanente qui stimule la soif d'enrichissement. Tout le monde doit s'évertuer, s'adapter et courir sans jamais s'arrêter, sans jamais être sûr du lendemain ; les positions acquises, les rentes de situation, les ententes, les monopoles sont bannis. Il n'existe ni gouvernail, ni cabine de pilotage, car le système fonctionne en régulation automatique. Toute action entraîne une réaction, tout déséquilibre provoque un ajustement, et la crise suscite une crise de sens contraire. Pour ceux qui n'ont pas le pied marin et n'aiment pas les aléas météorologiques, c'est un monde inconfortable et même traumatisant.

Le *libéralisme* modèle la société à partir des mécanismes économiques qu'il induit. Aveuglément. Ce fut vrai hier, ça l'est encore aujourd'hui, et ce le sera demain. Cette machine économique n'a pas de projet social, elle ignore la solidarité et ne connaît qu'une loi : que le meilleur gagne ! La concurrence détermine le sort des plus démunis, la répartition des richesses. Peu importe que les inégalités se réduisent ou s'accroissent, que l'espérance de vie s'allonge ou raccourcisse, que le niveau d'instruction monte ou descende, que la délinquance augmente ou diminue ; les seuls critères d'excellence sont la compétitivité des entreprises et la rentabilité du capital. Pas le bonheur des hommes.

La condition des travailleurs se juge à l'aune de la productivité. Loin de combattre la précarité et les inégalités, le *libéralisme* les utilise pour inciter les riches à s'enrichir et les pauvres à s'adapter. C'est pourquoi il refuse également la sécurité du travail et du revenu, la garantie de l'épargne et du capital, les multiples protections et allocations fournies par l'État-providence. Il ne connaît ses productions qu'à travers leurs prix, et les besoins des hommes qu'à travers la demande solvable. Bref, le *libéralisme* n'est pas un humanisme.

Le *libéralisme* n'a pas davantage de projet politique. S'il refuse les systèmes planifiés, il peut faire bon ménage avec les régimes autoritaires. Mais, sur le long terme, il favorise l'avènement de la démocratie. On l'a vu en Corée du Sud ; espérons qu'il en ira de même demain pour la Chine. Bref, le *libéralisme* n'est qu'une machine à produire, certainement pas un générateur de civilisation, mais, dans ce rôle, il est remarquablement efficace et totalement irremplaçable.

Capitalisme contre libéralisme

Cette conception froide et limitée n'est partagée ni par les libéraux, ni par les antilibéraux. Les premiers estiment que les mécanismes du marché peuvent résoudre tous les problèmes sociaux et que la politique doit se limiter à faciliter leur action. Qu'il s'agisse de misère ou d'éducation, de santé publique ou de sécurité, il faut toujours laisser faire l'initiative privée, arbitrée par la concurrence. Pour les seconds, au contraire, l'immoralité de ce système est d'autant plus intolérable qu'elle pervertit toute la politique et nie les valeurs de justice, de solidarité, de culture. Le *libéralisme* ne serait (et ne pourrait être) que le règne des forts, exercé par les forts pour les forts.

Le plus surprenant est qu'à l'arrivée les uns comme les autres prêtent au *libéralisme* un pouvoir extraordinaire, quasi magique. C'est vrai des ultra-libéraux qui en font l'universelle panacée, mais ce l'est également des communistes dont les revendications additionnées en termes de niveau de vie, de protection sociale, de sécurité de l'emploi, etc., sont telles que, si le capitalisme libéral pouvait les satisfaire, il constituerait la société idéale. Comment peut-on prêter tant de vertus au libéralisme et se dire antilibéral ?

Le *capitalisme libéral* ne va pas de soi, car le *capitalisme* déteste le *libéralisme.* Sa tendance naturelle, c'est de l'accommoder à sa façon pour se vautrer dans les délices de l'embourgeoisement, du monopole et des ententes. La grande bataille autour de Microsoft illustre bien cet antagonisme. Bill Gates poursuit obstinément dans la logique du *capitalisme*, jusqu'au monopole absolu, à la rente de situation, tandis que l'État fédéral s'efforce de lui imposer les lois du *libéralisme*. Si le pouvoir politique n'a pas l'autorité nécessaire, les capitalistes ne retiendront du *libéralisme* que ce qui les arrange, c'est-à-dire qu'ils l'imposeront aux salariés et aux nouveaux entrepreneurs et s'en dispenseront eux-mêmes.

Le fougueux moteur du *capitalisme libéral* risque tout d'abord de s'emballer, puis de s'étouffer, comme l'avait fort bien vu Karl Marx. Mais les contradictions ont été plus ou moins bien surmontées, et la malédiction marxiste ne s'est pas réalisée. Dès lors que les salaires augmentent au lieu de diminuer, que les salariés deviennent des consommateurs, le système, tiré par la croissance, prend sa vitesse de croisière. Il peut même, dans des conditions favorables, être le moteur du progrès social, nous l'avons vu.

Ce succès économique, pour autant qu'il soit obtenu, reste limité, car l'homme n'est pas seulement un producteur-consommateur et la société ne se réduit pas au marché. Cette machine à produire doit être mise au service d'un projet social, politique et culturel. Et c'est ici que, sous les masques les plus divers, entre en scène le frère ennemi du *libéralisme* : le *socialisme*… Contrairement au *communisme,* qui prétend prendre en main l'économie, le *socialisme* laisse ce soin au marché. (Nos socialistes ont longtemps été d'un modèle hybride, démocrates en politique et planificateurs en économie ; cela tient à l'histoire de France : nous sommes tous les héritiers de Colbert, du Front populaire et du général de Gaulle.) Son domaine, c'est la distribution, le partage, la répartition aussi bien des douceurs : richesses, allocations, rémunérations, que des contraintes : efforts, servitudes, prélèvements. Il défend des valeurs de solidarité, de justice, d'égalité, d'équité. C'est ainsi que le monde occidental est passé des sociétés minimales du XIXᵉ siècle à de véritables communautés d'hommes et de femmes mettant à profit le marché pour ce qu'il est, un moteur, mais asservissant sa dynamique à une politique.

Cette socialisation passe essentiellement par le pouvoir politique, celui de l'État en tout premier lieu. Elle se matérialise dans des *droits*.

Biens et droits

Le *capitalisme libéral* produit des *biens* (marchandises, services, revenus, patrimoine) qui ont un prix, celui du marché, qui s'échangent, qui sont des objets de propriété. Il suffit d'une vente pour qu'ils changent de main, d'une crise pour qu'ils changent de valeur – d'où ce symbole du capitalisme : la Bourse. Les pauvres ne possèdent qu'un *bien* : leur force de travail. Lorsqu'ils basculent dans le chômage, ce bien ne rapporte plus rien.

À l'opposé, les *droits* ne naissent pas du marché, mais du pouvoir politique. Chaque Français en possède une pleine brassée : *droits* électoraux, *droits* judiciaires, *droit* d'aller et venir, de s'exprimer, de s'informer, de militer, de créer des associations, de pratiquer un culte, etc. Notons qu'il s'agit de « *droits de* ». Ce sont des *droits* d'être et de faire, non pas d'exiger et de recevoir. À l'inverse des *biens,* tout entiers définis par leur prix, ils traduisent des valeurs. Ils ont un sens. Mais, surtout, ils apportent des sécurités et des garanties, car ils ne fluctuent pas au jour le jour : le Palais-Bourbon, ce n'est pas le palais Brongniart. Le *droit* rassure ; une société sans *droits*, c'est la jungle, le règne de l'angoisse. Ce n'est plus une société.

En deux siècles, on a vu le système politique s'imposer au système économique, lui insuffler des valeurs et une stabilité qui n'existent pas sur le marché. Bref, l'espace libéral du marché et ses valeurs purement individuelles se sont enrichis d'un espace socialisé fondé sur des structures collectives. Dès l'origine, les possédants avaient proclamé le *droit* de l'héritage – très bon pour la famille mais fort peu libéral – afin de stabiliser les fortunes. Le patronat tenta ensuite d'élever des barricades juridiques contre la concurrence : il rêvait d'être seul sur le marché ou, faute de mieux, sur un segment de marché, grâce aux ententes et autres barrières protectionnistes. Quant aux professions auxquelles il était interdit de se regrouper en corporations depuis la Révolution, elles rêvaient toutes d'un droit exclusif au contrôle de leur activité.

Mais c'est le courant *socialiste* qui poussa au développement des *droits* économiques et sociaux. La grande affaire fut d'abord de retirer au travail son caractère de marchandise comme les autres. Pas à pas, le progrès social a remis le travailleur au cœur du contrat de travail. Ainsi s'est édifiée une condition salariale fondée sur des *droits* classiques : se syndiquer, faire grève, se faire entendre au sein du comité d'entreprise, saisir les prud'hommes, etc., bref, d'autres « *droits de* ».

Ces *droits* apportent la sécurité mais sans la possession, contrairement aux *biens* qui se prêtent à la possession mais dans l'insécurité. L'idéal est évidemment de transformer un *bien* en *droit*, de s'assurer la jouissance de la possession dans la sécurité de la loi. C'est ce qu'apportent les « *droits à* ». Cette fois, il ne s'agit plus seu-

lement de normes juridiques, mais bien de prestations. Exemple :
la retraite. En soi, c'est l'équivalent du pécule qu'on a mis de côté
pour assurer ses vieux jours, c'est un *bien*. Dans une optique purement libérale, il revient à chacun de faire la pelote qu'il dévidera
au long de ses vieux jours. Mais que se passe-t-il si les actions chutent, si la maison se déprécie, si la monnaie se dévalue ? La retraite
fond. L'intéressé ne saurait s'en plaindre, puisqu'il s'agit d'un *bien*
et non d'un *droit*. Avec le système de retraite, en revanche, tout un
chacun se trouve garanti contre l'incertitude de l'avenir, il sait qu'il
touchera une pension dont il connaît à peu près le montant. Il en
va de même pour les prestations sociales, les services publics et les
équipements collectifs qui sont, pour l'essentiel, mis à disposition
dans un esprit de justice, de sécurité et d'égalité. Ainsi l'État-gen-
darme des origines, qui s'était fait État protecteur, devient-il un
État-providence.

Faire en sorte que chacun soit garanti contre le mauvais sort,
c'est par excellence le progrès social. Et l'immense majorité de la
population souhaite des *droits à* toujours plus nombreux, pour se
garantir contre les aléas de la vie et du marché. Seule une minorité de gagneurs mise sur les *droits de* et voit dans l'insécurité une
chance plus qu'un danger.

L'ambiguïté entre les deux notions éclate à propos du travail.
Dans une économie de marché, le *droit de* travailler doit être
reconnu à tous. Mais chacun voudrait le transformer en *droit au* travail, c'est-à-dire en obligation pour la société de fournir à chacun
un emploi. Or cette exigence peut être satisfaite en économie planifiée, certainement pas en économie libérale.

En soi, cet édifice juridique n'apporte aucune satisfaction. La
belle affaire d'avoir une superbe condition salariale si l'on n'a pas
d'emploi, ou de bénéficier de la médecine gratuite mais pas de
places à l'hôpital ! Il s'agit donc de contenants qui demandent un
contenu, et celui-ci est constitué par les *biens* qui sont produits par
le marché et se retrouvent en l'occurrence distribués en dehors de
lui. Ils naissent du *libéralisme* pour finir dans le *socialisme*. Que la
charge de la santé soit supportée par les malades, par des assurances privées ou par la Sécurité sociale, il faudra de toute façon
produire les richesses qui permettront de la payer. Dans les pays
soviétisés, les citoyens avaient *droit à* tout, mais, faute d'un appareil productif suffisant, ces *droits* n'avaient pas plus de réalité que
des assignats, ils n'étaient au mieux que des tickets de rationne-

ment. C'est donc l'économie qui fait passer les *droits* sociaux du virtuel au réel. Pour autant qu'elle en soit capable.

Les deux logiques

En effet, les « *droits à* » pèsent sur l'appareil productif, puisqu'ils se nourrissent de prélèvements. Quant aux « *droits de* », ils freinent les ressorts du libéralisme : la souplesse, l'adaptabilité, le dynamisme – autrement dit, pour les travailleurs : la contrainte, la précarité, l'insécurité, etc. Cette charge est parfaitement supportable, elle peut même faciliter le fonctionnement de l'économie libérale et surmonter les fameuses « contradictions » du capitalisme : le succès des systèmes sociaux-démocrates le prouve. Mais jusqu'où peut-on pousser cette socialisation sans étouffer le moteur libéral ? Telle est la vraie question.

On sait aujourd'hui qu'il existe une limite à ne pas dépasser. Les Hollandais, les Scandinaves en ont fait l'amère expérience. La Suède, pour avoir laissé son État-providence croître sans limites, s'est retrouvée dans une situation de quasi-faillite : une dette égale au PIB, un déficit de 13 % du PIB, un taux de chômage de 13 % de la population active. À partir de 1990, la classe politique dans son ensemble a dû sonner la retraite. Ironie du sort, ce sont les sociaux-démocrates qui, depuis 1994, doivent s'attaquer au chef-d'œuvre social qu'ils avaient édifié. Il leur faut revenir sur les *droits* accordés trop généreusement : les retraites, les allocations, l'éducation. Plus question de rembourser les dépenses de santé à 100 %, on passe à 80 %. Quel traumatisme ! Pourtant, les Suédois jouissaient du fameux consensus social qui nous fait tant défaut. Mais trop, c'est trop. Surtout dans le nouveau contexte de compétition mondiale. Ce n'est pas pour autant que la Suède va se transformer en super-marché ! Seuls, les concurrents qui portent une charge excessive sont impitoyablement éliminés. Une contrainte qui ne remet pas en cause le modèle social-démocrate, mais qui en marque les limites.

La situation française se caractérise, on l'a vu, par une emprise exceptionnellement forte du politique sur l'économique, une accumulation de « *droits* » qui induisent des prélèvements records, un secteur industriel public sans équivalent en Europe. L'économie française travaille pour moitié à produire des *droits* à la retraite, des *droits* à remboursement, des *droits* à allocations, des *droits* à indemnisations, des *droits* à l'éducation, à la justice, etc. Un total impressionnant qui exige la plus rigoureuse gestion, et ce n'est certainement pas trahir notre modèle national que de vouloir réformer cette usine à gaz sociale, introduire plus d'efficacité dans la gestion publique, recentrer l'État sur ses vraies missions, refuser d'hypothéquer l'avenir. En revanche, cela dérange inévitablement le parasite du *socialisme* : le social-corporatisme.

Dans cette société fort complexe, il ne faut surtout pas biaiser avec le *libéralisme* et le *socialisme.* Car nous sommes en présence d'une chimère qui, en amont, utilise le *capitalisme libéral* pour produire des *biens,* et qui, en aval, utilise le *socialisme* pour fonder des *droits*. Bref, un hybride social-libéral. Manifestement, les Français ont la plus grande peine à s'y retrouver. Certains finissent même par y perdre toute notion économique, tels ces passagers de croisières qui, ne fréquentant que les ponts supérieurs, ignorent le monde des machines et des soutiers qui, pourtant, fait avancer le navire.

Or la logique du système économique n'a rien à voir avec celle du système social. D'un côté on mise sur les forts, on valorise leur soif de s'enrichir ; de l'autre on s'intéresse aux faibles, on prend en charge leurs malheurs. Ici les riches, là les pauvres. C'est le mariage de la glace et du feu, mais qui ne doit surtout pas donner de l'eau tiède : il ne faut pas être en permanence « un peu capitaliste » et « un peu socialiste ». On ne peut mélanger les logiques, appuyer sur l'accélérateur et le frein en même temps ; il faut trouver la bonne combinaison.

Le monde de l'économie a ses valeurs qu'il faut respecter : l'efficacité, la productivité, la compétitivité, l'inégalité ; celui de la politique, les siennes : la solidarité, l'équité, la justice. D'un côté on assure le maximum d'efficacité aux entrepreneurs capitalistes, et à eux seuls ; de l'autre, le maximum d'aide aux plus faibles, et à eux seuls. L'on doit être totalement capitaliste à certains moments, et totalement socialiste à d'autres : un véritable dédoublement de la personnalité.

Les Hollandais ont parfaitement maîtrisé cette dualité. En 1982, ils ont d'abord compris que l'accumulation des *droits* créés par l'État-providence étouffait la machine à produire les *biens*. Le premier objectif qu'ils se fixèrent fut donc d'ordre économique : rendre leur compétitivité aux entreprises. Ils l'abordèrent dans une optique totalement capitaliste, sans états d'âme, en imposant des diminutions de salaire, un Smic-jeunes, la flexibilité, la réduction du secteur public, la mise au pain sec de l'administration, etc. Mais l'objectif social était déjà présent avec la mise en place d'un imposant dispositif pour venir au secours des laissés-pour-compte… et non de la classe moyenne ! La Hollande s'était enfoncée en découplant l'État-providence de sa base économique, elle s'est redressée en redéfinissant ce couplage.

Manifestement, les Français ne sont pas aujourd'hui en état de s'engager dans cette voie, puisqu'ils ne cessent d'appliquer à l'économie des critères qui relèvent de la politique. Si l'on jugeait le moteur de sa voiture en tant que sculpture ou instrument de musique, sans doute serait-on horrifié. *Dans l'affirmation de l'horreur économique, il y a d'abord une erreur de jugement : on ne fait pas de leçons de morale à une machine, on apprend à mieux s'en servir.*

L'individuel et le collectif

Comment analyser la poussée du néo-capitalisme dans ce schéma général ? Pour Pierre Bourdieu[1], la doctrine économique qui sous-tend ce néo-libéralisme (ou néo-capitalisme, peu importe en l'occurrence) et se présente comme la seule formulation scientifique de l'univers économique est entrée dans une phase hégémonique qui remet en cause l'équilibre entre l'individuel et le collectif qui fonde notre modèle de société. Il dénonce « l'obstination fatale avec laquelle elle s'accroche à l'opposition arbitraire qu'elle fait exister, par sa seule existence, entre la logique proprement économique, fondée sur la concurrence et porteuse d'efficacité, et la logique sociale, soumise à la règle de l'équité » ; il estime que l'évolution récente du système économique mondial tend à traduire cette théorie dans les faits, c'est-à-dire qu'elle constitue « un programme de destruction méthodique des collectifs ». Bref, on se retrouve dans l'horreur économique. Qu'en est-il ?

En prenant de la hauteur philosophique, Bourdieu dégage bien les deux pôles entre lesquels se développe toute société moderne. D'un côté le politique, de l'autre l'économique, ou, si l'on veut, l'État et l'entreprise. Deux pouvoirs qui s'opposent et se limitent. Si l'on se porte aux extrêmes, on trouve d'un côté une société planifiée de type soviétique dans laquelle l'État concentre tous les pou-

1. Pierre Bourdieu, « L'essence du néo-libéralisme », *Le Monde diplomatique*, mars 1998.

voirs tandis que les entreprises ne sont que des administrations soumises ; à l'extrême opposé, nous trouvons la république bananière dans laquelle quelques sociétés multinationales et une poignée de grands propriétaires font la loi, tandis que le pouvoir politique se réduit à un gouvernement fantoche aux ordres des puissances économiques. Dans le premier système, la société s'organise sur le tout collectif et prétend assurer le niveau de vie sans distribuer de pouvoir d'achat. Dans le second, c'est le triomphe de l'individuel avec le règne sans partage de l'argent et l'inexistence des services sociaux. Il existe donc bien deux logiques qui, toutes deux, comportent une dérive hégémonique. Pour ma part, je vois un cauchemar dans ces deux formes d'intégrisme.

Les deux pouvoirs ont appris à cohabiter selon des lignes de partage variables. Le pouvoir politique est particulièrement à son aise dans le cadre de l'État-nation et toujours tenté de faire reculer la frontière à son profit. Mais il perd de sa superbe à l'échelle mondiale. L'Onu ou l'OMC (Organisation mondiale du commerce) ne sont même pas des caricatures de gouvernements. Dès lors que la dimension planétaire l'emporte, l'économique va donc reprendre l'avantage. Cela signifie-t-il que le monde des services collectifs et des droits sociaux se trouve condamné, comme le craint Bourdieu ? Certainement pas. Raisonner ainsi, c'est reproduire à l'inverse la grande peur des bourgeois qui, au XIXᵉ siècle, voyaient la mort de la propriété se profiler derrière les premières lois sociales. Selon le même schéma, la poussée libérale pourrait réduire la société au marché comme la poussée sociale a pu réduire la société à l'État. En théorie tout est possible, en pratique nous en sommes fort loin.

Mais il est vrai qu'un défi est lancé. L'État doit prouver chaque jour qu'il est légitime dans son domaine, c'est-à-dire qu'il rend les meilleurs services aux meilleures conditions. C'est pourquoi il cède partout du terrain dans le secteur industriel et commercial où il s'était imprudemment aventuré sans avoir les compétences indispensables. En revanche, il est plus solidement implanté que jamais dans le domaine social où le choc du néo-capitalisme ne fait que renforcer l'attachement des Français aux services collectifs et aux droits protecteurs. Bref, la France statutaire et les valeurs qu'elle incarne sont certainement condamnées. Mais pas à disparaître : à se moderniser. Tout, désormais, doit être réévalué. En gardant à l'esprit et le système de base et les inflexions qu'il connaît aujourd'hui.

Chapitre VII

LE CHÔMAGE FRANÇAIS

Nous vivons en économie de marché et je ne sache pas qu'une majorité de Français souhaite basculer dans une économie planifiée. Nous l'avons vu, même Viviane Forrester, au terme de son fougueux réquisitoire, ne prône pas le passage à un système de type soviétique.

Une telle économie implique le chômage. Aux États-Unis mêmes, on parle de plein-emploi quand, en réalité, des masses de travailleurs sont en permanence à la recherche d'un emploi. Mais, là-bas, ils trouvent des jobs, alors que chez nous ils n'en trouvent pas. Pendant une trentaine d'années, nous avons vécu sans l'insécurité de l'emploi et sans chômage. Ce système qui impose à chacun de se retrouver une ou plusieurs fois dans sa vie sur le marché du travail ne génère donc pas automatiquement la tragédie sociale que nous connaissons. Or ce fléau est plus dramatique chez nous que chez nos voisins, concluons qu'il existe bien une façon de faire française, qui transforme un mécanisme économique inévitable (la recherche de l'emploi) en catastrophe nationale. Voilà ce qu'il faut comprendre.

Nous utilisons donc mal l'économie de marché. Faut-il s'en étonner alors que nous la subissons comme un mécanisme maléfique au lieu d'y voir ce qu'elle est : un système économique qui possède sa logique propre, mais en aucune façon un projet de société ? Bref, nous conduisons cette machine avec une grande répugnance, en dépit du bon sens, et nous nous offusquons qu'elle fonctionne mal. Voyons plutôt ce qu'elle est, pourquoi nous en mésusons, et comment nous pourrions en tirer un meilleur parti.

Flexibilités, inégalités, solidarité

De ce système chacun attend un état d'euphorie qui lui fait produire de plus en plus de richesses : la croissance. Je n'irai pas jusqu'à dire : « Quand la croissance va, tout va », mais, plus modestement : « Lorsque la croissance ne va pas, rien ne va. » Tout au long des Trente Glorieuses, une expansion vigoureuse a donné l'illusion de la cohésion sociale. Époque bénie où l'on se partageait 5 % de plus tous les ans, ce qui dispensait de toute réforme, permettait d'accepter toutes les lourdeurs, tous les dysfonctionnements de notre société.

Les Français, qui souhaitent se répartir le « plus » et pas le « moins », ont fait de la forte croissance leur suprême espérance. Il suffit qu'elle pointe le nez pour que son parfum enivre les esprits, comme on le vit encore au mois de mars 1998. Mais elle est aussi capricieuse, aussi exigeante qu'une divinité de la pluie dans les régions arides. Pour que, selon son bon plaisir, elle nous accorde plus qu'une ondée passagère, il faut consentir les sacrifices qu'elle nous impose. En l'occurrence, faire leur place aux enfants terribles du *libéralisme* : la flexibilité et les inégalités. *Dans le nouveau climat de l'économie mondiale, il n'y a pas, il n'y aura pas de brillante croissance si le marché est écrasé par les prélèvements et paralysé par les règlements.* Les Américains en acceptent le principe, les Français le refusent. Or, malheureusement, c'est l'amont qui commande à l'aval. Avec un mauvais *libéralisme*, on ne fera jamais un bon *socialisme*, car on ne partage jamais que ce qu'on produit. Il faut donc, *nolens volens*, nous accommoder de la flexibilité et des inégalités. Mais la France ne peut regarder ces « antivaleurs » en face et les intégrer à son projet de société. Ses refus impuissants, ses barrages inefficaces ont pour seul résultat qu'elles se sont propagées hors de tout contrôle, dans la plus complète injustice, assurant à notre appareil économique une efficacité certaine et à notre société un chômage monstrueux. Ayant posé au départ que la logique du *libéralisme* est un mal auquel il ne faut faire aucune concession, nous avons récolté le pire. Non pas seulement le chômage à durée limitée, mais le chômage à perpétuité : l'exclusion.

Le choix du chômage

Comment expliquer la virulence du chômage français ? Bien des auteurs se sont interrogés. Jacques Lesourne, Denis Olivennes, Roger Godino, Alain Minc, Michel Godet, par exemple. La réponse ne fait plus guère de doutes. En langage technocratique, on dira que le chômage fut notre « variable d'ajustement » ; dans le parler ordinaire, que nous avons transformé le problème en solution. Ce ne fut pas une incidente, mais un *choix* de société. Conclusion scandaleuse ! Quoi, ce pays qui recourt de façon obsessionnelle au langage guerrier pour dénoncer ce fléau aurait secrètement pactisé avec l'ennemi ? C'est exactement cela : une « préférence nationale [1] », dit Denis Olivennes.

Ce fait a été longtemps occulté en raison du tabou qui paralyse la pensée. Pour l'établir, il faut admettre qu'un salarié, même smicard, puisse être « trop payé » par rapport au marché, pensée « presque obscène », constate Denis Olivennes, qui risque de faire passer un homme de gauche pour « un tenant de la cruauté libérale ». Mais peut-on approcher la vérité sans heurter de plein fouet le « socialement correct » ?

Denis Olivennes observe que le chômage est très élevé dans les pays comme la France qui ont affecté leurs gains de productivité aux salaires, et beaucoup plus faible dans les pays comme les États-Unis qui n'ont pas fait du pouvoir d'achat leur priorité. De son côté, Michel Godet montre qu'« entre 1978 et 1994, le salaire moyen [en pouvoir d'achat] a augmenté de 20 % en France tandis que le nombre d'emplois salariés n'a augmenté que de 4 %. Dans la même période, les États-Unis ont vu leur salaire moyen croître de 5 % et l'emploi salarié de 37 % [2] ».

Un mot sur ce dernier exemple. La solution du *libéralisme* pur consiste à laisser fluctuer le prix du travail : dès lors que l'aide sociale est presque inexistante – le *libéralisme*, comme on sait, abandonne la philanthropie aux particuliers et l'interdit à l'État –, tout le monde finira bien par se caser. À n'importe quel prix. N'aurions-nous dès lors comme alternative que la méthode ultra-libérale ou le

---

1. Denis Olivennes, « La préférence française pour le chômage », *Notes de la Fondation Saint-Simon*, 1994.
2. Michel Godet, *Emploi : le grand mensonge*, Paris, Pocket, 1997.

modèle français ? Notre préférence nationale ne serait-elle pas l'expression du refus de la méthode américaine ? En réalité, ce n'est pas la cruauté libérale que nous avons rejetée, c'est la solidarité sociale.

Le facteur déterminant n'est pas le salaire versé, mais l'ensemble « salaire + charges » : le coût du travail. La différence est considérable. Les salaires nets ont fort peu augmenté en France : de l'ordre de 1,5 % l'an, ce qui est bien inférieur aux gains de productivité. Ce n'est donc pas à ce niveau que se situe le décalage. En revanche, les charges sociales ont crû au rythme de 3,1 %. Entre 1970 et 1990, la part des cotisations sociales est passée de 15 à 23 % du PIB. C'est dire que nous avons mangé les progrès de notre appareil productif en protection sociale, en droits économiques et sociaux.

C'est en 1974, après le premier choc pétrolier, que la machine à fabriquer des chômeurs se met en place. L'économie aurait dû réagir à une hausse des prix de l'énergie par la stabilisation des salaires et de la consommation. Elle serait ensuite repartie de l'avant. Or, la France va refuser cette contrainte et continuer d'accroître le niveau de vie. Les hausses des salaires s'ajoutent à celles du prix du baril. Les entreprises qui ne peuvent jouer sur le montant des rémunérations s'ajustent sur les effectifs. La flexibilité, chassée par la porte des salaires, revient donc par la fenêtre de l'emploi, et le chômage commence son irrésistible ascension. Les entreprises s'adaptent à la marge, sur le dos d'une petite minorité dont l'importance va aller croissant. En définitive, le montant de la facture sera coupé en deux : moitié pour les entreprises, moitié pour les chômeurs. L'habitude se prend de ne rien demander aux salariés.

Pouvait-on faire autrement ? Certainement. Mais il aurait fallu admettre la nécessité de l'effort, pratiquer une politique des revenus en jouant la carte de la négociation : donnant-donnant. Rien de plus étranger à nos traditions sociales. L'entreprise française, direction comme syndicat, n'a pas la souplesse nécessaire pour engager le grand marchandage sur les horaires, les salaires, les profits, les conditions de travail. Il ne lui reste donc comme « solution » que le chômage.

Dans les années 1980, lorsque je produisais à la télévision le magazine économique « L'Enjeu », je m'efforçais de faire connaître ce type d'accords. En pratique, ils étaient fort rares et lorsque, d'aventure, je mettais la main sur un cas intéressant, le personnel et la direction refusaient le reportage : ils s'étaient arrangés dans leur coin, en catimini, et ne voulaient surtout pas que les organismes syndicaux et patronaux viennent mettre leur gros nez réprobateur dans leurs affaires. Ils savaient que ce qu'ils faisaient n'était pas «socialement correct», que c'était de la «collaboration de classe», autrement dit de la compromission.

À partir de 1983, sous les gouvernements socialistes, les profits augmentent au détriment des salaires, mais la guerre à l'emploi n'est pas ralentie, car l'accroissement des charges renchérit le coût du travail. Et l'on découvre bientôt que l'emploi sous-qualifié est le plus vulnérable.

Au secours des non-qualifiés

Le libéralisme favorise les inégalités. Il prône l'individualisation des rémunérations : c'est à chacun selon sa productivité. À ce jeu, l'ingénieur va gagner, mais le manœuvre ne peut que perdre. D'autant qu'il est toujours possible de le remplacer par un chômeur que l'on paiera moins cher. Les lois du marché sont formelles : son salaire ne saurait augmenter et devrait même baisser. C'est le modèle américain.

La France refuse cette loi d'airain. De fait, les inégalités de salaires, qui se sont fortement accrues dans les économies libérales, comme aux États-Unis et en Grande-Bretagne, n'ont pratiquement pas bougé en France depuis 1975 ; et elles auraient tendance à se resserrer en Allemagne. C'est bien l'évolution divergente du chômage et des inégalités. Le chef d'entreprise, constatant que ses employés non qualifiés ne sont pas rentables, fera tout pour les éliminer. Ce n'est pas charitable, mais c'est économique. Le taux de chômage devient proportionnel au niveau de qualification, faible pour les mieux formés, catastrophique pour tous ceux que notre système éducatif rejette avant qu'ils aient pu acquérir la moindre compétence professionnelle. La forte revalorisation du Smic, traditionnelle chez nous, n'a d'effet que sur les salariés à temps plein : c'est à ce niveau que le modèle français conserve sa superbe. Mais, comme le nombre des sous-qualifiés chômeurs, précaires ou à temps partiel ne cesse d'augmenter, cette stabilisation des inégalités vaut pour les grilles de salaires, pas pour le niveau de vie réel. Sur ce critère (celui qui compte en définitive), les écarts s'accroissent chez nous comme aux États-Unis.

Thomas Piketty, économiste au CNRS, a observé les évolutions divergentes de la France et des États-Unis[1]. En 1970, les deux pays comptaient autant d'emplois par habitant ; aujourd'hui, la France en a 25 % de moins. Soit 5 millions d'emplois qui n'ont pas été créés. La question jaillit aussitôt : et le salaire ? Pas de différence en ce qui concerne la paie. Notre Smic correspond pratiquement au minimum fédéral américain. Mais, pour les droits sociaux, tout change. L'ouvrier américain n'a pas de Sécurité sociale ; par conséquent, son employeur ne verse pas de charges sociales. Si l'on considère le vrai coût du travail, salaire + charges, l'écart entre les deux côtés de l'Atlantique est de 40 %.

Concrètement, cela signifie que les Américains ont laissé plonger les basses rémunérations (celles des ouvriers ont baissé de 20 % en dix ans), mais n'ont pas cherché à supprimer les emplois sous-qualifiés. En revanche, ils ont investi massivement dans les nouvelles activités et les technologies d'avant-garde. C'est ainsi que l'Amérique a créé des emplois hautement qualifiés et bien rémunérés, et pas seulement des petits boulots sous-payés, comme on le dit trop souvent. Au total, elle a beaucoup de travailleurs qu'elle paie souvent mal. Sa productivité est faible, mais sa rentabilité excellente.

La France, au contraire, consacre ses gains de productivité à payer et à détruire tout à la fois le travail sous-qualifié. Astreinte à respecter le Smic et à supporter de lourdes charges, notre économie s'est en effet lancée dans une course effrénée à la mécanisation. Elle emploie beaucoup moins de monde. Piketty pointe deux secteurs dans lesquels la différence est particulièrement nette entre les deux pays : le commerce et l'hôtellerie-restauration. Dans le premier, le nombre d'emplois par habitant est inférieur de 60 % ; dans le second, l'écart atteint 130 %. « Si la France avait autant d'emplois par habitants dans le commerce et l'hôtellerie-restauration que les États-Unis [...], alors il y aurait plus de 2,8 millions d'emplois supplémentaires en France : 1,8 million dans le commerce et 1 million dans l'hôtellerie-restauration », conclut

1. Thomas Piketty, « Les créations d'emplois en France et aux États-Unis », *Notes de la Fondation Saint-Simon*, décembre 1997.

le chercheur. Le chômage en France, ce sont des ANPE débordées, mais aussi des magasins sans vendeurs, des restaurants où l'on attend, des hôtels où l'on n'est pas servi...

Une comparaison internationale, faut-il le rappeler, ne fournit jamais qu'une indication, une tendance. C'est déjà vrai lorsqu'elle se fonde sur des mesures normalisées comme le taux de chômage ou l'indice d'inflation ; ce l'est encore plus lorsqu'elle met en rapport des situations globales. On se trouve là dans le qualitatif plus que dans le quantitatif, tant les paramètres sont multiples et variables de part et d'autre de l'Atlantique. Le fait est que l'économie américaine, notamment dans les services, ne fait pas la chasse aux travailleurs sous-qualifiés, comme l'économie française, mais qu'au contraire elle les accueille volontiers.

Il suffit d'observer les deux sociétés pour s'en rendre compte. La créativité française s'est investie dans ces pompes à essence « self-service » complétées par des systèmes de paiement automatique qui robotisent la vente des carburants au détriment des pompistes dans ces caisses « multifonctions » des supermarchés qui lisent, pèsent, calculent, facturent, enregistrent, encaissent, empaquettent, envoient les ordres de réapprovisionnement et divisent par quatre le nombre des caissières ; dans ces portillons automatiques qui suppriment le poinçonneur des Lilas ; dans ces nouveaux bus qui se passent de contrôleurs ; dans ces salles de cinéma qui se passent de projectionnistes. Banque, réservation, renseignement, tous les services doivent être automatisés.

L'Amérique, patrie des industries de pointe, des machines futuristes, ignore cette vague d'automatisation. Partout ce sont des gens (et non des machines) qui sont au service de la clientèle. Ici, l'homme coûte si peu cher qu'il n'y a pas lieu de lui préférer le robot. Nos exterminateurs de salariés surnuméraires voient dans cette pléthore de personnel une marque d'archaïsme, un trait de sous-développement. Et pourquoi donc ?

Cet exemple montre à quel point les mécanismes du marché sont plus efficaces que les interventions politiques. En effet, la France n'a cessé de protéger le petit commerce, présumé favorable à l'emploi, pendant que l'Amérique laissait le champ libre à la grande distribution. Peine perdue. Seul le coût du travail a déterminé les comportements. En France, les petites boutiques sont tout aussi réticentes que les grandes surfaces à engager du personnel, tandis qu'aux États-Unis les vendeurs sont à disposition dans le drugstore du coin comme dans les chaînes de magasins spécialisés. Et c'est en France, certainement pas aux États-Unis, qu'on trouve ces hôtels «Formule 1» où, la nuit, le service est pratiquement automatisé. De fait, pourquoi conserver un personnel alors qu'un concierge automate peut lire la carte bancaire, ouvrir la porte, délivrer la carte-clé de la chambre, enregistrer l'heure du réveil, etc. ? Pourquoi conserver des hommes quand ils coûtent plus cher que les machines ?

L'Amérique ne semble guère s'émouvoir de ce qui est jugé, selon les normes françaises, comme un signe de sous-productivité. Elle préfère investir sa créativité et son dynamisme dans les nouveaux marchés, les technologies d'avenir, les industries de pointe. C'est chez elle, pas chez nous, que l'on trouve ces pépinières d'entreprises qui poussent à proximité des grands centres de recherche. À chacun son défi. Le pompiste et la caissière pour la France, Internet et le génie génétique pour l'Amérique. C'est ainsi qu'à toujours nous tromper de cible, nous n'avons pas investi dans les secteurs en expansion et que le chômage finit par toucher également les travailleurs très qualifiés.

Cette différence se traduit encore dans les chiffres. La part des salaires dans la valeur ajoutée des entreprises est plus forte aux États-Unis qu'en France. Symétriquement, la part du capital est plus faible chez eux que chez nous. En 1997, les socialistes ont vu dans ce décalage la preuve que nos salaires étaient trop faibles, qu'il fallait les augmenter. Énorme contresens ! Si l'entreprise américaine consacre plus d'argent à rémunérer le travail, c'est précisément parce qu'elle le paie moins cher et qu'elle ne l'a pas systématiquement combattu. Elle en vient donc à employer plus de monde, à supporter une masse salariale plus lourde, mais, en revanche, elle n'a pas à financer des investissements destinés à substituer le capital au travail. En France, au contraire, le Smic et les charges poussent à cette substitution. *Les entrepreneurs sont le moins employeurs possible.*

Si nous comparons les évolutions en Amérique, en Hollande et en France sur un quart de siècle, que voyons-nous ? Dans le premier pays, le coût du travail et le temps passé au travail n'ont pratiquement pas bougé, mais le nombre d'emplois s'est accru de 50 % ; dans le deuxième, le coût du travail a augmenté de 40 %, la durée du travail a été réduite de 20 %, le nombre des emplois s'est accru d'un quart ; dans le troisième, le nôtre, le coût du travail a doublé, sa durée a diminué de 15 % et l'on n'a créé que 5 % d'emplois. *Superbe illustration de la devise nationale : tout pour les salariés, rien pour les chômeurs.*

Cela ressemble fort au choix intolérable que nous annonçait Pierre-Noël Giraud : «accroissement des inégalités ou bien accroissement du chômage». Mais s'agit-il d'une fatalité ? Certainement pas. S'il est dangereux de s'opposer à la logique libérale en fixant un salaire minimum trop élevé, il est en revanche possible d'en compenser les effets pervers au prix d'une vraie politique sociale. Bref, de *faire en sorte que les salaires se mettent au prix du marché sans que, pour autant, les salariés en souffrent.* Pour l'idéologie française, une telle approche fut longtemps jugée inadmissible. Elle revenait à s'incliner devant les diktats du capitalisme, à pactiser avec le diable. La France va donc mettre en place une politique brouillonne, coûteuse et inefficace, mêlant d'éphémères «plans jeunes» à d'innombrables aides à l'embauche.

Que cela plaise ou non (et cela ne peut que heurter nos préjugés), il faut absolument faire baisser le coût du travail non qualifié. Est-ce à dire que le Smic va être supprimé ou ramené à 3 000 francs ? Laissons cela aux Américains, restons Français. Il ne peut être question ni de réduire les plus basses rémunérations, ni de priver les smicards de leur couverture sociale. Pour faire baisser le coût du travail sans plonger les smicards dans la pauvreté, il faut jouer sur les charges. Mais cela impose d'en appeler à la solidarité, la vraie. Après vingt ans de «préférence nationale pour le chômage», tout le monde sait aujourd'hui qu'au lieu d'inventer de nouveaux «plans pour l'emploi» qui faussent le jeu économique, *il faut détaxer les emplois payés autour du Smic et laisser jouer les employeurs qui paieront moins cher le travail, sans pour autant payer moins cher le travailleur.*

Expert respecté, Jean-Baptiste de Foucauld, l'ancien commissaire au Plan, préconise comme objectif d'«aboutir en cinq ans à une franchise de cotisation sur les cinq mille premiers francs de tout salaire mensuel». C'est un objectif minimum. La droite comme la gauche ont semblé se rallier à cette politique mais n'ont jamais procédé que par touches ponctuelles au lieu d'en faire leur grand objectif. En 1995, Lionel Jospin l'avait intégrée dans son programme… et fut battu. Depuis lors, la gauche doctrinaire, celle qui voit un «cadeau au patronat» dans toute réduction de charges, a repris du poil de la bête ; elle n'a toujours pas compris que les

profits réalisés par les entreprises n'ont rien à voir avec les inégalités : celles-ci ne jouent en effet qu'entre les individus. Je ne suis
pas « moins riche » que Rhône-Poulenc ou la Société générale ; en
revanche, je peux effectivement comparer ma situation à celle des
propriétaires, actionnaires, managers, etc., qui tirent leurs revenus
de l'entreprise. Si l'on estime que ceux-ci s'enrichissent à l'excès,
la correction doit être effectuée sur le plan fiscal : paix aux profits, guerre aux profiteurs !

Mais nos idéologues anticapitalistes refusent cette évidence et
brandissent plus que jamais « l'autre politique ». Leur porte-
parole, Hoang-Ngoc Liêm, affirme superbement : « Quant au lien
entre l'offre de travail des entreprises et le coût du travail, aucune
étude ne permet de conclure à l'efficacité d'une politique de
baisse du coût du travail[1]. » Il est vrai que les Américains n'ont
jamais fait des bas salaires une « politique », ils se sont contentés
de laisser faire le marché, avec les résultats que l'on sait. Ainsi
contenus sur leur gauche, les socialistes abandonnèrent ce genre
de mesures en 1997 et choisirent les « 700 000 emplois jeunes » et
les 35 heures, d'un bien meilleur rendement électoral.

La réduction massive des charges est-elle susceptible de créer
des emplois ? D'un côté, nous avons l'exemple des États-Unis. Il
apporte la preuve que les emplois sous-qualifiés ne sont nullement condamnés dans la pure logique libérale ; la preuve aussi
qu'ils ne subsistent que si leur coût n'est pas trop élevé pour l'employeur. D'autre part, nous connaissons l'effet des réductions de
charges, nous savons qu'elles permettent de conserver des
emplois, voire d'en créer. Le dernier exemple en date est celui des
emplois familiaux. Partout dans le monde, leur nombre va en
diminuant. En France même, on en comptait 1 million au début
du siècle mais seulement 200 000 en 1990. À partir de 1987 et surtout en 1992, les gouvernements les ont fortement détaxés. Du
coup, on en comptait 470 000 en 1996, soit, en pourcentage, trois
fois plus qu'aux États-Unis. Cette inversion de tendance n'a été
observée que dans notre pays. L'étranger, qui n'a pas pris de telles
mesures, n'a pas bénéficié de leurs effets. Pour une fois, la France
pouvait se vanter d'avoir expérimenté un modèle original ayant
prouvé son efficacité et que l'étranger serait bien inspiré de

1. Hoang-Ngoc Liêm, initiateur de l'« Appel des économistes pour sortir de
la pensée unique », interview dans *L'Événement du jeudi*, juillet 1997.

copier. C'est pourquoi, sans doute, Martine Aubry, qui l'avait mis en œuvre en 1992, l'a remis en cause en 1997 !

La réduction radicale des charges relancerait donc le marché de l'emploi. Mais dans quelle direction ? C'est ce que nous ne savons pas. Et mieux vaudrait laisser les besoins s'exprimer plutôt que postuler leur existence en lançant des politiques publiques qui ne feront que les occulter, car on n'a jamais vu un poste financé sur crédit public succomber à son inutilité. Si l'on se réfère aux études de Piketty sur le modèle américain, on peut penser qu'une détaxation aurait multiplié les emplois dans le commerce et l'hôtellerie-restauration il y a une vingtaine d'années, mais qu'en serait-il aujourd'hui ? Les entreprises ont investi et se sont organisées pour tourner avec le moins de personnel possible. Les emplois qui ont ainsi été perdus sont, pour une large part, irrécupérables. En revanche, la demande potentielle est certainement très forte dans l'ensemble du secteur des services et, plus généralement, dans l'ensemble des PME, creuset de l'emploi nouveau. Si l'on se replace dans des conditions économiques favorables, l'offre d'emplois reviendra spontanément sans qu'il soit besoin de multiplier les aides et subventions ici ou là.

Fort bien. Mais cela coûterait des centaines de milliards ! Où les trouver ? Il ne peut s'agir que d'une vraie réforme, c'est-à-dire d'une *politique* qui commence par éliminer avant d'ajouter. Concrètement, il faudrait porter le fer dans le fouillis bureaucratique que les politiques de l'emploi ont accumulé en vingt ans. Une opération chirurgicale dont le principe serait la suppression, et l'exception la conservation. Ce n'est évidemment pas dans le traitement social du chômage que l'on sabrerait, mais dans son traitement économique, c'est-à-dire dans les innombrables primes, exonérations, aides, subventions, incitations, etc., qui sont censées favoriser le maintien des emplois existants ou la création d'emplois nouveaux. À combien se monteraient les économies ainsi réalisées ? Impossible de le dire avec précision. D'une part, les experts ne sont pas d'accord sur les chiffres ; d'autre part, on ne peut préjuger de ce qu'il conviendrait de maintenir ni de l'étalement dans le temps des suppressions. On sait seulement que cette masse budgétaire considérable se chiffre en centaines de milliards. D'autre part, si, comme je le pense, une telle politique fait reculer le chômage, le traitement social, si coûteux, s'en trouvera réduit d'autant. Mais cet effet n'apparaîtra qu'à terme. Dans un premier temps, le fardeau pèsera de tout son poids. Il en va de même pour les rentrées fiscales qu'assure une croissance plus vigoureuse et qui n'apparaîtront qu'à terme. Bref, le coût de la réforme est appelé à se réduire dans le temps, mais, pour les premières années, il sera énorme.

Ne nous berçons pas d'illusions ; les économies réalisées sur les aides à l'emploi ne suffiraient pas à payer une telle facture. Une brutale aggravation du déficit public étant exclue, il ne reste qu'une solution : faire payer les Français. Je dis bien *les Français*, pas les entreprises.

Cette thérapie ne relève pas de l'économie douce, mais de l'économie dure. C'est pour cela d'ailleurs qu'on en parle toujours et qu'on ne l'applique jamais. Thomas Piketty, qui, comme Jean-Baptiste de Foucauld et tant d'autres, préconise une franchise totale de cotisations sur les premiers 5 000 francs de salaire, nous donne la mesure de l'effort : « La solution consisterait à opérer un transfert massif des cotisations sociales des smicards vers les salariés les plus qualifiés, épargnés par la crise. Si les Français gagnant plus de 15 000 francs par mois acceptaient de perdre 5 % de leur pouvoir d'achat dans ce but, cela permettrait de résoudre, dans une très large mesure, le problème de l'emploi[1]. »

Il s'agit là évidemment d'un schéma, d'un ordre de grandeur, pas d'un programme. En pratique, il faudrait étaler ces mesures, les moduler, les étendre à tous les revenus – la CSG serait parfaite pour cela – les insérer dans une réforme d'ensemble de la fiscalité (car il s'agit de créer des emplois, pas d'enrichir les actionnaires) et de la protection sociale (car dans ce domaine aussi, il faudrait faire d'importantes économies). Voilà ce que pourrait être une vraie politique de solidarité, aux antipodes de tout ce qui a été fait jusqu'à présent sous ce nom. On cesserait de donner des avantages supplémentaires à la France au travail, style 35 heures ou retraite anticipée, sous prétexte d'aider la France au chômage. On en finirait avec l'imposture du « Toujours Plus ! » aux mieux pourvus afin de soulager les plus mal lotis. Depuis vingt ans, le pays crève de cette perversion qui consiste à augmenter sans relâche les plus forts en prétendant secourir les plus faibles. La solidarité retrouverait alors son sens. À cette condition seulement, notre économie serait compétitive, ne réduirait pas systématiquement l'emploi,

---

1. Thomas Piketty, interview dans *La Tribune*, 25 novembre 1997.

ferait sa place au travail non qualifié comme au travail très qualifié, *sans pour autant écraser les plus vulnérables, à l'instar du modèle américain.*

Il faudrait aussi réduire le coût de l'État-providence en instaurant clairement deux niveaux de protection : l'un général, qui apporte à tous une sécurité de base et une assurance en cas de coups durs, l'autre réservé aux seuls pauvres (pas à la classe moyenne), qui apporterait un véritable secours aux trop bas revenus. Une politique qui nécessite une discipline respectée et la condamnation de la fraude sociale au même titre que la fraude fiscale. Les chômeurs, notamment les jeunes, doivent toujours être placés dans une logique contractuelle qui lie l'assistance au respect d'obligations précises. Là encore, l'idée de contraindre les « victimes du chômage » fait hurler alors qu'elle est d'application courante dans les sociétés social-démocrates. C'est au Danemark, pays exemplaire sur ce plan, que les jeunes se voient effectivement proposer diverses solutions : formations, embauche, etc., mais risquent de perdre toute allocation en cas de défaillance ou de mauvaise volonté. La philosophie de Tony Blair, en Grande-Bretagne, va exactement dans le même sens. Quant à la chasse aux faux assistés, elle a été lancée par les Hollandais qui ne sont pas convertis pour autant au libéralisme sauvage. *Bref, il s'agirait de procéder à une redistribution en faveur de ceux qui sont véritablement dans le besoin et d'eux seuls, de renoncer à cette pseudo-redistribution qui prend dans la poche droite ce qu'elle remet dans la poche gauche sans voir qu'il s'agit de la même personne. Pratiquer la solidarité, cela ne consistera jamais à consommer plus, à travailler moins ni à conforter les droits acquis.*

Le néo-capitalisme, nous l'avons constaté, accroît les inégalités ainsi que la rémunération du capital. Dans les années 1970, le partage de la valeur ajoutée créée par l'entreprise s'opérait à raison d'un tiers pour les actionnaires-propriétaires et de deux tiers pour les salariés. Dix ans plus tard, la politique giscardo-chiraquienne avait conduit à une nouvelle répartition : un quart au capital, trois quarts au travail. Dans les années 1990, nous sommes pratiquement revenus au partage des années 1970 : un tiers/deux tiers. C'est le rapport de base depuis un siècle. C'est cet équilibre qui risque d'être remis en question par les exigences des nouveaux actionnaires. Les entreprises devront se montrer de plus en plus généreuses sur les dividendes, de plus en plus pingres sur la feuille de paie. Que faire ? Faut-il se résigner à voir le travail profiter de moins en moins au personnel et de plus en plus aux actionnaires ?

Premier point : la France seule ne saurait s'opposer au reste du monde. Si la part du capital augmente dans tous les pays, les entreprises françaises – dont le capital, ne l'oublions pas, est pour une large part entre des mains étrangères – n'auront le choix qu'entre s'aligner ou se faire éliminer. Mais on peut fort bien éviter de pénaliser les travailleurs par rapport aux actionnaires. Il suffit pour cela d'associer les salariés au capital de l'entreprise sous forme d'actionnariat, de participation, de fonds de pension, etc. Si les mauvaises paies doivent faire les bons dividendes et les fortes plus-values, il faut que les salariés deviennent des actionnaires pour en profiter. C'est ainsi qu'ils récupéreront d'une main ce qu'ils perdent de l'autre. Encore faut-il que les partenaires sociaux reconnaissent la nouvelle donne économique et négocient sur cette base, que les syndicats cessent de voir dans l'actionnariat un piège, et les patrons d'en faire un simple gadget ; il faut que les syndicats et la gauche ne croient pas voir se profiler derrière les fonds de pension et la retraite par capitalisation le démantèlement de la Sécurité sociale.

Pour peu que l'imagination sociale soit au pouvoir, nous pouvons fort bien laisser le système économique s'adapter aux lois du marché tout en conservant les règles de partage qui sont les nôtres. Tant il est vrai que seules les sociétés figées se font dicter leur organisation sociale par le néo-capitalisme.

Chapitre VIII

LES TROIS FRANCE

Personne ne les attendait, mais lorsqu'ils furent là, chacun s'étonna qu'ils n'eussent pas surgi plus tôt. En ce mois de janvier 1998, l'irruption des chômeurs sur la scène politique française fut saluée comme un événement inévitable (que, pourtant, on s'était efforcé d'éviter) et irréversible. Le modèle français révélait au grand jour la misère qu'il était censé refuser.

La crise de 1995 avait débuté par un discours du Premier ministre devant l'Assemblée nationale : le grand jeu républicain perturbé par les forces populaires. La crise de 1998 naquit à la base de la société, en dehors des institutions et des acteurs sociaux, en l'absence même de toute décision politique. C'est pourquoi elle fut une surprise pour tout le monde. Les événements de 1995 avaient débuté de façon banale puis s'étaient singularisés, tandis que ceux de 1998 commencèrent de façon singulière avant de tendre à se banaliser.

Les gauchistes s'en mêlent

« Les Assedic n'ont pas d'argent. Il n'y aura pas de prime de Noël cette année. » Pour Charles Hoareau, ce refus claque comme une déclaration de guerre. La prime de Noël, c'est son affaire, sa fierté. Ancien ouvrier aux chantiers navals de La Ciotat, il a vécu l'interminable agonie de l'entreprise. Son licenciement n'a pas fait de lui un chômeur résigné, mais un chômeur « rebelle ». Au début des années 1990, avec deux copains, il fonde un « comité des chômeurs » et passe à l'action. Opérations ponctuelles dans des bâtiments publics, occupations de logements vides, harcèlement des administrations. Il parvient à dépanner des gens dans la détresse, à obtenir la gratuité des transports pour les sans-emploi, et arrache surtout la fameuse prime de fin d'année. En 1996, il oblige les Assedic des Bouches-du-Rhône à vider leurs caisses pour distribuer 50 000 primes de Noël d'un montant variant entre 1 500 et 2 000 francs. Avec 2 000 adhérents, il devient le patron d'un véritable syndicat de chômeurs marseillais. Mais Charles Hoareau, communiste et cégétiste, reste dans l'orbite de la CGT et s'adosse à son organisation.

Et voilà qu'en cette fin de 1997 les Assedic, tenues par de nouvelles directives, ne disposent plus des crédits pour assurer le Noël des chômeurs. Charles Hoareau n'est pas homme à baisser les bras. S'il ne peut obtenir 2 000 francs, il en exigera 3 000 ! La CGT lance la revendication au niveau national – c'est le mot d'ordre pour la journée d'action du jeudi 4 décembre. Mais les guichets des Assedic restent fermés. Le 11 décembre, Hoareau et ses amis lancent l'occupation de quelques antennes dans les Bouches-du-Rhône.

Ce n'est rien qu'une affaire locale, qui plus est marseillaise, mais toute étincelle peut déclencher l'incendie lorsque la pinède est sèche et que souffle le mistral. Or, le vent de la colère souffle à décorner les bœufs. La France du chômage, la France de la misère attendait de la gauche victorieuse des améliorations concrètes et immédiates. Quand on vit avec 3 000 francs par mois, quand on n'a devant soi que le chômage à perpétuité, on est pris dans l'urgence : même le court terme, c'est encore trop long. Et voilà que les socialistes augmentent bien le Smic de 4 %, mais ne font rien pour les minima sociaux. Est-ce que la solidarité s'arrête aux travailleurs, est-ce qu'au-delà il n'y a plus que la charité, la mendicité, l'aumône ? Les chômeurs ont la rage au cœur, mais la classe dirigeante ne s'en aperçoit pas. Au reste, un chômeur, c'est bien connu, ça ne manifeste pas.

La démonstration en avait été faite au début des années 1980. À l'époque, Maurice Pagat avait fondé un syndicat des chômeurs. Un cœur gros comme ça, une grande gueule, un tempérament de tribun, une tendance «catho de gauche» sans affiliation politique bien marquée, il inspirait la sympathie et en obtint les témoignages, mais sans plus : l'indifférence des travailleurs répondait à la résignation des chômeurs. Il avait bien occupé des antennes d'Assedic et des ANPE. La police avait fait évacuer les locaux dans les heures suivantes, les médias n'en avaient guère parlé, tout le monde s'en fichait. En ce mois de décembre 1997, à 69 ans, il est bien oublié. La classe politique n'a retenu de son histoire que sa conclusion : les chômeurs ne parviennent pas à constituer une force politique ou sociale autonome.

Coupable d'avoir eu raison trop tôt, Pagat a fait des émules qui, à l'instar de Charles Hoareau, sont plus politisés, plus radicaux et qui, surtout, se trouvent en phase avec l'opinion. Lui, le pionnier, se démenait comme un artiste sans public ; les nouveaux Robin des Bois sont encouragés par les grondements de colère et les cris de joie populaires depuis que le chômage a fait le plein. Du coup, les médias sont aux aguets, toujours disposés à prendre la bonne image au bon moment. Certes, le peuple chômeur n'en est pas encore à se soulever, à déclencher des émeutes ; il se contente de légitimer une minorité agissante. C'est déjà beaucoup. « Ce qui compte, notera Laurent Joffrin dans *Libération*, c'est l'alchimie qui s'instaure – ou non – entre un mouvement symbolique et l'opinion. » Précisément, nous sommes à la veille du grand œuvre qui va transmuter le vil peuple des gueux en nobles acteurs de notre vie sociale. Au seul niveau de la représentation sociale, il est vrai, puisque les chômeurs ne se rassembleront jamais en une manifestation de masse ; mais la simple prise de parole vaut, dans notre société médiatisée, droit d'existence.

Pour ce nouveau prolétariat, comme pour le prolétariat ouvrier au XIXe siècle, les sociétés d'entraide ont précédé les syndicats. Depuis vingt ans, de petits groupes se sont formés ici ou là à partir d'initiatives individuelles. Cette nébuleuse associative – on compte, dit-on, 8 000 associations de ce type – fait un énorme travail sur le plan social, mais elle s'en tient pour l'essentiel à l'entraide, voire au dépannage. Un rôle obscur et peu mis en valeur : tout au plus connaît-on Maurice Pagat, qui anime toujours Partage, et Hubert Constancias, fondateur du Mouvement national des chômeurs et précaires, le MNCP. Aussi longtemps que les chômeurs restent entre eux, ils ne sont pas dérangeants. À l'échelon national, les grandes confédérations ouvrières se targuent de parler en leur nom. Une fiction qui arrange tout le monde.

C'est dire qu'elles voient d'un mauvais œil, à partir des années 1990, des militants ultra-politisés, gauchistes, trotskistes, anarchistes – bien souvent issus de leur opposition interne – s'autoproclamer défenseurs des chômeurs. D'autant plus que ces nouveaux acteurs bousculent les règles du jeu. Ils ne se contentent plus de dépanner les uns ou les autres, de revendiquer profil bas, ils entendent attaquer cette société bannière au vent, la défier, la bousculer, la harceler et refuser absolument de jouer son jeu.

Figure emblématique de cette nouvelle contestation, Christophe Aguiton a fait de l'agitation son sacerdoce. Il peut d'autant mieux s'y consacrer qu'il est, comme la plupart des leaders trotskistes, permanent syndical dans le secteur public : France Télécom, en l'occurrence. Il a par ailleurs participé à la fondation du nouveau syndicat SUD-PTT et se dévoue sans compter pour tous les «sans» : sans-papiers, sans-logis, sans-ressources, sans-travail. Un jour il organise un «squat» à la tête du Dal ; un autre il s'invite dans un palace ; un troisième il est à l'église Saint-Bernard. En 1994, il crée AC! (Agir ensemble contre le chômage). C'est le contraire même de l'organisation bureaucratique à visée institutionnelle, plutôt un «collectif» à géométrie variable, qui se compose et se recompose sans cesse autour du même noyau : des militants aguerris plutôt que des chômeurs. Ici on est déterminé, on agit et on agite les médias. De la première marche contre le chômage de 1994 à l'occupation d'une ANPE marquée par la «retenue» de Nicole Notat au printemps 1997, AC! et son très médiatique leader s'imposent comme le fer de lance des associations.

Les communistes n'ont pas l'intention de laisser le champ libre aux gauchistes. Ils ont d'ailleurs déjà un pied dans le mouvement associatif avec l'Apeis, fondée par un des leurs, Richard Dethyre, tandis que la CGT, de son côté, a développé en son sein un «comité national des chômeurs». Bref, ils entendent occuper eux aussi le terrain. La contestation qui fermente à l'automne sur le thème de l'urgence est donc divisée et les gauchistes ragaillardis sont encore isolés.

Tout bascule sur un coup de téléphone entre Jacqueline Lazarre, secrétaire confédérale cégétiste en charge des chômeurs, et Christophe Aguiton. La CGT propose de faire alliance avec AC! qui accepte aussitôt. Le 24 décembre, lors d'une manifestation cégétiste devant l'Unedic, les associations gauchistes sont invitées et Bernard Thibault, figure de proue des grèves de 1995, étoile montante de la CGT, leur rend hommage. Communistes et gauchistes prennent en main le mouvement qui s'amplifie au lendemain des fêtes. La revendication se radicalise, passe de la «prime de Noël» à la revalorisation de 1 500 francs par mois pour tous les minima sociaux. C'est une facture de 50 à 70 milliards de francs qui est présentée à la France institutionnelle. Le défi.

Les confédérations et les chômeurs

Quelques dizaines d'antennes Assedic (sur 636) occupées par quelques dizaines de personnes, quelques «coups» comme l'occupation de Normale Sup, quelques cortèges somme toute modestes – 5 000 manifestants à Paris, quelques dizaines de milliers dans le reste de la France –, voilà le mouvement qui prétend mobiliser 3,5 millions de chômeurs? Manifestement, le compte n'y est pas. Pour la classe dirigeante, il faut étouffer la contestation dans l'œuf en concédant quelques faveurs – le budget ne permet à peu près rien – et, surtout, en insistant sur le caractère non représentatif de cette agitation politico-médiatique. D'un côté, on accorde donc aux chômeurs franciliens la Carte orange à mi-prix, on annonce le déblocage de 500 millions de francs; de l'autre, Martine Aubry demande que cesse l'«illégalité» des occupations, tandis que Nicole Notat, patronne de l'Unedic, dénonce dans *Libération* la «manipulation de la détresse», les «actions coups de poing à visées médiatiques», et que Marc Blondel parle de récupération par les communistes.

Mais la parade arrive trop tard: le coup est parti. Une fois de plus, c'est l'opinion qui va faire pencher la balance. Je ne parle pas ici de l'inévitable sondage «révélant» que les deux tiers des Français sont favorables aux chômeurs – l'étonnant est plutôt qu'il s'en trouve un tiers pour être défavorables –, mais du véritable choc que subit le pays. Le système français, je l'ai dit, repose sur la défense de la majorité et le sacrifice de la minorité au nom de la justice et de la solidarité. Il assure au plus grand nombre le confort matériel et moral, à la condition, bien sûr, que la mise à l'écart des perdants se fasse dans la discrétion, que le quart-monde ait la politesse de se faire oublier. Nous autres Français sommes de braves gens, nous pouvons nous accommoder de toutes les iniquités, encore faut-il éviter de nous les mettre sous le nez. Or c'est précisément ce qui se produit.

Après avoir tant disserté sur le chômage, les médias découvrent les chômeurs. Les Français comprennent d'autant mieux qu'ils ont tous un exemple à portée de main, que les salariés du privé redoutent le pire pour eux-mêmes, tandis que les fonctionnaires le craignent pour leurs enfants; bref, ils sont en état d'hyperréceptivité comme le malade qui ressent au fond de lui-même la profondeur de son mal et comprend son médecin à demi-mot.

La première révélation, c'est la nature du chômage. En France, il ne correspond plus à la recherche d'un emploi, c'est un état permanent, voire définitif. Cette population n'a plus aucun espoir de reprendre sa place dans le monde du travail, donc au sein de la société. Elle vit de l'assistance, et c'est tout.

Deuxième révélation : la représentativité. Les chômeurs n'ont aucune place dans le jeu social. Alors que la moindre catégorie, la plus petite corporation peut disposer d'un moyen d'expression et de pression, si modeste soit-il, eux n'ont rien. Ils ne jouissent d'aucune reconnaissance, d'aucune existence. Cette désocialisation peut s'admettre sur une courte période : si le passage sur le marché du travail ne dure que quelques mois, si les effectifs se renouvellent sans cesse, une représentation permanente est impensable, et d'ailleurs impossible. C'est pour cela que les tentatives de Maurice Pagat, au début des années 1980, étaient vouées à l'échec. Mais, déjà à l'époque, il n'était plus vrai que le chômage était toujours de courte durée. C'est complètement faux aujourd'hui, on le sait : pour deux millions de personnes, le chômage est un état plus stable que le salariat.

Qu'à cela ne tienne ! Les confédérations syndicales ne peuvent-elles défendre conjointement les intérêts de ceux qui ont un emploi et de ceux qui n'en ont pas ? C'est l'éternelle imposture de la représentativité à la française. À force de prétendre rassembler tout le monde, des nouveau-nés aux retraités, les confédérations voient chuter leur audience et fondre leurs effectifs. Aux élections prud'homales, le pourcentage d'abstentions est passé de 37 % en 1979 à 65,6 % en 1997, preuve que les Français ne se reconnaissent plus dans ces organisations « attrape-tout ».

Quant aux effectifs, ils ne dépassent pas 10 % des salariés et sont au plus bas de toute l'Europe. Encore ne s'agit-il là que d'une moyenne, mensongère comme il se doit. Car le pourcentage peut monter à 25 % et plus dans le secteur public, ce qui revient à dire qu'il chute à 5 ou 6 % dans le secteur concurrentiel. Nouvelle moyenne à moduler entre les grandes entreprises, où l'on peut dépasser 10 %, et les PME, dans lesquelles le syndicalisme est en état de coma dépassé. Résumons : *le syndicalisme en France représente le secteur public.*

La conclusion est évidente pour ce qui concerne le nombre des adhérents, mais elle l'est davantage encore au regard des instruments de pouvoir que sont les moyens, les prérogatives et les armes.

De ce triple point de vue, le syndicalisme change d'univers en passant du public au privé. Dans les grands organismes comme EDF, l'Éducation nationale, la Poste, la SNCF, etc., les syndicats disposent de moyens considérables : mise à disposition de permanents, d'heures de délégation, de locaux, de téléphones, de matériel, de véhicules, de subventions. Le budget de fonctionnement syndical – je ne parle pas des œuvres sociales gérées par le comité d'entreprise – supporté par de tels organismes se chiffre en centaines de millions par an. Par comparaison, les syndicats des entreprises privés sont misérables.

À cette puissance matérielle correspondent de larges pouvoirs institutionnels. L'expression de « cogestion », excessive pour ce qui concerne l'organisation des services, est appropriée pour ce qui relève de la gestion du personnel. En ce domaine, les organisations syndicales disposent d'un véritable droit de veto, appuyé sur les menaces que l'on sait. Face à une telle puissance, les organisations représentatives du secteur privé sont anémiques, désargentées, impuissantes et, pour tout dire, insignifiantes. Ainsi les confédérations sont-elles passées aux mains de fonctionnaires-syndicalistes, de permanents syndicaux du secteur public. On l'a vu avec les militants de choc qui animent le mouvement des chômeurs, mais c'est vrai partout. Inutile de poursuivre, chacun aura compris que, chez nous, *le syndicalisme protège d'abord la France statutaire.*

Ces syndicats peuvent, à la rigueur, prendre sous leur aile les salariés du privé, mais comment prétendre qu'ils défendent aussi ceux qui n'appartiennent plus au monde du travail ? Quelle peut être leur légitimité pour remplir une telle mission ?

Pour résoudre – ou dissoudre – cette difficulté, il suffit de postuler que les Français ont tous les mêmes intérêts et peuvent donc avoir les mêmes avocats. Affirmation fortement accrochée au clou de la « non-division ». Donner des représentations différentes, ne serait-ce pas courir le risque d'opposer les catégories, de les dresser les unes contre les autres ? Marc Blondel campe sur cette position tout au long du mois de janvier. Il lance l'anathème contre « tous ceux qui pourraient un jour avoir comme espérance d'opposer ceux qui n'ont pas de travail et ceux qui en ont ». Il martèle le dogme : « Les intérêts des salariés et des chômeurs sont communs. Même dans la situation actuelle de chômage de longue durée. Ceux qui dérogent à ce principe entrent dans une logique poujadiste. »

En 1988, j'avais consacré une émission au chômage des quinquagénaires. Sur mon plateau, une douzaine de témoins à cheveux gris disaient leur colère, leur désespoir, leur déchéance. Avec véhémence, ils reprochaient aux représentants du patronat leur ostracisme à l'égard des quinquagénaires. Les représentants de la CGT et de FO resservaient à pleine louche la dénonciation de ce «jeunisme» patronal. C'est alors que j'en vins à poser la question de l'État : était-il normal que l'administration et les grands services publics n'embauchent plus après 30 ans, qu'ils ferment leurs portes aux quinquagénaires, et même aux quadras ? Les chômeurs, qui n'avaient jamais prêté attention à ce détail, protestèrent véhémentement contre cette ségrégation dont ils se découvraient victimes. Ils demandèrent tout naturellement aux syndicalistes d'exiger le retrait de ces clauses discriminatoires. À leur grande stupéfaction, ils entendirent leurs défenseurs s'empêtrer dans des explications emberlificotées sur le thème : «De toute façon, ce n'est pas cela qui supprimera le chômage».

De fait, les agents des services publics sont très attachés à cette fermeture du recrutement qui leur assure l'avancement à l'ancienneté, et ils sanctionneraient le syndicat qui la remettrait en question. C'est ainsi que les représentants syndicaux sont pris entre les intérêts contradictoires de ceux du dedans, qui veulent garder la porte fermée, et de ceux du dehors, qui voudraient l'ouvrir. Mais pas question de mécontenter leur clientèle de base pour satisfaire des malheureux de passage...

Reconnaître que les chômeurs doivent être représentés, c'est avouer que ces prétendus «travailleurs en transition sur le marché du travail» sont des exclus plus ou moins définitifs, que l'ajustement de notre société se fait sur leur dos. Qu'on s'accommode de ce fait, selon la morale américaine, ou qu'on le combatte au prix d'une vraie solidarité, c'est de toute façon le modèle français qui se trouve ébranlé. La phraséologie sur la non-division et la vocation universelle des confédérations avait jusqu'alors permis de faire oublier cette fâcheuse évidence. Et voilà qu'elle s'imposait à la France entière en ce début d'année 1998 : si les chômeurs avaient maintenant des représentants, c'était bien la preuve qu'auparavant ils n'en avaient pas.

La France des minima

Du coup, les Français firent une troisième découverte : celle de la pauvreté de masse. Non pas la misère marginale contre laquelle l'abbé Pierre était parti en croisade dans les années 1950, mais celle de toute une France à l'abandon. Tant de pauvres, et si pauvres ! On s'en doutait vaguement, mais à ce point, on ne savait pas ! Hé ! oui, dans notre société de spectacles, sinon du spectacle, on devient vite inconnu dans son propre pays dès lors qu'on n'a pas le représentant capable de « parler dans le poste ».

Imaginez que nous rassemblions toutes les informations diffusées depuis dix ans sur les rémunérations et les revenus des Français. Nous disposerions pêle-mêle des chiffres et des revendications d'à peu près toutes les catégories sociales. Mais qu'apprendrions-nous sur les chômeurs ? Nous connaîtrions le RMI, et rien de plus. La preuve en est qu'au mois de décembre 1997, lorsque débute le mouvement, la France au travail ignore jusqu'à l'expression de « minima sociaux ». Quant à distinguer entre les différentes allocations ou à connaître leurs montants... Ces chiffres, les Français vont les découvrir en l'espace de quelques jours dans un mélange de peur et de compassion.

Première constatation : la pauvreté. Le temps est loin, bien loin, où les chômeurs français étaient les mieux traités du monde. Aujourd'hui, les Assedic ne versent rien à la moitié d'entre eux et, pour ceux qui perçoivent encore des indemnités, la moitié touche moins de 4 000 francs par mois et les trois quarts moins que le Smic (5 239 francs mensuels). Près de 700 000 chômeurs sont indemnisés en dessous du seuil de pauvreté (3 316 francs). Certes, il existe des primes de complément pour la formation, pour les chômeurs âgés, etc., mais cela ne modifie pas les ordres de grandeur.

Deuxième constatation : la masse. Les minima sociaux, c'est-à-dire les allocations versées aux personnes sans ressources, chômeurs non indemnisés ou autres, concernent *6 millions de personnes*. Oui, 6 millions. Les deux plus connus sont l'allocation spécifique de solidarité, l'ASS, que touchent les 500 000 chômeurs ayant épuisé leurs droits à indemnisation et qui représente 2 264 francs par mois ; et le revenu minimum d'insertion, le fameux RMI, que perçoivent 1 million de personnes et qui était fixé à 2 429 francs par mois en 1997.

C'est évidemment le chômage de masse qui provoque cette pauvreté de masse. Les sommes distribuées par l'Unedic sont énormes : 116 milliards de francs par an. Malheureusement, cette masse ne représente pas grand-chose lorsqu'il faut la répartir entre 1,7 million de chômeurs. À quelque titre que ce soit, la solidarité nationale ne peut assurer une existence décente à une population aussi importante. Il n'empêche.

Les Français ont appris incidemment, en ce mois de janvier 1998, que l'ASS n'avait pas été revalorisée depuis quatre ans. Imagine-t-on les réactions de salariés, et à plus forte raison de fonctionnaires dont les rémunérations n'auraient pas bougé depuis quatre ans ? En outre, ces « droits des chômeurs » peuvent toujours être revus à la baisse. Bref, que ce ne sont pas des *droits*.

En juillet 1992, face à la forte poussée du chômage, le régime de l'indemnisation a été profondément bouleversé. L'Unedic crée alors le système de l'allocation unique dégressive, l'AUD. Cette appellation technocratique cache une brutale amputation de l'indemnisation. Les conditions à remplir deviennent plus rigoureuses, la dégressivité dans le temps est accentuée. Ainsi diminue-t-on tout à la fois le montant des allocations et le nombre des indemnisés. Les syndicats FO et CGT ont, certes, condamné cette réforme, mais sans plus. On n'assista pas à une crise sociale, le pays ne fut pas perturbé, pour tout dire la plupart des Français n'entendirent jamais parler de l'AUD. Rien à voir vraiment avec la tempête que souleva en 1995 la révision des retraites à la SNCF, pour ne prendre que cet exemple. Et pourtant...

Lorsque, en décembre 1996, Jérôme Fenoglio fait le bilan de la réforme dans *Le Monde*, il constate : « Depuis lors, ce sont des pans entiers de la population privée d'emploi stable qui restent à la porte de l'assurance-chômage[1]. » En effet, les uns s'en trouvent plus rapidement exclus par la dégressivité, tandis que les autres ne peuvent entrer dans le système faute de satisfaire aux nouvelles exigences, alors qu'ils ne sont pas non plus justiciables de dispositifs complémentaires. « En décembre 1995, sur un total de 850 000 demandeurs d'emploi de 18 à 25 ans, ils étaient environ 550 000 à ne disposer d'aucune allocation », explique-t-il. Oui, des

---

1. Jérôme Fenoglio, « La moitié des chômeurs indemnisés touchent moins de 3 000 francs par mois », *Le Monde,* 4 décembre 1996.

chômeurs par centaines de milliers ont pu basculer de la pauvreté dans la misère sans que notre société s'en soit autrement émue, sans même que l'on instaure un grand débat national sur le sujet. En raison d'une décision prise subrepticement en plein été.

Le résultat est sans appel : la seule catégorie de Français qui a vu son niveau de vie baisser sur une longue période, ce sont les chômeurs. Entre 1984 et 1994, les revenus des professions libérales ont progressé de 37 %, ceux des fonctionnaires de 18 %, ceux des cadres du privé de 13 %, ceux des retraités de 7 %. Les leurs ont chuté de 12 % !

La France s'est mobilisée au début de la crise, dans les années 1970. Depuis cette époque, l'effort national n'a pas augmenté – il représente toujours 1 % du PIB –, alors que le nombre des bénéficiaires n'a cessé de croître. Les minima se sont donc mis à stagner, voire à régresser. Telle est la situation matérielle des chômeurs, à laquelle il faut évidemment ajouter celle des 2,8 millions de travailleurs pauvres.

L'invitation à Matignon

Les Français sont troublés, et même bouleversés, par ces « visiteurs des fêtes ». Ils ne comprendraient pas que le gouvernement leur referme la porte au nez. Lionel Jospin l'a parfaitement compris et fait donc savoir que les associations seront reçues à Matignon le jeudi 8 janvier. Une invitation qui vaut reconnaissance.

Pour les confédérations syndicales, c'est le désaveu. Le gouvernement les met en situation de concurrence avec de simples associations et risque bientôt de les oublier quand il s'agira de parler des chômeurs ! C'est pourquoi les conseillers du Premier ministre ont mis au point un subtil protocole pour éviter la rupture avec la CFDT et, surtout, avec un Marc Blondel qui ne décolère pas. Ce 8 janvier, les partenaires sociaux traditionnels seront reçus en premier, dans l'après-midi. Les nouveaux venus n'arriveront à Matignon qu'à la nuit tombée, à 20 h 30. Chacun comprend : ce seront les dirigeants syndicaux et non pas les leaders du mouvement qui apparaîtront dans les journaux télévisés de 20 heures. Des astuces qui ne peuvent néanmoins masquer le fait nouveau : *les chômeurs ont désormais leurs propres porte-parole.* Ils sont des acteurs sociaux au même titre que les agriculteurs, les enseignants ou les patrons. Reste à savoir ce que vaut cette représentation.

A priori, cette OPA sur les chômeurs présente toutes les caractéristiques d'une manipulation. De qui et en quoi ces nouveaux acteurs sont-ils représentatifs ? Quelques groupuscules gauchistes sont-ils légitimés à se transformer en porte-parole d'une si vaste population en vertu de quelques actions ultra-médiatisées conduites par quelques dizaines de militants ? Ne voit-on pas, d'élections en élections, que leurs options politiques sont plus que marginales ? Et comment oublier qu'en 1995 le quart des chômeurs ayant voté ont donné leurs voix à Le Pen ? Manifestement, Christophe Aguiton et ses amis ne reflètent pas l'opinion de la France précaire.

En bonne logique démocratique, l'objection est irréfutable. Mais cette bonne logique a-t-elle cours dans notre pays ? Poser le problème de la représentativité, c'est ouvrir la boîte de Pandore. À quoi correspondent les confédérations dites « ouvrières » ? À fort peu de chose, en dehors du secteur public, nous le savons. Elles sont pourtant indispensables, et, vaille que vaille, doivent pouvoir parler au nom des salariés du secteur privé. Mais qu'en est-il pour le monde étudiant ? Le taux de syndicalisation y est dérisoire. Lors des élections corporatives, la participation n'est que de… 6,4 % ! Les appareils syndicaux ne sont que des coquilles vides, la vie syndicale se réduit à des luttes de clans entre militants ultra-politisés pour s'emparer du sigle Unef. En quoi cette poignée d'étudiants prolongés, socialistes, communistes ou trotskistes, reflète-t-elle les deux millions de jeunes qui fréquentent nos facultés ? Il n'empêche que le ministre de l'Éducation nationale reçoit ces syndicalistes comme les représentants du monde étudiant et que, lors des grands mouvements, les autorités sont bien heureuses de les avoir pour interlocuteurs.

Tous les sociologues le disent : notre système représentatif est en crise. Plus les Français sont attachés à leurs intérêts catégoriels, moins ils veulent les prendre en charge. Au point de refuser le modeste effort que représentent l'adhésion et le paiement d'une cotisation. C'est alors qu'une petite minorité active peut prendre en main la représentation de millions d'individus. Elle le fait rarement sans arrière-pensées : tantôt elle apprécie les prérogatives du syndicalisme institutionnel, tantôt elle intervient dans une certaine ligne politique. Mais les intéressés n'en ont cure. Dès lors que leurs intérêts sont bien défendus, ils sont satisfaits. C'est pourquoi le recul du communisme n'a pas entraîné un déclin correspondant de la CGT. Et de nombreux agents des services publics ont été séduits par les positions corporatistes des syndicats SUD alors qu'ils ne partagent en rien les engagements trotskistes de leurs dirigeants. C'est ainsi. Et l'on ne va pas contester la représentativité d'un syndicat sous prétexte que son orientation politique au sommet ne reflète pas celle de la base.

En outre, Lionel Jospin a pris soin de choisir ses invités. En même temps que l'association AC! et ses dirigeants trotskistes, il reçoit l'Apeis, proche des communistes, ainsi que le MNCP et Partage, beaucoup moins marqués politiquement. Bref, il instaure un certain pluralisme. Enfin, ces associations ont la sagesse de présenter un front uni qui tranche sur les éternelles querelles syndicales, du plus mauvais effet. Certes, elles ne regroupent pas grand monde : quelques dizaines de milliers d'adhérents, quelques pour cent des chômeurs, tout au plu Mais, depuis le début du mouvement, leurs standards sont saturés par les demandes d'inscription. Qui sait si, demain, elles ne seront pas capables de les rassembler en de puissantes fédérations ? Car le deuxième fait essentiel, c'est que *les chômeurs ont changé*. Ils sont sortis de leur isolement, de leur honte, de leur culpabilité. Ils ont relevé la tête et pris conscience qu'ils peuvent et doivent redevenir des citoyens à part entière. Donc s'organiser pour se faire entendre.

Les avocats doubles

Il ne faut pas chercher le défaut de la cuirasse dans sa forme ou dans son style, mais dans l'usage qui va en être fait : ce bel outil de défense que les chômeurs pensent s'être donné est détourné de sa fonction avant même d'exister.

Si des associations comme le MNCP peuvent accepter de se heurter à d'autres catégories pour défendre les sans-emploi, il n'en va pas de même pour les communistes et les trotskistes, qui restent dans la logique syndicale : les chômeurs sont une masse de manœuvre, un argument de plus au service des salariés. En effet, les plus acharnés défenseurs du corporatisme dans le secteur public se trouvent à la CGT, et surtout, dans SUD. Ce dernier syndicat, le nouveau venu, incarne la dialectique trotskiste au service du béton corporatiste. La CGT, en comparaison, pourrait être considérée comme un modèle d'ouverture et de modernité.

Tels Arlequin et ses deux maîtres, communistes ou trotskistes voudraient donc servir à la fois les statutaires et les chômeurs. C'est en soi fort difficile ; cela devient complètement impossible lorsqu'on adopte une défense maximaliste au service de ses clients privilégiés. Dans la même journée, Robert Hue peut ainsi revendiquer 4,5 % d'augmentation pour les fonctionnaires et un relèvement des minima sociaux de 1 500 francs. C'est bien la preuve, dira-t-on, qu'il n'est pas incompatible de défendre les uns et les autres... Sans doute ! Et tout est conciliable aussi longtemps que l'on reste au niveau du discours ; mais tôt ou tard vient l'heure des choix. Des fonctionnaires ou des chômeurs, lesquels seront premiers servis, et que restera-t-il aux seconds ? C'est toute la question.

Le mouvement a révélé tout à la fois la misère de masse et la difficulté de la faire reculer. Si l'on considère la détresse des plus pauvres, le relèvement de 1 500 francs des minima sociaux s'impose comme une évidence. Ce n'est plus de la solidarité, c'est du bon sens. Si l'on considère maintenant les contraintes budgétaires, un accroissement du déficit de 50 à 70 milliards pour financer une telle mesure apparaîtrait comme une folie. Lionel Jospin l'a dit avec beaucoup de clarté et de courage. Alors ? Où trouver l'argent ? En faisant « payer les riches » ? On pourrait gratter de ce côté-là, nous le verrons, mais certainement pas un montant suffisant.

L'argent des chômeurs se perd dans certaines niches fiscales, dans les gaspillages de l'État et dans l'improductivité du secteur public. Additionnez le tout, vous trouverez des dizaines de milliards. Une défense des chômeurs qui ne combat pas ces dérives de l'argent public n'est qu'une mystification.

Or, dès la deuxième quinzaine de janvier, la CGT prétend faire des 35 heures l'un des thèmes revendicatifs des chômeurs. Dans le même temps, elle exige que la question soit au cœur des négociations salariales qui s'engagent dans la fonction publique. Les 35 heures pour les fonctionnaires – c'est-à-dire, en fait, 30 heures ou moins pour la plupart d'entre eux qui, d'ores et déjà, bénéficient d'horaires réduits – qu'est-ce à dire ? Si les salaires diminuent en proportion, l'opération peut être blanche pour les finances publiques et positive pour l'emploi. Mais la CGT et SUD sont intraitables sur les rémunérations : ils n'admettraient pour rien au monde que les salaires soient grignotés. Ils réclament donc un accroissement des effectifs… et des budgets. Cadeaux aux fonctionnaires, accroissement des dépenses publiques, alourdissement des charges sur les entreprises : voilà la trithérapie antichômage ! Seule la France statutaire en sortira gagnante.

Ces mêmes syndicats pressent le Parlement de voter la loi sur les 35 heures dans sa version la plus bureaucratique, la plus rigide, la plus contraignante, celle qui détruit les emplois quand il est question d'en créer. Nos chômeurs ? Seuls les accusés des procès staliniens auront été aussi mal défendus par leurs avocats !

Et pendant ce temps-là…

Ne nous illusionnons donc pas sur ce premier et apparent succès remporté par la France précaire : il n'est pas près, à lui seul, de changer les règles du jeu. Les chômeurs sont et resteront les grands oubliés, nous en avons eu la preuve tout au long de ces semaines où, pour la première fois, la situation des plus malheureux passait au premier plan de l'actualité. Je dis bien « au premier plan », ce qui n'empêchait pas qu'à l'arrière-plan, notre vie sociale enchaînait un conflit après l'autre comme si de rien n'était.

Décembre 1997 avait été marqué par le mouvement des conducteurs du RER qui, redoutant, six mois à l'avance, un surcroît de travail pour la Coupe du monde, avaient déclenché une méchante grève. L'inauguration du Stade de France, le 28 janvier suivant, leur fournit l'occasion d'un superbe chantage : face à la menace de grève, on envisagea même de mobiliser sept cents cars pour acheminer les spectateurs. Tout finit par se régler entre la CGT et le ministre communiste Jean-Claude Gayssot. Les conducteurs obtinrent leur « prime de Noël » de 1 300 francs et reçurent des assurances… insuffisantes, bien sûr ! Mais enfin, pour prouver leur sens des responsabilités, les conducteurs acceptèrent de prendre leur service le 28.

À partir du 15 janvier, la CGT et SUD Rail annoncent un feu roulant de grèves sur le réseau SNCF. La presse ne peut plus suivre. À la gare Montparnasse ou à Marseille, sur une ligne du RER ou sur un TGV ? On ne sait plus. À chaque jour sa perturbation. Quant aux motifs, c'est, comme toujours, la défense du pouvoir d'achat, la défense du statut, etc. Et puis l'on annonce une grande journée nationale d'action.

Soyons justes : dans le secteur des transports, tous les conflits ne sont pas corporatistes. Depuis des semaines, en cette fin de 1997, des conducteurs de bus arrêtent le travail, dans une ville ou dans une autre, pour protester contre les agressions dont ils sont victimes. Comment ne pas les comprendre ? Chaque fois que j'écris *service public* dans ce livre, il faut entendre *dans des conditions normales*. Car nous nous trouvons ici dans la France désocialisée, et ceux qui y travaillent ont les plus légitimes motifs de revendications. Mais, pour l'essentiel, ce n'est pas la France statutaire troublée, mais la France statutaire paisible qui revendique pendant que les chômeurs manifestent.

Toujours en ce mois de décembre 1997, la colère gronde à la Banque de France. Dans ce temple de l'improductivité, 15 000 salariés réussissent à cumuler les meilleurs avantages du public et du privé sous la protection de leur tuteur : le ministre de nos Finances. Les privilèges de ce personnel sont tels que direction et syndicats se sont mis d'accord pour garder secret le rapport social de l'entreprise, pourtant bien expurgé. Donc, ces employés menacent de se mettre en grève à la fin de l'année – des distributeurs d'argent qui seraient vides pendant les fêtes, vous voyez ce que je veux dire ? – car la direction envisage de fermer un certain nombre de caisses dont la charge de travail et la productivité ont à ce point baissé que, même à la BDF, on a fini par le remarquer. Il n'est évidemment pas question de licencier ces salariés intouchables de par leur statut de marbre, simplement de redéployer et de réduire les effectifs. C'est encore trop. À la Banque, rien ne change !... Et la France devra éternellement trier ses billets à grands frais sur des machines obsolètes. Les grévistes n'ont pas été abandonnés dans cette épreuve : ils ont reçu le renfort des élus locaux, qui ont écrit au Premier ministre pour dire leur opposition aux fermetures dans leur circonscription. La grève s'est arrêtée, les caisses ont continué.

Au mois de janvier, les conflits sociaux reprennent de plus belle. Ce sont les instituteurs que se mettent en grève pour obtenir leur intégration dans le corps des « professeurs d'école ». Le gouvernement a promis, c'est vrai, mais au moment de tenir, il découvre qu'il n'a pas d'argent et freine des quatre fers. Au rythme où se font les intégrations, il faudra attendre 2014 pour que tous les maîtres du primaire soient devenus profs ! Superbe illustration de cette méthode de gouvernement par la promesse qui consiste à toujours reporter à plus tard les solutions, à soulager le présent en chargeant l'avenir...

Le 27 janvier, c'est la Caisse d'épargne à l'enseigne de l'Écureuil qui se met en grève. Ici comme à la Banque de France, le personnel cumule à peu près tous les avantages qui se puissent imaginer. Cette privilégiature a été à peine écornée par la réforme de 1983, et elle reste l'une des plus belles de France. À l'inverse du secteur bancaire qui se trouve en pleine restructuration, elle a continué, imperturbable, d'accroître ses effectifs. Les frais de personnel battent des records, la rentabilité aussi, mais dans le mauvais sens ! Pourquoi donc la grève ? Parce que l'un des plus beaux fleurons du statut, le régime de retraite maison, se trouve menacé. Ici les pensions peuvent atteindre 90 % du meilleur salaire. Royal ! Et l'on part couramment à la retraite à 50 ans pour les femmes, 55 pour les hommes, après trente années de cotisations... et d'un travail que l'on imagine épuisant. Seul problème : ce régime risque de se retrouver en faillite dans quelques années. Il faudrait donc revoir certains avantages. La grève du 27 janvier a été très suivie, mais ce n'est encore qu'un round d'observation. La réforme ne se fera pas sans de grandes et pathétiques luttes sociales.

À la Direction générale des Impôts, la bataille s'est engagée le 22 décembre. Sans grand écho médiatique. Ici, on ne touche pas au statut, mais aux machines. Le système informatique doit être modernisé. Dans une entreprise privée, les gains de productivité ainsi réalisés s'accompagnent bien souvent de licenciements. Rien de tel ne menace les agents statutaires, on s'en doute. Mais ces gains risquent toutefois d'entraîner des reconversions, des bouleversements dans l'organisation du travail. Les informaticiens s'y opposent. Or ils disposent d'un moyen de pression très efficace, le « 2042 » : il s'agit des formulaires pour les déclarations d'impôts que tous les contribuables sont censés remplir au mois de février. L'impression se fait en fin d'année. Une grève peut donc retarder l'envoi de ces documents et se répercuter sur les rentrées fiscales. Le chantage est d'autant plus facile qu'un très petit nombre d'agents suffit à tout bloquer. Le mouvement qui commence le 22 décembre n'engage donc que cette petite poignée de grévistes soutenus par le reste du personnel. C'est dire qu'il peut durer très longtemps. À la fin de janvier, le ministère des Finances commence sérieusement à s'inquiéter. Le nouveau directeur suspend la mise en œuvre du plan, et le travail reprend. La modernisation est reportée à plus tard.

On note encore des conflits latents à l'Équipement, à la Sécurité sociale et dans la fonction publique hospitalière. Bref, ça bouge un peu partout. Sans compter la grande négociation salariale dans la fonction publique qui s'ouvre en ce mois de janvier sous de bien fâcheux auspices. Les syndicats veulent rattraper le gel des salaires de 1996, mais le gouvernement n'a pas un sou vaillant. Il l'a dit et répété aux chômeurs. S'il n'a rien pour des malheureux au comble de la détresse, il aura moins que rien pour des fonctionnaires plutôt bien traités au cours des dernières années. Les journalistes s'attendent à d'âpres marchandages, marqués par des ruptures, des journées d'action et même des grèves de grande ampleur. Mais non, tout s'arrange le mieux du monde. En quelques jours, le ministre Émile Zuccarelli passe un accord avec les syndicats, accord salué par toute la presse. Que s'est-il passé ? Un vrai miracle ! Le gouvernement, qui avait vainement fouillé ses poches pour les minima sociaux, a trouvé 15 milliards de francs pour les traitements des fonctionnaires qui, quoi qu'il arrive, continueront leur progression dans les deux années à venir. Et ce au moment même où l'on apprend qu'en 1996 le salaire moyen a diminué de 1,3 % dans le privé alors qu'il augmentait de 0,6 % dans le public. Un plan qui, une fois de plus, charge tous les budgets à venir.

En prime, l'État s'est engagé à ouvrir les négociations sur les 35 heures dans le secteur public. Première difficulté, je l'ai déjà mentionné : les deux tiers des fonctionnaires travaillent déjà moins de 35 heures. Les syndicats ont une réponse toute prête : ce qui compte, c'est la réduction des horaires. 4 heures de moins pour tout le monde ! Ceux qui font 32 heures en feront 28. Et qui peut imaginer que l'État imposera des compensations salariales ? Encore une bombe à retardement pour les prochaines années.

Telles sont donc les dernières nouvelles du front. Et pendant ce temps-là, le mouvement des chômeurs entame son reflux. Le 27 janvier, les cortèges se rabougrissent au point que les associations préfèrent suspendre l'action plutôt que la laisser s'effilocher. Quand elles voudront relancer les manifestations, le 7 mars, elles constateront que l'opinion est retournée à son indifférence passée. Ainsi les chômeurs, inconnus des médias jusqu'à la fin de 1997, auront réussi, en l'espace de trois mois, à être vedettarisés, puis banalisés.

En apparence rien n'a changé, et ce n'est pas une loi sur l'exclusion, bonne chose en soi, qui apportera une réponse à ce drame. Il reste que le mouvement a marqué les esprits : désormais, la misère est connue de tous.

Mais la France précaire ne fait toujours pas le poids, et le chômeur reste un citoyen de seconde zone. Certes, il ne peut prétendre devenir un salarié payé à ne rien faire qui réclamerait son dû sans la moindre contrepartie et l'État qui fournit une véritable assistance doit réclamer une telle contrepartie. Voilà précisément ce qui paralyse la société française : elle ne sait ni donner ce qu'elle doit, ni demander ce qu'on lui doit. Elle prétend ainsi «respecter la dignité des chômeurs» mais, en fait, elle ne table que sur leur résignation.

Le gouvernement n'a pas hésité à faire évacuer les antennes Assedic alors qu'il ne s'était pas risqué à empêcher le blocage des raffineries par les routiers. Il a refusé d'augmenter les minima sociaux : 60 milliards de francs, impossible ! 60 milliards de francs, mais c'est le déficit annoncé des régimes spéciaux de retraite qu'Alain Juppé s'était pourtant engagé, sous la pression des cheminots, à ne pas réformer ! Autrement dit, 60 milliards de francs, on les trouve – ou on fait semblant de les trouver – face à des cheminots et des fonctionnaires en colère, mais on n'y parvient pas face à des chômeurs et à des exclus.

La France sociale est-elle donc si agitée en ce début d'année 1998 ? Oui et non. Car il ne faudrait pas noircir le tableau et oublier qu'il y a une France sans problèmes : celle du secteur privé. En l'espace de deux mois, la presse n'a pas relevé le moindre conflit dans les entreprises. Là, au moins, les salariés n'ont donc pas à se plaindre ! Obligation de résultats, travail au rendement, salaires à la baisse, efforts de rentabilité, plans de restructuration, précarité à tous les étages, vagues de licenciements : ah oui, ils n'ont que des raisons de se féliciter de leur condition et, de fait, ils ne manifestent pas, ne font pas grève. C'est clair, sur les trois France, deux sont malheureuses. Celle des statutaires : on l'a toujours su ; celle des chômeurs : on ne peut plus l'ignorer. Seule la France compétitive est contente de son sort.

Soyons sérieux : il n'existe aucun rapport entre la réalité sociale et sa représentation. Ou plutôt si, mais ce rapport est inverse : traditionnellement, les plus malheureux sont les plus silencieux, les moins visibles, alors que les moins mal traités sont toujours ceux que l'on voit et que l'on entend le plus. Depuis toujours, on peut même poser cette règle absolue : une catégorie engagée dans une lutte sociale médiatisée ne fait pas vraiment partie de la France précaire. Les ouvriers surexploités dans les entreprises, les employés licenciés du jour au lendemain n'ont aucun moyen de revendication, aucun accès aux grands médias, donc à l'existence sociale. Quant aux chômeurs...

Voilà pourquoi le mouvement de 1998 a constitué un événement majeur et irréversible : il rompt avec cette logique implacable qui interdit de revendication les plus faibles, donc les plus malheureux.

On ne saurait, sans détruire les bases mêmes de notre société, accorder aux chômeurs les mêmes droits et les mêmes revenus qu'aux travailleurs, c'est vrai. Mais de là à tout concéder aux plus menaçants et tout refuser aux plus misérables... On voudrait pousser ce nouveau prolétariat à la révolte violente qu'on ne s'y prendrait pas autrement. Ce jour-là, on découvrira qu'il y a pire que les grèves des services publics, ce sont les émeutes urbaines incontrôlables.

Manifestement, il existe dans cette société un *problème de droits*, c'est celui de la France statutaire ; et un *problème d'argent*, c'est celui de la France compétitive.

Les droits à qui ?

Les droits ont pour fonction de corriger les inégalités choquantes induites par le libéralisme et que nous considérons comme des injustices, bref, de faire appel à la solidarité en complément de la compétition, et la France affecte la moitié de sa richesse à cette consommation collective. Seuls certains pays scandinaves sont allés plus loin dans cette voie. Mais ils ont su éliminer la misère de masse qui gagne chez nous.

Cette différence tient à la perversion de notre système social. Au lieu de suivre une logique de justice, il suit une logique de marché. Il n'obéit pas à la loi du plus faible, mais à celle du plus fort ; il ne récompense pas les plus malheureux, mais les plus menaçants. On le constate d'un coup d'œil en se penchant sur l'ensemble de l'actualité sociale de janvier 1998.

De ce fait, cette notion si typiquement française de droits

acquis, c'est-à-dire irréversibles, s'applique à contresens. Elle devrait garantir de manière absolue les grandes institutions qui bénéficient à l'ensemble de la population, et notamment aux plus pauvres. En fait, elle ne sert qu'à conforter les avantages du secteur public et de quelques corporations. Les garde-fous contre la misère sont en bambou, mais les règles d'avancement à la Banque de France sont en pierre de taille. Voilà pourquoi cette notion éminemment respectable d'irréversibilité a figé notre secteur public, le plongeant dans une improductivité chronique qui coûte des dizaines de milliards au pays.

Prenons la sécurité de l'emploi, le premier de tous les droits acquis. Les agents de l'État veulent y voir un droit naturel des travailleurs. Un peu comme le droit de vote des citoyens. Quand il était réservé aux hommes, fallait-il dire qu'il s'agissait d'un privilège intolérable que l'on devait supprimer ou bien que c'était un droit naturel dont l'ensemble de la population devait jouir ? La réponse est évidente. Pourquoi ne convient-elle pas à la sécurité de l'emploi ? Pourquoi l'anomalie serait-elle que certains en profitent et non pas que certains en soient privés ? L'analogie est commode autant que fallacieuse. Seule une rupture radicale avec l'économie de marché permettrait d'assurer à tous les travailleurs la garantie de l'emploi, mais on basculerait alors dans l'économie planifiée dont nous avons vérifié qu'elle ne peut être que de pénurie… et de contrainte.

Le statut de la fonction publique permet en fait de cumuler la sécurité communiste avec le niveau de vie capitaliste, alors qu'il n'est nullement indispensable à la bonne administration du pays. D'autres États fonctionnent aussi bien que le nôtre sans accorder de telles garanties à l'ensemble de leurs serviteurs. La sécurité de l'emploi dans la fonction publique n'en est pas moins un fait irréversible, sur lequel il serait totalement irréaliste de revenir. Ceux qui l'ont la garderont, c'est évident. Et tant mieux pour eux. À une condition : que ce droit s'exerce dans la rigueur afin de ne pas coûter trop cher au contribuable. Ce qui pourrait être le cas. En effet, l'État gère en position de monopole des activités relativement stables et prévisibles. À la différence des entreprises concurrentielles, il ne connaît pas les à-coups de la conjoncture, les bouleversements de la technique, les assauts de la concurrence, etc. En outre, son empire est si vaste qu'il y a toujours des compensations possibles. S'il est vrai que les services publics ont besoin d'être renforcés dans la France en difficulté, il est également vrai qu'ailleurs l'activité se ralentit, le nombre d'administrés diminue, la modernisation pourrait accroître la productivité. Il n'est donc pas nécessaire de licencier des fonctionnaires pour éviter les sureffectifs ; il suffit de les changer d'affectation. Une mobilité que la sécurité de l'emploi devrait faciliter, puisqu'elle substitue les mutations aux licenciements ; ce n'est pas agréable, mais ce n'est pas dramatique non plus, et le secteur privé en voit bien d'autres. Bref, quand la contrepartie de la sécurité s'appelle la mobilité – c'est-à-dire une flexibilité sans précarité –, il est possible de mener une politique du personnel très dynamique qui permette de concilier la garantie de l'emploi et l'efficacité des services.

Chacun sait que notre administration fonctionne sur le principe inverse : quand le personnel est excédentaire, on le garde, quand il est insuffisant, on l'augmente. Cet « antimanagement » tient à l'ultime perversion de ces fameux droits acquis qui se sont étendus jusque dans les moindres recoins, une prolifération cancéreuse qui a gagné tous les corps de l'État. Désormais, les grilles de rémunérations, le détail des primes, les déroulements de carrière, les régimes des mutations, le temps de travail, l'organisation des congés, les rapports hiérarchiques, les tableaux d'avancement, les obligations de service, tout est statufié, pétrifié, fossilisé et, qui plus est, balkanisé. Car les millions de fonctionnaires sont éclatés dans des centaines de corps qui constituent autant de statuts particuliers, érigeant des frontières invisibles autant qu'infranchissables. On ne peut plus toucher à rien sans remettre en cause d'intangibles garanties statutaires. Le droit acquis à rester dans la fonction publique est devenu le droit acquis à faire la même chose, à la même place, dans les mêmes conditions, en suivant la même grille d'avancement. Un véritable droit de propriété sur son poste. L'utilisation des compétences ne répond à aucun souci d'efficacité et est soumise à des règles purement bureaucratiques. Des jeunes sans expérience ou des auxiliaires sont ainsi affectés aux tâches les plus difficiles, au beau milieu de la France précaire, tandis que les agents chevronnés gagnent à l'ancienneté le droit de se reposer en servant dans une France paisible et ensoleillée.

Cette perversion a transformé une garantie qui devrait être source de mobilité en un facteur d'inertie, et même de totale paralysie. C'est la ruineuse sous-productivité à effectifs croissants dont Jean Choussat évalue le coût à 150 milliards de francs par an.

Prisonniers de la cuirasse

Les droits acquis représentent une assurance contre l'instabilité du monde et, comme toute assurance, ils ont un coût. La prime devient très élevée pour la collectivité dès lors que les bénéficiaires refusent ne serait-ce qu'une certaine franchise sous forme de mobilité. Sur de telles bases, ils deviennent ruineux et doivent désormais être contenus. La France statutaire – plus quelques corporations – a manifesté une telle gourmandise en la matière qu'elle a épuisé tous les crédits (ce qui ne signifie pas tout l'argent disponible, mais tous les déficits possibles), et qu'il n'est plus possible d'octroyer ce type d'assurances à d'autres catégories. Impossible de garantir à la France précaire que ses modestes prestations ne baisseront pas, impossible de garantir à la France compétitive que les prélèvements qu'elle subit ne s'alourdiront pas.

Nos droits sociaux devraient corriger les plus intolérables inégalités de notre système économique. Mais comment le pourraient-ils alors qu'ils sont détournés au service des moins exposés ? *Cette France des droits acquis n'a donc rien de progressiste ou d'humaniste, elle est social-corporatiste.* Sociale, puisqu'elle fait intervenir la solidarité collective, la mutualisation des risques ; corporatiste, puisqu'elle bénéficie aux groupes les mieux organisés et non pas aux individus en détresse.

Le plus triste de l'affaire, c'est que cette surprotection coûte très cher sans rien rapporter à personne. C'est un gâchis pur et simple. Un État capable de se réformer, de se moderniser, pourrait tout à la fois rendre de meilleurs services aux usagers, coûter moins cher au contribuable, mieux payer ses fonctionnaires et, en prime, les rendre plus heureux. Tous les pédiatres le disent : des enfants surprotégés finissent par avoir peur de tout. Il en va de même chez les adultes. À force de se barricader, les agents de l'État développent une véritable psychose face au monde moderne et à la société dans laquelle ils vivent. N'est-il pas significatif qu'ils aient ressenti comme une agression et une menace le simple fait de donner leur nom aux administrés qui s'adressent à eux ? Dans toute entreprise, cette marque de civilité semble aller de soi. Dieu sait pourtant que le client peut être mauvais coucheur, qu'il risque d'accuser injustement le vendeur ou l'employé qui ne pourront se protéger derrière un statut ou des syndicats ! Mais enfin, on vit

comme ça, sans avoir pour autant le sentiment de subir d'intolérables tensions. D'où vient que les fonctionnaires aient eu un
réflexe d'effroi à l'idée de quitter leur anonymat protecteur ? Et
comment expliquer que le système de notation et la répartition des
primes aient dégénéré dans l'uniformisation des appréciations et
des gratifications ? Tout jugement, toute individualisation, toute
responsabilité finissent par être ressentis comme des menaces.

Oui, je demeure convaincu qu'à force d'enfermer les agents de
l'État dans ces cottes de mailles, ces armures et ces cuirasses, jusqu'à leur faire ressentir une piqûre de moustique comme un coup
d'épée, on les a transformés en inadaptés socioprofessionnels. Mais
je suis également certain que les fonctionnaires seraient plus heureux s'ils jetaient aux orties ces défenses corporatistes pour ne
retenir que l'essentiel : la sécurité de l'emploi. Ils découvriraient
alors la satisfaction d'être responsables dans une structure dynamique, plutôt qu'irresponsables dans une bureaucratie paralysante.

La spécificité française ne tient pas à notre désir de justice
sociale, à notre volonté de construire une société solidaire ; sur ce
plan, nos partenaires d'inspiration social-démocrate n'ont aucune
leçon à recevoir de nous. Non, la particularité nationale tient au
rôle central, dominant, que nous attribuons à l'État. En soi, ce n'est
pas une tare, et on ne voit pas pourquoi nous devrions, toutes
affaires cessantes, y renoncer et nous aligner sur les modèles anglo-
saxons. Mais cet étatisme recèle un grand danger. À tout moment,
les immenses prérogatives de la puissance publique risquent d'être
mises au service des agents de l'État. C'est la bureaucratisation.
Plus une société développe son pôle public, plus elle doit le soumettre à des contrôles rigoureux afin de prévenir les abus et les
dérives. Voilà ce que nous n'avons jamais su faire. La France statutaire est beaucoup trop puissante pour un pouvoir politique
beaucoup trop faible. Et celle-ci finit par sombrer dans une véritable névrose autoprotectrice. Le château fort qui devait assurer
la défense de l'ensemble de la population protège en toute priorité
ses occupants.

Il ne s'agit pas de condamner ou de culpabiliser les uns, de glorifier ou de sanctifier les autres. Des deux côtés se trouvent les
mêmes Français, qui partagent les mêmes envies. Je le répète : *nous
sommes tous des cheminots.* Les sans-droits agiraient comme les
statutaires s'ils en avaient la possibilité. Ce ne sont pas les indivi-

dus qui sont en cause, c'est l'organisation sociale. Au hasard de ma carrière, j'ai tour à tour fréquenté le service public monopolistique, le secteur public concurrentiel, l'entreprise privée. Des excès du corporatisme bureaucratique à ceux du libéralisme forcené, j'ai tout vu. J'en ai tiré un enseignement, c'est que les salariés entrent tout naturellement dans la logique du système qui les emploie. Si donc nous nous plaignons aujourd'hui de la France statutaire, il ne faut nous en prendre qu'à nous-mêmes. Ce sont les Français qui, par manque de vigilance et d'esprit civique, ont laissé se créer de telles situations. D'aussi grandes injustices.

Ne dites jamais : «privilèges»

Ainsi dévoyés, les droits aggravent les inégalités produites par le libéralisme au lieu de les réduire. Ils permettent à certains de compléter des salaires, médiocres ou consistants, par des avantages multiples qui n'apparaissent pas sur leur fiche de paie mais sont enfermés dans une belle boîte noire où il est écrit : «droits acquis». C'est la conclusion à laquelle j'étais arrivée en rédigeant *Toujours plus!* Elle avait été confirmée peu après par une étude du Cerc[1] sur les compléments de salaire. Depuis lors, l'évolution de notre société, qui s'est traduite par un durcissement du secteur privé, a constamment renforcé cette tendance.

Les tenants du «socialement correct» à la française ne prétendent pas réfuter cette évidence – ils seraient bien en peine –, ils ont choisi de l'ignorer. De savants traités bourrés de chiffres, de calculs et de statistiques sont consacrés aux inégalités entre Français. Jamais, au grand jamais ils n'abordent ce sujet. Pour les experts qui radiographient en permanence notre société, il n'est d'inégalités que monétaires. De tous les mensonges qui cimentent notre société, ce n'est pas le moindre. Car cet interdit majeur est unanimement respecté.

Jacques Chirac, tout comme François Mitterrand, se proclame garant des acquis sociaux en se gardant bien de préciser ce qu'il entend par là. Il a fallu beaucoup de courage à Jean Kaspar, prédécesseur de Nicole Notat à la tête de la CFDT, pour sacrifier la

---

1. «Les compléments de salaire», documents du Centre d'étude des revenus et des coûts, n° 83, 4e trimestre 1986.

vache sacrée, dans une tribune, en première page du *Monde* :
« L'idée même d'avantage acquis, écrit-il, traduit une vision figée
de la société, de ses rapports de pouvoir, de l'économie et des aspirations individuelles ou collectives [1] ». Il est vrai que Jean Kaspar a
quitté le syndicalisme ; il est vrai aussi que cet éclair de lucidité
s'est perdu dans les brouillards du conformisme hexagonal.

Privilège. Le terme, je le sais, est ressenti comme une provocation par les millions de salariés qui gagnent modestement leur vie
et pensent qu'un privilégié ne saurait être que riche. Le malentendu est total, car le privilège n'a rien à voir avec l'argent. Reli-
sons *Le Capitaine Fracasse*. Le héros, descendant de l'illustre
famille des Sigognac, est assurément un aristocrate, donc un privilégié. Pourtant il crève de faim dans le château délabré de ses
ancêtres, au point de suivre à Paris une troupe de comédiens
errants. Cette situation, Théophile Gautier ne l'a pas inventée. Elle
existait réellement. À côté de la noblesse de cour immensément
riche, il y avait cette basse noblesse de petits hobereaux qui, bien
souvent, tiraient le diable par la queue. Ils étaient riches de droits
et pauvres d'argent. Dans les environs, bien des bourgeois,
notables, propriétaires, marchands, avaient la roture plus dorée
que leur propre noblesse. Il en allait de même pour le clergé,
déchiré entre des prélats qui vivaient dans l'opulence et des
prêtres de campagne réduits à la portion congrue – et souvent bien
plus misérables que leurs ouailles.

De nos jours les privilèges ne s'obtiennent plus par la naissance,
ils ne sont plus attachés à une lignée, ils sont l'apanage de groupes
non héréditaires. Mais le résultat est le même. Ils donnent accès à
une condition spécifique qui échappe aux incertitudes de la société
en général, et du marché en particulier. Leur contenu est extrêmement variable et peut aller de l'abattement fiscal au profit des journalistes ou des pilotes de ligne au statut qui prend en charge toute
l'existence de l'électricien ou du cheminot. Ces droits n'ont donc
rien à voir avec le revenu. Des salariés qui naviguent tout juste au-
dessus du Smic peuvent jouir d'un statut protecteur ; à l'inverse, le
champion de boxe qui gagne sa vie sur le ring en cassant la figure
de ses adversaires jusqu'au jour où lui-même se fera démolir le por-
trait est peut-être millionnaire, mais certainement pas privilégié.

---

1. Jean Kaspar, « Aux partisans du "socialement correct" », *Le Monde*, 28 janvier 1997.

Les salaires qui accompagnent ces droits acquis sont souvent très ordinaires, voire franchement médiocres. De 100 000 à 300 000 francs par an. Ce n'est pas le Pérou. Quant à ces droits eux-mêmes, ils semblent bien modestes quand on les considère séparément. Est-il ruineux pour l'État de payer deux fonctionnaires au lieu d'un, de verser ici une pension un peu plus généreuse que dans le privé, d'accorder là huit semaines de vacances au lieu de cinq ? Assurément pas. De même, il ne coûterait pas cher de verser une allocation mensuelle de 5 000 francs plutôt que de 3 000 à un chômeur dans le besoin. Malheureusement, il y a le multiplicateur. Chaque chômeur demandait 1 500 francs par mois ; mais, tous ensemble, ils demandaient 60 milliards de francs. De même, ici, les sommes en jeu sont toujours très faibles à l'échelle individuelle, énormes au niveau du pays.

Et n'oublions pas l'essentiel : *les milliards gaspillés du fait que ces droits acquis bloquent la modernisation du secteur public ne se retrouvent pas dans les avantages dont jouissent les fonctionnaires. Ils représentent un manque à gagner pour tout le monde. Une perte sèche pour le pays.*

La noblesse d'État

Au-dessus des millions de salariés appartenant à la classe moyenne, la France statutaire est coiffée par une aristocratie, qui constitue une véritable spécialité nationale. Car les statuts protecteurs ne sont pas réservés à la classe moyenne, loin de là ; ils peuvent aller de pair avec des situations financières fort enviables. C'est alors qu'on entre dans la *haute privilégiature*. Au reste, ces gagnants du social-corporatisme ne se trouvent pas seulement dans le secteur public. Si les trésoriers-payeurs généraux, les conservateurs des hypothèques, les ambassadeurs, les patrons de grands organismes se cachent dans le giron de l'État pour gagner beaucoup sans grands risques, on trouve l'équivalent dans le privé avec des professions lucratives et protégées comme les notaires, les pharmaciens, les avocats au Conseil d'État, voir les gros céréaliers qui bénéficient d'une assurance bruxelloise qui vaut toutes les garanties salariales. Enfin, le plus scandaleux sans doute, les dirigeants de certains grands organismes sociaux s'octroient des salaires et des avantages dignes de nos PDG.

Dans cette haute privilégiature, une place à part doit être faite à cette «noblesse d'État», selon l'expression très juste de Pierre Bourdieu, que constituent les membres des grands corps.

Qui sont-ils ? D'abord les meilleurs élèves de France. Ils sont sortis «dans la botte» de l'Ena ou de Polytechnique, ce qui n'est pas donné à tout le monde. Cette noblesse est fondée sur le mérite et non sur l'hérédité. Certes, le milieu familial pèse lourd, mais n'oublions pas que les enfants d'enseignants réussissent là aussi bien que ceux de PDG... Ces diplômes ne s'achètent pas, ils se gagnent.

Un tel système se fonde sur une évaluation scolaire plutôt que professionnelle, c'est sa limite. Il suppose que le meilleur en classe sera également le meilleur dans la vie. C'est un postulat bien aventureux, mais ne chipotons pas : nos technocrates sont de grande qualité, nul ne le conteste. Mais voici le comble de l'absurdité : ces enfants chéris de la fortune, qui attaquent la vie avec un véritable sésame dans les mains, qui ont en eux-mêmes absolument tout pour réussir, se voient offrir, en prime, une assurance tous risques !

Ce n'est pas seulement une carrière dans la haute administration qui s'ouvre devant eux, c'est toutes les carrières possibles et imaginables. Sans risques.

Chacun de nous serait heureux de tenter sa chance dans d'autres professions, d'autres secteurs. Mais la crainte de l'échec nous retient. Elle devient même paralysante par ces temps d'orage où nul n'est plus jamais sûr de retomber sur ses pieds. Seuls les membres des grands corps sont disponibles en permanence pour toutes les aventures.

Comme tous les fonctionnaires, ils peuvent quitter le giron de l'État pour briguer un mandat électif, puis y retourner lorsqu'ils se font battre. Un atout décisif ! La politique est le seul secteur qui pratique le lock-out périodique sans garantie de réembauche, et bien peu d'entreprises célèbrent le retour de l'enfant prodigue lorsque monsieur le député a pris une veste. Voilà pourquoi l'on compte tellement d'enseignants ou d'avocats parmi les élus, et si peu d'ouvriers, de cadres ou d'ingénieurs. Or, la presse ne remarque même plus le ridicule de cette situation. Elle a trouvé tout à fait normal que le passage aux 35 heures soit décidé par des parlementaires qui, à de très rares exceptions près, n'ont aucune expérience de l'entreprise. Comment ne pas se souvenir, en cette occasion, de ces assemblées d'évêques et de cardinaux qui prétendaient réglementer la contraception ! Voilà la parfaite illustration de l'OPA que la France statutaire a lancée avec succès sur l'appareil politique.

On dit couramment que le journalisme mène à tout à condition d'en sortir, ce qui est évidemment faux. C'est la fonction publique qui ouvre toutes les portes. Lorsqu'ils ne se laissent pas tenter par la politique, les fonctionnaires trouvent ces débouchés dans l'immense secteur associatif. Cette administration *bis* est très largement investie par des agents de l'État en détachement ou en disponibilité.

Mais les membres des grands corps ont des possibilités autrement alléchantes : ce sont tous les centres du pouvoir économique, financier, culturel qu'ils peuvent prendre à l'abordage. D'autant plus que l'administration offre une position de lancement, et pas seulement de repli. Depuis un poste stratégique dans un cabinet ministériel ou bien à la direction du Trésor, il devient facile de se ruer sur une présidence ou un poste directorial. Il suffit de faire jouer les connivences au sein du club, de s'assurer le bon appui politique pour troquer un siège austère dans la fonction publique contre un somptueux fauteuil à la tête d'une entreprise.

C'est ainsi que les hommes et les femmes issus de la haute fonction publique ont fini par contrôler tout le pays. Députés, ministres, président de la République, managers, banquiers, industriels, assureurs et même fonctionnaires, ils y tiennent tous les grands rôles. Ils tiennent la France. Faut-il s'en étonner, s'en plaindre, s'en indigner ?

Refusons la démagogie anti-élitiste : pris individuellement, la plupart d'entre eux sont remarquables. Le problème est collectif. Il est socialement malsain et dangereux de laisser se former un groupe dirigeant dénué de structure verticale. La montée se fait à l'école et, lorsque le super-diplômé jaillit dans la société, à 25 ans, il se trouve déjà au sommet, déjà chef, et ne fréquentera plus que des chefs. Car ces grands corps forment une caste très fermée, dotée de ses propres règles de fonctionnement, dont les membres, issus des mêmes milieux et des mêmes écoles, ayant reçu la même formation, se connaissent tous entre eux, bien souvent depuis le lycée. Ce clan repose donc sur la connivence. D'un coup de téléphone au suivant, on reste entre soi, à tu et à toi. D'un organe de contrôle à un organe de décision, d'un conseil d'administration à un cabinet ministériel, d'une entreprise à une administration, d'un ministre à un PDG, on s'appelle par son prénom. Politique, administration, management, c'est tout un. Personne ne contrôle, ni, à plus forte raison, ne sanctionne personne. Les luttes ne sont plus que des intrigues ; les choix, des arrangements ; et le débat public n'est jamais que de façade.

L'endogamie pathologique de ce système est unanimement dénoncée. Ne parlons pas des étrangers qui ne voient plus que le mandarinat de la Chine impériale comme point de comparaison. Depuis des décennies il est question de limiter le «pantouflage» ; depuis des décennies, on constate que les lois en vigueur ne sont même pas respectées, que des hauts fonctionnaires passent tranquillement de l'organisme de tutelle à l'entreprise contrôlée sans que jamais la justice soit saisie.

S'il est une mesure à prendre de toute urgence pour desserrer cette emprise, c'est d'imposer à tous les salariés statutaires des choix irréversibles. *Depuis le haut jusqu'au bas de l'administration, ceux qui visent d'autres fonctions, que ce soit un mandat électif, un poste dans un organisme social ou bien un titre de président dans une entreprise, doivent démissionner.* Il ne s'agit pas d'infliger une brimade, mais de supprimer un privilège. Ces règles s'imposent dans toutes les entreprises, elles existent à l'étranger ; rien ne justifie que l'administration française fasse, une fois de plus, exception. Finissons-en avec cette imposture du service de l'État assimilé à un sacerdoce. Que je sache, le religieux est tenu par ses vœux autant que l'est son Église. Quel est donc cet étrange engagement qui lie à perpétuité l'employeur et non pas l'employé ?

Si les agents de l'État veulent tenter leur chance dans le privé ou en politique, qu'ils le fassent. Mais sans espoir de retour. Ainsi l'égalité sera rétablie entre tous les Français et, pour peu que l'on mette au point un statut accordant à l'élu un minimum de sécurité, on ne verra plus le spectacle lamentable de ces roturiers, écœurés par un combat perdu d'avance, laissant le champ libre aux aristocrates de la République assurés de leur condition comme d'un état. Seuls les authentiques aventuriers feront le saut et, comme ces immigrants qui brûlent leurs vaisseaux, ils réussiront.

Si l'on avait le courage de prendre une telle mesure, les élus ressembleraient un peu plus à leurs électeurs, et la démocratie retrouverait ses couleurs. Si, en outre, on pouvait limiter le détournement du service public à des fins corporatistes, alors l'État redeviendrait ce qu'il doit être : le cœur de la nation, l'âme du pays, et pas seulement une énorme machine tournant au service exclusif de ses serviteurs. Quant au capitalisme français, lui aussi redeviendrait ce qu'il doit être : le monde de l'entreprise, de la compétition, du risque, de l'argent, de la responsabilité, et non pas ce réseau de gens en connivence qui ne risquent jamais plus que leur fauteuil pour gagner toujours plus qu'un simple salaire.

Cette France de l'argent, des managers et des possédants, parlons-en.

La loi de la rentabilité

Nous avons vu combien la France des statutaires et celle des précaires sont liées comme l'ombre à la lumière. Regardons maintenant la France compétitive. Elle est extraordinairement diverse, puisqu'elle englobe tout à la fois les travailleurs pauvres, les sous-smicards, les milliardaires, en passant par les cadres, les travailleurs indépendants, les managers, etc. C'est ici l'empire du marché ; les droits acquis n'ont plus cours. La mesure de toute chose est l'argent ; la loi commune : l'insécurité. Nous sommes dans un monde *capitaliste* : il y a ceux qui possèdent les outils de production et ceux qui vendent leur force de travail. Mais il s'agit d'un capitalisme « à la française », encore un modèle original. Entre les salariés ordinaires et les capitalistes s'est glissée une classe intermédiaire qui détient le pouvoir, mais pas le capital, et qui gagne en salaire autant que les actionnaires en profit : je veux bien sûr parler de notre noblesse d'État qui domine les grandes entreprises comme elle domine l'administration, le Parlement et le gouvernement.

J'appelle cette France « compétitive » ; hier, je l'aurais appelée « concurrentielle ». Un glissement sémantique qui traduit un changement d'époque. Il y a encore une dizaine d'années, être en concurrence ne signifiait pas automatiquement être compétitif. Bien des entreprises subsistaient sans être des modèles de dynamisme et de productivité ; ces entreprises gardaient des salariés qui n'étaient pas toujours les plus productifs et les moins chers. La concurrence éliminait les mauvais, elle préservait les bons et pas seulement les meilleurs. Ces temps heureux sont révolus. Désormais, c'est la lutte à mort, à chaque instant. Pour les entreprises comme pour les individus. L'exigence absolue de rentabilité qui caractérise le nouveau capitalisme mondial s'est peu à peu diffusée dans les grands groupes, puis dans les PME et jusqu'au bas de la pyramide. Des millions de travailleurs sont ainsi passés du régime de l'examen d'entrée à celui du contrôle continu. Il ne suffit plus d'avoir la moyenne, il faut être et rester dans les premiers, car les *curriculum vitae* des remplaçants potentiels s'accumulent sur le bureau du DRH (directeur des ressources humaines). Le temps des accommodements, des arrangements est terminé ; la pression se maintient lorsque les profits sont abondants, l'orage éclate sitôt qu'ils diminuent.

À la première occasion, sous le premier prétexte, c'est la chute dans la France du chômage. Il n'est de salarié qui ne pense au licenciement, de travailleur indépendant qui ne craigne la faillite. Chacun, chaque jour, doit gagner puis conserver sa place dans le monde du travail, et ceux qui n'y parviennent plus coulent, chaque jour et sans bruit.

Sous le joug de la rentabilité, le travail est devenu plus dur, la précarité plus forte, les rémunérations moins bonnes. Pour les ouvriers et employés, les années 1990 ont été celles des vaches maigres ; seuls les cadres les plus performants ont tiré leur épingle du jeu – mais au prix de quel travail !

Comment ne pas être pris de vertige lorsque l'on situe les conflits sociaux de l'hiver 1995 dans le double contexte du monde impitoyable des entreprises et du mouvement pathétique des chômeurs ? *Comment ne pas voir que notre société est devenue folle en laissant se créer une telle distance entre la France protégée, la France exposée et la France massacrée ?* Que tout le pays ne subisse pas également les brutalités de la nouvelle économie, que le secteur public travaille dans d'autres conditions et, je dirais, selon d'autres valeurs, c'est fort bien. Encore faut-il que cette différence n'en vienne pas à dispenser certains de tout effort. Mais comment répartir les contraintes dans le respect des droits acquis ? Et comment admettre la sous-représentativité, la non-existence sociale de ceux qui créent la richesse du pays ? Les salariés du secteur privé feront-ils un jour irruption dans le jeu social, comme les chômeurs en 1998 ? À tout prendre, cela paraît encore plus improbable.

Monde de l'argent, cette France compétitive est le siège par excellence de la seule inégalité reconnue par les Français : l'inégalité monétaire. Les écarts sont aussi importants entre l'extrême misère et la grande fortune qu'entre la totale précarité et le statut intégral ; mais ils sont beaucoup plus visibles, donc beaucoup plus choquants. Ils sont surtout la source d'une contestation générale et permanente. Chacun s'indigne de gagner moins, de posséder moins que son voisin. Ces inégalités apparaissent d'abord entre les salariés. En France, elles sont plutôt raisonnables et ne s'accroissent pas. À une exception près...

La caste patronale

Les Français n'oublieront pas de sitôt ce journal télévisé au cours duquel Pierre Suard, patron d'Alcatel, prétendit justifier un salaire supérieur à 1 million de francs par mois. Deux cents fois le Smic ! C'est un niveau de rémunération qu'ils n'avaient jamais imaginé. Voilà bien le plus mauvais coup que l'on pouvait porter à la cohésion sociale, la meilleure justification du « grand refus » de décembre 1995.

Entendons-nous bien. Il y a d'un côté les profits, aléatoires et illimités, de l'autre les salaires, convenus et déterminés à l'avance. Nous parlons ici de salaires. Ceux qui les touchent ne sont ni les propriétaires, ni les créateurs des entreprises qu'ils dirigent. Ils ont été nommés à ce poste, un point c'est tout.

Mais ces salariés d'un genre très particulier, qui rédigent eux-mêmes leur feuille de paie, ont pris l'habitude depuis une vingtaine d'années d'aligner les zéros. Bref, de s'enrichir et pas seulement de gagner leur vie. En fait, ils ont diversifié et multiplié leurs sources de revenus en cumulant un salaire principal avec des rétributions au titre des filiales, des jetons de présence en tant qu'administrateurs d'autres sociétés, des systèmes de *stock-options* (qui assurent des plus-values sans crainte de moins-values), des super-retraites, des voitures avec chauffeur assurées à vie, des logements somptueux et des résidences de luxe, des frais de représentation illimités, etc. C'est ainsi que leurs revenus se sont envolés à des niveaux stratosphériques, entre 5 et 15 millions par an. Pour ne pas parler des gains en capital. Comment est-ce possible ?

C'est évidemment notre noblesse d'État que l'on retrouve au sommet de cette caste patronale, et le secret de son enrichissement, c'est encore et toujours la connivence. Énarques et polytechniciens contrôlent 80 % des banques, 60 % des assurances, 54 % des entreprises industrielles. Au total, cela ne fait jamais que quelques dizaines de personnes qui se garantissent mutuellement un pouvoir sans partage.

Les salaires des PDG se décident donc dans une totale opacité. Il devrait revenir aux administrateurs, représentants des actionnaires, de mettre bon ordre dans ces dérives patronales. Mais, dans le capitalisme à la française, le conseil d'administration n'est qu'une assemblée somnolente de bons amis. Car le jeu de la cooptation et des participations croisées permet aux mieux placés de bloquer tout un rang de fauteuils. Les dirigeants des plus grandes banques ou compagnies d'assurances peuvent ainsi cumuler jusqu'à dix mandats d'administrateurs, et *les contrôleurs d'un jour sont donc les contrôlés du lendemain*. Comment imaginer que de tels administrateurs puissent chipoter sur le salaire du président au risque de voir un mois plus tard ledit président leur rendre la pareille dans son rôle d'administrateur d'autres sociétés ? Cette absence de contrôle vaut pour l'ensemble de la gestion. Ces capitalistes sans capitaux, qui jouent avec l'argent des autres sans encourir jamais la moindre responsabilité, sont bien plus avantagés que les vrais capitalistes, toujours menacés de perdre leur patrimoine. Jean-Jacques Rosa a joliment épinglé ce capitalisme à la française, « qui fonctionne non pas sans capital, comme on le dit parfois, mais sans les capitalistes… Il se définit ainsi par l'auto-contrôle mutualiste des managers venant de la haute fonction publique [1] ».

Traditionnellement, cette haute fonction publique se faisait une gloire (elle en tirait même une fierté confinant à l'arrogance) d'être au service de l'État et non de l'argent. C'était parfois irritant, mais généralement vrai. Aujourd'hui, les jeunes gens qui réussissent ces concours extraordinairement élitistes n'aspirent plus seulement à la considération, ils veulent aussi l'argent. Denis Tillinac note avec subtilité qu'ils ne sont pas corrompus, mais vénaux.

Ces hausses vertigineuses des salaires sont censées mettre nos patrons au niveau des patrons américains qui, c'est vrai, se font payer des sommes folles : 120 millions de francs par an pour le PDG de General Electric, 50 millions pour celui de Philip Morris, etc. C'est oublier que, quitte à regarder ce qui se passe de l'autre côté de l'Atlantique, nous aurions mieux à faire que copier les

1. Jean-Jacques Rosa, « Les fonctionnaires, la politique et la démocratie », *Le Figaro*, 28 novembre 1997.

excès du capitalisme américain. C'est oublier surtout que nos technocrates-managers à la française ne sont pas guettés, pressés, secoués comme les patrons américains. Du moins ne l'ont-ils pas été jusqu'à présent. Mais il est vrai que l'exemple d'Elf donne à penser qu'ils devront, plus rapidement qu'ils ne l'imaginent, renoncer aux petites combinaisons franco-françaises pour découvrir la réalité d'un capitalisme pur et dur qui ne s'applique pas seulement aux salariés, mais également aux dirigeants.

Laisserons-nous aux Américains le soin de faire le ménage chez nous ? Ne devrions-nous pas avoir le courage de nous y atteler nous-mêmes ? *Serait-il scandaleux de fixer autoritairement une limite aux salaires ?* En bonne logique libérale, c'est le marché qui devrait s'en charger. Mais il est clair que l'on se trouve ici dans un système d'ententes et que les lois de la concurrence ne jouent plus. Donnons donc le choix aux dirigeants d'entreprises, comme à d'autres salariés d'ailleurs : ou bien ils se font rémunérer comme de vrais capitalistes, *uniquement* sur les résultats, avec la possibilité de toucher le jackpot si l'entreprise fait des miracles et le risque de travailler pour rien si elle plonge ; ou bien ils choisissent la sécurité du salariat, mais ils ne doivent alors plus prétendre à des gains de plusieurs millions de francs par an. Il est urgent de rendre public l'ensemble de ces rémunérations, principal et accessoire, et de le ramener ainsi à un niveau décent.

Un tel coup de freins aux dérives managériales n'aurait aucune incidence sur le plan économique. Car la situation est à l'inverse de celle que l'on a rencontrée dans le mouvement des chômeurs : il y a si peu de gens concernés que les sommes en cause restent minimes. Mais symboliquement, c'est important. La révélation de ces salaires a braqué l'opinion ; l'annonce de leur limitation pourrait avoir l'effet inverse. Et sans doute la France a-t-elle besoin qu'on lui adresse de tels signaux, elle qui n'en finit pas de régler ses comptes avec l'argent et les possédants.

La France de l'argent

L'inégalité française n'a rien que de très ordinaire pour une société occidentale. Chez nous, les écarts sont même plutôt moins importants que chez nos voisins européens, et, s'ils dépassent ceux des pays scandinaves, ils sont bien inférieurs à ceux que connaissent la Grande-Bretagne et, à plus forte raison, les États-Unis. La France est donc banalement inégalitaire mais les Français, eux, sont fortement égalitaristes. Ainsi, ce qui ne fait même pas problème dans l'univers américain est un objet de scandale permanent dans l'Hexagone.

Les inégalités sont une donnée indiscutable ; leur mesure, en revanche, dépend du mode de calcul. Il suffit de modifier les critères, les références, pour qu'elles semblent se renforcer ou se réduire. Dans l'ensemble, les études fort savantes des statisticiens montrent qu'elles avaient plutôt tendance à diminuer dans les années 1960-1970. Elles se sont stabilisées dans la décennie suivante, puis se sont mises à augmenter à la fin des années 1980 et au début des années 1990. À partir de 1992, le krach immobilier les a réduites. Depuis lors, la flambée boursière les a fait à peu près remonter à leur niveau antérieur. Au cours de cette dernière décennie, tout s'est donc joué sur les revenus du patrimoine, qui ont augmenté au rythme de 4 % l'an tandis que les salaires stagnaient. Comme les riches ont plus de patrimoine que les pauvres, ce sont eux qui en ont profité. Bref, plus on avait d'argent et plus on avait de chances d'en gagner. Les pauvres ne pouvaient qu'être les perdants de la crise économique. Heureusement, la création du RMI en 1989 a compensé pour partie l'accroissement des inégalités. Dans l'ensemble, le rapport entre les revenus des 10 % les plus pauvres et ceux des 10 % les plus riches est passé de 4,19 en 1989 à 4,48 en 1994.

Et pour la fortune ? L'Insee a étudié la situation des 1 % les plus riches, soit 220 000 ménages[1]. Ils possèdent entre 14 et 20 % du patrimoine total du pays. Descendons d'un cran : les 5 % les mieux lotis se partagent le tiers du pactole français. Bref, il y a beaucoup d'argent tout en haut. Entre 1965 et 1975, cette concentration s'était stabilisée et semblait même diminuer, alors que, dans les années 1990, elle tend au contraire à se renforcer.

Cette évolution, qui s'est poursuivie sous la droite comme sous la gauche, est d'abord l'effet de la conjoncture mondiale. Avec des taux d'intérêt réels redevenus positifs, un capitalisme à nouveau exigeant, une forte demande de capitaux, une longue période d'euphorie boursière – mais attention : cette conjoncture peut toujours

---

1. « Revenus et patrimoine des ménages, synthèse 1997 », *Statistiques publiques*, n° 11.

se retourner –, les faibles impositions des revenus financiers, la fin de l'inflation, les possédants ont été à la fête. En France comme ailleurs. La mondialisation, dure avec les travailleurs mal payés, est bonne fille avec les riches. « Ce nouveau monde [celui dans lequel nous entrons] favorise en définitive la prospérité des plus forts et l'effondrement des plus faibles[1] », constate Erik Izraelewicz.

Les inégalités tendent donc à s'accroître et les Français voudraient que la tendance soit inverse. L'égalité ne figure-t-elle pas dans la devise nationale ? L'opinion ne supporte pas que certains possèdent des milliards de francs et que d'autres n'aient que 3 000 francs par mois pour vivre. C'est le fond du problème. Tous autant que nous sommes, nous ressentons comme une profonde injustice les grands écarts de fortune ou de revenus qui, pourtant, constituent le moteur même de l'économie capitaliste. Et nous ne pouvons admettre qu'on ne puisse fortement les réduire sans pour autant casser la machine économique. Rien de plus difficile que de raisonner sur un sujet qui suscite d'abord une réaction aussi passionnelle.

La grande fortune en vient donc à tenir en France la place du sexe dans les pays puritains : elle révulse et fascine tout à la fois. La presse, de droite comme de gauche, publie des palmarès plus ou moins sérieux sur les plus gros patrimoines, les plus hauts revenus, donnant les noms, les chiffres, les photos et le classement. C'est ainsi que la très discrète Liliane Bettencourt, la femme la plus riche de France, a fini par devenir un personnage médiatique.

La transparence financière me paraît être une excellente chose. Je déteste la traditionnelle pudibonderie de la bourgeoisie catholique à propos de l'argent. Je trouve anormal que l'on cache les feuilles de paie et je ne verrais, pour ma part, aucun inconvénient à ce que les feuilles d'impôt soient rendues publiques. À condition, bien sûr, que l'information soit honnête, que les rémunérations soient toujours accompagnées des éventuels droits et avantages annexes, que les impôts versés figurent au regard des sommes déclarées.

Pourquoi donc éprouver un sentiment de malaise, une impression de voyeurisme face à cette mise en vitrine de la fortune ? Parce qu'il n'y a rien là qui ne prête à confusion. Une telle présentation fourre-tout revient ainsi à laisser entendre que le fric est

1. Erik Izraelewicz, *Ce monde qui nous attend, op. cit.*

le fric et qu'il se juge en soi, selon le seul critère quantitatif. Une appréciation qui ne débouche sur aucune réflexion et suscite une réaction mi-éthique, mi-émotive : un peu d'argent, c'est acceptable, beaucoup, c'est révoltant. C'est le réflexe « antifric », la tradition française de l'« antiploutocratie », comme le dit Jacques Julliard qui remarque : « Chaque fois que la gauche y cède, par moralisme et par démagogie, elle fait le lit de l'extrême droite[1]. » Voilà le piège dont il convient de se dégager. En effet, le problème des inégalités, ce n'est pas « combien ? », mais « pourquoi ? » et « comment ? ». Bref, il faut énoncer une morale de l'argent sans laquelle les accumulations de chiffres n'ont aucun sens.

Quand on compare, sans plus de commentaires, la fortune des deux hommes « les plus riches du monde », le sultan de Brunei et Bill Gates, je pense qu'on est proche de la désinformation. D'un côté nous avons un personnage qui s'est emparé par droit de naissance d'un pactole pétrolier, qui n'a jamais créé par lui-même la moindre richesse, un pur et simple parasite qui appauvrit son peuple par ses coûteuses extravagances ; de l'autre, un créateur d'entreprise, certainement l'un des génies de ce temps, qui a gagné sa fortune en donnant à l'Amérique une société qui fait travailler des dizaines de milliers de personnes et que le monde entier lui envie. Quel rapport entre l'héritier prédateur et l'entrepreneur flamboyant ? Certes ils ont tous deux amassé plus de 10 milliards de dollars, mais c'est bien la seule chose qu'ils aient en commun. Et ce n'est pas à mon avis le plus important.

Quand je lis dans ce genre de palmarès que la fortune de Serge Kampf est estimé à 3,9 milliards de francs, je m'en réjouis et mon seul regret est qu'elle ne soit pas deux fois plus élevée. En effet, son patrimoine est constitué, pour l'essentiel, par 17 % de Cap Gémini, la société de services en informatique que, jeune ingénieur, il a fondé seul, dans son petit bureau, et dont il a fait, en l'espace de trente ans, le leader européen de la spécialité. S'il était deux fois plus riche, cela signifierait que Cap Gémini serait deux fois plus gros, emploierait deux fois plus de personnes, créerait deux fois plus d'activité, etc.

Aujourd'hui, l'inégalité est considérée en France comme une indignité, une offense à la devise nationale, alors qu'elle constitue tout à la fois le produit et le moteur du capitalisme libéral. L'éco-

1. Jacques Julliard, *La Faute aux élites*, Paris, Gallimard, 1997.

nomie de marché n'est performante, elle ne crée les richesses indispensables pour vaincre la pauvreté que si elle permet aux riches de s'enrichir. Si vous ne l'admettez pas, il faut en revenir au communisme, au vrai, pour autant qu'il ait jamais existé. Mais si vous en restez au capitalisme, *il faut reconnaître aux inégalités leur légitimité, ce qui ne dispense pas, bien au contraire, d'en discuter les modalités.*

Le capitalisme bourgeois

Le capitalisme libéral repose sur la compétition. Celle-ci est arbitrée par le marché, qui juge du mérite de chacun en termes financiers. Pour les libéraux, les fortunes ainsi gagnées sont aussi légitimes que les médailles remportées aux Jeux olympiques. C'est une éthique, car c'en est une, qui en vaut bien une autre. Et, s'il faut choisir, je préfère que la fortune aille aux entrepreneurs plutôt qu'aux bureaucrates d'une nomenclature. Mais le libéralisme ne peut se prévaloir de sa morale que s'il joue son propre jeu. Sans tricher. Et ce n'est pas facile.

La compétition devrait être égale, permanente, impitoyable et honnête.

Égale ? Mais a-t-on jamais vu qu'on remette les compteurs à zéro d'une génération à la suivante, que tous les enfants soient à égalité sur la ligne de départ, et que les puissants ne lèguent ni leur fortune, ni leur position sociale, ni leur culture ?

Permanente ? À condition de faire la chasse aux rentes de situation, aux positions dominantes, aux avantages acquis, aux monopoles. Est-ce le cas ?

Impitoyable ? Oui, on se bat à mort, il est même indispensable qu'il y ait des morts. Riche aujourd'hui, ruiné demain, et inversement. Mais à condition que les combines politiques de toute sorte ne viennent pas fausser le jeu et couler les uns ou sauver les autres.

Honnête enfin, c'est-à-dire dans le respect des lois. Or l'interminable saga des affaires et de leur étouffement montre à quel point la France politique et économique a été gangrenée par la corruption, la prévarication, l'abus de confiance, le trafic d'influence, l'abus de biens sociaux, etc. On est bien loin de la méritocratie libérale au nom de laquelle on prétend justifier les inégalités de notre société.

À supposer qu'elle soit réalisée, serait-elle plébiscitée en

France ? Certainement pas : la psychologie libérale n'est pas vraiment dans la tradition française et les « années fric » n'ont été qu'une mode passagère.

Les Français admettent, parfois même à l'excès, la compétition et sa sanction, l'inégalité. C'est ainsi qu'ils ont poussé la sélection scolaire au-delà de toute raison et abandonné le pays aux meilleurs élèves, nous l'avons vu. Mais ce qu'ils admettent dans l'ordre politique, social et culturel, ils le refusent dans l'ordre économique. La fortune amassée par l'entrepreneur suscite la suspicion – « A-t-il toujours été honnête ? » – tandis que celle qui est gagnée au Loto transforme un veinard en millionnaire sympathique – « On est bien content pour lui ! ». À croire que la seule France qui trouverait grâce à leurs yeux serait celle qui répartirait la fortune selon les lois du pur hasard ! Même la fortune de l'héritier prête moins à contestation que celle du *self made man*.

Le tempérament national, conforté par une classe intellectuelle qui se recrute parmi les très bons élèves et travaille tout entière dans le secteur public, éprouve les plus grandes difficultés à reconnaître la légitimité de l'enrichissement libéral.

Cette prévention, certes, est fondée sur des préjugés, mais elle traduit aussi une connaissance tout intuitive de notre société. Les Français peuvent admettre, par raison plus que par sentiment, la réussite d'entrepreneurs comme Serge Kampf, et sa conséquence : la constitution de fortunes considérables. Un capitaliste qui a donné du travail à ses concitoyens ne peut être tout à fait mauvais. Ils peuvent encore comprendre que l'égalité des chances soit un idéal et non pas une réalité. Mais tout cela ne suffit pas à expliquer la répartition de la richesse.

Dans son enquête de 1997, l'Insee constate que, parmi les 220 000 ménages les plus fortunés, les deux tiers ont fait des héritages. Les uns doivent tout à leurs parents, les autres ont pour une part reçu et pour une part gagné par eux-mêmes, mais le fait est que l'éthique libérale, au sens strict, ne peut justifier que le tiers des grands patrimoines. Reconnaissons-le, la société française, comme toutes les sociétés occidentales, est plus « capitaliste bourgeoise » que « capitaliste libérale ». La méritocratie libérale, toujours mise en avant pour justifier les fortes inégalités, n'est le plus souvent qu'un mauvais alibi. Ne poussons pas l'image jusqu'à la caricature. Le spécialiste de l'épargne et de la fortune André Babeau a constaté que l'on retrouve très peu des fameuses « 200 familles » dénoncées par le Front populaire dans les années 1930 parmi les 400 familles les plus riches d'aujourd'hui. Les Wendel, Schlumberger et autres sont l'exception. La fortune n'est pas fixée une fois pour toutes du côté des grandes dynasties possédantes, mais elle n'est pas non plus la récompense du seul mérite personnel.

L'enfer des salariés, le purgatoire des riches

Les Français sont à peu près unanimes à penser que les inégalités doivent être réduites. Ce sentiment est d'autant plus fort qu'il est fondé sur une fausse appréciation de la richesse, qui est toujours sous-évaluée. S'ils avaient conscience de la réalité, leur demande serait encore plus forte. Quelle est donc la vraie légitimité des inégalités ? Elle n'est pas morale, mais économique. Donc infiniment plus difficile à faire admettre.

La différence entre riches et pauvres, mais aussi les mécanismes d'enrichissement eux-mêmes sont indispensables à la machine économique – comme la pression à la machine à vapeur. Toute mesure sociale tendant à faire « payer les riches » change le régime du moteur. Or l'objectif n'est pas, ne doit pas être d'appauvrir les plus riches, mais d'améliorer le sort des plus démunis en produisant plus et mieux.

Le réducteur d'inégalités, tout le monde le connaît, c'est l'impôt. Il suffit donc que l'État prélève en haut et redistribue en bas : rien n'est plus simple. Mais cet outil perturbe inévitablement le système économique. Comment éviter que l'alourdissement de la ponction fiscale ne se paie d'une diminution beaucoup plus importante de la croissance – bref, qu'on se retrouve plus pauvre pour avoir voulu que les riches soient moins riches ? C'est toute la question. À ce jour, c'est clair, nous n'avons pas trouvé la recette miracle qui satisferait tout à la fois l'égalitarisme des Français et les exigences de l'économie capitaliste. Nous pourrions néanmoins, c'est vrai, faire quelques progrès.

Les riches sont les victimes désignées de notre IRPP avec son arme redoutable : une tranche supérieure à 54 %. Voilà qui serait indiscutable s'ils supportaient un tel prélèvement sur l'ensemble de leurs revenus. Mais est-ce bien le cas ? En travaillant sur les données de 1994, les spécialistes de l'Insee ont additionné l'ensemble des prélèvements fiscaux et ont trouvé un prélèvement total de… 21 à 22 % pour les 5 % des contribuables disposant des revenus les plus élevés. Un résultat si surprenant que les statisticiens ont procédé à différents recoupements. Mais non, ils ont dû se rendre à l'évidence : le taux global ne dépasse pas la moitié de la tranche supérieure de l'IRPP. Cette étude montre qu'en incluant les cotisations sociales de toute nature, on peut monter jusqu'à 40 %. Il n'empêche : comment expliquer qu'une imposition si fortement progressive ait si bien épargné les plus hauts revenus ? Cela tient pour une large part à la fiscalité sur la finance.

Le taux de 54 % écrase essentiellement les revenus du travail et, plus précisément, les salaires. Mais il est rare qu'un simple salarié fasse partie de ces 220 000 possédants. Ceux-ci disposent d'importants revenus patrimoniaux. À partir de 7 millions de francs, les actifs financiers l'emportent sur les actifs immobiliers ; au-delà de 18 millions, ils représentent les trois quarts de l'ensemble. C'est dire que la grande richesse dépend de la fiscalité financière plus que de la fiscalité salariale, et qu'en outre, grâce à une gestion professionnelle, elle peut trouver bien des échappatoires pour réduire son imposition.

Je ne m'étais guère intéressé à ces aspects de notre fiscalité jusqu'à ce que le succès de mes livres me fasse toucher des droits d'auteur importants. En ce domaine, la transparence financière est totale et me convient fort bien. Des conseillers en gestion de patrimoine qui avaient flairé le client potentiel m'expliquèrent que je serais bien naïf de me laisser lourdement imposer. Il existait, m'expliquèrent-ils, toutes sortes de moyens, parfaitement légaux, pour éviter de me faire matraquer par l'IRPP. J'ai, une fois pour toutes, refusé et choisi de payer l'impôt à son taux maximal, ce qui me semble normal. Les gains élevés doivent être fortement imposés si l'on veut vivre dans une société juste et solidaire. Je n'aurais donc pas le moindre état d'âme, n'étaient les deux motifs d'irritation qui s'emparent de moi chaque fois que je rédige de gros chèques à l'ordre de mon percepteur ; d'une part, je supporte mal d'être plus lourdement taxé que bien d'autres contribuables beaucoup plus riches que moi ; d'autre part, je suis agacé de donner tant d'argent à un État irresponsable qui se dépêchera de le gaspiller. S'il existait un peu plus de justice dans le prélèvement et un peu plus de rigueur dans la dépense, le taux maximal de l'imposition que je subis me conviendrait parfaitement. Mais, à l'évidence, ce n'est pas le cas. Le circuit de l'argent public est aussi défectueux en amont qu'en aval. Pour la dépense, nous savons ce qu'il en est. Et pour la fiscalité ? J'ai donc découvert à cette occasion que les revenus élevés ne font pas obligatoirement les plus lourds impôts.

Notre Code des impôts, monstrueux empilement de mesures ponctuelles, de régimes divers, de statuts particuliers, dans lequel l'exception finit par devenir la règle, a tout de la providence pour ceux qui ont l'art et les moyens de s'en servir. En effet, les gouvernements ont régulièrement utilisé l'outil fiscal à des fins économiques, politiques, culturelles ou autres. Tantôt il s'agit d'aider à la préservation du capital artistique ou architectural du pays, tantôt de favoriser le développement des DOM-TOM ou de telle autre région, tantôt d'aider l'industrie cinématographique, la marine marchande ou la gestion forestière, tantôt de soutenir nos agriculteurs, tantôt d'en faire encore plus pour la Corse, tantôt de favoriser tel type d'investissement ou de placement financier, etc. Autant de régimes spéciaux, de régimes de faveur, qui sont rapidement transformés par les gros possédants en douillettes niches fiscales. Un rapport parlementaire de 1997 a fait état de contribuables qui réussissent à ne pas payer l'IRPP tout en déclarant 1 million de revenus ! On a beaucoup parlé de la loi Pons pour les DOM-TOM, qui aurait permis à 5 000 contribuables, dont les revenus annuels s'élèvent de 1 à 4 millions de francs, d'économiser ainsi 1 million de francs des impôts chaque année. Mais ce n'est qu'un exemple parmi d'autres.

Bref, l'État voit dans l'impôt tantôt un moyen de redistribution sociale, tantôt un outil de régulation économique, et, voulant courir deux lièvres à la fois, n'attrape jamais que celui qui ne peut pas courir.

Ainsi le fisc attaque-t-il sabre au clair le cadre sup performant, compétitif, qui travaille 65 heures par semaine pour 40 000 francs par mois, qui dépense ce qu'il gagne et n'a guère de patrimoine, mais il est beaucoup moins bien armé vis-à-vis de l'héritier-rentier qui vit bien au chaud sur un magot familial de 100 millions de francs géré par de bons conseillers fiscaux. En fait, il saisit et pressure ce qu'il peut, c'est-à-dire les revenus du travail, par définition beaucoup moins mobiles que ceux du capital. En forçant le trait, on pourrait dire que *la France est un enfer fiscal pour les gros salaires et un purgatoire pour les gros patrimoines*.

Durant l'été 1997, Dominique Strauss-Kahn, qui devait trouver les milliards nécessaires pour ramener le déficit au-dessous des fameux 3 % du PIB, mit à profit cette nécessité pour rééquilibrer notre fiscalité en ponctionnant davantage les revenus financiers. Le coup porté fut rude : une CSG de 10 %. En outre, il remit en cause l'énorme niche fiscale de l'assurance-vie en lui imposant une taxation supplémentaire de 7,5 %. C'est dire que, si l'étude de l'Insee était refaite aujourd'hui, elle révélerait sans doute un taux de prélèvement sur les hauts revenus bien supérieur à 21 %. Cette fois, on ne peut plus dire que les revenus du travail sont massacrés et ceux du capital – disons de l'épargne – simplement écornés. Fort bien. Mais ne pourrait-on pousser plus avant la redistribution ?

Examinons d'abord les suites des mesures prises durant l'été 1997. D'une part, les experts en gestion de patrimoine ont constaté « une incitation plus forte à l'expatriation des capitaux ». Ils ont prévenu le gouvernement : « Attention, si vous accroissez la pression, vous perdrez plus que vous ne gagnerez. » Mais ce n'est pas tout. Pourquoi l'État avait-il inventé ce régime très favorable de l'assurance-vie ? Parce qu'il attirait ainsi les liquidités nécessaires pour ses emprunts gigantesques, la contrepartie de son déficit. En accroissant l'imposition, il risque donc d'assécher ce gisement et d'avoir les plus grandes peines à se financer dans l'avenir. Le ministre s'est trouvé dans l'obligation de recréer un système équivalent. C'est pourquoi il a proposé une nouvelle formule d'assurance-vie défiscalisée, les « fonds DSK », comme disent les spécialistes, qui devront, et c'est une bonne chose, aider au financement des entreprises. Bref, la défiscalisation supprimée pour des raisons sociales se trouve rétablie pour des raisons économiques.

Mais cet ajustement incessant entre l'économique et le social s'effectue désormais dans une sorte de marché international de la fiscalité.

Priorité aux entrepreneurs

« Tout État est en concurrence avec tous les autres pour ne pas trop taxer les gens qui ont de l'argent et pour ne pas trop taxer les plus compétitifs de ses citoyens, ceux qui peuvent facilement vendre leur compétence à l'étranger[1]. » Telle est, fort bien résumée

1. Michel Albert, « Le nouveau système du monde », *Le Débat,* n° 97, novembre-décembre 1997.

par Michel Albert, la contrainte majeure qui pèse sur toute réforme fiscale. Tout est possible en ce domaine, aussi longtemps qu'on ne provoque pas la fuite des entrepreneurs ou des capitaux. Une menace permanente qui freine toutes les volontés d'utiliser trop fortement l'impôt pour réduire les inégalités.

Premier point : les entrepreneurs. Il ne faut pas attendre un développement des emplois des grandes entreprises, elles ont réduit leurs effectifs de 30 % en dix ans. En revanche, les PME les ont augmentés de 13 %. Aux États-Unis, 70 % des emplois nouveaux se créent dans des entreprises qui n'ont pas 20 ans d'âge. Ainsi la lutte contre le chômage, priorité de tous les gouvernements, conduit à privilégier la création d'emploi, donc les entrepreneurs. Ils forment aujourd'hui la catégorie la plus utile au pays, comme les militaires en temps de guerre ou les médecins face à une épidémie. Or le nombre de créations d'entreprise a diminué de 10 000 en deux ans. La France manque dramatiquement d'investisseurs, d'innovateurs, d'aventuriers, de pionniers, et ne les encourage guère. Aujourd'hui, la création d'entreprise passe par une lutte épuisante contre une monstrueuse coalition de bureaucraties irresponsables et parasitaires – dont certaines sont pourtant censées aider les créateurs – qui les accablent de formalités, de procédures, de contrôles, et que l'on pourrait purement et simplement supprimer. Les créateurs ont d'abord et avant tout besoin que les administrations leur fichent la paix. À l'opposé, ils ont besoin d'un système bancaire un peu plus audacieux et un peu moins notarial. Enfin, ils doivent se voir reconnaître le droit à l'échec (qui est intervenu dans un cas sur deux après cinq ans), qui ne laisse chez nous ni le droit à une deuxième chance, ni même la possibilité de toucher les indemnités de chômage ! Car un créateur d'entreprise, bien sûr, ce n'est pas un « travailleur » mais un « patron » dans la mentalité archaïque de nos bureaucraties !

Confrontés au climat d'indifférence, voire d'hostilité qui sévit aujourd'hui, les aventuriers renoncent ou vont chercher fortune ailleurs. Dans *Le Monde,* Jacques Attali remarquait que « les informaticiens partent pour la Silicon Valley – où ils sont déjà plus de quarante mille – parce qu'ici une chape de plomb pèse sur les créateurs d'entreprise. Les financiers traversent la Manche – ils sont plus de soixante-dix mille à faire la fortune des banques de la City – parce qu'ils ne trouvent à Paris ni la créativité financière ni l'environnement des grands marchés. Les chefs d'entreprise partent à la recherche d'une fiscalité moins lourde – les plus vieux en Suisse, les plus jeunes en Angleterre, les plus aventureux à Singapour ou São Paulo[1] ». Et l'ancien conseiller de François Mitterrand exposait sans langue de bois les raisons de cette fuite : « Parce qu'il est ici honorable d'avoir de l'argent, mais très suspect d'en gagner, à moins que cela ne soit en gérant des entreprises en situation de monopole. Parce que le risque est une aventure et la faillite un opprobre… Parce qu'une minorité qui paie l'impôt n'accepte plus les règles fixées par une majorité qui ne le paie pas. » Or ceux qui partent dans de telles conditions sont toujours ceux dont une économie a le plus besoin.

De fait, la gauche ne reconnaît pas la fonction d'entrepreneur et la droite s'appuie d'abord sur la bourgeoisie en place. Ne l'a-t-on pas vue en 1986, à l'heure de son triomphe, n'avoir rien de plus pressé que de rétablir l'anonymat sur l'or, de supprimer l'impôt sur la fortune et de favoriser les donations-partages, toutes mesures favorables aux possédants plus qu'aux créateurs ? C'est ainsi que l'opinion n'a retenu des plaidoyers pour l'entreprise qu'une défense et illustration des riches, et que les archaïsmes de la gauche sont revenus au grand galop dans les années 1990.

On pourrait prendre bien des mesures pour favoriser la création d'entreprise, pour inciter les entrepreneurs à aller de l'avant, mais comment, dans le même temps, réduire les fortes inégalités ? Car l'impôt ne se fait pas « à la tête du client » mais par catégories, et celle des riches mêle indistinctement les « actifs » (entrepreneurs, créateurs) et les « passifs » (héritiers, possédants, rentiers, retraités). C'est pourquoi les tentatives pour imposer fortement la grande fortune butent éternellement sur la crainte de tuer entreprises et entrepreneurs.

L'impôt sur la petite fortune

La France s'est offert un grand psychodrame avec l'imposition de la « grande fortune », selon l'expression consacrée. L'impôt, instauré en 1982, fut supprimé en 1986, puis rétabli en 1988. Comment se fait-il qu'il n'ait pas réduit les inégalités tout en haut

1. Jacques Attali, « La saignée », *Le Monde*, 20 novembre 1997.

du tableau ? Parce que les gouvernements, socialistes en l'occurrence, ont pris soin de ne pas décourager les entrepreneurs. Dans son principe, cet impôt devrait être supporté par le 1 % qui vient en tête du palmarès : les fameux 220 000 ménages. Nous savons que ceux-ci détiennent entre 14 et 20 % du patrimoine total, lequel atteint environ 28 000 milliards de francs. C'est dire que le « gisement potentiel » serait de 3 000 à 5 000 milliards de francs en ordre de grandeur. Si même le taux d'imposition n'était que de 1 %, on atteindrait un rendement de 30 à 50 milliards.

La réalité est bien différente. En 1996, l'ISF a été payé par 175 000 ménages et a rapporté 9 milliards de francs. Conclusion : l'essentiel de la fortune française lui échappe. En exonérant l'outil de travail, le législateur a ouvert une brèche dans laquelle tous les malins se sont précipités. De tout patrimoine ils ont fait un « outil » au sens fiscal du mot. Ajoutons quelques autres exonérations, notamment sur les œuvres d'art, et il ne reste plus que l'immobilier de luxe. Les beaux appartements de la bourgeoisie parisienne constituent l'assise principale de cet impôt. Sur une base aussi étroite, l'ISF rapporte peu, en dépit de taux élevés. Les propriétaires de très grosses fortunes finissent par être exonérés tandis que quelques maladroits qui n'ont pas su réaménager leur patrimoine supportent une imposition intolérable, puisque supérieure à l'ensemble de leurs revenus !

Cette situation était peu connue du public jusqu'à ce que *Le Canard enchaîné* révèle qu'en 1997 François Pinault, l'une des plus grosses fortunes de France (une dizaine de milliards de francs), n'avait pas payé l'ISF dont le plancher n'est pourtant fixé qu'à 4,7 millions de francs. Grâce à l'exonération majeure au titre de l'outil de travail et à quelques acrobaties « à la limite », il avait pu s'épargner cet effort de solidarité. On prête à Dominique Strauss-Kahn cette réflexion grinçante : « L'ISF frappe les millionnaires et épargne les milliardaires. » Depuis lors, les socialistes s'acharnent à trouver la bonne formule qui taxera réellement la fortune sans décourager les entrepreneurs. Notons tout de même que des pays aussi peu socialistes que les États-Unis et la Grande-Bretagne ont mis en œuvre un impôt sur le capital qui fonctionne de façon satisfaisante. Pourquoi cela paraît-il si compliqué en France ?

Si les riches entreprenants et les riches possédants sont difficiles à distinguer de leur vivant, du moins pourrait-on se rattraper sur l'héritage. À ce niveau tout semble clair. Mais il faut y regarder de plus près. D'abord, les héritiers peuvent avoir participé à l'entreprise, être des entrepreneurs au même titre que le défunt. Pourquoi leur refuser cette qualité et les dépouiller ?

Il serait bien dans la logique libérale de forcer sur les impôts successoraux, mais certainement pas dans l'esprit capitaliste. Nos créateurs d'entreprise, sitôt leur réussite accomplie, n'ont plus qu'une idée en tête : assurer leur succession. Si l'État, s'imposant comme héritier, les condamnait à ne travailler que pour les beaux yeux de Marianne, la plupart déserteraient leur poste et s'en iraient fortune faite. Sans en arriver à de telles extrémités, ne peut-on renforcer la progressivité sur la transmission des plus grosses fortunes ? Nos taux – jusqu'à 40 % pour la famille et 60 % pour les héritiers sans lien de parenté – sont déjà parmi les plus élevés du monde. Chaque année des entreprises meurent parce que les héritiers ne peuvent les reprendre. Ne risque-t-on pas de détruire encore plus d'emplois en empêchant la dévolution successorale ? Bien des entreprises solidement chevillées autour de leur charpente familiale sont remarquablement gérées. Qui se hasarderait à déstabiliser leur capital au risque de les voir disparaître ? L'héritage, comme la flexibilité, est choquant sur le plan social ; mais peut-on le remettre en cause dès lors qu'il remplit sa fonction économique en assurant la pérennité des entreprises ?

La fiscalité est un art paradoxal qui recherche toujours une chose et son contraire. Nos grands argentiers ont besoin des riches pour faire fonctionner l'économie, mais doivent les ponctionner au nom de l'équité, et plus ils prônent l'égalité devant l'impôt, plus ils créent de nouveaux privilèges. Pris dans ces contradictions, notre code fiscal n'a cessé de se compliquer, de se fossiliser. Chacun sait qu'il faudrait le réviser de fond en comble, mais sa réforme est toujours remise au lendemain. Or, sur ce plan aussi, nous allons au-devant de redoutables échéances. L'unification européenne implique en effet une convergence fiscale des pays membres. Les différents partenaires s'y efforcent. La France, au contraire, accentue ses différences. Elle renforce sa TVA qui est déjà bien au-dessus des taux européens, elle alourdit la fiscalité des entreprises qui diminue dans les autres pays. Une fois de plus, il nous faudra bâcler une réforme sous la pression européenne, c'est-à-dire dans les pires conditions.

Le chantage de l'argent

La fiscalité est, par nature, une sorte de jeu du chat et de la souris entre le fisc et le contribuable. Lorsque la partie se joue à l'intérieur de frontières closes, le chasseur a toutes les chances de gagner. Tout change, en revanche, lorsque les frontières sont ouvertes et que la « matière imposable » peut s'enfuir à l'étranger. Dans un monde ouvert, la fuite des capitaux constitue la vraie limite à la pression fiscale. Peut-on y remédier ?

La meilleure solution, et la plus aisément réalisable, serait d'instaurer l'harmonisation fiscale à l'échelle de l'Europe, de faire disparaître de notre continent les chancres des paradis fiscaux et de renoncer aux politiques de surenchère vis-à-vis de la finance internationale. Des progrès peuvent être réalisés dans cette direction et ce serait une fort bonne chose. Mais ne nous berçons pas d'illusions. Quand cet espace fiscal européen se réalisera, les taux d'imposition retenus seront sans doute moins élevés que ceux pratiqués actuellement en France.

Les maîtres du capital ne sont pas des sentimentaux, ils font leurs comptes et, faute de pouvoir les contraindre, les États doivent les séduire. Que l'on parle de la pression des marchés ou du chantage de l'argent, peu importe. Ce manque de civisme, voire de patriotisme, n'est d'ailleurs pas l'apanage des riches. N'importe quel consommateur se reporte sur des produits étrangers s'il estime y avoir intérêt. Ayant toujours donné la préférence à des automobiles françaises, je sais bien à quel point une telle attitude paraît bizarre à beaucoup de mes concitoyens. L'annonce régulière de plans sociaux dans notre industrie automobile n'a jamais empêché la régression des marques nationales sur leur propre marché. Par bonheur, les étrangers leur font davantage confiance ! Consacrer 100 000 francs à l'achat d'une voiture étrangère ou sortir 1 million de francs de l'Hexagone, ce n'est pas la même chose, dira-t-on. Sans doute, mais cela traduit une même indifférence à l'intérêt national.

Économisons notre indignation. Ce comportement, loin d'être répréhensible, est considéré comme la motivation rationnelle et prévisible de tous les agents économiques, petits ou gros. Chacun n'a que l'égoïsme de ses moyens : 1 000 francs ou 1 million. Sur un marché on ne fait pas de sentiment, on fait ses comptes.

Alors ? Faut-il tout concéder aux « puissances d'argent » et faire de la France un paradis fiscal ? Certainement pas. La France n'a pas à concurrencer ces micro-États défiscalisés, à devenir une bonne adresse pour « planquer son fric » ; elle n'a pas non plus à séduire ces capitaux spéculatifs en quête de gains rapides qui firent chuter l'Asie aussi vite qu'ils l'avaient fait monter. C'est un jeu dangereux, ce ne doit pas être celui de la France.

À côté de ces capitaux spéculatifs, il y a les vrais investisseurs, ceux qui créent de l'activité et des emplois. Ils ont de tout autres exigences. Ils veulent en tout premier lieu une bonne prédictibilité, c'est-à-dire des sociétés stables, rassurantes, des démocraties apaisées, à la continuité politique assurée, aux finances équilibrées, au climat social serein. Bref, ils aiment savoir où ils sont et où ils vont. En outre, ils doivent considérer la qualité des infrastructures et de la main-d'œuvre, du réseau de communications et de télécommunications, le niveau de la recherche, l'efficacité de l'administration, la compétence des sous-traitants, la situation géographique... Les taux d'imposition ne sont jamais qu'un paramètre parmi une foule d'autres. Si l'ensemble inspire une pleine confiance, les capitalistes peuvent même s'accommoder d'une imposition élevée. Si, en revanche, ces conditions sont défavorables, alors on n'en finira pas de faire des concessions jusqu'à créer ces zones franches dont les avantages fiscaux ne sont jamais à la mesure des désavantages économiques.

La France devrait être le pays rêvé pour les placements de « bon père de famille », comme l'on disait autrefois. Elle a tous les atouts pour tenir ce rôle et, de fait, elle le tient. Les investissements étrangers dans notre pays n'ont cessé d'augmenter depuis 1985, jusqu'à dépasser 100 milliards de francs par an et faire de nous leur troisième pays d'accueil au monde. Une manne inespérée, une source d'emplois, mais que d'autres nous envient, ne l'oublions pas.

La France séduit, c'est un fait. Plus nous offrirons de stabilité, de prévisibilité, d'efficacité, de compétence, et plus l'étranger viendra s'installer chez nous. Et si notre législation décourage les spéculateurs financiers, c'est tant mieux. En revanche, on ne peut laisser nos finances aller à vau-l'eau, notre État se fossiliser, notre société vivre en régime explosif, notre économie s'enliser dans la bureaucratie, notre politique enchaîner les « coups » imprévisibles et irresponsables et, de surcroît, alourdir les taxes sur les capitaux et les entreprises, sans risquer de voir se tarir cette source de richesses.

Prenons garde : le monde commence à se lasser de nos lubies et de nos foucades, il ne comprend plus du tout cette fuite en avant solitaire dans notre bienheureux modèle. Bref, la France, en dépit de tous ses avantages, risque de ne plus inspirer confiance. Et cela pourrait nous coûter très cher. Nous n'en sommes pas encore là. Tout au plus a-t-on noté un tassement des investissements étrangers au second semestre de 1997. On constate déjà que les entreprises françaises n'ont jamais autant privilégié leurs implantations hors de France. Conséquence de la mondialisation ? Sans doute. Mais peut-être aussi d'une certaine méfiance vis-à-vis de la mère patrie.

Si nous cessions d'inspirer confiance, nous perdrions un point de croissance. Pour commencer. Ne vaut-il pas mieux gagner l'argent par la confiance que tenter de le récupérer en augmentant les prélèvements ?

En économie, ce ne sont pas les cadeaux qui instaurent la confiance, c'est la cohérence, la solidité. *Si nous corrigions nos inconséquences, si nous cessions de vivre dans les aberrations de l'urgence, il ne serait pas nécessaire de sacrifier notre solidarité sur l'autel du capital.* Nous retrouverions notre séduction naturelle, et l'étranger accepterait des impôts plus lourds dans un pays plus rassurant. En revanche, nous pourrions – et donc nous devons – redoubler de sévérité envers la corruption et toutes les formes de criminalité financière, lutter à l'échelle européenne contre l'argent sale, sans que cela décourage en rien les investisseurs étrangers.

La France des extrêmes

Une France statutaire crispée sur ses droits acquis et qui refuse la modernisation ; une France compétitive lancée dans une course impitoyable à la rentabilité et que l'on étouffe sous les règlements et les prélèvements ; une France précaire avec ses chômeurs, ses exclus, ses travailleurs pauvres et ses fonctionnaires plongés dans la misère sociale : notre société repose désormais sur une base de millions de personnes désocialisées qui, ayant perdu leurs repères, errent sans feu ni lieu dans la détresse, le désarroi et la colère.

On voudrait croire, pour se rassurer, que les gauchistes et les communistes qui dirigèrent le mouvement de l'hiver 1998 ne représentent pas vraiment les chômeurs. Sans doute n'ont-ils lu ni

Marx ni Trotski, mais, pour le reste, qu'en sait-on ? Jérôme Jaffré
a observé la dérive des comportements politiques provoquée par
le chômage. Il remarque que « 57 % de ceux qui sont au chômage
depuis plus d'un an souhaitent un changement radical de la
société, contre 52 % chez ceux qui y sont depuis six mois et 45 %
chez les chômeurs de moins de six mois[1] ». Oui, la révolte gronde
et pousse à une attitude de protestation radicale. Le chômage travaille pour les extrémismes : de droite comme de gauche.

Le mouvement de 1995 a été, dans l'ensemble, largement soutenu par les gens de gauche et plutôt condamné par ceux de droite.
Rien de surprenant. Et les sympathisants du Front national – le
parti qui regroupe la plus forte proportion de chômeurs –, qu'en
ont-ils pensé ? Les dirigeants du parti éprouvent une aversion certaine pour les corporations du service public qui, d'ailleurs, la leur
rendent bien. Les électeurs allaient-ils épouser les préventions de
leurs leaders ? Annonçons le résultat. J'ouvre l'enveloppe et je lis :
« Parmi les sympathisants du Front national, 64 % se sont sentis
proches des grévistes, 36 % éloignés. » J'ai tendance à penser
– pure hypothèse de ma part – que le tiers hostile au mouvement
représentait la droite dure qui, depuis belle lurette, a rejoint Le
Pen et que les deux tiers favorables se recrutaient pour l'essentiel
dans la France précaire.

Depuis une quinzaine d'années, la montée du Front national est
censée traduire une poussée du nationalisme autoritaire dans
l'opinion française. Ce postulat conduit à fonder la lutte anti-Le
Pen sur la dénonciation de cette idéologie et du parti qui l'incarne.
Une stratégie dont l'inefficacité n'est plus à démontrer. On connaît
maintenant les causes de cet échec : cette analyse est fausse. Le
politologue Étienne Schweisguth[2] a pu montrer que la progression
du FN est beaucoup plus liée à des phénomènes sociaux qu'à des
idées politiques. Il part d'un constat surprenant : aujourd'hui, dans
l'opinion française, ce ne sont pas les valeurs du Front national qui
progressent, mais leur contraire : l'humanisme libéral anti-autori-
taire. Un exemple parmi bien d'autres : les opinions favorables à
la peine de mort sont passées des deux tiers à la moitié entre 1988

---

1. Jérôme Jaffré, « Chômeurs : l'émergence d'un groupe social », *Le Monde,*
24 janvier 1998.

2. Étienne Schweisguth, « Le mythe du néoconservatisme », *Futuribles,* n° 227,
janvier 1998.

et 1997. Alors, comment le FN peut-il avancer pendant que ses idées reculent ? Parce que, explique Schweisguth, les nouveaux électeurs du Front national ne votent pas « pour », mais « contre ». Première constatation : ils se recrutent massivement parmi les jeunes sans instruction. (Dans cette catégorie, le vote Front national culmine à 30 %.) Deuxième constatation : cette catégorie est, par excellence, celle des exclus. « Ne pas avoir le bac, lorsqu'on est jeune, dans la société d'aujourd'hui, explique Schweisguth, c'est bien souvent être exposé au chômage, aux emplois précaires, aux faibles salaires et à la dévalorisation de ceux qui n'ont pas réussi. C'est avoir le sentiment d'être rejeté par la société. » D'où cette conclusion politique : ce groupe ne s'identifie plus ni à la droite, ni à la gauche mais peut à tout moment basculer d'un camp à l'autre et, surtout, d'un extrême à l'autre. *Il n'exprime plus qu'une rupture.*

Ainsi notre modèle économique et social, fondé sur la défense des forts et le rejet des faibles, a-t-il donné naissance, sur le plan politique, à une France précaire qui rejoint les forces protestataires quelles qu'elles soient. Un jour elle vote Le Pen, un autre elle applaudit une manif des gauchistes ; peu importe dès lors qu'elle peut crier sa rage. Sans doute est-elle plus sensible au discours de l'extrême gauche sur le plan social et plus réceptive à la démagogie lepéniste sur le problème de l'immigration, d'où ce jeu de bascule d'un scrutin à l'autre.

Car cette rupture des équilibres politiques traditionnels a été préparée, organisée et amplifiée par l'utilisation de l'antiracisme à des fins politiciennes. C'est cette histoire qu'il convient de retracer maintenant, tout en gardant présente à l'esprit cette désocialisation provoquée par notre préférence nationale pour le chômage.

Chapitre IX

UNE IMMIGRATION
SANS PROBLÈMES

Lorsque Jean-Marie Le Pen fonde le Front national, en 1972, son objectif, clairement annoncé, est de fédérer l'extrême droite, de mettre un terme aux incessantes querelles qui opposent catholiques intégristes, nostalgiques de Vichy, anciens de l'Algérie française, groupes fascistes, traditionalistes intransigeants, populistes nationaux, clubs de la Nouvelle Droite, etc. Il devra lutter près de dix ans pour apaiser ces dissensions et imposer son autorité. Au début des années 1980, il incarne aussi sûrement l'extrême droite qu'Arlette Laguiller l'extrême gauche. Mais aux législatives de 1982, Lutte ouvrière recueille 500 000 voix tandis que le Front national n'atteint pas 50 000 suffrages. Dix fois moins !

Dans la France des années 1970, l'extrémisme ne fait pas recette. Les électeurs prennent garde de ne pas s'éparpiller aux marges et se regroupent dans les grandes formations parlementaires : droite contre gauche. Les gauchistes, soutenus par quelques nostalgiques de Mai 68, peuvent encore faire illusion, mais les nationalistes, qui ont dépéri sous le règne du général de Gaulle, se trouvent réduits à l'état de secte. Bref, dans la France structurée de 1980, le FN est à l'extrême droite sur l'échiquier politique, mais l'extrême droite n'est nulle part dans le pays.

Aux européennes de 1984, lorsque le Front national réussit sa première percée nationale avec 11 % des suffrages, la composition de son électorat confirme cet ancrage. Il réalise ses meilleurs scores chez les bourgeois traditionalistes un peu âgés (il fait ainsi le plein de ses voix à Neuilly ou dans le XVIe arrondissement) ; en revanche il ne séduit guère les jeunes, les ouvriers, les gens d'instruction primaire et les incroyants. Le FN mobilise donc une droite dure, sinon extrême, qui n'admet pas la victoire de la gauche et reproche à la coalition RPR-UDF de n'avoir pas su l'éviter. Mais, déjà, les politologues notent que cette révolte bourgeoise ne peut, à elle seule, expliquer ce succès. Il se passe autre chose de plus populaire.

Les familles du FN

Treize années se sont écoulées, nous voici au soir des législatives de 1997. Le Front national a gagné quatre points (il atteint 15 %), mais, surtout, son électorat a changé du tout au tout. Il ne recrute plus parmi les bourgeois âgés, catholiques, en revanche des jeunes, peu instruits, issus des milieux populaires l'ont rejoint. Le pourcentage des ouvriers a bondi de 8 à 16 %. Quant aux chômeurs, ils ont fait de Le Pen leur champion (avec 25 % de leurs suffrages) lors de la présidentielle de 1995.

La bourgeoisie a cédé la place au peuple, les cadres sup aux ouvriers, les bons élèves aux mauvais, les hommes mûrs aux jeunes, les catholiques aux mécréants, et les chômeurs arrivent en masse. Au total, le Front national réunit la clientèle électorale la plus jeune et, surtout, la plus populaire, avec 36 % d'ouvriers et d'employés contre 31 % chez les socialistes et 27 % chez les communistes. Cet électorat n'est plus réactionnaire mais protestataire, selon l'analyse d'Étienne Schweisguth. D'ailleurs, Le Pen et les dirigeants du FN, conscients de cette évolution, rejettent désormais l'étiquette d'extrême droite.

Le Front national, qui a d'abord misé sur les valeurs autoritaires et traditionalistes, entend désormais se poser en champion de la contestation radicale et globale, bref, en rival de l'extrême gauche. Avec un atout décisif : la «préférence nationale», slogan très populaire dans la France précaire.

Le politologue Pascal Perrineau, grand éplucheur de sondages et directeur du Centre d'études de la vie politique française (Cevipof), a démonté cet électorat du FN comme un jeu de cubes emboîtés. On y trouve des groupes nettement différents, des «familles», dit Perrineau[1]. Il y a tout d'abord le noyau dur du lepé-

---

1. Nonna Mayer et Pascal Perrineau, *Le Front national à découvert*, Paris, Presses de Sciences-po, 1996. Pascal Perrineau, *Le Symptôme Le Pen*, Paris, Fayard, 1997.

nisme : l'extrême droite classique, plutôt bourgeoise et traditiona-liste, un tout petit monde. Ce premier cercle a été renforcé par une composante populaire et extrémiste. Les deux ensemble forment la base du mouvement. Mais cela ne fait encore qu'un petit parti. Pour atteindre 10 %, il a bénéficié d'apports successifs. Celui, tout d'abord, des déçus de la droite parlementaire. Ces nouveaux venus ne partagent pas toutes les idées lepénistes, notamment sur les étrangers, et pourraient aussi bien revenir à leurs partis d'origine. Ils ne sont pas de la tribu. Extrême droite + courants populistes + trans-fuges de la droite classique constituent donc le parti émergeant des années 1980.

Depuis lors, le mouvement lepéniste a été rejoint par une nou-velle famille, la plus inattendue : les « gaucho-frontistes » selon la nomenclature de Perrineau. Ils ne se situent pas à droite et res-sentent même un tropisme de gauche : 43 % d'entre eux ne sou-haitent-ils pas que Jospin joue un rôle important dans l'avenir ? Hostiles au profit, à la compétitivité, aux privatisations, ils ont une idée positive des syndicats. Ces frontistes sont encore plus jeunes, d'un milieu plus populaire et moins instruits que les précédents. Ils détestent les hommes politiques et voient tout en noir : c'est la mouvance *no future*. Bien qu'ils votent et revotent pour le FN, ils sont loin d'en épouser toutes les idées. Ils rejettent absolument l'inégalité des races, mais ils sont presque unanimes (84 %) à considérer qu'il y a trop d'étrangers en France. Preuve que racisme et xénophobie ne doivent pas être confondus. À elle seule, cette famille représente plus du quart des suffrages frontistes.

La grille de lecture habituelle droite/gauche n'est d'aucune uti-lité à qui veut comprendre cette nébuleuse protestataire où le noyau d'extrême droite, bourgeois ou populiste, attire aussi bien les déçus de la droite (de droite, mais pas extrémistes) que les orphelins de la gauche (extrémistes, mais pas de droite). *Ces ral-liés ont fait d'une formation marginale un grand parti national, et le mouvement est loin d'être parvenu à son terme puisque la France précaire est littéralement poussée dans les bras de Le Pen par une situation économique à maints égards désespérante et par des jeux politiciens suicidaires.*

Le Pen découvre les immigrés

Au départ, il y a donc l'extrême droite, c'est-à-dire fort peu de chose. En 1965, Jean-Marie Le Pen, après avoir mené et perdu toutes ses batailles, du poujadisme à l'antigaullisme en passant par l'Algérie française, se retire de la vie politique. Il aura été le grand absent de Mai 68. Il fait son retour en politique avec la création du Front national ; sans plus de succès. Le problème de l'extrême droite, c'est l'absence d'ennemis : les « Boches », les « Juifs », les « Fellaghas », plus rien ne marche, et, sans ennemi, son nationalisme agressif n'a plus aucune prise sur l'opinion. Ne reste que le thème bien éculé de la décadence. Mais, dans ce registre, les écologistes, les gauchistes et les hippies sont plus modernes. En somme, Le Pen n'a rien à dire à ces Français paisibles des années 1970. Sans doute aurait-il continué à vitupérer dans le désert s'il n'avait fini par découvrir l'ennemi idéal : l'immigré (notamment l'Arabe), et si l'intelligentsia ne lui avait fait ce cadeau royal : l'exclusivité d'un grand problème de société. Voyons cela.

L'actuelle vague d'immigration commence dans les années 1960, lorsque la France connaît une période de forte expansion et doit faire face à une pénurie de main-d'œuvre. Elle va chercher en Afrique, principalement au Maghreb, les ouvriers qui lui manquent pour travailler dans les usines, sur les chantiers ou dans les rues. Pour ces étrangers, la France n'est qu'un employeur, certainement pas une nouvelle patrie. Ils vivent misérablement, puisqu'ils doivent économiser sur leurs maigres salaires l'argent des mandats qu'ils envoient à leur famille ou le pécule qu'ils veulent se constituer pour leur retour au pays. Ils sont parqués dans des foyers, à l'écart de la population française. C'est dire que cette situation ne trouble qu'un voisinage dans lequel les « gens qui comptent » sont peu nombreux.

Cette situation est aussi choquante sur le plan humain que malsaine sur le plan économique. D'un côté les Français s'habituent à voir des hommes de race différente faire le « sale boulot » à leur place ; de l'autre l'industrie française, disposant d'une main-d'œuvre sous-payée, n'est guère incitée à se moderniser. Notre industrie de l'automobile a failli mourir de cette facilité. Les Français perçoivent vaguement le caractère anormal de cette situation. En 1968, les deux tiers d'entre eux pensent qu'il y a trop de « Nord-

Africains » en France. En 1974, 70 % d'entre eux estiment que les Algériens sont « mal intégrés ». C'est le moins qu'on puisse dire. Sans doute « mal intégrés » signifie-t-il pour beaucoup « mal inté-grables », mais la question ne se pose pas vraiment. N'y a-t-il pas, dès cette époque, matière à s'interroger et à s'inquiéter ?

« Peut-on imaginer que ces hommes trouveront toujours nor-mal de vivre si mal en faisant un travail si pénible, alors que les Français vivraient de mieux en mieux en se débarrassant des tâches désagréables ? Il est inévitable que cette situation conduise à des conflits d'un type nouveau : des conflits sociaux-raciaux [...]. Que se passera-t-il lorsque les Français seront gênés dans leur confort par la révolte des mercenaires qu'ils exploitent ? Il est à prévoir que le réflexe raciste l'emportera sur la solidarité sociale. Il n'est que temps d'abandonner ce colonialisme de l'intérieur. »

Qu'on me pardonne l'autocitation, mais, lorsque j'écrivais cela en 1972 dans *Le Bonheur en plus*, j'étais bien seul. Nul ne s'en sou-ciait et, malgré le succès du livre, les pages que je consacrais à dénoncer cette nouvelle traite des Africains n'eurent pas le moindre écho. Notre classe dirigeante ne voyait là qu'une bonne combine pour la France.

Tout change dans les années 1970, lorsque commence la crise. Le gouvernement décide tout à la fois de mettre un terme à la venue de travailleurs étrangers et de favoriser le regroupement familial. L'immigration de main-d'œuvre se transforme ainsi en immigration de peuplement. La décision a été prise à la légère, sans la moindre réflexion sur ses conséquences, sans le moindre effort pour préparer l'installation de cette nouvelle population alors que la France se trouve dans les pires conditions sociales, cul-turelles ou économiques pour réussir une telle opération. Mais qui s'en soucie ?

Personne ne cherche à savoir ce qui se passe dans les banlieues pauvres où s'installent les familles maghrébines, puis noires. Ce n'est même pas le tabou de l'antiracisme qui retient la curiosité, c'est l'absence d'intérêt. Dans notre société de l'information et du spectacle, la cohabitation entre immigrés et banlieusards n'a pas sa place, il ne lui sera pas accordé le moindre regard, pas le plus petit écho. Le Pen lui-même ne commence à cibler sa propagande sur le thème de l'immigration – « un million de chômeurs, c'est un million d'immigrés de trop » – qu'à la fin des années 1970. Et sans grand succès.

Le problème social de l'immigration ne fait véritablement irruption dans l'actualité qu'en décembre 1980, lorsque le maire communiste de Vitry, Paul Mercieca, envoie des bulldozers raser le nouveau foyer pour Maliens que l'on prétend construire sur le territoire de sa commune. Sa méthode sommaire a le mérite de jeter une lumière crue sur une réalité déplaisante : le regroupement des immigrés dans les banlieues populaires les plus déshéritées. La réaction de la presse et de l'élite politico-intellectuelle est tout entière d'indignation et de réprobation. On ne cherche pas à comprendre, on condamne. Refuser des immigrés sur le territoire de sa commune, quelle honte ! Et le Mali est un si beau pays ! À peine perçue, la réalité est niée.

C'est décidé, Le Pen restera seul sur ce terrain, seul à dire que l'immigration pose problème. Alors, pour faire bonne mesure, il mêle le thème de l'insécurité à celui du chômage. Dans la phraséologie lepéniste, l'immigré ne se contente pas de prendre les emplois des Français, il abuse de la protection sociale, multiplie les vols et les agressions. C'est tout à la fois le parasite, le bouc émissaire et le diable.

La propagande raciste a le champ libre. La droite se contente de donner des gages à l'électorat « lepénisable » avec sa politique sécuritaire. La gauche, une fois parvenue au pouvoir, s'attaque à la loi « Sécurité et Liberté » et légalise les clandestins. Du coup, le discours lepéniste commence à trouver l'écho qu'il cherche en vain depuis des années. Les premiers scores électoraux significatifs remontent à 1982. Puis vient le « choc de Dreux », en septembre 1983. La liste du Front national conduite par Jean-Pierre Stirbois obtient 16,7 % des suffrages exprimés. Stupeur ! La question de l'immigration explose dans la vie politique française. Car il est impossible de nier l'évidence : Dreux, paisible ville moyenne, a été bouleversée par la construction d'énormes cités ouvrières à dominante maghrébine qui ont fait doubler sa population. La ville compte 25 % d'immigrés. Stirbois a focalisé sa campagne sur ce thème. Son score est fondé sur le refus de l'immigration. Le Pen s'attire ainsi pour la première fois les faveurs de l'électorat national-populiste en voie de formation, celui de petites gens vivant au contact des populations maghrébines et qui ressentent cette présence étrangère comme une gêne, voire une menace. Cette clientèle lui confère une crédibilité suffisante pour être rejoint, l'année suivante, par une fraction de la droite dure qui lâche l'UDF et le RPR.

En juin 1984, après le succès électoral du Front aux européennes, les politologues ne s'y trompent pas : son score ne saurait s'expliquer seulement par le jeu politique. « La logique de l'implantation est plus sociale que politique. Les zones de force du FN appartiennent à la France des grandes métropoles urbaines et des importantes concentrations de population immigrée[1]. » Bref, si l'on met de côté la clientèle classique de la droite dure, on est en présence d'une protestation populaire contre l'immigration, sinon contre les immigrés. Pas de doute : *la cohabitation entre les habitants en place et les nouveaux arrivants se passe mal; la France fait un gros malaise social.*

Le refus de voir

À l'ordinaire, lorsqu'une population exprime ainsi son mécontentement, on l'écoute. Peu importe la catégorie en cause, peu importe le motif de sa protestation, les pouvoirs publics se doivent de répondre. Il a fini par se créer un « droit au problème » qui n'entraîne pas nécessairement un « droit à la solution », mais interdit les fins de non-recevoir. Ce droit fait même l'objet d'un véritable culte, et les élites se voient constamment reprocher leur manque d'empressement : « Les hommes politiques ne sont pas assez à l'écoute des gens », « la classe dirigeante est trop loin des préoccupations quotidiennes », etc. Impossible de mettre la crise de notre société au menu de la soirée sans voir ces tartes à la crème surgir dès le hors-d'œuvre, ou, pis, à l'apéritif. Toute plainte, récrimination ou revendication, légitime par essence, mérite son salaire de reconnaissance, d'attention, de compassion.

Après les premiers succès électoraux du Front national, nos sociopolitologues auraient dû se précipiter dans les fiefs lepénistes pour y chercher les raisons de cette protestation; les gouvernants, s'appuyant sur ces enquêtes, auraient dû faire savoir à ces électeurs en dissidence que le gouvernement s'occupait de leurs affaires et qu'ils n'avaient aucune raison de rejoindre Le Pen.

Le scénario était connu d'avance, mais la pièce n'a pas été jouée. Les mécontents n'ont pas été reçus par les conseillers du pouvoir, ils n'ont pas entendu de paroles apaisantes, ils ont été

---

1. Pascal Perrineau, *Le Symptôme Le Pen*, *op. cit.*

ignorés ou éconduits sans autre forme de procès. Renvoyés à Le Pen. Ils ont même eu droit à quelques injures en prime : « racistes », « fachos », « Dupont Lajoie ». De tous les problèmes possibles et imaginables, ils avaient tiré le seul qui fût jugé irrecevable.

Cette singularité a déclenché une série d'événements qui, s'enchaînant les uns aux autres, vont rendre possible la venue au pouvoir du Front national. C'est pourquoi il faut bien en prendre la mesure, et en reconnaître le caractère totalement dérogatoire.

Posons d'abord le refus.

Dans les quartiers populaires, les électeurs de Le Pen n'avaient pas fait autre chose que les manifestants qui descendent dans la rue, banderoles en tête. Ils demandaient tout simplement à la collectivité de prendre en charge leur problème, et ce problème, c'était l'immigration. Ils se virent opposer la même fin de non-recevoir que le maire de Vitry.

« Le problème, ce n'est pas l'immigration, c'est le racisme » : dès 1984, la formule à succès de SOS-Racisme fait figure de vérité officielle. Lorsque Laurent Fabius pousse l'audace jusqu'à reconnaître que « Le Pen apporte de mauvaises réponses à de vrais problèmes », il se fait taper sur les doigts (Michel Rocard n'hésite pas à qualifier sa réponse de « très malheureuse ») et n'insiste pas. Le terrorisme intellectuel tient lieu de démonstration et de dogme tout au long des années 1980, et il sévit encore aujourd'hui.

En 1996, les pétitionnaires contre la loi Debré affirment toujours que « l'immigration n'est pas un problème ». En octobre 1997, une brochette d'intellectuels réclamant la régularisation des sans-papiers revient à la charge : « Les problèmes posés par la présence étrangère en France [...] sont bien évidemment le racisme et leur implantation régionalement déséquilibrée sur notre territoire. » Mais, à l'inverse, Christian Jelen fait scandale et subit les plus virulentes attaques pour avoir osé affirmer : « Il faut être aveugle et sourd pour nier que l'immigration, aujourd'hui, soulève de vrais problèmes[1]. » Inutile de multiplier les citations : de 1984 à 1998 la même attitude a prévalu.

Que l'on récuse la personne de Le Pen, que l'on refuse de dialoguer avec lui, c'est une mesure de prophylaxie sociale qui est tout à la fois saine et dangereuse, car elle peut donner à croire que

---

1. Christian Jelen, *Les Casseurs de la République*, Paris, Plon, 1997.

l'on redoute la confrontation. Mais l'ostracisme a été poussé beaucoup plus loin, jusqu'à rejeter tout ce qu'il aborde, tout ce qu'il touche, tout ce qu'il effleure. C'est ainsi que les faits et les arguments qu'il agite, à plus forte raison les propositions qu'il avance se trouvent par là même disqualifiés avant tout examen. Tout doit être nié en bloc et sans nuances. Celui qui transgresse l'interdit devient *ipso facto* un allié, sinon un complice du Front national.

Puisque Jean-Marie Le Pen déclarait que la France était submergée par le flot des nouveaux immigrants, il fallait soutenir que l'immigration était stoppée depuis 1974. Jusqu'au jour où Jean-Claude Barreau[1] rendit publics les chiffres officiels montrant qu'il entrait dans notre pays environ 100 000 étrangers supplémentaires chaque année, chiffre qui était compensé par 100 000 naturalisations.

N'y avait-il pas un moyen plus intelligent de combattre le mythe lepéniste de l'« invasion » ? En niant l'évidence, on reconnaissait à Jean-Marie Le Pen le pouvoir exorbitant de dire ce qui fait problème et ce qui ne le fait pas, ce dont on peut parler et ce qu'il convient de taire.

Le leader du Front national tire en effet de cette position un avantage décisif : c'est lui qui fixe l'ordre du jour. Il lui suffit de lancer quelques provocations sur le thème de l'immigration pour qu'on renonce à l'interpeller sur les questions économiques, par exemple, le chapitre le plus incohérent de son programme. Il peut donc se jouer de ses opposants, hommes politiques ou journalistes, et le public se presse à ces corridas d'un nouveau genre où l'on voit des toreros empêtrés dans leurs capes d'apparat et leurs épées de pacotille perdre pied devant les charges du vieux fauve. Lassée de ce méchant rôle, la classe politique a même déclaré forfait, le 8 décembre 1989, préférant abandonner l'arène télévisée au bulldozer Tapie. De ce combat douteux les observateurs conclurent que l'empoignade seule permettait de contenir la dialectique lepéniste !

L'idée ne leur est jamais venue que l'infériorité des opposants ne tient pas seulement aux qualités de tribun de Le Pen (par ailleurs indiscutables), mais bien davantage à l'argumentation absurde qui lui est opposée. En niant les difficultés liées à l'immigration, les adversaires de Le Pen croient lui couper l'herbe sous le

1. Jean-Claude Barreau, *De l'immigration en général...*, Paris, Le Pré-aux-Clercs, 1992.

pied. C'est, *a priori*, fort habile. Mais observons la scène de plus près. Toutes les diatribes lepénistes sont à trois temps : l'immigration provoque des troubles, ces troubles sont le fait des étrangers, donc les étrangers doivent partir. S'il n'y a plus de problème, toute sa démonstration s'effondre, rien de plus évident. Mais cette stratégie revient à soutenir l'insoutenable, donc à sacrifier sa crédibilité pour discréditer son adversaire. C'est la méthode de Gribouille, elle est perdante à tous les coups.

Quand, pour contredire les affirmations de Le Pen sur le seuil de tolérance, ses adversaires pensent, par exemple, lui clouer le bec en rappelant que les étrangers ne représentent que 6,3 % de la population française, les habitants des villes qui comptent 30 % d'immigrés se reconnaissent évidemment dans les propos lepénistes, pas dans les leurs.

En fait, il faut attaquer le raisonnement à son point faible, et celui-ci réside moins dans les faits (qui sont en général exagérés, mais pas pour autant imaginaires) que dans les conséquences qu'il en tire. Que l'immigration crée des perturbations, qu'elle trouble la vie de certains Français, c'est une évidence. S'il en allait autrement, si la venue d'une population aussi différente, dans des conditions aussi difficiles, passait comme une lettre à la poste, les sociologues du monde entier viendraient dans nos banlieues observer ce phénomène stupéfiant. Cessons de rêver : le problème existe et le public le sait. Celui qui prétend le contraire se trouvera pris de court dans l'échange.

Mais cela ne prouve en rien que l'immigration soit une catastrophe pour la France ! Transposons le phénomène à l'échelle familiale. On sait que l'arrivée d'un nouvel enfant perturbe la vie des parents, qu'elle leur impose des contraintes, des dépenses, des servitudes. La preuve en est que ces problèmes alimentent toute une littérature destinée aux pères et aux mères inexpérimentés. Il n'empêche que les familles s'enrichissent de ces naissances, et qu'elles les souhaitent. Il en va de même pour les nations – et pour la France en particulier – qui peuvent être gênées dans un premier temps par l'afflux de populations différentes, mais qui s'en trouveront fort bien ensuite, notamment sur le plan démographique. Il y a toutes les raisons de penser que cette immigration, comme les précédentes, profitera au pays pour autant que l'on cesse de l'utiliser à des fins politiciennes et que l'on répartisse équitablement les efforts qu'elle implique.

Mais non, peu importe les faits, peu importe l'expérience quotidienne ! Envers et contre tout, il faut soutenir que la venue d'étrangers, quels qu'en soient les circonstances, le nombre, le rythme, la localisation, l'origine, la culture, est dès le premier jour une chance pour le pays en général, et pour la région d'accueil en particulier ! Seuls les nostalgiques de Vichy, voire du nazisme, peuvent penser autrement.

Le Pen s'est ainsi trouvé débarrassé des seuls adversaires qu'il avait à craindre : ceux qui auraient pu mettre en opposition la réalité des situations et l'irrecevabilité de ses propositions ; ceux qui auraient révélé l'absurdité de son programme, la suppression de l'impôt sur le revenu – sûrement très populaire auprès de son public prolétarien ! –, la stupidité d'une fermeture des frontières quand la France gagne 200 milliards de francs par an grâce à ses échanges extérieurs, l'impossibilité de chasser des millions d'immigrés, etc. Mais non, il ne fallait combattre Le Pen que sur son terrain d'élection : le racisme. Il ne s'est donc heurté qu'à des ennemis de connivence avec lesquels il s'entend comme larrons en foire, ou bien à des interlocuteurs empêtrés dans leurs propres contradictions. N'est-ce pas l'intéressé lui-même qui reconnaissait en 1990 : « Si je devais remercier tous ceux qui, par leur sottise, font avancer le Front national, je n'en finirais pas » ?

Malheureusement, nombre de dérives de l'antiracisme ne sont pas des erreurs, mais des fautes dictées par les plus sordides calculs politiciens. *Si l'ascension de Le Pen semble à ce point incompréhensible, c'est parce qu'elle fut favorisée en sous-main par ceux-là mêmes qui mettaient le plus d'ostentation à la combattre.*

L'hospitalité française

Partons des plaignants, ces lepénistes en puissance au cœur de la France précaire. Gens des faubourgs, des banlieues, des cités ; petits commerçants, artisans, ouvriers, employés, chômeurs, retraités, anciens immigrés, ils n'ont aucune organisation à leur disposition, aucun pouvoir de nuisance. Ces « voisins des immigrés » sont bien souvent des Français de fraîche date, Espagnols ou Portugais d'origine, qui achèvent leur phase d'intégration et supportent d'autant plus mal les nouveaux venus qu'eux-mêmes désirent se fondre dans la population. La classe dirigeante, elle, s'en fiche. Elle ne connaît que ses deux mamelles : la France statutaire et la France compétitive ! Ainsi le manque d'attention est-il d'abord un manque de considération, une marque de mépris.

Ces difficultés de cohabitation sont-elles inédites ? Certainement pas. Les historiens et les sociologues le savent bien. Pour qualifier cette population qui vit au contact des minorités de nationalité étrangère ou de race différente, ils parlent des « petits Blancs ». Situés au bas de l'échelle sociale, ceux-ci ressentent les nouveaux venus comme une menace, ils redoutent une cohabitation qui risque de les entraîner encore plus bas. Leurs réactions sont donc empreintes de méfiance et de crainte.

C'est évidemment la situation et non la couleur qui fait le petit Blanc. Des populations noires ou jaunes ont fort bien tenu ce rôle en d'autres circonstances. Certains Maghrébins qui ont réussi leur assimilation réagissent de la même façon vis-à-vis des immigrés clandestins d'Afrique noire ou des Balkans, et j'ai tout lieu de penser que, dans les mêmes circonstances, j'aurais le même comportement. Les nouveaux arrivants ne sont jamais les bienvenus pour ceux qui n'ont pas encore vraiment trouvé leur place.

En dépit de ces frictions inévitables, la France a toujours été une terre d'accueil et d'immigration, et s'en est fort bien portée. Elle a pu assimiler successivement des Italiens, des Russes, des Polonais, des Espagnols, des Arméniens, des Portugais, des Juifs ashkénazes d'Europe de l'Est et des Juifs séfarades d'Afrique du Nord. N'ont-ils pas fait, comme dit la chanson, « d'excellents Français » et, ajouterai-je, « une excellente France » enrichie par ces apports extérieurs ? C'est indiscutable. Seuls d'authentiques racistes le contestent.

Mais l'assimilation de ces étrangers s'est faite dans des conditions bien précises qu'il ne faut surtout pas oublier. Tout d'abord, elle fut rude pour les arrivants. Les violences, comme les émeutes anti-Italiens dans le Midi, furent rares, mais, d'une façon générale, les immigrés n'étaient ni attendus, ni bien accueillis. Ils entraient à la dérobée, par la petite porte, ne se voyaient reconnaître aucun droit, accorder aucune aide. Ils devaient, quel que fût leur statut d'origine, se contenter des petits boulots pénibles et mal payés dont les Français ne voulaient pas. Le médecin se retrouvait facilement ouvrier agricole, le colonel conduisait un taxi, le professeur faisait la plonge. N'importe quoi pour survivre. Il était entendu que les derniers arrivants devaient se rendre utiles et se fondre dans le paysage. À cette condition seulement, ils pourraient se faire accepter. Quant à gagner une place correspondant à leurs aspirations et à leurs capacités, il ne fallait pas trop y compter. Ce destin était réservé aux enfants, pour autant qu'ils réussissent à l'école. C'est pourquoi l'investissement se reportait sur la génération suivante et sur l'éducation. De cette façon, aiguillonnés par cette volonté d'être «les meilleurs des Français», ces gens venus d'ailleurs ont dynamisé la France de leur énergie et l'ont enrichie de leurs particularités. Mais, ne l'oublions jamais, la charge très lourde de l'assimilation reposait tout entière sur les épaules des immigrés, et ces derniers acceptaient la France comme elle était, ils l'aimaient au point de la défendre et de mourir pour elle et, s'ils supportaient toutes ces épreuves, c'est qu'ils en attendaient la récompense suprême : devenir français.

La France affirmait son identité sans la moindre considération pour la culture des arrivants. Elle n'envisageait pas une seconde de s'adapter à ces nouveaux flux pour respecter un quelconque «droit à la différence». Les Français catholiques avaient leurs jours fériés pour les «fêtes d'obligation», les Français de confession israélite devaient prendre sur leurs congés pour célébrer Yom Kippour. Les particularismes n'avaient pas leur place dans l'espace public. Une fois pour toutes, ceux qui prétendaient devenir français devaient «faire comme si» leurs ancêtres avaient été gaulois.

Cette immigration n'introduisait dans le pays qu'une altérité relative. Sur le plan physique, rien ne distinguait ces étrangers des Français de longue date ; sur le plan religieux, ils étaient majoritairement chrétiens, sinon catholiques ; quant aux Juifs, ils savaient depuis toujours préserver leurs particularismes au sein de cultures différentes. Bref, la France imposait à des étrangers pas trop différents une très rude épreuve initiatique pour obtenir non pas le droit à la différence, mais, au contraire, le droit à la non-différence par l'acculturation et l'assimilation.

À chacun sa tradition. Les Anglo-Saxons offrent aux étrangers la possibilité de conserver leurs façons de vivre au sein de communautés, voire de minorités nationales ; les Français, eux, les invitent à devenir des citoyens comme les autres, ce qui voulut dire longtemps à «verser l'impôt du sang en cas de guerre». Mais quelle que soit la place réservée à l'immigrant, il devra toujours la payer très cher : ainsi le *melting pot* américain est-il tout sauf un bain sucré. Si ce comportement est «raciste», alors tous les hommes le sont et le mot lui-même n'a plus aucun sens. On peut contester cette règle du jeu, mais ce qu'on ne peut pas faire, c'est la remettre en cause sans avoir pris l'avis et obtenu l'accord des Français.

La nouvelle immigration qui s'installe dans les années 1970 impose à la société française une altérité beaucoup plus radicale que les précédentes. Les arrivants ne sont pas de culture européenne, pas de religion chrétienne ; ils ont, de par leurs traditions, une autre conception de la femme, de la famille, une autre relation à l'école, au travail. Enfin, au-delà de la nationalité et de la culture, et malgré l'assimilation, la différence se voit. C'est clair : *la distance à combler est plus grande.*

Or cette arrivée, notamment celle des familles, se déroule, je l'ai dit, dans les pires conditions. La France bascule dans le chômage, l'État-providence est accablé par la crise et, pour parachever le tableau, l'insécurité grandit depuis quelques années. Dans de telles circonstances, les nouveaux arrivants sont considérés au mieux comme des concurrents, au pis comme des fauteurs de troubles. Pouvait-on imaginer qu'une telle immigration ne buterait sur aucune difficulté ? Que les milieux populaires réserveraient un accueil fraternel à ces étrangers ?

Pour savoir ce qui se passait, il aurait fallu écouter. Écouter d'abord le silence. Celui de la méfiance, de la peur. Des sentiments que les gens des beaux quartiers ne connaissent pas, n'imaginent même pas. Tout habitant d'une ville paisible parlera sans difficulté de son quartier, de ce qui va et de ce qui ne va pas. Rien de tel dans les cités de banlieue. Lorsque je recherchais des témoignages pour mes émissions, les personnes contactées refusaient par crainte de représailles. « Ou c'est l'auto qui brûle, ou c'est moi qui me retrouve à l'hosto », m'avait dit un commerçant. Non, il ne suffit pas d'installer une caméra de l'autre côté du périphérique, ni d'être un cinéaste de talent, pour saisir la réalité des cités.

Si l'on parvient à gagner la confiance, qu'on se place à l'abri d'un anonymat protecteur, les propos attendus surgissent immanquablement dans le flot des récriminations : « Il y a beaucoup trop d'immigrés par ici », « La vie devient impossible avec tous ces étrangers », « La France ne devrait pas permettre à ces gens-là de venir ici prendre le travail des Français », « Les Arabes et les Noirs ne sont pas ici chez eux, ils doivent rentrer dans leur pays », etc. Très rapidement, les mots tombent sous le coup de la loi, et l'investigateur brise un entretien devenu totalement inacceptable.

Que faire alors ? Faut-il en rester là, porter le diagnostic de racisme et prescrire une cure de rééducation antiraciste comportant dix heures de conférences à la Licra et un stage de trois semaines à SOS-Racisme ? Je ne le pense pas.

Les nouveaux voisins

L'accusation de racisme ne sera jamais une injure comme les autres, de celles qu'on lâche dans un moment de colère pour s'en excuser dix minutes plus tard. Elle ne saurait être non plus une sorte de «joker» que l'on abat pour faire pression sur l'autre. («C'est parce que je suis noir que vous refusez de sortir avec moi. Vous êtes raciste ! ») Il faut donc être rigoureux dans l'usage du terme, et plus encore dans la formulation d'une telle accusation.

Le *racisme* est une doctrine et une idéologie fondées sur l'inégalité des prétendues races humaines. Il permet de réduire la personne à un stéréotype : l'Arabe est ceci, le Juif est cela, etc. En postulant cette inégalité entre les hommes, on justifie au mieux la domination des uns sur les autres, au pis l'extermination des uns par les autres. Voilà ce qu'est le racisme : le rejet de la personne, de la fraternité, des principes humanistes qui fondent notre civilisation. L'horreur absolue. Face à des forces organisées qui se réclament de cette idéologie, il n'y a pas lieu de discuter et d'argumenter, de rechercher des excuses et des explications. *Il faut combattre.*

Très différente est l'*hétérophobie* : la peur de l'extérieur, de la différence, de la perturbation. Il s'agit d'une sorte de conservatisme crispé qui permet de se rassurer en se façonnant un monde uniforme autant qu'immuable, ce qui conduit à voir une menace dans toute manifestation d'hétérodoxie. L'étranger, avec ses mœurs particulières et ses façons de faire singulières, devient facilement un fauteur de troubles. Il est rejeté comme toute forme ou tout facteur de changement. Par rapport au racisme, toujours agressif, l'hétérophobie est essentiellement défensive. Elle s'apaise au bout d'un certain temps, lorsque la différence a été apprivoisée, que l'inconnu qui fait peur s'est mué en familier qui rassure. L'hétérophobie n'est pas un crime, c'est un vilain défaut que connaissent de nombreux peuples. Seules les régions de passage et de brassage, les grands ports, les capitales, ou, au contraire, les zones marginales, peuvent l'ignorer.

Vient enfin la *xénophobie*, qui ne reproche pas à l'étranger d'être ce qu'il est, mais d'être là où il est. C'est typiquement l'attitude du petit Blanc dans les périodes de cohabitation difficile. Le xénophobe ne se réfère à aucune supériorité raciale pour réclamer le départ des immigrants : il estime tout simplement que leur présence le gêne et ne demande que leur départ, leur éloignement.

Xénophobie et racisme : les deux attitudes coexistent chez les petits Blancs mais ne doivent pas pour autant être confondues, comme l'a bien montré Pascal Perrineau à propos des « gaucho-lepénistes ». Il est vrai que la distinction n'est pas toujours claire. Dans un moment d'exaspération, le xénophobe parle de « ces gens-là » en des termes parfaitement racistes. Comment faire la différence ?

Il faut écouter, écouter tout le monde, même ceux dont le langage est intolérable : c'est à ce prix que l'on peut remonter à la source de ces animosités, de ces phobies. Or, on veut bien à la rigueur le faire avec des délinquants, mais on s'y refuse avec les petits Blancs qui se plaignent des immigrés. Pourtant, écouter ne signifie pas approuver (ni condamner, d'ailleurs), mais chercher à comprendre, tout simplement.

L'antisémite, l'archétype du raciste, nourrit ses accusations de préjugés, d'*a priori*, de rumeurs, de fantasmes. C'est ainsi qu'il s'est construit sur mesure un Juif bien détestable, qu'il peut exécrer tout à loisir. De fait, on ne voit pas que la minorité d'origine juive apporte dans la société française en général (ou à certains de ses membres en particulier) le moindre élément de perturbation, le plus petit motif d'irritation. La judéité en tant que telle est un des multiples particularismes qui distinguent et rassemblent tout à la fois les Français. Face à l'antisémitisme, il est juste de dire que le problème, c'est le racisme ; qu'il est vain de vouloir le réfuter sur des bases rationnelles, qu'il faut le prévenir par l'éducation et le combattre sans craindre l'affrontement.

Au contraire, les habitants des quartiers à forte concentration d'immigrés évoquent des troubles tout à fait concrets liés à la cohabitation : le bruit et les horaires des nouveaux occupants, les enfants plus nombreux, chahuteurs et turbulents ; les règles de civilité et de convivialité qui ne sont plus respectées, puisque chacun a les siennes. L'incompréhension s'installe. Rien de bien grave sans doute, mais tout habitant d'un appartement sait que bien des conflits peuvent naître de ces incommodités-là, qu'il faut travailler patiemment à mieux se comprendre pour mieux se supporter.

Mais les banlieusards pourraient évoquer bien d'autres sujets de mécontentement. Ainsi la décote du quartier consécutive au changement de population. Une décote qui n'est pas seulement d'ordre sociologique. Quand on a économisé toute sa vie pour s'acheter un appartement, pour faire fructifier un commerce, et qu'à l'âge de réaliser son capital on découvre qu'il a perdu la moitié de sa valeur (« Dans ce quartier, maintenant, vous comprenez… »), on peut aisément passer de l'hétérophobie à la xénophobie. Les étrangers coûtent décidément trop cher !

Il y a ensuite toutes les occasions de se trouver en concurrence. Ceux qui font appel aux services sociaux et qui sont déçus, forcément déçus de ce qu'ils obtiennent, peuvent-ils ne pas remarquer les étrangers qui se pressent à leurs côtés devant les mêmes guichets ? Et le HLM qu'on n'en finit pas d'attendre, n'aurait-il pas été accordé à une famille étrangère ? « À l'ANPE, mon fils dit que les immigrés sont toujours là pour les places intéressantes. » Et puis, répétons-le, il y a la peur d'être « entraîné vers le bas » par plus malheureux que soi. À l'école, on craint que les enfants ratent leurs études en se retrouvant dans des classes où les « Franco-Français » sont en minorité. Et la délinquance ? N'est-elle pas le fait des jeunes, et les jeunes ne sont-ils pas surtout des Beurs et des Noirs ?

On pourrait ainsi remplir de pleins cahiers de doléances dans lesquels ne seraient pas consignés les trop fameux fantasmes sur « les Arabes dont on dit que… », ni sur « les Noirs de race inférieure… », mais des situations concrètes, quotidiennes, gênantes et dommageables. Pourtant, on chercherait en vain les études consacrées à de tels sujets. Toute l'attention s'est concentrée sur les difficultés, ô combien réelles, des immigrés, tandis que celles des petits Blancs n'ont jamais été inventoriées ni analysées. Les sociologues qui se penchent sur l'immigration et les pathologies urbaines préfèrent passer sous silence les troubles vécus par les Français (bien souvent des immigrés naturalisés, d'ailleurs) du fait de l'immigration. Ne risqueraient-ils pas d'apporter de l'eau au moulin de Le Pen en contredisant ses adversaires qui nient farouchement la réalité de ces difficultés ?

Certes, les conclusions qu'en tirent les petits Blancs sont erronées. De façon très prévisible, ils s'en prennent aux immigrés : leur arrivée n'a-t-elle pas correspondu à une grave détérioration de la situation dans le voisinage ? Il est plus facile d'y voir une explication qu'une simple coïncidence. Les hommes sont ainsi faits qu'ils incriminent la cause immédiate de leurs ennuis et ne vont pas spontanément chercher plus loin des raisons moins saisissables. Puisqu'on était mieux avant l'arrivée des immigrés, on réclame leur départ. Ceux qui en viennent à cette conclusion simpliste sont-ils racistes ? Je ne le pense pas, à moins, une fois encore, de considérer que tout le monde l'est.

Il est indispensable d'argumenter pour montrer que les immigrés ne sont pas plus sans-gêne, parasites ou délinquants que les Français, que nous les perturbons autant qu'ils nous perturbent, et qu'ils sont eux-mêmes victimes d'une situation sociale et culturelle intenable. On peut ainsi montrer que les taux de chômage, de délinquance, d'assistance sociale qui les caractérisent s'expliquent par des réalités sociales (population pauvre, jeune, sans qualification, etc.) et nullement par une spécificité ethnique ou culturelle. Mais on ne saurait faire entrer des petits Blancs dans ce type de raisonnement qu'à certaines conditions qui sont autant de préalables. Il faut d'abord que l'on reconnaisse la réalité des troubles dont ils se plaignent. Ensuite, que leurs plaintes ne soient plus taxées de racisme. Enfin, que les explications données soient assorties d'une action positive pour remédier aux perturbations dont ils sont victimes. *Tel est le prix à payer pour que les populations locales cessent de voir dans le Front national leur seul avocat.*

Mais, précisément, tout a été fait pour que la France précaire se donne à Le Pen.

Les Tartuffe de l'antiracisme

Au XIXᵉ siècle, le monde ouvrier s'est heurté brutalement à l'égoïsme de la bourgeoisie, mais la dureté de sa condition, la légitimité de ses plaintes furent progressivement connues et reconnues. La presse et la littérature s'en firent l'écho, et la question ouvrière finit par occuper une place centrale dans la vie publique. Certes, le prolétariat se faisait plus souvent payer de belles paroles que de bonnes augmentations, au moins ne s'entendait-il pas dire qu'il était fort heureux et n'avait nul sujet de plainte.

Les « antiracistes » n'auront jamais de ces pudeurs vis-à-vis des petits Blancs. Car ils campent sur une position morale. À la différence des bourgeois du XIXᵉ siècle que tourmentait parfois une certaine mauvaise conscience, ils se présentent comme les avocats des réprouvés et les défenseurs des plus hautes valeurs humanistes. Ils ne se sentent donc pas tenus de nuancer leurs jugements, d'écouter également les uns et les autres, de voir des victimes ici et là ; ils se gargarisent de bons sentiments en se situant tout entier dans le camp du Bien en lutte contre le camp du Mal.

Cette attitude pourrait encore s'admettre de la part de personnes qui vivent en marge de la société et n'en ressentent pas les perturbations (il s'en trouve d'ailleurs un certain nombre parmi les militants de l'antiracisme), ou bien de ceux qui choisissent délibérément, tel Christian Delorme aux Minguettes, de partager la vie des quartiers en difficulté. Mais on la retrouve le plus souvent chez des bourgeois dont le multiculturalisme s'arrête à la sortie des concerts rap.

Les petites gens le savent parfaitement, ils vont répétant que les privilégiés nient leurs problèmes parce qu'ils n'en souffrent pas. C'est absolument vrai. Schématiquement, *les dévots de l'antiracisme appartiennent à la France statutaire ou bien à la partie solide de la France compétitive, tandis que les petits Blancs errent à la dérive aux franges ou à l'intérieur de la France précaire.* C'est dire qu'échappant aux inconvénients de la cohabitation interethnique, les premiers sont parfaitement à l'aise pour en chanter les vertus.

Premier point, celui auquel on pense d'abord : ils ne vivent pas dans des cités où la proportion d'immigrés parmi les habitants atteint la moitié ou les deux tiers. Quand Éric Raoult le fit remarquer aux cinéastes pétitionnaires, Bertrand Tavernier prétendit relever le défi… en faisant un film sur l'une de ces cités. Une réponse vraiment trop commode. Filmer et habiter, cela n'a rien à voir, et pour soutenir que cette cohabitation ne pose aucun problème, il faut la subir soi-même au quotidien et en permanence ; pas seulement y faire une incursion le temps d'un tournage. Loin de moi l'idée de reprocher à qui que ce soit de préférer les quartiers bourgeois aux banlieues déshéritées. Mais il faut savoir pudeur garder. Un riche vivant richement n'a pas à faire l'éloge de la pauvreté aux pauvres. De la même façon, un bourgeois vivant bourgeoisement doit faire preuve d'une grande réserve vis-à-vis de personnes qui vivent dans les quartiers populaires ; il ne saurait repousser leurs doléances d'une sèche fin de non-recevoir assortie d'une leçon de morale.

Deuxième point : l'école. Que n'a-t-on pas dit, dans les milieux bien pensants, de ces « beaufs » qui s'inquiètent de voir les enfants d'immigrés majoritaires dans le collège de leur quartier ! Pour ma part, je ne connais pas un antiraciste de la bourgeoisie intellectuelle ou culturelle qui laisse ses enfants dans des classes difficiles comportant une majorité d'élèves d'origine non francophone. Le plus souvent, la question ne se pose d'ailleurs pas. Ses membres vivent à bonne distance de ces établissements. Mais, lorsque les bambins de toutes les origines, de toutes les langues et de toutes les couleurs sont majoritaires dans l'école du coin (ce qui arrive dans certains quartiers populaires de Paris par exemple), ils font des pieds et des mains pour en retirer leurs rejetons. Ils accroissent ainsi le pourcentage des « étrangers » et renforcent chez les autres parents la tentation de la fuite. Bref, ils contribuent à la création de ghettos scolaires.

Il suffit d'enquêter à l'Éducation nationale pour découvrir la réalité et l'intensité de ce phénomène, notamment parmi les parents enseignants. Les Français, dans leur immense majorité, craignent qu'un trop fort pourcentage d'immigrés nuise aux études de leurs « petits ». Or tous les parents pensent que la réussite scolaire est la seule façon d'échapper au chômage, et ils n'hésitent pas entre la solidarité avec les étrangers et l'avenir de leurs enfants. Là encore, je n'aurai pas l'hypocrisie de critiquer cette conduite qui serait la mienne en semblables circonstances. En revanche, j'avoue mon exaspération lorsque j'entends des bourgeois de gauche, qui remuent ciel et terre pour que leurs enfants fréquentent les dix meilleures écoles de France, disserter sur la ségrégation scolaire dont souffrent les immigrés.

Troisième point : les services sociaux. Les pauvres en dépendent pour les subsides, les aides, les allocations, à la différence de la bourgeoisie ou même de la classe moyenne qui ne les fréquentent guère. Ils voudraient donc se les réserver pour eux tout seuls. Or ils se retrouvent constamment au coude à coude avec des immigrés. Certes, ces derniers ne sont pas là pour des raisons ethniques, mais pour des raisons sociales ; ils payent même le droit à l'assistance au prix fort de leur travail, pour ceux qui en ont un, ou de leur misère. Il n'empêche que leur présence en nombre donne à penser que les parts du gâteau vont diminuer. Les solliciteurs n'ont jamais aimé la cohue. Selon la formule consacrée, cela n'excuse en rien la xénophobie. Sans doute. Mais cela oblige les privilégiés à tenter d'en comprendre les raisons, et surtout d'y répondre plutôt que de se gargariser de vertueuse indignation.

Quatrième point, le plus important à mes yeux : le travail. Les électeurs lepénistes sont viscéralement attachés à la «préférence nationale», principe qui, s'il était appliqué, leur donnerait la priorité sur les étrangers en matière d'emploi. Pour les antilepénistes, c'est la mesure raciste par excellence, qu'ils mettent d'autant plus de vigueur à dénoncer que, dans leur immense majorité… ils en profitent ! Eh oui, *tout le secteur public, fief de l'antilepénisme pur et dur, vit sous le régime de la préférence nationale : seuls les citoyens français peuvent devenir fonctionnaires ou agents statutaires.* C'est aussi simple que ça, et tout le monde feint de l'ignorer pour mieux s'en accommoder !

La raison première est parfaitement légitime : il s'agit de réserver à des nationaux l'exercice des fonctions régaliennes. Quoi de plus naturel ? Comment imaginer qu'un étranger dirige l'état-major des armées, préside un tribunal, soit préfet d'une région ou d'un département ? Nous pouvons applaudir notre Légion étrangère, mais nous n'allons tout de même pas admettre une administration étrangère ! Dans ce cas, la fonction appelle l'exclusivité nationale, rien à dire. Et la règle vaut pour l'ensemble des personnels travaillant dans ces services : on sait ce que peut faire une femme de ménage chargée de nettoyer les bureaux de l'état-major… Fort bien !

Mais l'exclusion des étrangers a été étendue à tout le secteur public. À l'ensemble de l'administration d'abord, c'est-à-dire aux services qui traitent de la santé, de l'éducation, de l'agriculture, du commerce, de la culture, des communications, etc., dont les dossiers «secret défense» ne sont pas le pain quotidien. Mais aussi à nos établissements publics, à nos sociétés nationales : c'est ainsi que la Poste ou EDF, la SNCF ou l'Assistance publique vivent dans l'exclusivité nationale. 5 millions d'emplois sont, de ce fait, interdits aux étrangers. Et c'est là que le bât blesse.

Cette discrimination répond-elle à une exigence professionnelle ? Certainement pas. La preuve en est que des étrangers travaillent dans ces services, y occupent certaines fonctions. Non, ce qui requiert absolument la nationalité française, c'est le statut, le bon privilège. Les étrangers peuvent donc côtoyer les Français dans les mêmes bureaux, voire dans les mêmes fonctions, mais ce sont des salariés de second ordre qui tantôt bénéficient d'un contrat de travail ordinaire sur le modèle du droit privé, tantôt sont confinés dans une totale précarité, comme les maîtres auxiliaires de l'Éducation nationale, tantôt sont engagés par des sous-traitants, comme le personnel de nettoiement. *Ces travailleurs sont même recherchés par ces organisations publiques, car leur totale « flexibilité » devient le complément naturel et nécessaire de la totale rigidité des statutaires.*

Enquêtant sur le racisme au travail à la demande de la CFDT, le sociologue Philippe Bataille [1] cite le cas de médecins étrangers qui viennent compléter leur formation dans nos centres hospitalo-universitaires. « Durant les quatre ou cinq années de leur spécialisation, ils disposent d'un statut spécial qui les autorise à "faire fonction d'internes" (FFI). Dès lors, ils assurent le fonctionnement quotidien des services hospitaliers sans véritable rétribution et avec un statut encore plus dévalorisé que celui des internes. » C'est un peu dur, mais qu'importe si cette rude initiation débouche sur le titre et le poste convoités. Pensez donc : « [Ces médecins étrangers] n'ont *a priori* aucune chance d'intégrer le corps médical », constate Philippe Bataille. Et le sociologue de préciser qu'ils sont éliminés dès lors que des Français en nombre suffisant postulent à ces postes. Sa conclusion sur l'ensemble de la fonction publique est sans appel : « L'étranger y est tantôt utilisé parce qu'il satisfait des besoins de main-d'œuvre, tantôt interdit d'accès pour protéger un marché du travail qui représente le quart de l'emploi total. » Mais le sociologue ne peut aller plus loin sans remettre en cause nos tabous. Ainsi conclut-il qu'il s'agit là « de voies licites, et donc en aucun cas condamnables », et il concentre son étude sur l'exclusion des étrangers « par des procédés illicites », entendez des discriminations à l'embauche tout à fait comparables, mais qui se produisent dans les entreprises privées et ne sont donc pas couvertes par ce superbe alibi : le statut de la fonction publique.

Parlons clair : il s'agit d'une pure et simple protection corporatiste, du refus d'ouvrir un statut avantageux à la concurrence étrangère. D'autant plus que, dans ces organismes – comme dans les bonnes corporations ou les bonnes entreprises, d'ailleurs –, chaque salarié tente de faire entrer ses proches et souhaite secrètement que les emplois soient réservés – disons : attribués en priorité – aux parents d'abord, aux amis ensuite. De fait, on connaît la fréquence des liens familiaux qui unissent les cheminots, les électriciens, les

1. Philippe Bataille, *Le Racisme au travail*, préface de Michel Wieviorka, postface de Nicole Notat, Paris, La Découverte, 1997.

policiers, etc. Or, il va de soi qu'on est à mille lieues d'accepter les étrangers lorsqu'on s'efforce déjà d'écarter discrètement les Français non apparentés.

Là encore, abstenons-nous de toute hypocrisie. Tous autant que nous sommes, et aussi longtemps que sévira le grand chômage, nous serons tentés d'accorder à nos enfants et à nos parents un tour de faveur pour les emplois disponibles. C'est ainsi que les agents du secteur public trouvent commode et bien venue cette règle qui tient la concurrence étrangère à l'écart, et les syndicats, représentatifs en cela de leurs troupes, partiraient en guerre si l'on supprimait les clauses de nationalité dans le recrutement.

On feint donc de trouver normal que l'étranger puisse être professeur titulaire dans l'école privée, mais pas dans l'école publique, chirurgien titulaire dans une clinique privée, mais pas à l'Assistance publique ; que les étrangers puissent conduire des bus privés mais pas des bus publics, et encore moins des trains ou des métros ; que des étrangers puissent nous livrer les colis de DHL, mais pas ceux de la Poste ; que des étrangers puissent gérer un compte dans une banque privée, mais pas à la Banque de France, etc.

La question est devenue brûlante avec l'Europe. En effet, nos partenaires ne s'accommodent pas de ces clauses nationalistes. Ils nous ont donc imposé d'ouvrir nos services publics aux ressortissants de l'Union européenne. Ce qui n'est pas trop dangereux. On ne distingue donc plus les «Français» des «étrangers», mais les «Européens» des «non-Européens». Ce sont les «non-Européens» qui ne sont pas dignes du statut de la SNCF, d'EDF, de l'Assistance publique, de la Poste, etc. Ce n'est pas du racisme, mais… Imaginez-vous le scandale que provoquerait un horrible patron qui donnerait comme consigne : «Les contrats à durée indéterminée sont réservés aux Européens, les non-Européens n'auront que des CDD !» Car le privé ne peut se permettre ce genre de discrimination. C'en est au point que France Télécom, en passant du giron de l'État à un statut de droit privé, va faire tout naturellement tomber cette clause de nationalité. N'est-ce pas admirable ? On est nationaliste, pour ne pas dire raciste dans le public, et on cesse de l'être dans le secteur capitaliste !

Ainsi la France statutaire s'est-elle constituée en forteresse afin d'éliminer la concurrence des étrangers comme elle a écarté celle des travailleurs ayant dépassé la trentaine. Du haut de tels remparts, nos trotskistes des syndicats SUD, nos communistes de la

CGT, nos gauchistes de FO et de la CFDT peuvent en toute impudence taxer de racistes les chômeurs au désespoir qui, bousculés dans la foule des immigrés, réclament la priorité d'embauche pour les Français.

La pensée «socialement correcte» impute à un manque de discernement l'extrême réceptivité des personnes d'instruction primaire à l'argumentation lepéniste. Quelle hypocrisie! C'est évidemment la concurrence, notamment sur le marché du travail, qui détermine les attitudes. Comment comprendre autrement que 48 % des ouvriers voient dans l'immigration clandestine un problème grave, et que 55 % d'entre eux estiment que la régularisation des sans-papiers est «une mauvaise chose»? À l'inverse, comment ne pas comprendre la relative indifférence des salariés du public à ce sujet (seulement 25 % d'entre eux sont inquiétés par les clandestins et 66 % d'entre eux sont favorables à leur régularisation)? Tout est dit. Ne parlons pas de mauvaise foi, mais plus simplement d'inconscience. Car c'est en toute bonne conscience que la dénonciation du racisme se déploie à l'abri des murailles portant l'inscription : «Interdit aux non-Européens».

Faut-il que les gens de gauche soient aveuglés pour oublier à quel point ce type de revendication est populaire! Dès le XIXᵉ siècle, les ouvriers dénonçaient l'appel à la main-d'œuvre étrangère qui leur faisait une concurrence déloyale et permettait de baisser les salaires. Dans les années 1930, sous la pression syndicale, la gauche dut instaurer la préférence nationale avec la loi Herriot de 1932 et les décrets-lois Daladier de 1938. Et comment ignorer que l'immigration actuelle fut, à l'origine, organisée par le patronat pour maintenir les salaires ouvriers au plus bas niveau? On comprend que des bourgeois dédaignent ces arguments, mais la classe ouvrière a toutes les raisons d'y être sensible.

La France compétitive semble plus ouverte aux étrangers? Encore une illusion. Certes, en bas, on ne fait pas de discrimination, et les immigrés sont toujours les bienvenus pour exercer les métiers les plus durs et les moins payés. Mais quand on passe dans la partie supérieure, la fermeture redevient la règle. La bourgeoisie possédante est protégée par sa fortune; de nombreuses professions libérales sont verrouillées par des clauses de nationalité; quant aux cadres, ils disposent d'un avantage décisif : la compétence. La grande masse des immigrés n'a qu'un niveau de formation très faible. Pas de quoi menacer des ingénieurs, des experts-comptables, des spécialistes du marketing, des informaticiens de haut vol, des journalistes réputés. La concurrence non européenne ne pèse véritablement que sur les ouvriers et les employés.

Faisons le compte. Parmi les personnes qui condamnent publiquement et péremptoirement toute revendication d'une «préférence nationale dans l'emploi», la plupart jouissent, en droit ou en fait, de cette ségrégation et la défendraient bec et ongles si elle venait à être remise en question. À l'inverse, la plupart de ceux qui cèdent à la démagogie lepéniste et rêvent de cette protection se trouvent dans des situations professionnelles très difficiles et sont directement concurrencés par les immigrés.

Bref, *quand on jouit de la préférence nationale, on la condamne pour les autres; quand on est en compétition avec les non-Européens, on la revendique pour soi.* Ce n'est pas glorieux, mais c'est humain.

Si l'on veut avoir quelque crédibilité dans le combat contre le mot d'ordre lepéniste – qui me semble d'autant plus détestable que le critère de nationalité a tôt fait de dériver vers le critère de race –, il faut donc sortir du mensonge et revenir à la vérité. Qui dispose de la préférence nationale et pourquoi? C'est la première question. Il faudra ensuite reconsidérer les règles qui permettent de la maintenir quand elle se trouve justifiée par des raisons non corporatistes, et de la supprimer quand elle n'a pas lieu d'être. Du même coup, nous pourrons définir sans complexes les conditions limitatives dans lesquelles des étrangers peuvent entrer et travailler en France. N'en déplaise aux militants de l'antiracisme, on ne peut ouvrir sans limites le marché du travail et maintenir étroitement fermés les bastions corporatistes. C'est l'ensemble qui demande à être réorganisé.

Nous sommes encore bien loin d'une telle épreuve de vérité. Les représentants de la France statutaire et de la France compétitive continueront donc à sermonner la France précaire, à chanter le bonheur de vivre dans un environnement pluri-ethnique et multiculturel qu'eux-mêmes évitent soigneusement, à dénoncer le racisme des pauvres lorsqu'ils en arrivent à protester. Les petits Blancs, qui ont décidément très mauvais esprit, seront ainsi de plus en plus irrités par la tartuferie de nos grandes consciences. Pour le plus grand profit de Jean-Marie Le Pen et de son parti.

Pourquoi donc ce petit jeu, typiquement français, cesserait-il? La partie ne dure jamais que depuis quinze ans et semble faire les délices de tout le monde.

Chapitre X

UNE FRANCE
POUR LE FRONT NATIONAL

La réponse de la France au vote protestataire des petits Blancs arrive dès l'automne 1984 : c'est la création de SOS-Racisme. Le lancement du mouvement est un des grands succès de la saison parisienne. Portée par une noble indignation, toute la classe dirigeante, surtout la classe intellectuelle, part en croisade contre le racisme. Je me souviens qu'un soir, des collègues de la télévision m'annoncèrent leur intention de porter la fameuse petite main « Touche pas à mon pote » lors de leurs prochaines émissions. « Et toi ? » Je répliquai que des partisans de Le Pen pouvaient se livrer à ce genre de démonstration, mais que ses adversaires, comme moi, se l'interdisaient absolument. Douche froide et mines interloquées ! Je dus expliquer, ce qui n'était venu à l'esprit de personne, que les habitants des banlieues à problèmes, qui vivent au contact des immigrés et sont tentés de voter pour le Front national, risquaient de très mal supporter que des gens comme nous, qui vivons dans les quartiers bourgeois, viennent leur faire la morale et quasiment les traiter de racistes. Bref, la petite main posée sur un habit de grand couturier me semblait être le meilleur argument de propagande en faveur de l'extrême droite. Ma réflexion n'eut l'heur ni de plaire ni de convaincre. Il faudrait attendre près de dix ans pour que les plus sensés reprennent leurs esprits et retrouvent la parole face à ce comble de l'absurdité dans l'argumentation et de cynisme dans la manipulation.

Entendons-nous bien : il était bon de dénoncer le péril raciste que portait en germe le succès du Front national, mais il fallait dans le même temps calmer les esprits, ouvrir le dialogue, apaiser les frictions, de sorte qu'après avoir marqué un premier essai Le Pen ne réussisse pas aussi la transformation. L'opération SOS-Racisme aura tout juste eu l'effet inverse.

Aujourd'hui, on ne compte plus les sociologues et les intellectuels, de Pierre-André Taguieff à Emmanuel Todd, de Paul Yonnet à Dominique Schnapper, d'Alain Finkielkraut à Jean-Claude Guillebaud, qui dénoncent cette approche outrancière et simpliste. Quand je m'y suis risqué en 1990 dans *La Grande Manip*, je n'ai eu droit qu'à un accueil glacé de nos maîtres penseurs. C'était clair : je roulais pour Le Pen.

Mais le terrorisme intellectuel n'est pas mort, l'autocensure reste étouffante, et les dégâts provoqués par l'instrumentalisation de l'antiracisme ont laissé d'indélébiles cicatrices qui sont autant de points d'ancrage pour le Front national. Merci les potes !

SOS ! les Gardes rouges arrivent

Si l'on en croit l'histoire sainte de l'antiracisme, le mouvement naquit spontanément. Julien Dray, Harlem Désir et leurs amis décidèrent comme ça, un beau matin, de partir en guerre contre le racisme. Ils n'avaient rien, ne connaissaient personne, mais leur indignation fut à ce point communicative que les fées médiatiques transformèrent la rage de ces bons petits gars en grande campagne nationale.

Les vilains sceptiques récusent ce récit légendaire et racontent que tout fut organisé dès le départ en collaboration avec les stratèges de l'Élysée. Peu importe, au demeurant, que le mouvement ait été initié ou récupéré par le pouvoir. Le fait est que François Mitterrand s'affirmera bientôt comme le parrain de SOS-Racisme – qui bénéficiera toujours de son soutien et, en retour, servira toujours ses intérêts. (La Cour des comptes s'interrogera, mais *a posteriori,* comme toujours, sur les multiples subventions dont les «potes» auront pu bénéficier.) C'est ainsi que l'organisation antiraciste ne protestera que mollement contre la pire canaillerie mitterrandienne, celle qui scellera l'alliance Mitterrand-Le Pen : le rétablissement de la proportionnelle en 1986, qui aura pour premier effet d'ouvrir toutes grandes les portes du Palais-Bourbon au Front national.

Au lendemain de ces élections législatives, le mouvement n'a de cesse de déstabiliser le gouvernement Chirac en menant une guérilla systématique contre la réforme du Code de la nationalité, puis en organisant le mouvement étudiant contre la loi Devaquet, loi « raciste », comme on sait. En 1988, pendant la campagne présidentielle, Jacques Chirac déclare qu'il « peut comprendre mais ne peut admettre » certaines réactions de xénophobie. Enfin une phrase de bon sens ! Pour Harlem Désir, c'est le prétexte rêvé : il appelle à voter contre Jacques Chirac, l'ennemi irréconciliable et indéfectible de Le Pen, laissant le champ libre à François Mitterrand, son complice et allié ! Autant de services qui seront récompensés par des places au Palais-Bourbon ou, faute de mieux, au Conseil économique et social.

Comment ne pas penser à la Grande Révolution culturelle prolétarienne du président Mao Zedong ? Dans un cas comme dans l'autre, le chef de l'État se trouve en perte de vitesse, englué dans les problèmes économiques ; c'est alors qu'il décide de bouleverser le jeu politique en mobilisant la jeunesse à son profit selon un schéma simpliste et manichéen. Certes, il n'y a rien de comparable entre une dictature communiste et une démocratie occidentale ; il n'empêche que, *mutatis mutandis*, les dirigeants de SOS-Racisme vont jouer dans la société française un rôle assez comparable à celui des Gardes rouges dans la société chinoise. En évitant bien sûr les outrances, la violence et le culte de la personnalité des jeunes maoïstes. François Mitterrand y gagnera un deuxième septennat que rien ne laissait prévoir en 1984. On admirerait sans réserves l'habileté du grand politicien si ses manigances n'avaient placé le Front national au cœur de la vie politique française et favorisé son accession, à terme plus ou moins rapproché, au pouvoir.

Rappelons-nous : en 1984, la France se trouve alors en plein virage économique. Le Programme commun a fait long feu, le gouvernement Mauroy-Delors semble s'être converti au barrisme. La gauche, qui s'est fait élire sur un programme de rupture avec le capitalisme, se trouve obligée de rompre avec le socialisme version Programme commun. La mêlée devient confuse, l'opinion perd ses repères. Dès lors que les questions économiques dominent la vie politique française, l'opposition est assurée de revenir au pouvoir en 1986. Dans cette situation désastreuse, la percée de Le Pen est pour François Mitterrand la divine surprise, la brèche dans laquelle il lance ses Marie-Louise. En transformant le problème de l'immigration en guerre contre le racisme, il bouleverse le jeu, reconstitue un antagonisme binaire, et sème la confusion dans le camp adverse. Ces questions si complexes, si emmêlées, si ambi-

guës de la cohabitation multiculturelle, de l'intégration pluri-éth-
nique, qui exigent de la nuance, de la réflexion, de la prudence, de
la modestie, qui doivent être traitées au plus près des intéressés, dans
le quotidien et le concret, se trouvent à présent réduites à des slogans sommaires et péremptoires, à une représentation manichéenne
opposant le Bien et le Mal. SOS-Racisme – tout comme le maoïsme,
notons-le au passage – est d'abord une formidable entreprise de cré-
tinisation, un retour au niveau zéro du débat politique. Comment
pourrait-il en être autrement quand des jeunes sans connaissances
réelles, sans aucune formation, s'autoproclament spécialistes de ce
véritable casse-tête sociologique, se trouvent reconnus comme tels ?

Premier point : la France est stigmatisée comme un pays raciste
ou, du moins, en danger de racisme. À tout propos, drame ou incident, peu importe, avant toute enquête, l'accusation est lancée. Dès
lors qu'un immigré se trouve en position de victime, la seule explication possible est le racisme. Les représentants de SOS-Racisme
sont invités dans les établissements scolaires pour porter la bonne
parole aux élèves ; des jeunes bien endoctrinés adressent aux
hommes politiques de subtils questionnaires afin de connaître
leurs réactions s'ils apprenaient que leur enfant veut épouser « un
Arabe, un Juif ou un Noir ». On ne prend même pas la peine de
leur expliquer que la question est en elle-même totalement raciste,
puisqu'elle réduit la personnalité du futur à sa particularité ethnique et que la France est l'un des pays dans lesquels les mariages
mixtes sont le plus fréquents, où la vie des couples mixtes est la
plus facile. Aux yeux de nos activistes, le discours lepéniste est
censé dominer la presse, et la pensée lepéniste contaminer les
esprits, alors qu'en réalité les médias sont unanimement démocrates et antilepénistes...

Sous le choc de ce premier succès, la classe dirigeante laisse le
champ libre à l'imposture. Une opposition frontale est impossible,
puisqu'elle reviendrait à se ranger aux côtés de Jean-Marie Le Pen
dans le parti des racistes. Les sociologues et les experts qui ont une
certaine connaissance de la question, et qui sont horrifiés par ces
simplifications abusives et dangereuses, gardent le silence. La
droite, sommée de prendre position, ne peut qu'exprimer une
approbation résignée. La machine infernale mitterrandienne fonctionne à la perfection.

La seule voix discordante sera celle de Christian Delorme, le
curé des Minguettes, qui n'a pas attendu Harlem Désir pour orga-

niser, durant l'été 1983, la marche des Beurs à travers la France. Auréolé de ce beau succès et de la légitimité que lui confère une vie consacrée aux jeunes de l'immigration, il n'hésite pas à poser les vraies questions dans les colonnes de *Libération*, et cela dès 1985. Il s'interroge ainsi sur les «stratégies électoralistes» du mouvement «tendant à créer autour de l'antiracisme un rassemblement dépassant les frontières de la gauche et susceptible de constituer une force d'appoint pour le Parti socialiste en mars 1986». Sa connaissance vécue de ces problèmes lui permet d'affirmer qu'ils ne se posent pas en ces termes. «La société française est-elle vraiment placée devant le choix du "racisme" et de l'"antiracisme", ce que tend à laisser entendre le discours dominant de SOS? Certes, de dangereuses campagnes politiques se développent […], mais si ces campagnes ont une telle audience, c'est parce que se manifestent de réelles difficultés de coexistence des communautés dans une situation économique et un urbanisme défavorables. Et, à trop rapidement faire peser la culpabilité de "racisme" sur des gens qui souffrent de la mal-vie ensemble, ne court-on pas le risque de les jeter dans les bras des racistes politiques?»

Voilà ce que les grandes consciences de gauche, toutes estampillées «Touche pas à mon pote», ont pu lire sur une pleine page de leur journal préféré. Elles qui tranchaient sur un sujet sans en avoir la moindre expérience, la moindre connaissance, avaient à choisir entre Christian Delorme et Harlem Désir, entre l'homme de terrain et la coqueluche des médias, le prêtre à la charité vécue et les jeunes gens à l'ambition dévorante. Sans la moindre hésitation, elles renvoyèrent le curé à ses Minguettes et emboîtèrent le pas au démagogue. Difficile de prétendre ensuite qu'on ne savait pas et qu'on a été trompé!

La France découvre donc qu'elle est viscéralement raciste et que le succès de Le Pen traduit le réveil d'un démon qu'elle a traîné tout au long de son histoire, de l'affaire Dreyfus à Vichy. Or rien n'est plus faux. Considérons d'abord la question de l'antisémitisme.

Certes, notre histoire est lourde, et même nauséabonde par moments. Mais n'en rajoutons pas. Sous l'Occupation, il y eut les collaborateurs, les policiers zélés, les dénonciateurs, la Milice; il y eut aussi des milliers d'actes de courage et de solidarité. Ce n'est pas sans raisons que le pourcentage de Juifs rescapés fut plus élevé en France que dans bien d'autres pays européens. Au lendemain de la guerre, les préjugés antisémites étaient encore largement répandus, reconnaissons-le. Ils n'empêchèrent pas la parfaite assimilation de 200 000 Juifs séfarades parmi les Pieds-Noirs qui refluèrent d'Algérie à partir de 1960. A-t-on observé beaucoup de réactions hostiles ou, à plus forte raison, racistes ? En 1966, la moitié des Français préfèrent « éviter » d'avoir un président de la République juif. En 1990, ils ne sont plus que 9 %[1]. Et, en 1997, selon un sondage RTL-*Le Monde*, Le Pen n'est soutenu que par 4 % de l'opinion lorsqu'il dénonce l'influence juive sur la politique française.

Sommes-nous « anti-Arabes » ? La majorité des Français l'ont certainement été pendant la guerre d'Algérie ; beaucoup le sont demeurés. Mais le temps a travaillé contre ces mauvais sentiments et nous savons que le retour de la xénophobie est, pour une large part, lié à des difficultés sociales. En leur absence, elle a vite fait de disparaître. Au cœur des villes, l'« Arabe du coin » qui assure à la population un commerce de proximité est désormais bien intégré. Sait-on que la moitié des Maghrébins qui se marient en France épousent des Européennes ? Vous avez dit racisme ?

Il est bien vrai tout de même que les Français ont manifesté une indifférence proche du racisme envers certains Algériens. Reconnaissons-le. Je veux parler des harkis. Les antiracistes n'ont cessé de rappeler que les immigrés étaient venus en France à notre demande pour travailler dans nos usines. C'est tout à fait vrai, mais quel grand dommage qu'ils n'aient pas insisté avec autant de rigueur sur nos devoirs, combien plus lourds et plus négligés, vis-à-vis de ces hommes que nous avions enrôlés, bien souvent de force, à nos côtés et vis-à-vis desquels nous avions pris des engagements, que nous avions coupés de leur pays sans espoir de retour et que nous avons parqués dans des camps comme des réfugiés qui se seraient invités de force chez nous ! Voilà, pour le coup, un comportement qui eût justifié l'accusation de racisme. Mais les harkis ayant, comme Le Pen, choisi l'Algérie française, ils ne pouvaient être défendus par de nos antiracistes. Comprenne qui pourra.

Les Français seraient-ils racistes vis-à-vis des Noirs ? Se souvient-on que, dans les années 1960, le deuxième personnage de l'État, le président du Sénat, Gaston Monnerville, était un Noir ? Se

---

1. Christian Jelen, *Les Casseurs de la République, op. cit.*

souvient-on qu'en 1962 il osa défier le général de Gaulle en dénonçant ce qu'il n'hésita pas à qualifier de « forfaiture » ? Que la tension entre les deux hommes devint telle qu'ils ne se parlaient plus, ne se serraient plus la main ? Dans la France gaulliste, cette attitude parut choquante à beaucoup, mais nul jamais ne fit la moindre allusion raciste. En fait, personne n'a jamais prêté attention à la négritude de Gaston Monnerville. Les Français n'ont vu en lui que ce qu'il était : un pur produit du radicalisme cassoulet. C'est dire qu'ils situent l'altérité dans les caractéristiques culturelles et non pas ethniques, qu'ils s'attachent au comportement de la personne bien plus qu'à la couleur de sa peau.

Quant à l'accusation de xénophobie, il suffit de demander aux intéressés ce qu'ils en pensent. Je doute beaucoup que les Espagnols et les Portugais qui sont venus si nombreux s'installer en France dans les années 1950-1960 nous en fassent le reproche. À l'évidence, ils n'ont suscité aucune réaction de rejet, et leur intégration a pu se faire sans incidents notables. A-t-on assisté là au comportement d'une population xénophobe ? Aujourd'hui même, les minorités asiatiques sont fort bien admises. Et voit-on que la France établisse une discrimination en faveur de ses nationaux pour l'accès aux droits sociaux ? Qu'elle entrave le libre exercice des cultes ? Qu'elle rejette l'expression des cultures différentes ?

La société française, pas plus qu'aucune autre, n'est à l'abri du racisme, et l'on peut en trouver des traces ici comme ailleurs. Mais, dans son ensemble, elle n'est nullement hostile à l'étranger, elle a prouvé tout au long de son histoire qu'elle était capable de l'accueillir et de l'assimiler. Il se trouve simplement que l'arrivée d'immigrants en provenance d'Afrique a suscité des difficultés, pour une part culturelles, pour une part conjoncturelles. Mais c'est une terrible erreur de les imputer à un quelconque racisme national, car cela conduit tout à la fois à s'interdire d'y porter remède et à transformer une crise passagère en pathologie chronique.

Si maintenant je reprenais cette démonstration point par point en faisant la comparaison avec ce qui se passait ailleurs à la même époque, alors je n'ai aucun doute que la France de 1984 apparaîtrait sous son vrai visage : l'un des pays les moins accablés par le fléau du racisme.

C'est ainsi que les petits Blancs insultés par des privilégiés qui vivaient à l'écart de ces problèmes ont fini par se braquer. La banalisation de l'antiracisme engendre celle du racisme, tant il est vrai qu'un interdit majeur ne saurait être galvaudé sans perdre de sa force dissuasive. À force de hurler au loup chaque fois que passe un caniche, les potes vont effacer les frontières, gommer les repères et contribuer à donner vie à ce qu'ils ne cessent de dénoncer. Si tout est racisme, c'est que rien ne l'est. Dès lors, à quoi bon se gêner ? Pour toute une partie de la population, le mot cesse d'être infamant et la chose d'être interdite : ce n'est plus qu'un péché véniel que l'on commet sans remords et que l'on assume sans honte.

Qui plus est, les militants de l'antiracisme vont rapidement se transformer en avocats des immigrés, ce qui est normal, mais d'eux seuls, ce qui est scandaleux. À les entendre, les difficultés seraient toutes concentrées d'un seul côté. Pas de doute, les victimes sont les nouveaux venus. Christian Delorme est bien le seul à s'interroger sur le mal-vivre de la population en place. Pour celle-ci, abandonnée à son sort par le conformisme médiatique, il n'est plus qu'un recours : Le Pen.

Ainsi le discours de SOS-Racisme, agressif au lieu d'être apaisant, n'a fait qu'exacerber les tensions quand il fallait nouer le dialogue. De son côté, la droite, en mettant l'accent sur les seules questions de la sécurité et de l'immigration clandestine, a renforcé chez les habitants l'idée que les immigrés étaient bien des fauteurs de troubles.

À ce raidissement des « Franco-Français » correspond celui des immigrés. Ceux-ci vont se persuader que leur misérable condition ne tient pas à leur situation de nouveaux arrivants, mais au racisme qui s'exerce à l'encontre des Arabes et des Noirs. C'est lui qui les coince entre chômage et mauvais boulots, qui les repousse dans les quartiers perdus et les immeubles pourris, qui les relègue au plus bas de l'échelle sociale, etc. Si leurs droits étaient respectés, ils vivraient aussi bien – ou, à tout le moins, pas plus mal – que le Français moyen. *Ainsi l'intégration change-t-elle de nature : elle n'est plus l'aboutissement d'un effort personnel, mais l'application d'un droit – c'est au pays d'accueil et non plus à l'immigrant qu'il revient de la prendre en charge.*

Ce discours a peu d'influence sur le comportement d'adultes plongés dans la réalité. Mais il transforme en profondeur celui des jeunes. Désormais, toutes leurs difficultés, tous leurs échecs trouvent une explication commode : le racisme. Ils vont donc se dresser contre la société plutôt que chercher à s'y faire une place. À quoi bon, puisque c'est perdu d'avance ? Or rien n'est plus faux. Au cours des vingt dernières années, les immigrés ont bénéficié en France d'une assistance que leurs devanciers n'avaient jamais connue. Il est vrai que, dans une société étranglée par le chômage de masse, cela reste très insuffisant. Mais pour les Français aussi ! L'ennemi, en effet, c'est bien moins le racisme que la crise. C'est elle qui pousse les jeunes au désespoir et à la révolte. Inutile d'en rajouter au point de faire de « la haine » un cri de ralliement, cette haine qui dresse les populations les unes contre les autres. Car, pour le coup, il faudrait prendre garde à ne pas diviser les Français, je veux dire *tous* les habitants de ce pays, nationaux ou étrangers.

« L'intégration suppose une double volonté : celle des immigrants et celle du pays d'accueil », rappelle Robert Solé. *En crispant les Français, accusés à tort de racisme, en crispant les immigrés, présentés à tort comme victimes du racisme, on a sapé les bases de toute intégration,* c'est-à-dire l'acceptation par les étrangers du pays « comme il est » *et* l'acceptation par ses habitants des immigrants « comme ils sont ». Rompant avec leurs devanciers qui mettaient en avant leurs ressemblances, certains immigrés vont dès lors affirmer leurs différences. Une attitude qui rend singulièrement plus compliquée l'acceptation de l'étranger et qui peut, à tout moment, susciter une réaction xénophobe. Or une intégration ratée est un terreau fertile pour le racisme. Nos pompiers-pyromanes ont donc allumé l'incendie qu'ils prétendaient éteindre.

Le discours radical de SOS-Racisme, sans doute trop peu rassembleur à la veille d'une élection présidentielle, va s'infléchir en novembre 1987 lors du passage d'Harlem Désir à « L'Heure de vérité ». Le grand imprécateur du racisme français prend alors soin de distinguer les lepénistes de la population dans son ensemble, de louer la générosité et la tolérance des Français, de mettre l'accent sur les difficultés quotidiennes qui poussent à la xénophobie et de substituer la revendication de l'intégration à l'affirmation du droit à la différence. Sa prestation lui vaut un beau succès, preuve que la France attendait ce discours réconciliateur.

La France ouverte

En 1988, au lendemain de l'élection présidentielle, on peut donc espérer un retour à la raison. Après tout, Mitterrand a obtenu sa réélection, les leaders antiracistes ont eu leurs récompenses, la grande période de SOS-Racisme s'achève, on devrait enfin pouvoir s'occuper sérieusement de l'immigration. Hélas! Dix ans plus tard, en 1998, au terme de débats parlementaires consternants destinés à réformer, pour la vingt-cinquième fois depuis la Libération, les règles de l'accession à la nationalité et les contrôles des flux migratoires, Philippe Bernard constate dans *Le Monde* que «les immigrés [sont] réinstallés, à leur corps défendant, dans le rôle de punching-ball du débat politique français[1]». D'ores et déjà, la droite annonce qu'elle reviendra sur les lois adoptées! Car la classe politique, aiguillonnée par les gauchistes, a poursuivi la guérilla comme aux plus beaux temps du mitterrandisme.

Ainsi le déclin de SOS-Racisme, loin de calmer le jeu, a été l'occasion d'une réédition de ce misérable feuilleton franco-français consacré à l'immigration et à la nationalité, avec ses débats, ses polémiques, ses commissions, ses rapports, ses lois et ses contre-lois, ses pétitions, ses manifestations, ses occupations, ses grèves de la faim, ses bavures, ses foulards et ses sans-papiers. Un feuilleton qui laisse l'observateur étranger pantois.

Impuissante à sortir de la crise économique, incapable de faire reculer le chômage, la classe politique se complaît dans ces jeux pervers. Gauche et droite se relancent la balle. Laxisme contre racisme, chacun joue de l'émotion pour remobiliser son électorat. Lorsque le gouvernement réunit des «sages» pour dégager un consensus, fondement d'un éventuel armistice, il est assuré que les groupes activistes saboteront ses efforts et que la polémique se nourrira plus sûrement de la modération que des provocations.

En permanence, le monde politique est en effet défié, déstabilisé, moins par les attaques convenues et attendues du clan lepéniste que par les incessantes turbulences de la société civile. Car les Gardes rouges mitterrandiens ont fait des émules. Leur succès prouve que le monde des intellectuels est extraordinairement réactif aux thèmes de l'antiracisme et de l'antifascisme. Il s'enflamme au moindre prétexte, multiplie les plus irresponsables surenchères, dans la certitude que les médias, aguichés par quelques noms connus, ne manqueront pas de faire écho. Or les gauchistes de tout poil, incapables de construire le projet cohérent qui les sortirait de leur marginalité, sont à l'affût de ces bonnes causes

---

1. Philippe Bernard, «L'introuvable consensus autour de l'immigration», *Le Monde*, 24 décembre 1997.

comme les spéculateurs en Bourse des bonnes affaires. Ils vont donc sauter sur l'occasion et, par le truchement de quelques associations squelettiques, jeter à pleins bidons l'huile sur la braise. Ce petit lobby est totalement coupé de l'opinion, qui ne voit rien de raciste dans les lois Pasqua-Debré, qui ne veut pas d'une France ouverte et communautariste ni d'une régularisation systématique des sans-papiers. Peu importe : en jouant de l'émotion et de l'indignation, des grands principes et des excommunications majeures, une poignée d'activistes parviennent à impressionner la classe dirigeante. La gauche se croit ainsi obligée de se justifier sans cesse, la droite de s'indigner, et les Français n'en finissent pas de s'interroger et de s'inquiéter sans voir que la grosse caisse médiatique orchestre le plus souvent des affaires minuscules.

Ainsi l'immigration et la nationalité vont jouer dans la société française le rôle de ces imprescriptibles querelles que les couples désunis gardent à portée de main pour déclencher une scène de ménage au moindre prétexte. Comme on sait, cet éternel retour des affrontements entraîne une surenchère dans les outrances, les invectives, qui fait monter la méfiance, la rancune et l'incompréhension jusqu'au seuil de l'explosion. De ces mêlées confuses à propos du voile et de la laïcité, du droit de vote des immigrés, ou de ces sans-papiers qui ne sont ni expulsables ni régularisables, les Français retiennent surtout que certains veulent remettre en cause un ordre national et social auquel ils sont attachés. Et ils n'ont pas tort : il existe bien un clan, un clan minuscule qui n'accepte plus le jeu de la République et de la patrie.

Quel est le schéma de ces crises à répétition ? Des contestataires opposent à une règle fixée par l'État des exemples concrets et bien choisis qui en montrent la cruauté ou l'absurdité. Ou bien, au contraire, ils prétendent dénoncer dans une mesure particulière, d'apparence anodine, un principe général et pervers. C'est le Beur qui a fumé un « pétard » et pourrait se faire expulser au nom de la double peine ; c'est un banal refus de naturalisation transformé en preuve irréfutable du racisme national.

En soi, les associations sont dans leur rôle lorsqu'elles dénoncent les abus, lorsqu'elles signalent les risques, lorsqu'elles stigmatisent les dérives. Mais le caractère systématique de ces attaques, la surenchère de l'argumentation, l'outrance des propos – les potes de 1984 n'auraient sans doute pas osé récupérer les victimes de la Shoah en organisant des cortèges médiatiques à la gare de l'Est pour faire l'amalgame entre expulsion et déportation ! – montrent que la contestation s'est déplacée du contenu des lois au principe législatif lui-même. *Ce que refusent les intégristes de l'antiracisme, c'est le droit pour un État de faire la loi sur son territoire, autrement dit le droit pour un État d'exister.* L'aboutissement d'une telle attitude est absurde. Qui voudrait revenir à l'anarchie totale, à la loi de la jungle ? Nos gauchistes, qui sont tout sauf incultes, n'ignorent pas que cette aporie est insoutenable. C'est pourquoi ils se gardent bien de tirer les conséquences logiques de leurs revendications afin de pouvoir toujours exiger une chose et son contraire.

Les défenseurs des sans-papiers ont argumenté pendant des mois et des mois sur l'injustice et l'absurdité des critères imposés par les lois Pasqua-Debré. Pour appuyer leur démonstration, ils ont présenté les témoignages, toujours poignants, de personnes en situation irrégulière. Impossible de ne pas compatir et, franchissant l'étape suivante, de ne pas approuver. Les critères étaient trop étroits, les dispositifs trop durs, et, surtout, totalement incohérents : il fallait plus de clarté, plus de générosité, plus de compréhension. Fort bien. À l'arrivée, nos ultra-pétitionnaires demandent la régularisation en bloc et *sans aucune exception* des 150 000 sans-papiers. C'est dire qu'à leurs yeux les seuls critères admissibles sont ceux qui ne rejettent personne, ce qui revient à refuser la notion même de critère. Autrement dit, ils feignaient de demander une réforme de la législation alors qu'en fait ils voulaient sa suppression pure et simple. À leurs yeux, l'État n'a pas à exercer le moindre droit de regard sur les entrées et les sorties du territoire ; tout étranger doit pouvoir, à sa guise, franchir nos frontières et rester sur notre sol. Les choses ne sont pas dites aussi crûment, mais c'est bien cela dont il s'agit.

Ces positions extrémistes restèrent très minoritaires et furent critiquées, même à gauche. Les contestataires les plus raisonnables admettent les expulsions, mais sous conditions. Ils exigent les garanties d'une procédure respectueuse de la personne humaine, évitant les situations de contrainte et les brimades, etc. On ne peut qu'approuver ces principes et déplorer qu'ils ne soient pas mieux respectés. Encore faut-il en mesurer les conséquences dans la pratique quotidienne.

Une chose doit être bien claire : les clandestins et les sans-papiers entendent rester en France. Ils ne se résigneront à partir que contraints et forcés. Quels que soient les critères retenus, ce sont donc des milliers de personnes qui devront être expulsées. On s'en accommoderait aisément si l'on ne devait reconduire aux frontières que de gros dealers multirécidivistes, mais ce n'est pas le cas. Il s'agit le plus souvent de personnes respectables, de malheureux qui nous demandent l'hospitalité, qui ne menacent en rien la sécurité des citoyens et que nous aurions toutes les raisons humaines d'accueillir sur notre sol. Les voici, ces familles, ces femmes, ces enfants, ces vieillards qu'il faut renvoyer entre deux gendarmes. C'est ainsi que procédèrent les Italiens face aux arrivées massives d'Albanais ou de Kurdes. Et comment ne pas éprouver un sentiment de honte lorsqu'on voit les forces de l'ordre chasser de la sorte de pauvres gens ? Qu'on s'entoure de toutes les garanties judiciaires, qu'on recoure à des charters ou à des lignes régulières, qu'on expulse sans autre forme de procès ou bien après avoir accordé un petit pécule, c'est de toute façon « dégueulasse » dès l'instant où les règles abstraites font place aux êtres de chair et de sang, de souffrance et de détresse.

Or l'expulsion n'est jamais que le dernier acte de la pièce. Elle n'aurait pas lieu d'être si l'étranger attendait, pour entrer, d'y être autorisé, et repartait sitôt qu'il cesse d'être en règle. Par définition, elle suppose le séjour irrégulier qui, lui-même, entraîne la recherche des clandestins, donc les contrôles d'identité, les vérifications, les enquêtes. Rien non plus de sympathique dans tout cela. On dénonce alors la « chasse au faciès ». Inévitable : la police se doit de cibler ses recherches. Elle ne va pas traquer la fraude fiscale chez les Beurs, mais chez les commerçants ou les membres des professions libérales. Elle ne contrôle pas les vieilles dames pour trouver les fauteurs d'agression. Dans chaque cas, elle définit un profil pour limiter le champ de ses investigations. Si l'immigration clandestine provenait essentiellement des pays de l'Est, elle vérifierait en priorité les personnes dont l'accent laisse supposer une telle origine. Si cette immigration vient surtout d'Afrique, elle va centrer ses recherches sur les Noirs et les Maghrébins. Le critère n'est plus économique ou linguistique, mais ethnique, avec tous les risques de dérives que l'on imagine. Mais comment retrouver les clandestins en faisant semblant d'ignorer qu'aujourd'hui 80 % d'entre eux sont d'origine africaine ? Si l'on se refuse à pratiquer des contrôles dans la population susceptible de les abriter, alors il faut dire franchement que l'on accepte soit la présence d'étrangers en situation irrégulière – donc de personnes désocialisées –, soit la régularisation de tous ceux qui en font la demande.

Pour le gouvernement français, le procès est perdu d'avance. Il sera accusé de racisme aussi longtemps qu'il prétendra définir, et surtout faire respecter des conditions d'entrée et de séjour sur son territoire. Inutile donc d'ergoter sur les critères de régularisation et les modalités de l'expulsion qui, d'ailleurs, sont moins nombreux et plus humains chez nous que chez nos voisins. *La revendication non formulée des pétitionnaires est celle d'une France ouverte sans limites à l'immigration.* Est-ce une solution tenable ? Étant donné la situation sociale, économique et politique qui règne au Sud comme à l'Est, le nombre des candidats à l'immigration ne peut qu'aller en augmentant. Ainsi, quoi que l'on fasse, les demandes d'entrée seront toujours supérieures aux capacités d'accueil. Or, le problème est justement de parvenir à intégrer.

Les mêmes associations qui défendent les sans-papiers mènent le combat pour les sans-logis, pour tous les sans-logis, quelle que soit leur situation. Ainsi, selon elles, la France ne doit pas seulement laisser entrer tous les immigrants, elle doit également leur assurer le bénéfice de notre État-providence. Les étrangers, réguliers ou pas, doivent être secourus, soignés, logés, instruits, etc. Aux frais de la collectivité s'ils ne trouvent pas un travail qui leur permette de cotiser au système de protection sociale. Exiger de la France qu'elle donne à tous ceux qui le demandent des papiers, un toit, un travail, un revenu et une protection sociale, n'est-ce pas accumuler toutes les contradictions jusqu'à l'absurde ?

On peut fort bien concevoir qu'un pays ouvre ses frontières sans contrôle. Un peu comme l'Amérique au XIXe siècle. Mais les immigrants qui débarquaient au Nouveau Monde, un maigre balluchon sur l'épaule, ne pouvaient compter sur rien ni personne. Ils devaient se débrouiller. Ceux qui n'y arrivaient pas coulaient, crevaient dans l'indifférence générale. Le droit de venir aux États-Unis était très largement reconnu parce que, précisément, il ne s'accompagnait d'aucun autre.

La France n'a rien à voir avec l'Amérique des pionniers. Elle a construit un système de solidarité entre tous ses habitants. Est-il concevable que les nouveaux venus n'en profitent pas ? Accepterons-nous de voir s'entasser des familles affamées et sans logement, des malades non soignés, des enfants non scolarisés sous prétexte que ces étrangers n'ont pas encore versé leur contribution à la Sécurité sociale ? Accepterons-nous que se reconstituent des bidonvilles sur notre territoire ? À l'inverse, peut-on laisser les frontières ouvertes tout en assurant à tous les arrivants le bénéfice de nos services sociaux qui, déjà, croulent sous les déficits ? S'il suffit de venir en France pour avoir un toit, un revenu minimum, la Sécurité sociale et le reste, les candidats au voyage se multiplieront. Pour le coup, nous serons confrontés aux arrivées massives que dénonce Le Pen. Et la révolte de la population française prendra la forme d'une xénophobie exacerbée. Comme le résume fortement Alain Finkielkraut : « En quoi l'immigration fait-elle problème ? En ceci tout simplement que nous vivons dans un État social et non dans un État libéral. Le bien-être relatif et les garanties que cet État accorde à ses ressortissants ne peuvent pas faire l'objet d'une distribution illimitée[1]. »

La conclusion logique de tout cela, c'est que nos social-démocraties ne peuvent vivre qu'à frontières entrouvertes (sinon fermées) aux pays pauvres. Seule sœur Emmanuelle peut plaider tout à la fois pour les sans-papiers et pour les sans-logis, car elle a opté, dans sa vie et pas seulement dans son discours, pour le partage intégral. Eh oui, la charité illimitée reste l'unique façon de combiner l'ouverture à tous et la solidarité pour tous. Nos prédicateurs de la conscience morale y sont-ils prêts, alors que la plupart vivent retranchés dans le secteur public à l'abri de la préférence nationale ?

La France est un îlot de richesse dans un océan mondial de pauvreté. Un contraste difficile à assumer, car on ne peut tout à la fois vivre en bourgeois – et les Français sont tous des bourgeois plus ou moins bien lotis au regard des populations misérables du tiers-monde – et jouer les François d'Assise. La responsabilité morale, dans une telle situation, impose d'assumer sa condition de riche parmi les pauvres, de définir les limites de la solidarité – elles pourraient d'ailleurs être largement repoussées –, et de vivre l'égoïsme à visage découvert plutôt que de réduire la sainteté à un masque de carnaval. Car il n'est de pire immoralité que de condamner pour son confort moral un système dont on profite pour son confort matériel.

Certes, ces positions radicales sont plus que marginales. Mais les Français vivent sur une image médiatique de leur société. Et la

---

1. Alain Finkielkraut, « Le monde de la haine et des slogans », *Le Monde*, 12 décembre 1997.

place occupée par ces condamnations dites «morales» dans l'information est sans commune mesure avec l'importance réelle des groupes de pression concernés. Ainsi l'opinion peut-elle croire qu'il existe bien un parti de l'immigration qui voudrait ouvrir le pays à tous les étrangers et leur reconnaître les mêmes droits qu'aux nationaux, bref réduire la nationalité française au seul fait d'habiter en France. Toute discrimination entre le national et l'étranger étant jugée scandaleuse, ce dernier ne doit pas se voir refuser le droit de vote, ne doit pas être expulsé en cas de lourdes condamnations : il doit être considéré comme un Français. Sauf pour les emplois du secteur public, bien entendu.

Il ne s'agit pas de s'enfermer à double tour dans notre château hexagonal. Laissons cette claustromanie à Jean-Marie Le Pen et à ses disciples. Il est bon que la France s'ouvre sur l'Europe, que les Européens soient chez eux en France comme nous serons chez nous dans leurs pays. Il est bon encore que des étrangers non européens puissent venir vivre dans notre pays et acquérir la nationalité française. Mais il s'agit là d'une ouverture voulue, délibérée, négociée, dans le cadre d'une vaste politique d'intégration. Rien à voir avec un refus incohérent des frontières et des États.

À force d'entendre ce discours – qui lui parvient par petites bribes, par slogans, par manifestes –, le citoyen français a le sentiment qu'on veut tout à la fois remettre en cause sa nationalité et sa patrie. La France ne sera bientôt plus qu'un moulin à vent et les Français des occupants sans titres de l'Hexagone ! Est-il besoin d'être un ultra-nationaliste pour s'alarmer de telles perspectives ? Et qui va s'employer à calmer les inquiétudes nées de ces propos irresponsables ? Le bon docteur Le Pen, bien sûr.

D'autant qu'on ne se contente pas d'affoler les Français en laissant entrevoir la dissolution de toute spécificité nationale, on veut aussi leur donner à croire que notre République pourrait bien disparaître dans un proche avenir.

Le grand air de la différence

Cette querelle a débuté dès 1984, mais sans qu'on lui prête alors une grande attention. À l'époque, SOS-Racisme prétendait se battre «pour» la différence et pas seulement «contre» le racisme. Dans cette optique, il était entendu que la France ne saurait être lavée de l'accusation suprême qu'en devenant « multiraciale et pluriculturelle ». C'est-à-dire – mais on ne le disait pas encore – qu'elle devait se composer de communautés ethnico-culturelles, voire de minorités nationales plus ou moins autogérées selon leurs propres coutumes et leurs propres règles. La République une et indivisible de nos pères était donc priée de céder la place à une nouvelle république, plurielle et morcelée. Une république à la carte, en quelque sorte. Si les mots ont un sens, il s'agissait de procéder à un chambardement constitutionnel bien plus important que celui de 1958, qui marqua le passage de la IVᵉ à la Vᵉ République.

En effet, *le communautarisme est étranger à notre tradition républicaine,* qui n'a cessé de combattre les particularismes, d'uniformiser et de centraliser le pays. Sans doute à l'excès : on sait comment les langues régionales et les patois furent écrasés sous le rouleau compresseur jacobin. Quant à notre laïcité, elle s'est construite à l'opposé du multiconfessionnalisme à la libanaise, comme un ensemble fort et cohérent de valeurs, et pas du tout comme un vague contrat social vide de toute signification. Cette laïcité combine l'héritage des Lumières avec la tradition chrétienne. Il s'agit donc d'un subtil compromis historique, et non d'un fourre-tout. S'il doit évoluer, il ne saurait être dénaturé.

Ce modèle n'a jamais été sérieusement contesté avant les années 1980. On sait que la renaissance du régionalisme n'a pu atteindre le seuil de crédibilité politique. Quant aux immigrés, il ne leur serait pas venu à l'esprit d'exiger la rupture avec cette tradition ou le changement de nos institutions. La France est comme ça !

Doit-elle rester fidèle à ses principes, doit-elle en adopter d'autres ? L'interrogation n'est pas scandaleuse en soi. Nous avons accepté de bouleverser le pacte national pour construire l'Europe ; nous pourrions le faire à nouveau pour d'autres raisons.

Encore faut-il qu'il y ait débat, que des propositions cohérentes soient présentées et discutées, et qu'en définitive la parole soit donnée au peuple. C'est ainsi que l'Europe se construit peu à peu, avec les difficultés que l'on sait. La Communauté européenne de défense, la CED, fut rejetée par le Parlement dans les années 1950, le traité de Maastricht adopté par référendum dans les années 1990. Partisans et adversaires se sont opposés au grand jour, en toute clarté. Mais la querelle engagée dans les années 1980 ne prendra jamais la forme d'un grand débat démocratique.

L'idée d'introduire dans notre République une et indivisible une « différence » porteuse de multiplicité et de divisibilité fut lancée sans la moindre réflexion, à coup de slogans et de surenchères, dans la frivolité d'une campagne parisienne. Elle fut ensuite l'enjeu de manœuvres politiciennes, de provocations groupusculaires, toujours accompagnées par les fanfares médiatiques.

Lorsque Christian Delorme conduit en 1983 sa triomphale marche des Beurs depuis les Minguettes jusqu'au bureau présidentiel de l'Élysée, la revendication islamiste n'apparaît jamais. Pas un instant les 100 000 marcheurs européens ou maghrébins ne revendiquent un quelconque droit à la différence au nom d'une spécificité arabe ou musulmane. Les immigrés demandent à s'intégrer dans la société française comme ceux qui les ont précédés, un point c'est tout. C'est cette situation que SOS-Racisme va bouleverser en toute inconscience. Le journaliste français d'origine algérienne Slimane Zeghidour a été témoin de cette rupture : « J'ai été à la Mutualité pour l'annonce de la création de cette association [SOS-Racisme]. Sur les dix-huit personnes qui étaient à la tribune, il n'y en avait pas une seule d'origine maghrébine. C'était quand même significatif : quelque temps après un mouvement de Beurs contre le racisme et pour l'intégration, on crée un autre mouvement où on ne trouve pas utile de convoquer un Beur au moins pour la figuration. Que disait SOS-Racisme ? Il insistait sur les racines, la culture d'origine, etc. Le contraire de ce que criaient les Beurs[1]. »

Pourtant, le même président de la République qui s'était fait photographier avec les Beurs en marche pour l'intégration parraine maintenant les potes en lutte pour la différence. N'importe quoi ! Et l'on se fiche bien des immigrés dans ces jeux politiciens : dès lors que la « différence » convient mieux que l'« intégration » à la stratégie d'affrontement, va pour la différence !

La République multiple et divisible

Le slogan, lancé à la légère en 1984, a fait bien du chemin au cours des années suivantes. D'un côté, un islamisme très minori-

---

1. *L'Antiracisme dans tous ses débats*, sous la direction de Lucien Bitterlin, Paris, Arléa, 1996.

taire mais très actif s'est développé au sein de la communauté musulmane. Ses partisans rejettent absolument le jeu de l'assimilation. Condamnant nos mœurs, ils entendent vivre en France, mais en rejetant la laïcité républicaine. D'un autre côté, des intellectuels se sont pris de passion pour le multiculturalisme et le communautarisme, les brandissant comme des idéologies de combat. Quant aux pouvoirs publics, toujours pris à contre-pied, toujours incertains, ils sont à l'époque en plein désarroi, coincés entre des valeurs républicaines qu'ils n'osent plus défendre et des revendications communautaires auxquelles ils ne savent pas s'opposer.

La crise qui couvait éclate au grand jour à l'automne 1989, au lycée de Creil, dans l'Oise, lorsque le proviseur du lycée refuse d'admettre trois jeunes filles portant le foulard islamique. La France ne comprend rien à l'affaire. Elle va découvrir peu à peu qu'il ne s'agit pas là d'un accoutrement folklorique, mais d'un signe de soumission de la femme. Les antiracistes hurlent… à l'intolérance raciste, le Front national à l'islamisation de la France, la gauche se déchire et patauge, et la droite vole au secours de la laïcité. Le ministre de l'Éducation nationale, Lionel Jospin, lâche son proviseur et repasse le bébé au Conseil d'État. Ces messieurs du Palais-Royal se réfugient derrière une jurisprudence que, pourtant, ils établissent eux-mêmes et peuvent donc modifier à tout moment, pour renvoyer le problème aux établissements scolaires. Les mouvements islamistes, qui ont manigancé toute l'affaire, font alors fleurir les foulards un peu partout, et les directeurs d'établissement qui refusent de cautionner l'abaissement des filles sont le plus souvent désavoués par la justice. François Bayrou, successeur de Lionel Jospin, balance entre la faiblesse et l'intransigeance. En définitive, la France est incapable d'affirmer haut et fort que l'égalité homme/femme est un principe intangible dans la République et que l'Éducation nationale, garante de la laïcité, ne saurait admettre que l'on impose aux élèves un symbole de la subordination féminine qui nous ramènerait très loin en arrière.

Il en va de même pour la polygamie, cet autre défi lancé aux principes républicains. Certains immigrés, notamment en provenance du Mali, entendent maintenir en France une coutume rendue particulièrement attrayante par le détournement des allocations familiales. Les autorités s'efforcent avec une belle constance de fermer les yeux ou de minimiser le problème. Elles restent sourdes aux protestations des femmes africaines, elles en viendront même à édulcorer des rapports officiels. Le Conseil d'État – encore lui ! – fait preuve de la plus extrême bienveillance. Certains offices de HLM aménagent des logements pour les familles polygames. Quant aux médias, redoutant toujours de se voir accuser de racisme, ils préfèrent ne rien voir.

Au sein de la communauté immigrée, le comportement laïc et républicain reste la règle et ces dérives sont exceptionnelles. Ce n'est pas une raison pour les tolérer, d'autant moins que des questions de principe sont ici en cause. Lorsque nos gauchistes prétendent démontrer, à partir d'une bavure policière ou d'une stupidité administrative, que l'État français est raciste et fasciste, ils ont tort car il s'agit de cas individuels. Il n'existe pas, que je sache, un droit au racisme reconnu dans la société française. Malheureusement, c'est vrai, il y a des individus racistes. Les principes sont bons, mais les hommes sont ce qu'ils sont. En revanche, le port du foulard islamique et la polygamie ne sont nullement présentés comme des « bavures » : l'un et l'autre sont revendiqués comme des *droits*. Peu importe, dès lors, que le cas soit unique ou qu'il s'en soit produit des milliers : il faut trancher sans ambiguïté la question de principe. À l'intention des étrangers comme des Français, il faut dire ce qu'est la France. On verra ensuite à se prononcer sur les cas individuels. Si on ne le fait pas, l'incitation sera forte de défier chaque jour un peu plus cette république qui ne sait plus défendre ses valeurs.

Dans le cas du foulard islamique comme sur la question de la polygamie, des intellectuels étiquetés de gauche – pas tous, heureusement – vont prendre position en faveur des coutumes ancestrales au nom du multiculturalisme. Certains iront même jusqu'à faire preuve de « compréhension » vis-à-vis de l'excision. Ces hommes et ces femmes qui traquent dans la société française la moindre trace de sexisme se montrent d'une incroyable indulgence à l'égard des pires formes d'oppression féminine dès lors qu'elles se réclament de cultures non européennes. À croire que les peuples concernés ne sont pas dignes des droits de l'homme… Où sont les racistes ?

En France, l'islam doit être laïc et républicain au même titre que toute autre religion. Oui aux mosquées dans les villes, non aux foulards à l'école. L'intégrisme, qu'il soit chrétien, juif ou musulman, ne peut avoir sa place dans notre pays dès lors qu'il prône des valeurs contraires à notre Constitution – à ses principes et pas seulement à son dispositif institutionnel – et que, de surcroît, il prétend leur reconnaître une force supérieure à celle de nos lois. Et cela doit être dit.

Dans le même temps, des sociologues de renom – toujours plus attirés par la diversité que par l'uniformité des groupes sociaux – cautionnent les courants multiculturalistes. Peu à peu l'idée d'assimilation, forme traditionnelle de l'intégration française, est identifiée comme un projet ethnocidaire. L'étranger doit préserver en France son mode de vie traditionnel à l'image du colon qui conservait en Afrique des façons d'être européennes. Le colonialisme s'est inversé. Il n'en est pas moins détestable. À la limite, on ne sait plus si tous les habitants de ce pays doivent respecter le même droit, ou bien, au contraire, si le droit coutumier ne pourrait pas supplanter la loi républicaine au sein de certaines communautés !

La nationalité française serait alors réduite à n'être plus qu'un vague contrat d'établissement, tandis que le lien social vivifiant serait celui qui unit les membres de chaque communauté. Quel serait le devenir des Français – des « Français de souche », comme on dit – dans une telle société ? On imagine bien qu'un système de ce type exalterait les différentes minorités qui sont aujourd'hui intégrées dans la nation française. Arabes, Noirs, Asiatiques, Juifs affirmeraient fortement leur personnalité, resserreraient leurs solidarités, tandis que certaines régions, la Corse, la Bretagne, les Antilles, qui ont préservé leur identité traditionnelle, ne manqueraient pas en effet de la voir revivifiée. Mais cela ne concernerait jamais qu'une faible partie de la population : les Français, dans leur immense majorité, n'ayant plus d'attaches communautaires se retrouveraient perdus, apatrides dans leur propre pays.

Et l'on prétend faire cela en douce, sans en débattre, sans consultation populaire, par petites avancées, au hasard des manigances groupusculaires ? Veut-on vraiment rendre les Français enragés ? Ne sait-on pas que l'on joue avec un feu des plus dangereux : celui du nationalisme ?

Les chantres du multiculturalisme sont peu nombreux, c'est vrai. Mais les avocats de la République qui devraient leur apporter la contradiction sont rares et bien irrésolus. Ils savent que la condamnation d'idéologies ethno-intégristes et la défense de principes républicains fondamentalement antiracistes ne manqueraient pas d'être taxés de racisme dans ce monde de l'imposture.

Cette remise en cause des principes républicains est d'autant plus incroyable et scandaleuse que nous nous bornons à vouloir les faire respecter chez nous, pas chez les autres ! Après tout, la France n'est pas une prison, et ceux qui entendent, envers et contre tout, défendre la conception islamique de la femme ou l'organisation polygamique de la famille sont libres de s'installer dans un pays qui admet ces pratiques. Au nom de quelle obligation transcendante les Français devraient-ils d'abord accueillir tous les étrangers, sans la moindre limitation, puis leur reconnaître les mêmes droits qu'aux nationaux, sans la moindre exception, et, enfin, les laisser libres d'ignorer les principes de la République ? Voilà pourtant ce que donnent à entendre, puis à croire, certaines déclarations et manifestations qui accréditent ainsi les pires fantasmes lepénistes.

Il est pourtant simple d'expliquer : « Souhaitons-nous vivre dans cette France déchirée, rapiécée, rapetassée que nous tricotent les partisans du multiculturalisme ? Dans une France braquée sur ses différences, obsédée par les origines raciales, ethniques, religieuses ? Dans une France où des groupes bénéficieraient de droits collectifs particuliers, dérogatoires au droit commun ? Une France qui deviendrait une mosaïque de tribus, et l'État de droit un abominable État coutumier, une jungle ? Eh bien non, nous ne voulons pas de cette France-là. » Voilà ce que devraient affirmer haut et fort nos hommes politiques pour rassurer leurs compatriotes et empêcher que le Front national ne récupère ces angoisses. Mais non, c'est un journaliste, Christian Jelen, qui le dit dans son superbe plaidoyer pour la République[1]. Encore doit-il prendre bien soin de rappeler qu'il est juif, que sa famille fut victime de la Shoah, afin que sa profession de foi ne soit pas récusée d'emblée par le terrorisme intellectuel.

La France tribalisée, la nationalité dévalorisée : cela ne leur suffit toujours pas. Nos prophètes de l'antiracisme ont fabriqué une idéologie encore plus radicale : l'immigrationnisme. Leur souci de considérer les cultures différentes comme supérieures à la nôtre n'est pas une lubie temporaire, elle traduit une conviction idéologico-politique. On sait que cette mouvance d'ultra-gauche n'en finit pas de porter le deuil de la classe ouvrière. Selon l'utopie marxiste, le prolétariat ouvrier est le moteur de la Révolution, l'ac-

---

1. Christian Jelen, *Les Casseurs de la République, op. cit.*

coucheur des temps nouveaux. Or, comment ne pas voir que le héros est plus que fatigué ? Sur le plan politique, la classe ouvrière a toujours été manipulée, tantôt par les démagogues, tantôt par les bureaucrates ; et voilà que, sur le plan économique, elle se réduit comme peau de chagrin ! Il faut à tout prix redistribuer les rôles de la saga historique.

Le sociologue Paul Yonnet, irréductible pourfendeur de SOS-Racisme, a fort bien observé l'élaboration du nouveau mythe : « Une utopie se construit avec pour héros social un immigré sacralisé qui a chassé l'ouvrier dans l'imaginaire prophétique. L'immigrationnisme antiraciste déclare inévitable et bienfaisante la subversion lente du vieux pays, établissant ainsi – à l'instar du communisme – un lien entre l'avenir et une catégorie sociale. L'immigré se retrouve, après l'ouvrier, investi d'une mission, agent d'une inéluctabilité historique [1]. » Ainsi, il ne suffit pas de reconnaître que l'immigration actuelle, à l'égal de celles qui l'ont précédée, se révélera positive pour la France. (Ce qui implique qu'elle s'intègre peu à peu dans la culture française pour, aux sens propre et figuré, la colorer.) Il faut maintenant croire qu'elle est notre planche de salut, qu'elle seule est à même de régénérer notre société décadente. Bref, sans les nouveaux Français venus d'Afrique, nous serions fichus ; c'est dire que, toutes affaires cessantes, nous devrions nous mettre à leur école.

Le plus incroyable, c'est que les illuminés qui soutiennent ces élucubrations ne sont pas payés par Le Pen. Non, c'est gracieusement qu'ils lui offrent cet épouvantail de l'immigrationnisme pour rassembler autour de lui les Français.

L'Europe des patries

Ce fantasme d'une France réduite à un espace ouvert dans lequel des communautés viendraient se constituer comme des nomades plantant leurs tentes dans le désert a été proposé aux Français au moment même où ils subissaient un double choc : celui de la mondialisation et celui de l'Europe.

---

1. Paul Yonnet, « Voyage au centre du malaise français », *Le Débat*, Gallimard, 1993.

D'un côté, nous l'avons vu, la conjoncture mondiale transforme en profondeur les rapports économiques et sociaux. Or la primauté du capital sur le travail, du financier sur le social, de la rentabilité sur la productivité, cet accroissement des inégalités, ces mouvements de concentration et ces menaces de raz de marée spéculatif nous sont imposés de l'extérieur. C'est contre notre gré que nous devons changer : en nous adaptant ou bien en subissant. Or ce nouveau modèle est étranger à la tradition française ; il suffit de l'écouter : il parle américain. La France semble donc avoir perdu la maîtrise de son destin, n'être plus capable de construire un devenir collectif et particulier pour ses enfants. Ce sentiment est accentué par le subterfuge de la politique « automatique » qui reporte sur l'étranger la responsabilité de nos décisions. Bref, la souveraineté étatique cède la place à ce « machin » qui n'est plus guère qu'un relais du système-monde. Rien de bien rassurant.

D'autre part, nous vivons, depuis le début des années 1990, le traumatisme, longtemps différé, de l'intégration européenne. Les Français, si désinvoltes vis-à-vis de la loi commune, si individualistes dans leur façon de se débrouiller, découvrent l'importance de la communauté nationale au moment même où elle se trouve remise en question. Bruxelles devient le censeur de nos combines hexagonales, il prétend nous imposer une discipline bien étrangère à notre tradition. La population s'inquiète et s'irrite de voir que l'étranger nous bouscule et que la France recule. Pour détestable qu'elle soit, la fronde des chasseurs est, hélas, représentative de cette sensibilité nationale.

Le traité de Rome n'avait guère troublé l'opinion : c'était du commerce. En revanche, chacun comprend qu'avec les traités de Maastricht et d'Amsterdam, la naissance de l'euro, on touche à l'essentiel : non pas à la politique – Dieu sait si nous avons l'habitude de changer nos règles constitutionnelles ! – mais à la *nation*, autant dire à la civilisation. Certes, nous devrions gagner à terme une patrie continentale, mais, dans l'immédiat, nous avons le sentiment de perdre un pays ; car l'avènement de l'Europe, c'est pour après-demain, et le recul de la France pour aujourd'hui. Que deviendront les idées de nation et de nationalité après les transferts massifs de souveraineté, après l'abandon des règles d'unanimité ? Être français, c'était une identité, une garantie, une protection ; ce pourrait n'être plus qu'un particularisme, un régionalisme, une « différence » au sein du grand ensemble européen.

La construction européenne n'est pas une croisière, mais une aventure, c'est-à-dire un voyage qui emprunte une direction connue pour atteindre des terres inconnues. Elle est lourde d'incertitudes, donc génératrice d'inquiétudes. Voilà ce que nos champions de la cause européenne ne peuvent pas comprendre, eux qui semblent toujours disposés à passer la France par profits et pertes. N'avaient-ils pas pesté contre la volonté gaullienne de construire une «Europe des nations»? À l'époque, pourtant, les Français, rassurés par le patriotisme intransigeant du Général – puis, pendant un certain temps, de ses successeurs –, avaient accepté l'ouverture européenne comme une évidence. L'Europe avait même fini par devenir le sujet ennuyeux par excellence : celui qui ne fait pas problème. Ces temps sont révolus. Pourquoi ?

La première raison indiscutable est que la construction européenne franchit des étapes nouvelles, décisives, autrement plus lourdes de conséquences. On ne va tout de même pas abandonner notre franc sans un pincement au cœur et une inquiétude à l'esprit ! Mais il y a une deuxième raison. C'est qu'indépendamment de ces changements à venir la France semble très incertaine d'elle-même. France ouverte, France pluriculturelle, France mondialisée, France communautarisée, elle a cessé d'être la garante d'un certain art de vivre ensemble.

Croit-on vraiment que l'on fera des Européens résolus avec des Français incertains ? Cela me semble bien improbable. Il faudra des années, peut-être des décennies, avant que le patriotisme européen puisse prendre le relais du patriotisme français.

Les esprits progressistes sont tentés de substituer à la nation un universalisme fondé sur les droits de l'homme. Le projet européen participe de cette tendance. Mais prenons garde : depuis l'effondrement du communisme, nous savons que ce rêve est dangereux. Quand les nations sont ébranlées, ce n'est pas l'universalisme qui s'impose mais le tribalisme qui renaît ! Et qu'est-ce que le lepénisme, sinon la tentative de faire dégénérer le patriotisme français en tribalisme tricolore ?

L'Europe est indispensable, puisque nous n'avons le choix qu'entre une France seule, qui serait bientôt broyée par le système mondial, et une France européanisée qui, dans ce nouvel ensemble, conserverait une certaine maîtrise de son destin. À cette raison que l'on répète à satiété s'en ajoute une autre que l'on ne dit pas : c'est que la société française ne trouve plus en elle la force de corriger ses plus graves défauts. *Si nous refusions l'Union européenne, nous perdrions notre dernière chance d'éviter la catastrophe financière et l'implosion corporatiste et, pour couronner le tout, la victoire du Front national.* Seule la pression de l'extérieur peut faire évoluer des habitudes devenues une seconde nature et des structures fossilisées en situations acquises. Bref, l'Europe est bonne pour autant qu'elle traite ces pathologies françaises, mais devient, il est vrai, détestable lorsqu'elle s'attaque à notre culture et à notre identité.

Les Français ont donc besoin de repères, sinon de garanties. Ils doivent être assurés que la France perdurera dans l'Union européenne, qu'*en dépit des inévitables abandons de souveraineté elle restera une nation* : riche de sa mémoire, forte de son identité, porteuse d'un art de vivre particulier. Bref, que l'objectif n'est pas de dissoudre notre patrie, mais de la faire vivre dans un ensemble plus vaste. Ainsi la construction européenne suppose-t-elle un renforcement des liens affectifs et culturels qui unissent les Français à la France.

Or les eurocrates tendent à considérer ces troubles de l'opinion comme autant d'archaïsmes qui tardent à disparaître. Élus sans pouvoirs ou fonctionnaires sans responsabilités, ils voient dans les nations un obstacle à leur puissance et prônent tout ce qui peut les affaiblir : le libre-échangisme à tout va sur le plan économique, mais également le communautarisme sur le plan politique. C'est ainsi que les directives européennes s'efforcent de nous imposer les droits des minorités, le multilinguisme et autres billevesées communautaristes. *Oui, l'Europe est un combat : contre les europhobes, mais également contre les europhiles de tendance intégriste.* La France ne doit ni se résoudre à l'isolement ni se dissoudre dans l'Europe.

Les deux nationalismes

Ainsi voit-on se conjuguer contre la République une et indivisible la pression de trois utopies antinationales : celle du néocapitalisme mondial, celle de l'européanisme intégriste et celle du communautarisme pluriculturel. Au total, les Français ont le sentiment que la nation a cessé d'être la mère tutélaire et protectrice, qu'elle ne joue plus son rôle. Pour la bourgeoisie, rassurée par son argent, sa compétence, ses positions sociales, cela n'est pas bien grave. Pour la France statutaire, garantie contre les aléas de la vie par ses murailles de droits acquis, c'est encore supportable. Mais pour la France précaire, qui n'a le choix qu'entre le bord et le fond du précipice, c'est beaucoup plus inquiétant.

Certes, les jeunes chômeurs sans formation ne tiennent pas de grands discours sur la patrie. Ils constatent simplement qu'ils sont licenciés au nom de la compétition internationale, du capitalisme mondial, des puissances d'argent, bref de forces apatrides et extérieures, et qu'ils se trouvent en concurrence sur le marché du travail avec des étrangers venus en France au nom de l'immigration, c'est-à-dire de l'ouverture cosmopolite. Ils sont donc tout naturellement tentés par le protectionnisme économique et national cher à la logique « gaucho-frontiste » mise en lumière par Pascal Perrineau. Face aux intégristes qui prônent tous les jours l'ouverture totale de la France aux capitalistes et aux travailleurs étrangers, ils développent une double xénophobie – aussi radicale que prévisible. Font-ils autre chose que demander à l'État cette protection qu'il accorde sans limites à ses fonctionnaires et que les entreprises concèdent à leurs salariés les plus compétents ? Pourquoi seraient-ils les seuls à être privés de droits ? Ils rejettent donc cette France ouverte aux populations comme aux capitaux, que les partis de gouvernement incarnent à leurs yeux. Chômeurs, donc protestataires. Or, que trouvent-ils aux deux extrêmes du spectre politique ? Exactement ce qu'ils demandent : un nationalisme défensif et protecteur.

L'extrême gauche met en avant le modèle « national », beaucoup plus sécurisant, qui rejetterait l'économie mondiale et ses menaces derrière les barrières protectionnistes. L'extrême droite revendique la « préférence nationale » et la fermeture des frontières pour faire barrage aux populations étrangères. Dans un cas comme dans l'autre, il s'agit d'ériger la France en rempart contre les menaces venues de l'extérieur.

Ces deux approches, présentées comme radicalement opposées et inconciliables sur le plan politique, n'ont rien que de parfaitement complémentaire pour un jeune chômeur sous-qualifié, un « gaucho-frontiste ». Il ne verra donc aucune contradiction à manifester derrière Christophe Aguiton après avoir voté pour Le Pen. Et ce passage d'un extrême à l'autre n'est pas l'expression d'une simple protestation ; il reflète alternativement les deux formes que prend le nationalisme crispé et désespéré. Face au rejet de l'étranger, l'extrême gauche dénonce bien le capitalisme apatride, mais reste favorable à l'immigration; en revanche, le Front national prône tout à la fois le refus des immigrés et celui de l'Europe. Bref, un repli total sur soi.

En 1998, le FN s'est fait doubler par l'extrême gauche qui, en lançant le mouvement des chômeurs, s'est imposée comme l'avocat de la France précaire. Mais cette simple péripétie ne l'empêchera pas de poursuivre sa progression au-delà des régionales de mars. Entre les petits Blancs excédés de s'entendre traiter de racistes chaque fois qu'ils se plaignent et les jeunes sans formation qui voient dans l'étranger, capitaliste ou travailleur, une menace permanente, et dans le nationalisme leur seule protection, le Front national dispose d'une belle armée de réserve. Le miracle est qu'il n'en ait encore mobilisé qu'une partie.

Le coup d'arrêt qui semble empêcher le FN de passer la barre des 15 %, nous le devons jusqu'ici à l'interdit républicain unanimement réaffirmé depuis quinze ans par la classe dirigeante. Mais cette défense, la seule que nous ayons jamais su mettre en place, est bien insuffisante pour nous apporter une garantie absolue.

D'abord parce que cet interdit est bafoué par ceux-là mêmes qui devraient s'en faire les protecteurs. On ne s'allie pas avec le diable, mais on n'en profite pas non plus. Or la gauche n'a cessé d'utiliser le Front national pour peser sur la droite; elle en a fait son «assurance-vie», selon l'expression féroce de Catherine Nay. Une telle duplicité ne peut qu'inciter la droite à refuser une règle du jeu dont profite systématiquement la gauche. Dans l'inventaire du mitterrandisme que voulait faire Lionel Jospin, il n'est que temps pour lui de dénoncer haut et fort l'instrumentalisation électorale du FN – souvenons-nous tout de même que Michel Rocard fut le seul socialiste à démissionner lorsque François Mitterrand décida d'inviter Le Pen et les siens au Palais-Bourbon! –, de poser en règle absolue que la gauche n'acceptera plus jamais une triangulaire avec l'extrême droite, et de réformer tous les modes de scrutin en conséquence.

En outre, cette barrière de l'interdit est d'autant plus efficace qu'elle a trouvé en Le Pen l'ennemi idéal. Avec lui, tout est clair, il est la vivante justification de l'ostracisme républicain. Mais il faut déjà préparer l'après-lepénisme, le temps des Bruno Mégret, des Bruno Gollnisch et des autres, tous ces hommes qui évitent soigneusement l'outrance populiste et s'efforcent de rassurer. Ce ne sont pas des tribuns : là est leur faiblesse, mais aussi leur force. Car lors des soirées électorales, ils se confondent avec les autres hommes politiques. Il ne sera donc pas aussi facile de les démasquer aux yeux des électeurs.

D'autant plus qu'ils ne partiront pas à l'assaut des défenses adverses comme Jean-Marie Le Pen. Ils tenteront de les contourner. Avec la droite, ils joueront profil bas, proposant simplement de transformer un pouvoir de nuisance en neutralité bienveillante, en soutien discret. Rien de trop compromettant. Juste ce qu'il faut pour entrer dans le jeu politique. Pour montrer que leur parti est comme les autres, qu'ils sont injustement tenus à l'écart. C'est dans un deuxième temps seulement qu'ils mettront en avant leur programme, puis que, pas à pas, ils tenteront de franchir les marches qui conduisent au pouvoir. Bref, la condamnation majeure, réponse commode à un ennemi qui ne cessait de défier « la bande des quatre », sera beaucoup plus difficile à manier et beaucoup moins efficace face à des adversaires qui se déroberont.

Pour arrêter la machine FN, pour contenir son électorat potentiel, il ne suffira pas d'être défensif, il faudra être offensif. Jouer du positif et pas seulement du négatif. Or l'antilepénisme militant connaît très mal ce registre. Il fonde toute son argumentation sur la dénonciation et la répulsion. Pour les tenants de cette approche simpliste, il convient de montrer Le Pen tel qu'il est, de le fustiger, de l'affronter pour le faire reculer. Bref, deux stratégies de la peur s'opposent : peur du fascisme contre peur de l'étranger. C'est ainsi que la progression du Front national a été ralentie ; ce n'est pas ainsi qu'on le fera reculer. Surtout pas dans l'après-lepénisme.

Désormais, il nous faut dire pourquoi nous combattons, et c'est là que le bât blesse. Les plus virulents antilepénistes, ceux que l'on voit toujours en tête des cortèges, dont on retrouve les noms au bas des pétitions, dont on recueille les propos dans la presse, sont aussi les plus ardents défenseurs des thèses antinationales : mondialistes, européanistes, immigrationnistes, communautaristes, etc. Ainsi l'hostilité à Le Pen et le renoncement à la France seraient l'envers et l'endroit d'une même médaille ! Rien de plus consternant que ces manifestations dans lesquelles les adversaires du Front national scandent « À bas Le Pen ! » et laissent ceux d'en face crier « Vive la France ! ». Comme si l'idée de patrie n'était pas autant de gauche que de droite ! Comme si l'amour de la France était réservé aux héritiers de Vichy ! *Il est temps de remettre la nation dans notre camp et de ne laisser à l'adversaire que le natio-*

nalisme ; il est temps de porter haut et fort les valeurs de la République, de montrer qu'elles protègent tous les Français, même les plus faibles, de cesser d'affoler les Français avec l'immigration, bref de renoncer à l'antilepénisme primaire pour se consacrer tout simplement à la défense de la France.

Épilogue
LE PIRE N'EST JAMAIS SÛR

Ainsi progresse un scénario dont nous connaissons déjà la scène finale. Mais la pièce n'est pas jouée pour autant, et, jusqu'au baisser du rideau, bien des choses peuvent encore se produire car les acteurs ne sont pas des automates programmés et le paysage n'est pas un décor immuable. Oui, les personnages peuvent changer de rôle et l'imprévu venir perturber l'action.

D'abord, n'oublions pas que les prochains actes vont se dérouler dans un monde tout différent, celui de l'euro. L'ensemble de notre vie politique et économique s'en trouvera bouleversé. Dans mon scénario initial, j'ai supposé que l'affaire tourne mal et que la France, secouée de crises violentes, se révèle incapable de respecter la discipline collective et finisse par se mettre en congé de l'Europe. Une rupture qui ne manquerait pas de profiter au Front national. L'hypothèse ne peut être exclue, mais il faut savoir que la mécanique européenne est fort contraignante. Les États membres ne pourront certainement pas se retirer de la monnaie unique comme ils se mettaient naguère en congé du Système monétaire européen, ou comme ils en changeaient les règles du système lorsqu'ils traversaient une mauvaise passe. La renonciation à la monnaie nationale deviendra rapidement un fait irréversible. Au reste, aucun dispositif de sortie n'a été prévu.

Ainsi les contraintes que nous refusons aujourd'hui vont peser avec une force que nous n'imaginons pas. Ce peut être l'occasion de ne plus jouer à l'âne de Buridan qui se laisse mourir de faim faute de savoir choisir lequel de ses deux picotins il mangera en premier. Depuis des années, nous vivons dans l'idée paralysante que les choses peuvent se faire ou ne pas se faire, qu'il est toujours possible de garder les choses en l'état, aussi bien que de les chan-

ger. Tout rappel de la nécessité se trouve catalogué «pensée
unique» et fait surgir la possibilité de «l'autre politique», relan-
çant le débat entre «faire ou ne pas faire». Nous ne vivons que
dans le préjudiciel. Une fois l'Europe faite, c'en sera fini de ces
sempiternelles discussions. Ce qui est sera.

Prise dans cette dynamique, la France pourrait échapper à ses
démons et se ressaisir. Pour peu qu'une forte croissance pousse
dans le bon sens, elle entreprendrait l'assainissement de ses
finances et mènerait à bien les réformes indispensables. Bref, on
ne doit pas exclure qu'une France européanisée étonne son
monde. Elle en a la capacité, il ne lui manque que la volonté. Mais
on connaît de ces élèves doués qui, anciens cancres, se révèlent en
changeant d'enseignement. Il ne s'agit pas là d'une simple hypothèse d'école. N'a-t-on pas vu l'Italie, oui, l'ingouvernable Italie,
effectuer sous la pression des exigences européennes un redressement qui a époustouflé ses partenaires ? Si l'on peut retrouver les
voies de la sagesse financière après avoir si longtemps et si loin
dérapé, c'est que tout est possible pourvu que l'on entre dans la
logique d'une discipline collective.

De telles circonstances perturberaient – et il faudrait bien sûr
s'en réjouir – notre compte à rebours. Le Front national, fondamentalement anti-europeén, se trouverait en porte à faux. Si l'euro
est une réussite, s'il s'impose dans les mœurs et les esprits, quelle
sera la crédibilité d'un parti proposant de quitter l'Europe et de
fermer les frontières ? En 2002, une telle politique a toutes les
chances de paraître aussi anachronique que la restauration de la
monarchie, aussi irréaliste que l'abandon de l'énergie nucléaire. Si
donc l'euro devient rapidement un fait irréversible, il risque de
laisser le FN sur le bord de la route. Espérons que, cette fois, aucun
parti ne viendra jouer les auto-stoppeurs pour le remettre dans la
course.

Un deuxième facteur de changement va intervenir : c'est l'approche des échéances. Nous l'avons montré, la classe politique, la
gauche en l'occurrence, se sert du Front national pour contrer la
droite sans tenir le moindre compte des risques que recèle une
telle stratégie. La manœuvre paraissait sans danger, puisque la
venue au pouvoir du FN était impensable. Chacun sait désormais
que la grenade est dégoupillée et qu'elle menace de sauter à la
figure du prochain qui l'utilisera pour jouer au billard. Comment
imaginer que notre vie publique ne s'en trouvera pas modifiée ?

Le petit monde politique a connu les délices de l'irresponsabilité quand les plus condamnables manœuvres n'avaient que des conséquences réversibles ; il se retrouvera dans un univers fondé sur la responsabilité, qui ne pardonne plus les fautes.

Le Front national lui-même, nous l'avons vu, changera d'image comme de stratégie. Il ne voudra plus s'afficher comme une formation marginale et provocatrice, il cherchera la respectabilité, la notabilité. Et dès lors qu'il se pensera comme un parti de pouvoir, il en adoptera certains comportements. Ses dirigeants calculeront leur stratégie en fonction des places à prendre, ils voudront se faire élire et réélire, ils seront sensibles à des séductions qu'ils ignoraient dans les années précédentes.

Qui plus est, on le sait, le FN a usé et abusé d'un très grand privilège : celui de n'avoir encore rien fait. Tenu à l'écart de toutes les responsabilités, n'ayant aucune prise sur les affaires publiques, il s'est du même coup trouvé à l'abri des « affaires ». Il a donc pu se targuer d'une innocence qui n'était que la marque de son impuissance. Il n'empêche que cette posture de « chevalier blanc » a donné une force singulière à son slogan meurtrier : « Tous pourris ! » Mais il a suffi qu'il accède à quelques responsabilités municipales pour qu'éclatent au grand jour son népotisme, son clanisme, son favoritisme, qu'il se trouve éclaboussé par les scandales et les faits divers, pour qu'apparaisse aux yeux de tous l'extraordinaire médiocrité de son personnel. Gageons que l'image d'intégrité dont il aime à s'affubler ne résisterait pas longtemps à l'épreuve d'un pouvoir, même territorial, même partagé. Pour les leaders frontistes aussi, les règles du jeu changent et pas seulement à leur avantage.

Or de telles échéances s'annoncent dans la plupart des domaines, et cela impose une nouvelle manière de gouverner. Nous nous sommes installés depuis vingt ans dans l'urgence. Nos gouvernants, transformés en pompiers, consacrent toute leur énergie à étouffer les départs de feu, à désamorcer les bombes. Bref, ils parent au plus pressé et n'ont jamais le temps – ou le courage – de se consacrer à l'essentiel, c'est-à-dire à l'avenir. L'urgence, c'est encore et toujours de maintenir la paix sociale.

Cette agitation frénétique traduit l'affaiblissement de l'autorité publique et le renforcement des intérêts privés. Les gouvernements vivent sous la menace permanente de groupes, de catégories, de corporations ou de lobbies qu'ils ne sont pas en état d'affronter. Ils doivent donc coûte que coûte les apaiser, les combler, et, surtout, leur assurer que rien ne changera pour eux. D'où ce double jeu visant à donner l'illusion du mouvement à l'opinion et la garantie de la pérennité aux intéressés. Tels sont les effets de cette dictature de l'instant qui nous condamne à un immobilisme ruineux.

Dans les années qui viennent, l'urgence nous imposera plus que jamais sa loi, mais elle va changer de nature. Lors des crises de 1995 et de 1998, le gouvernement a pu désamorcer les conflits en maintenant le *statu quo*. Fort bien, mais que se serait-il passé en 1995 s'il n'avait pu ni payer les retraites des régimes spéciaux, ni les faire payer par le pays, ni creuser les déficits ? Et comment s'en serait-il sorti en 1998 face à des émeutes de type insurrectionnel qui n'auraient laissé le choix qu'entre le recours à la force et l'instauration d'un impôt de solidarité ? Voilà toute la différence entre la fausse urgence que nous subissons depuis vingt ans et la vraie, celle que nous allons connaître. Jusqu'à présent, il était toujours possible de renoncer, de faire demi-tour, de « faire comme si » le choix nous était laissé d'agir ou de ne pas agir. Désormais, ces dérobades nous serons interdites. Comme la Corée du Sud ou l'Indonésie acculées par le krach économique, nous nous retrouverons le dos au mur, sans possibilité de reculer. Or, nous avons si bien reporté sur l'avenir les problèmes du présent que ces échéances, auxquelles nous devrons faire face sans recourir aux habituels accommodements, s'annoncent redoutables. Voici venir l'heure des comptes.

Cette nouvelle urgence ne manquera pas de se répercuter sur l'opinion. Dès lors qu'il faudra payer comptant le prix de l'armistice, qu'il ne sera plus possible de tirer des traites sur l'avenir pour « éviter de dresser les catégories les unes contre les autres », les Français ne pourront plus se dérober à leur rôle d'arbitres. Ainsi, au milieu des déchirements et des convulsions, chacun devra se déterminer.

Mais les faits ont beau être pressants, ce ne sont jamais eux qui gouvernent. Pour tenir la barre dans la tempête, il faut une potion magique dont nous avons perdu jusqu'à la formule : l'autorité. Dans la France de 1958, le général de Gaulle avait toute l'autorité et aucun pouvoir ; ce fut suffisant pour faire basculer le pays. Aujourd'hui, nos gouvernants ont de très grands pouvoirs, trop grands même, puisqu'ils ne jouissent pas de la confiance nécessaire pour les exercer. Aurons-nous demain un Churchill qui mobilisera le pays en promettant « du sang et des larmes » – en l'occurrence, des efforts et quelques sacrifices suffiront – pour prix d'une vraie renaissance ?

Nous avons peine à imaginer un tel retour de la confiance, tant la classe politique paraît aujourd'hui contestée. Elle n'a pas seulement usé son crédit en se révélant incapable de dire la vérité, elle a surtout perdu sa respectabilité. La multiplication des scandales fait peser le soupçon sur l'ensemble de son personnel. Comment obtenir des Français un sursaut civique dans de telles conditions ?

Cela ne me semble pas impossible – et, pourquoi pas, dans un proche avenir. Il y a encore dix ans, un homme politique ou un grand patron n'imaginaient pas qu'ils pourraient se retrouver en prison. Ce sentiment d'impunité a fait le lit de la corruption et lui a permis de s'étendre à tous les milieux. Mais il ne faut pas se tromper d'époque. Nous jugeons aujourd'hui les affaires des années passées. Désormais, il n'est plus un dirigeant, si puissant soit-il, qui ne craigne de se retrouver devant un juge d'instruction, d'être placé en garde à vue, mis en examen et, éventuellement, incarcéré. Tous autant qu'ils sont, nos maîtres tremblent devant la nouvelle autorité de la justice. (Remarquons au passage que ce ne sont pas les pouvoirs des juges qui ont changé, mais leur autorité.) Crainte ô combien salutaire, dont nous n'avons pas encore mesuré toutes les conséquences. Un véritable assainissement des mœurs est en cours au sein de la classe dirigeante. La corruption redevient ce que, dans notre grande candeur, nous imaginions qu'elle était : l'exception et non pas la règle. L'opinion mettra un certain temps à prendre conscience de ce changement, mais, peu à peu, la méfiance reculera. (De ce point de vue, Lionel Jospin et son gouvernement représentent un indéniable progrès.) Nous avions besoin de cette opération « mains propres », nous en subissons aujourd'hui le contrecoup, nous en tirerons demain les avantages. Et si nous parvenons à limiter le cumul des mandats, à donner aux femmes la place qui leur revient dans la vie publique, à ouvrir davantage la carrière politique aux non-fonctionnaires, le renouvellement sera sans doute plus rapide qu'on ne le pense.

Curieusement, c'est le langage qui posera le plus de problèmes. Depuis plus de vingt ans, le discours public est fondamentalement mensonger, les faits dissimulés sous une présentation fallacieuse. Les grands mots : justice, solidarité, égalité, générosité, république, démocratie, confiance, éducation, sont usés. On les gravait sur les médailles, ils ont été inscrits sur de simples jetons sans valeur.

Lorsque le président de la République s'est rendu à Ajaccio après l'assassinat du préfet Claude Érignac, il a tenu le langage de la fermeté : « Nous ne tolérerons plus… », « L'État assumera sans défaillances toutes ses responsabilités… », « Les assassins seront punis… ». De fortes paroles pour un faible écho. Elles n'ont éveillé que l'incrédulité, voire le scepticisme pur et simple. Les responsables politiques ne répètent-ils pas cela depuis vingt ans ? Avec quel résultat ?

Comment mobiliser les Français autour de leur patrie alors que, depuis tant d'années, elle sert d'alibi à tous les égoïsmes, à toutes les démissions ? Un détournement qu'incarne parfaitement la référence au fameux « modèle français ». Quelle belle expression pourtant ! J'y suis attaché comme personne ; je veux que mes enfants vivent en France, à la française. Mais le drapeau tricolore flotte sur notre machine à protéger les forts et à broyer les faibles. La cocarde patriotique authentifie nos défauts promus au rang de grandes valeurs nationales. Et l'étendard des barricades est mis au service des mieux pourvus dans notre farce sociale.

Notre modèle économique ne vaut pas mieux, qui galvaude les mots « productivité », « compétition », « entreprise » pour masquer les privilèges des rentiers, la mainmise des technocrates, bref le contraire même d'un système libéral fondé sur l'initiative, le risque et la responsabilité. Bouillant président des Associations familiales protestantes, mais également conseiller à la Cour des comptes, Pierre-Patrice Kaltenbach résume cruellement l'exception française : « Et si c'étaient ces partis politiques sans militants, ces syndicats sans salariés, ces Églises officielles sans fidèles, ces grandes associations sans bénévoles, ce capitalisme sans fonds propres, ces fonctionnaires courant les urnes (et les fauteuils de PDG) sans démissionner, ce cumul des mandats, ces relations incestueuses entre le pouvoir et les affaires, surtout nationalisées ? »

Nous avons construit un monde de faux-semblants dans lequel le discours sert de camouflage : c'est le papier peint collé aux murs, et qui masque le délabrement de la maison. La parole était d'or, elle n'est plus que dorure. Nos oreilles sont fatiguées, elles attendent qu'on mette de petits mots sur de grandes actions, et non l'inverse.

Que faut-il faire exactement ? J'ai rappelé au fil de ces pages les réformes indispensables. Mais ce n'est pas la question prioritaire. Les « solutions », comme on dit, ressemblent à ces casseroles que les souris voudraient attacher à la queue du chat. Quel est le problème principal ? Trouver l'ustensile ou bien trouver le moyen d'en équiper le matou ? Il en va de même pour la France qui bute moins sur le « que faire ? » que sur le « comment faire ? ». C'est pourquoi je me suis interrogé en priorité sur cette seconde question, je ne doute pas que si nous retrouvions notre capacité d'action, nous saurions très vite remettre la pendule dans le bon sens : celui du temps qui passe et non plus celui du temps qui reste.

Car la politique à suivre, les mesures à prendre sont connues pour l'essentiel. Je les rappelle ici :

– réduire les dépenses publiques en imposant dans tous les services l'obligation de productivité, en faisant de la mobilité le complément de la sécurité ;

– abaisser, voire supprimer les charges sur les bas salaires au prix d'un effort général de solidarité ;

– simplifier notre fiscalité, la fonder sur l'impôt direct payé par tous les Français, supprimer les niches et les sources de combines afin que les plus hauts revenus soient toujours imposés au taux le plus élevé, que l'impôt sur le capital cesse d'être l'impôt sur l'immobilier ;

– supprimer tous les modes de scrutin qui permettent au Front national de se retrouver en position d'arbitre ;

– imposer aux fonctionnaires de démissionner sans retour avant de se lancer dans la politique, les entreprises ou les associations ;

– donner aux élus un statut qui ouvre aux travailleurs du privé les portes des assemblées ;

– contrôler strictement la dépense de l'argent public dans l'immense secteur associatif, imposer à tous de rendre des comptes sur la dépense et sur les résultats ;

– reconnaître aux plus démunis des droits acquis, assortis de devoirs et de contrôles ;

– gérer le temps de travail par la négociation entre les intérêts de la production et ceux des salariés, en jouant du temps partiel, des horaires souples, des modulations de salaire, pour employer le plus de monde possible ;

– plafonner les très hauts salaires et conforter les gains des créateurs d'entreprises ;

– imposer à tous, Français ou étrangers, les lois et les valeurs de la République, sans distinction de race, de culture ou de religion, redonner son sens et son contenu à la laïcité ;

– faire des vrais créateurs les héros de la nation, leur rendre la liberté d'initiative, les moyens d'entreprendre, la reconnaissance en cas de succès et la possibilité d'une seconde chance en cas d'échec ;

— s'attaquer aux problèmes des retraites et des régimes spéciaux sans attendre la faillite générale du système ;

— créer des fonds de pension, relancer l'actionnariat, afin que les salariés français travaillent pour eux et pas seulement pour les salariés américains ;

— faire enfin de l'apprentissage en entreprise la grande formation, à l'égal des filières scolaires ;

— freiner le déclin démographique en instaurant un véritable salaire parental, en prévoyant des droits de retraite liés à l'éducation des enfants ;

— se battre jour après jour, afin que la France construise l'Europe au lieu de se faire « déconstruire » par elle, qu'elle retrouve son autorité pour convaincre ses partenaires d'en faire une vraie société et pas seulement un marché, etc.

Je pourrais d'autant plus facilement allonger la liste que la plupart des experts sont à peu près d'accord... dans l'anonymat d'un entretien privé, s'entend. Car dans leurs déclarations publiques, et dès lors qu'il est question de mesures concrètes, ils s'imposent la plus grande prudence.

C'est qu'en effet les gouvernements n'ont pas aujourd'hui le quart du dixième de l'autorité nécessaire pour faire accepter de telles mesures. S'ils prenaient le risque d'imposer de véritables changements, ils seraient taillés en pièces par tous les lobbies qui chargeraient drapeau tricolore en tête pour défendre... le modèle français, bien sûr.

Arrêter un compte à rebours, c'est reprendre en main les commandes, et c'est le plus difficile. Dès lors qu'elles répondront aux ordres du conducteur, il ne sera pas bien difficile de trouver la route à suivre.

La France de 1998, percluse de rhumatismes et qui s'imagine au comble du malheur, vit en réalité ses dernières années de tranquillité avant la grande révolte des faits. Pour se préparer à cette épreuve, rien ne vaut une bonne cure de lucidité. Chacun des 60 millions de Français aurait intérêt à s'y astreindre. Voici ma modeste contribution à cet effort collectif.

J'ai toujours été surpris de l'intérêt qu'un large public portait à mes livres. Ils ne renfermaient pourtant ni découverte, ni révélation. Je ne suis pas un sociologue, pas davantage un détective. Je n'ai pas présenté des théories révolutionnaires, je n'ai pas révélé de dossiers secrets. Au contraire, je n'ai fait que dire tout haut ce que chacun pouvait voir ou, du moins, entrevoir. C'est bien ainsi que mes ouvrages ont été reçus. Les lecteurs y trouvèrent moins de révélations que de confirmations. Ils s'en doutaient et découvraient qu'ils n'étaient pas les seuls. « En vous lisant, m'écrivait l'un d'eux, j'ai su que je savais tout cela. » Mais quelle différence y a-t-il entre une connaissance étouffée et l'ignorance pure et simple ? Chacun se persuade qu'il ne peut avoir raison contre tout le monde. Mais qui donc est ce « tout le monde » qui ne raisonne jamais qu'en fonction des autres ? De quelle vérité est-il porteur, sinon d'une erreur collective qui en tient lieu ?

Ainsi vivons-nous sur une intime conviction que nous étouffons, car elle est dérangeante, comme toute vérité, et une opinion sociale que nous répétons car elle est plaisante, comme toute erreur. La France n'est plus que la cour de ce roi dont l'enfant dit un jour qu'il était nu. Et c'est ainsi qu'à toujours fuir la réalité, à nous réfugier dans nos chimères, nous finirons par ruiner notre pays, détruire notre société et nous donner en prime au Front national.

Pardonnez-moi d'insister : j'aime ma patrie et j'aime nos enfants. Les efforts que nous devons tous consentir pour nous assurer un futur enviable et leur transmettre un héritage convenable n'ont rien d'exorbitant. Ils sont même dérisoires par rapport aux malheurs qui s'abattraient si nous nous obstinions à brandir l'exception française afin de nous dispenser de toute peine. Voici la dernière limite pour conjurer le sort qui nous est promis. Je n'ai pas besoin d'être devin et de lire l'heure sur la sinistre horloge qui compte à l'envers pour savoir que le temps nous est mesuré. L'avantage d'un compte à rebours, c'est qu'il nous annonce notre avenir. Puisque nous n'en voulons pas, il faut arrêter la machine infernale. Maintenant. *Tout de suite.*

Table

Prologue. Le pire est annoncé   7

   I. Le modèle français   25
  II. La France du refus   63
 III. Le mouvement immobile   91
 IV. Le triomphe du service public   113
  V. Le pillage du Trésor   151
 VI. Le monde tel qu'il est   177

Intermède. Ce que les mots veulent dire   217

  VII. Le chômage français   227
 VIII. Les trois France   241
  IX. Une immigration sans problèmes   295
   X. Une France pour le Front national   321

Épilogue. Le pire n'est jamais sûr   351

Impression réalisée sur CAMERON par BRODARD ET TAUPIN - La Flèche
pour le compte des Éditions Fayard en juin 1998

Imprimé en France
Dépôt légal : juin 1998 – N° d'édition : 9760 – N° d'impression : 1944U-5
ISBN : 2-213-60140-2 – 35-57-0340-02/6